Die Rechtsprechung

der

Oberlandesgerichte

auf dem Gebiete des Zivilrechts.

Herausgegeben von

B. Mugdan, Kammergerichtsrat a. D. und † R. Falkmann, Senatspräsident am Kammergericht.

Einundvierzigster Band.

Berlin und Leipzig 1921
Vereinigung wissenschaftlicher Verleger
Walter de Gruyter & Co.
vormals G. J. Göschen'sche Verlagshandlung :: J. Guttentag, Verlagsbuchhandlung :: Georg Reimer :: Karl J. Trübner :: Veit & Comp.

Druck von Metzger & Wittig in Leipzig.

Gesetzesverzeichnis.

1. Bürgerliches Gesetzbuch.

2. Handelsgesetzbuch.

3. Ges., betr. die Gesellschaften mit beschränkter Haftung.

4. Eisenbahnverkehrsordnung.

5. Gesetz gegen den unlauteren Wettbewerb v. 7. Juni 1909/31 März 1913

6. Zivilprozeßordnung.

7. Grundbuchordnung.

8. Gesetz über die Angelegenheiten der freiwilligen Gerichtsbarkeit.

1. Reichsnotopfer.

Kostenfreiheit nach § 36 RNotopferGes.

Kammergericht, 3S. 1a. Beschluß v. 15. Oktober 1920.

Der Grundeigentümer A. hatte eine Hypothek für ein von der R.Kasse ihm gewährtes Darlehen eintragen lassen, das unter Bemessung des Zinssatzes auf $4^1/_2$ % in 5prozentigen halbjährlichen Tilgungsraten rückzahlbar sein sollte, doch hatte die Kasse das Recht, mit vierteljähriger Kündigung außerordentliche Abzahlungen bis zum Gesamtbetrage von ... Mark in Teilbeträgen bis zu ... Mark jährlich einzufordern. Weiter hatte sich A. verpflichtet, die Hypothek zugunsten der Gläubigerin löschen zu lassen, wenn und soweit sie sich mit dem Eigentum in einer Person vereinigt hätte; dementsprechend war eine Vormerkung eingetragen worden. Endlich hatte das Grundbuchamt der Gläubigerin auf Antrag des A. Bescheinigungen über den Inhalt des Grundbuchblattes erteilt. Der Schuldner verlangt ohne Grund Freistellung von allen Kosten auf Grund des § 36 NotOG.

1. Die im § 36 gewährte Freistellung bezieht sich, wie der Wortlaut klar ergibt, lediglich auf die Eintragung der Hypothek, nicht aber auf andere, damit nur äußerlich zusammenhängende Akte des Grundbuchamts, wie die Eintragung einer Löschungsvormerkung oder die Erteilung einer Bescheinigung über den Inhalt des Grundbuchs.

2. Auch für die Eintragung der Hypothek greift der § 36 nicht durch. Zunächst ist das ihr zugrunde liegende Darlehen nicht bei der Kreditanstalt aufgenommen, die das Grundstück an erster Stelle beliehen hat. Der § 36 bestimmt nicht schlechthin, daß jeder, der sich bei einer öffentlichen Kreditanstalt ein Tilgungsdarlehn zur Barzahlung des kapitalisierten Reichsnotzinses beschafft, die dafür bestellte Hypothek kostenfrei eintragen lassen darf. Vielmehr werden die Vergünstigungen nur dem gewährt, dessen Grundbesitz bereits belastet ist, und zwar derart, daß in erster Linie der neuen Tilgungshypothek der Vorrang vor allen anderen Lasten verliehen wird und daß außerdem die Eintragung kostenfrei zu erfolgen hat. Letzteres steht dabei in zweiter Linie, wie sich auch darin zeigt, daß es im Gegensatz zu der entsprechenden Bestimmung für die in § 33 geregelte Eintragung des Reichsnotzinses, die in einem besonderen Absatz 3 ausgesprochen wird, lediglich in einem Nebensatze Platz gefunden hat. Demnach liegt die Hauptvergünstigung des § 36 darin, daß der neuen Hypothek die Rangvergünstigung eingeräumt wird; letztere bedeutet einen Eingriff in das Privatrecht; ihr gegenüber tritt die Kostenbefreiung weit in den Hintergrund. Sie setzt aber begrifflich eine solche vorhandene Belastung voraus. Mit dem Wortlaut des § 36 ist es aber unvereinbar, die Kostenbefreiung auch noch anderen Hypotheken zuzuwenden, denen die erwähnte Hauptvergünstigung nicht zuteil werden kann. Auch sind die Vorschriften des § 36 Ausnahmebestimmungen und deshalb einer erweiternden Auslegung unfähig. Demgegenüber ist unerheblich, daß in besonderen Fällen die erste bei der Kreditanstalt aufgenommene Hypothek

von Anfang an oder durch Rückzahlungen so niedrig sein kann, daß sie wirtschaftlich so gut wie nicht in Betracht kommt....

Sodann handelt es sich hier nicht um eine in höchstens 50 Jahren zurückzahlbares Tilgungsdarlehn. Die Eigenart eines solchen besteht darin, daß es nicht auf einmal, sondern nach einem vorher festgestellten Plan in regelmäßigen Teilen zurückgezahlt wird. Allein aus dem Tilgungsplan ist zu beurteilen, auf wie lange die Tilgungsdauer zu bemessen ist. Dagegen kommt nicht in Betracht, ob unter bestimmten Voraussetzungen Abweichungen vom regelmäßigen Tilgungsplan eintreten können, die die Tilgungsdauer verkürzen können. Ganz besonders muß dies gelten, wenn solche Abweichungen, wie hier, nicht an bestimmte objektive Voraussetzungen geknüpft sind, sondern gänzlich in das Belieben des einen Vertragsteils gestellt sind. Eine derartige Befugnis des Gläubigers ist nicht anders zu verstehen, als die Vereinbarung, daß bei unpünktlicher Zinszahlung das Kapital sofort fällig werde: Beides sind rein akzessorische Bestimmungen, die den Charakter des Darlehns als eines Tilgungsdarlehns unberührt lassen. Die demnach allein in Betracht kommende regelmäßige Tilgungsdauer betrug aber 50½ Jahre. Bedeutungslos ist dabei, daß die Gläubigerin bereits das ihr eingeräumte Recht ausgeübt und einen Teil von ... Mark für den Anfang 1921 gekündigt hat und daß dadurch die Tilgungsdauer auf 41 Jahre gesunken ist. Denn für die Kostenfreiheit ist allein der Zeitpunkt der Eintragung der Hypothek maßgebend; eine damals kostenpflichtige Darlehnshypothek kann nicht durch nachträgliche Kündigung eines Teilbetrags rückwirkend Kostenfreiheit erlangen. Gr.

2. Unlauterer Wettbewerb.

a) Ankündigung eines Ausverkaufs. Verhältnis des § 9 zu § 7[1].

α) Kammergericht, 7. ZS. Urteil v. 24. Juni 1919.

In der Anzeige: „Verkaufe jetzt ohne Rücksicht auf meine hohen Einkaufspreise moderne Ulster ꝛc, Fahrpelze unter Preis, Pelzgarnituren für die Hälfte des Preises" sieht das LG. die Ankündigung eines Warenverkaufs „wegen Räumung eines bestimmten Warenvorrats aus dem vorhandenen Bestande". Allein der § 9[1] erfordert die Erklärung, daß aus dem vorhandenen Bestande ein bestimmter Vorrat an Waren ausgesondert sei und daß dieser bestimmte Posten zu den ermäßigten Preisen abgestoßen, also geräumt werden solle. Das ist in der Anzeige nicht gesagt, vielmehr ist darin nur angekündigt, daß die Beklagte ihre Preise für die angeführten, der Menge nach nicht abgegrenzten Waren herabgesetzt habe. Wenn das auch in marktschreierischer Weise zur besonderen Anlockung des Publikums geschehen sein mag, so kann dieses doch darin keinen „beschleunigten, aus dem Rahmen des gewöhnlichen Geschäftsbetriebes herausfallenden Verkauf von Waren, d. i. Räumung" angekündigt finden. L. n.

β) Kammergericht, 7. ZS. Urteil v. 27. Juni 1919.

Der § 9 verweist allerdings nur auf § 7[2], ohne dessen Abs. 1 zu erwähnen. Man ist aber darüber einig, daß der § 9[1] auch auf § 7[1] anzuwenden ist (RGSt. 45 S. 46; Rsp. 25 S. 359). Andernfalls wäre es stets leicht, den § 7[1] dadurch zu umgehen, daß man nicht gerade „Ausverkauf", sondern ein anderes Wort mit annähernd gleicher Bedeutung, etwa „Räumungsverkauf", gebrauchte. Auch gibt die Entstehung des Gesetzes keinen Anhalt dafür, daß das Wort „Ausverkauf" im § 7[1] anders aufgefaßt wie im § 8 und daß ihm gerade im § 7[1] eine sachlich engere Bedeutung beigelegt werden sollte. Es ist also auch für § 7[1] nicht erforderlich, daß gerade „Ausverkauf" gebraucht wird.

In der Anzeige: „Pelzwaren. Reichhaltiges Lager aller Pelzarten zu bedeutend herabgesetzten Preisen. Ausbesserungen werden sorgfältig ausgeführt" ist jedoch kein Ausverkauf angekündigt, noch vom lesenden Publikum darin zu finden. Denn ihren Geschäftsbetrieb hat die Beklagte nicht beendigen wollen; das ergibt schon der Schlußsatz. Auch die Aufgabe einer einzelnen Warengattung konnte nicht beabsichtigt sein, denn aus der Unterschrift „S., Kürschner" geht hervor, daß es sich um ein Sondergeschäft handelt, das nur Pelzwaren führt. Schließlich ergibt die Anzeige nur, daß die Beklagte einen ausnahmsweise billigen Verkauf von Pelzwaren veranstalten und auf diese außergewöhnlich günstige Gelegenheit hinweisen wollte. Insbesondere fehlt die Beziehung auf einen bestimmten Warenvorrat. Die Worte „reichhaltiges Lager" besagen nicht ohne weiteres, daß der gesamte, zu der Zeit vorhandene Bestand des reichhaltigen Lagers im Preise herabgesetzt sein sollte.[1] L.n.

b) **Schutz des Künstlernamens (Pseudonyms).**

Kammergericht, 7. ZS. Urteil v. 28. Mai 1920.

Der Kläger (Artist) hat als Leiter und Lehrer einer Artistengruppe statt seines Vatersnamens S. den Namen seiner Mutter „Ussem" seit 1900 angenommen und seine Truppe mit diesem Namen bezeichnet. Die Beklagten, frühere Mitglieder der Gruppe, sind seit ihrem Ausscheiden (1917) als „die 4 Ussems" aufgetreten. Die Klage auf Unterlassung dieser Bezeichnung ist nach § 16 UWG. begründet. Bei Künstlern, auch bei Artisten, besteht die Übung, sich für ihre Lebensbetätigung einen anderen als den bürgerlichen Namen beizulegen. Der Kläger hat deshalb befugterweise seine Truppe mit dem Namen „Ussem" bezeichnet. Die Beklagten waren nicht berechtigt, sich

[1] a) Auch die Anzeige „Kein Irrtum, sondern die Folge unserer Ansicht, daß das Publikum ein Anrecht auf billige Kleidung hat, in diesem Sinne haben wir neue Preise festgesetzt ohne Rücksicht darauf, was die Sachen uns selbst gekostet haben" kündigt weder einen Teilausverkauf, da keine einzelne Warengattung aufgegeben und kein bestimmter Warenvorrat des vorhandenen Bestandes geräumt werden soll, noch einen Gesamtverkauf an, der nur dann vorliegt, wenn die an sich mit jedem Verkauf verbundene Räumung eine beschleunigte sein soll und hierdurch aus dem Rahmen des laufenden Geschäftsganges heraustritt (Urteil desselben ZS. v. 1. Juli 1919).

b) Der § 14 erfordert nicht, daß der Täter mit seiner Handlung eigene Ziele und Vorteile verfolgt, vielmehr genügt subjektiv seine Absicht, den Geschäftsbetrieb eines Dritten auf Kosten des klagenden Mitbewerbers zu fördern, und objektiv, daß die Handlung geeignet ist, diesen Zweck zu erfüllen (OLG. Kiel, 3. ZS. Urteil v. 13. März 1920; SchlHA. S. 110).

nach ihrem Ausscheiden diesen Namen beizulegen; sie haben also im geschäftlichen Verkehr die besondere Bezeichnung „Ussem" für ein gewerbliches Unternehmen in einer Art benutzt, die geeignet war, Verwechslungen mit der Bezeichnung des Klägers hervorzurufen. Allerdings lebt dieser jetzt als Rentier und übt zurzeit sein Gewerbe nicht aus; allein bei seinen 54 Jahren ist anzunehmen, daß er die artistische Tätigkeit unter jenem Namen wieder aufnehmen werde.

Auch § 12 BGB. steht dem Kläger zur Seite, allerdings nicht deshalb, weil seine Mutter den Vatersnamen Ussem trug, denn der Namensschutz des § 12 steht nur den Berechtigten, nicht etwa auch ihren Erben zu.... Aber der Künstlernamen „Ussem" vertritt völlig die Stelle des Namens S. zur Unterscheidung der Person des Klägers in dessen Artistendasein und macht auch in seiner Erscheinungsform den Eindruck eines bürgerlichen Namens. Es deckt also durchaus den Namensbegriff. Daß der § 12 auf „den" Namen — den bürgerlichen, den Familiennamen — beschränkt sei, ist im Gesetze nicht ausgedrückt. Auf dem durch jahrhundertelange Übung abgegrenzten Gebiete der schriftstellerischen und künstlerischen Betätigung ersetzen die Künstlernamen (Pseudonyme) die bürgerlichen Namen. L.n.

c) **Name des Urhebers als besondere Bezeichnung.**

Kammergericht, 7. ZS. Urteil v. 30. März 1920.

Die Bezeichnung einer Druckschrift kann den Charakter der Besonderheit nur dann beanspruchen, wenn sie sich aus Bezeichnungen heraushebt, die nur einen Gattungsbegriff für die Druckschrift bilden, oder schon Allgemeingut geworden sind. Das wäre zB. der Fall, wenn der Kläger seine Druckschrift, deren wesentlichen Inhalt eine Zusammenstellung bekanntester Choräle in Text und Noten bildet, nur als Choralbuch bezeichnet hätte. Aus der Gattung dieser Bücher wird es jedoch durch die Beifügung des Namens Paul H. herausgehoben. Dieser Name im Titel ist die unterscheidende, die besondere Bezeichnung, die das Werk in der Gesamtheit gleichartiger Druckschriften kennzeichnet und schon aus dem Titel heraus seinem Inhalt einen durch den wissenschaftlichen und künstlerischen Ruf des Urhebers H. begründeten Wert verleiht. Gerade die Aufnahme dieses Namens in den Titel stellt somit die besondere Bezeichnung der Druckschrift des Klägers und die gleiche Wahl der Beklagten den Eingriff in das durch die frühere Benutzung erworbene Recht des Klägers dar. L.n.

d) **Zeitungstitel. Voraussetzungen der Verwechslungsgefahr.**

α) Kammergericht, 7. ZS. Urteil v. 7. Mai 1920.

Der Kläger gibt seit langen Jahren die Wochenschrift „Das Jahr" heraus, die sich weiter bezeichnet als „Wochenzeitung für Politik, Literatur und deutsche Ausfuhr-Interessen". Im Verlage der Beklagten erscheint seit 1919 das „Welt-Jahr. Eine politische Wochenschau." Die Klage auf Unterlassung des Wortes „Jahr" ist begründet. Allerdings sind Zeitungsbezeichnungen, wie „Tageblatt", „Zeitung", „Journal", „Amtlicher Anzeiger" usw. Allgemeingut; denn sie entbehren der Eigenart und Besonderheit.

Dagegen ist in dem Worte „Jahr" eine bildliche Bezeichnung enthalten, die nicht den nüchternen, unmittelbar den Zeitungscharakter bezeichnenden Sinn hat. Die von der Beklagten angeführten Zeitungstitel, in denen das Wort „Jahr" vorkommt, weisen Zusätze auf, die an sich schon geeignet sind, diese Zeitungen von anderen unterscheiden zu lassen. — Auch die Verwechslungsgefahr kann, selbst wenn die äußere Gestaltung der beiden Zeitschriften wesentlich verschieden ist, dennoch vorliegen, wenn vom Standpunkte des großen Lesepublikums aus die beiden Titel mit Rücksicht auf den Klang und den Gesamtcharakter der Zeitschriften verwechslungsfähig sind. Nun stellen sich die Worte „Jahr" und „Welt-Jahr" schon dem bloßen Wortklange nach als ähnlich dar; besonders ermangelt das Wort „Jahr" zu sehr der erforderlichen Unterscheidungs- und Schlagkraft, mag auch bei der Aussprache des zusammengesetzten Wortes der Ton auf „Welt" liegen. Dazu kommt der Gesamtcharakter der beiden Zeitschriften, die im wesentlichen politische Zeitschriften sind und durch eine Zusammenstellung aus politischen Zeitungen einen Überblick über die allgemeine politische Lage gewähren. L.n.

β) Urteil desselben ZS. v. 10. Februar 1920.

Der Kläger gibt seit Jahren die „Deutsche Musikerzeitung", der Beklagte seit 1. Oktober 1919 die „Deutsche Musikzeitung" heraus. Erstere erscheint in viergespaltenem Druck jeden Sonnabend bei einem Bezugspreise von 4—6 Mark vierteljährlich und führt den Untertitel „Amtsblatt des deutschen Musikerverbandes". Als solches beschäftigt es sich in erster Linie mit Lohn- und Wirtschaftsfragen der Personen, die die Musik berufs- oder gewerbsmäßig ausüben. Erörterungen hierüber fehlen in der „Deutschen Musikzeitung", die sich als Wochenschrift für die musikalische Welt bezeichnet, jeden Freitag in dreigespaltenem Druck erscheint und im Vierteljahrsbezuge 3—6 Mark kostet. Diese, zum Teil wenigstens, sich nur dem Auge darbietenden Unterschiede fallen jedoch weg, sobald allein die Klangwirkung der Titel in Betracht kommt. Diese ist so ähnlich, daß im Gespräch und Ohr leicht Verwechslungen beider Titel eintreten können. Dies würde jedoch für sich allein nicht den Klaganspruch rechtfertigen, wenn der Leser- und Beteiligtenkreis der beiden Zeitschriften völlig verschieden wäre. Zwar ist die Musikerzeitung ein Fachblatt des Musikers, der sich vor allen Dingen über die ihn besonders berührenden Berufs-, Wirtschafts- und Erwerbsfragen unterrichten will, während die Zeitung des Beklagten solche Fragen nicht erörtert. Indessen bringen beide Zeitschriften Abhandlungen, die sich mit der Musik als Kunst, mit Musik als Wissenschaft, Musikgeschichte und Tagesereignissen in musikalischer Beziehung beschäftigen. Aus dieser in erheblichem Umfange vorhandenen Gleichheit des Stoffes folgt, daß die Zeitschriften in einem gewissen Umfange für ein gleiches Publikum Beachtung und Anziehungskraft bieten. Zu dieser Gleichheit tritt diejenige solcher Personen, die den Anzeigenteil für ihre Veröffentlichungen benutzen. L.n.

γ) Kammergericht, 7. ZS. Urteil v. 31. Januar 1919.

Der Kläger gibt seit 1908 die „Landwirtschaftliche Maschinenzeitung", der Beklagte seit 1918 die „Deutsche Landwirtschaftliche Maschinenzeitung" heraus. Wie Beklagter behauptet, wird seine Fachzeitschrift nur von Landwirten, die des Klägers nur von Wiederverkäufern (Zwischenhändlern) gelesen. Der Anzeigerkreis ist dagegen unstreitig derselbe, es sind die Fabrikanten und Großhändler landwirtschaftlicher Maschinen. Diese Kreise sind nicht derart bestimmt und in sich abgeschlossen, daß überhaupt ernstlich behauptet werden kann, allen in Betracht kommenden Personen sei die Entstehung der beiden Zeitschriften bekannt und jede Verwechslung ausgeschlossen. Die beiden Bezeichnungen unterscheiden sich nur dadurch, daß der Beklagte das Wort „Deutsche" voransetzt. Allein bei gewerblichen Unternehmen, Gesellschaften und auch Druckschriften ist dieser Zusatz sehr häufig. Ein besonderes Kennzeichen ist darin nicht zu sehen. Der sich einprägende Teil sind hier jedenfalls die Worte „Landwirtschaftliche Maschinen". Wenn noch andere Zeitschriften sich dieser Worte bedienen, so haben sie doch, wie die „Artener" und „Die Sangerhäuser Zeitschrift" durch einen weiteren Zusatz dafür gesorgt, daß sich jene Worte nicht wie hier als einzelnes Stichwort einprägen. Der Beklagte gebraucht zwar neuerdings statt „Zeitung" „Zeitschrift", allein diese nur ganz unwesentliche Abweichung fällt nicht ins Auge. „Zeitung" und „Zeitschrift" haben die gleiche Bedeutung. Der eine oder der andere Ausdruck prägt sich nicht derart ein, daß er als Unterscheidungsmerkmal gilt. Nach wie vor bleiben die Worte „landwirtschaftliche Maschinen" das Stichwort. Die beiden unauffälligen Abweichungen am Anfang und Schluß der Gesamtbezeichnung können nicht verhindern, daß die Benutzung geeignet ist, Verwechslungen hervorzurufen. L.n.

Dazu: OLG Naumburg, 1. ZS. Urteil v. 6. Dezember 1920.

Die Antragstellerin gibt seit 1900 sechsmal wöchentlich die „Deutsche Bergwerkszeitung" heraus. Der Gegner läßt seit 1920 dreimal wöchentlich die „Mitteldeutsche Bergwerks-Zeitung" erscheinen. Beide durch die Post beziehbare Tageszeitungen wenden sich an den gleichen Kreis, nämlich vornehmlich an Leute, die wirtschaftlich oder technisch an Bergbau, Industrie, Handel und Technik interessiert sind. Die „Deutsche" nennt sich im Untertitel „Industrie- und Handelsblatt", die „Mitteldeutsche" „Organ für Bergbau, Industrie, Handel und Technik". Die „Deutsche" hat eine Wochenbeilage „Technische Blätter", die „Mitteldeutsche" eine 14 täglich erscheinende Beilage „Technische Messe". Der Leserkreis der „Deutschen" erstreckt sich über ganz Deutschland, besonders auch auf den mitteldeutschen Braunkohlenbezirk, die „Mitteldeutsche" sucht erst noch Verbreitung und bezeichnet als ihren Verbreitungsbezirk „Mittel- und Ost-Deutschland, Tschechien, Österreich und Ungarn". Die Antragstellerin hat zahlreiche Zeitungsbelege beigebracht, wonach sie überall im Parlament, im Publikum, in der Presse einfach als „Bergwerks-Zeitung" ohne das Wort „Deutsche" bezeichnet wird.

Aus dieser Tatsache allein schon ist glaubhaft, daß durch die Benutzung des Worts „Bergwerks-Zeitung" der Gegner die Verwechslungsgefahr herbeiführt. Das Publikum und die sonst Beteiligten legen auf das Beiwort „Deutsche" keinen Wert; sie sprechen einfach von der „Bergwerkszeitung" und verlangen das Organ einfach unter dieser Bezeichnung. Das rührt daher, daß die „Deutsche Bergwerkszeitung" das einzige Blatt in Deutschland ist, das das Wort „Bergwerkszeitung" — abgesehen von einer geringen und deshalb unerheblichen zeitlichen Unterbrechung im Jahre 1914 — dauernd ausschließlich führt. Wenn dann der Gegner sein Blatt erscheinen läßt, so liegt auf der Hand, daß das kaufende und lesende Publikum im allgemeinen auf das Zusatzwort „Mitteldeutsche" eben auch keinen Wert legen und die beiden Blätter verwechseln wird. Dies wird jedenfalls durchschnittlich jeder so lange machen, bis er besonders auf den Unterschied aufmerksam gemacht oder es durch Zufall geworden ist. . . .

Fraglich kann nur sein, ob das Wort „Bergwerkszeitung" als besondere Bezeichnung des § 16 anzusehen ist. Dafür spricht vor allem schon die Tatsache, daß unter den zahlreichen Fachblättern kein Blatt eben diese Bezeichnung aufgenommen hat. Generische Bezeichnungen für Blätter, die dem Bergbau gewidmet sind, wären etwa Titel wie „Zeitschrift für Bergbau", „Bergbau-Zeitung", „Organ für Bergindustrie". Aber das Wort „Bergwerks-Zeitung" würde ein Blatt dieser Richtung sprachlich ungenau und als Gattungsbezeichnung unrichtig bezeichnen. Es ist etwas ursprüngliches und eigenartiges, daß die Antragstellerin sich vor 20 Jahren dieses Titelwort gewählt hat, ihr Blatt sich gar nicht einmal auf Bergbauinteressen beschränkt, sondern auch Handel, sonstige Industrie und Technik in ihren Bereich einbezieht. Für ein Blatt dieser allgemeinen Richtung liegt eine so spezielle Bezeichnung wie „Bergwerks-Zeitung" von vorn herein erst recht fern und ist da sicherlich nicht als Gattungsbezeichnung gebräuchlich oder notwendig. Ihre Unterscheidungskraft zeigt sich aber deutlich darin, daß das Blatt, so lange es besteht, eben die Bergwerks-Zeitung gewesen und geblieben ist; nur sie ist so genannt und sie ist nie anders genannt worden. Das ist gleichmäßig geübt in der gesamten Öffentlichkeit, sowohl beim Publikum wie in der übrigen Presse. Selbst wenn man annehmen wollte, die Bezeichnung sei ursprünglich nicht individuell und nicht geschützt gewesen, so hätte sie doch jetzt durch längeren Gebrauch und Gewöhnung des Publikums besonderen schutzfähigen Charakter erlangt. E. g.

δ) OLG. Jena, 2. ZS. Urteil v. 23. Januar 1920.

Die Bezeichnung der Druckschrift des Beklagten mit „Elektro-Börse" ist nicht geeignet, Verwechslungen mit der Bezeichnung der klägerischen Druckschrift „Elektro-Markt" hervorzurufen. Die Besonderheit dieser Bezeichnung liegt nicht im „Elektro", sondern im „Markt" und in dessen Verbindung mit „Elektro". Die Bezeichnung einer Zeitschrift, die zur Aufnahme von Anzeigen aus dem Kreise der Elektrizitätsindustrie bestimmt ist, mit einem Wort, das auf ihre Beziehungen zur Elektrotechnik hinweist, wie das Wort „Elektro", hat keine Individualisierungskraft für die beteiligten Verkehrskreise.

Es ist weiter nichts, als eine notwendige, allgemein gebräuchliche, generische Bezeichnung, die in Wortbildungen, die auf die Elektrizität Bezug haben, häufig und schon lange, immer wiederkehrt: „Elektrotechnik", „Elektromotor", „Elektrolyse". ... Gerade in dem zur Verbindung herangezogenen Worte „Markt" und damit zugleich in dem verwendeten Gesamtwort unterscheidet sich die Bezeichnung der Druckschrift des Beklagten deutlich von der der Klägerin. Denn das Wort „Börse" und „Markt" bedeuten schon dem Sinne nach, wenngleich etwas Verwandtes, so doch immer noch Verschiedenes, sie unterscheiden sich aber namentlich auch im Klang deutlich voneinander. Zu berücksichtigen ist auch, daß die Kreise, die eine derartige Druckschrift benutzen, dem Kaufmanns- und Technikerstande angehören, und dem Bildungsgrade des großen Publikums überlegen sind, so daß die Verschiedenheit einer Bezeichnung, die vielleicht im großen Publikum übersehen wird, doch für sie genügende Unterscheidungskraft besitzt. ... M.l.

3. Freiwillige Gerichtsbarkeit.

a) Anregung der Entscheidung nach § 5 FGG.

Bayer. Oberstes Landesgericht, 2. ZS. Beschluß v. 4. Februar 1920.

Wie der Beschluß vom 14. März 1904 (Samml. 5 S. 143) ausführt, ist jedermann befugt, die Entscheidung eines zwischen mehreren Gerichten in einer Angelegenheit der freiwilligen Gerichtsbarkeit bestehenden Streites über die örtliche Zuständigkeit anzuregen, der daran ein rechtliches Interesse hat. Ein solches ist dem Notar, der mit der Beurkundung eines der Genehmigung bedürftigen Auseinandersetzungsvertrags betraut ist, hinsichtlich der Bestimmung des zur Erteilung der Genehmigung zuständigen VormGerichts zuzugestehen. Denn er hat nach dem § 181 der GeschäftsO. und den §§ 559, 562 der Grundbuchdienstanweisung für die Vorlage des Vertrags beim Grundbuchamte zu sorgen und muß deshalb darauf bedacht sein, daß die zur Wirksamkeit des Vertrags erforderliche Genehmigung erholt wird. Abgesehen davon darf unbedenklich angenommen werden, daß die Vertragsschließenden, die über das Erfordernis der Genehmigung einig sind, den Notar stillschweigend bevollmächtigten, sie zu erwirken. Dies gilt besonders in einem Falle wie dem vorliegenden, in dem die Vertragsschließenden den Gehilfen des Notars mit der Entgegennahme der Genehmigung betrauten. Würde es sich übrigens nicht um einen gewöhnlichen Teilungsvertrag, sondern um die amtliche Vermittelung der Auseinandersetzung nach §§ 86—98 handeln, so wäre der Notar anstelle des Nachlaßgerichts tätig und in dieser Eigenschaft berechtigt, die Bestimmung des zuständigen VormGerichts nach § 5 zu beantragen.

In der Sache war davon auszugehen, daß der Abs. 3 des § 1918 nicht dessen Abs. 1 einschränkt, sondern in den Fällen, in denen der Rechtsgrund der elterlichen Gewalt (Vormundschaft) zugleich der Rechtsgrund der Pflegschaft (§ 1909) ist, nur so lange gilt, als jene Gewalt bestehen bleibt. Endigt (wie hier durch Wiederheiratung der Mutter) ihre elterliche Gewalt über ihre Kinder, so kann die für diese bestellte Pflegschaft, mag auch ihr

Zweck noch nicht erledigt sein, nicht weiter bestehen; denn sonst könnten möglicherweise zwei verschiedene Gerichte gleichzeitig als VormGerichte in Betracht kommen. Das Gericht, das die Pflegschaft bestellt hat, wäre weiter, wenn auch nur im Rahmen der Pflegschaft, zuständig; für die Vormundschaft aber, die nach der Beendigung der elterlichen Gewalt anzuordnen wäre, wäre nicht ohne weiteres das für die bestehen bleibende Pflegschaft zuständige Gericht berufen, sondern seine Zuständigkeit bestimmt sich nach § 36 FGG.... Kn.

b) **Beschwerde:** α) **Meinungsäußerung oder Anordnung des § 19?**
Kammergericht, ZS. 1a. Beschluß v. 30. April 1920.

Das VormGericht hatte die Genehmigung zu einem Erbauseinandersetzungsvertrage versagt. Auf einen neuen Vorschlag des Pflegers, der den bisherigen Bedenken Rechnung trug, erwiderte das Gericht, daß auch jetzt eine Genehmigung nicht in Aussicht gestellt werden könnte. Das LG. hat die Beschwerde des Pflegers als unzulässig verworfen, weil die angefochtene Verfügung nur auf die Frage, ob gewisse Regelungsmaßnahmen der Beteiligten die Genehmigung des Gerichts finden würden, „Antwort" erteile, zumal die Sache noch gar nicht genügend vorbereitet sei. Diese Begründung verletzt den § 19. Richtig ist, daß als „Verfügung" nicht schon jede Meinungsäußerung des Gerichts in Betracht kommt, sondern daß es sich im gegebenen Falle um eine „Anordnung" handeln muß (KGJ. 44 S. 1, 51 S. 38). Daraus ist mit Recht gefolgert worden, daß, wenn das Gericht in einer Verfügung, sei es von Amtswegen oder auf Anfrage, sich nur gutachtlich über eine Tat- oder Rechtsfrage äußert, hiergegen die Beschwerde nicht gegeben ist (vgl. KGJ. 48 S. 171). Dies gilt besonders dann, wenn im Antragsverfahren, wie es in Grundbuchsachen die Regel bildet, ein Beteiligter sich an das Gericht mit der Bitte um Auskunft über etwaige dem Antrage entgegenstehende Bedenken wendet (KGJ. 39 S. 278). Hier handelt es sich nicht um eine von der Stellung von Anträgen abhängige Angelegenheit, sondern das Gericht hat, wenn ihm ein genehmigungspflichtiges Rechtsgeschäft, das zwar noch nicht abgeschlossen ist, aber seinem wesentlichen Inhalte nach bereits feststeht, zur Prüfung unterbreitet wird, dazu von Amtswegen Stellung zu nehmen. Dann enthält aber auch eine Verfügung, in der es nach Prüfung der Einzelheiten zum Ausdruck bringt, daß seine Genehmigung nicht in Aussicht gestellt werden könne, mehr als eine unverbindliche Äußerung auf eine gestellte Anfrage, vielmehr schon jetzt die Äußerung des Willens, dem Rechtsgeschäfte mit dem vorgeschlagenen Inhalte die Genehmigung zu versagen, in diesem Sinne also eine „Verfügung". Eine gegenteilige Auffassung würde auch zu praktisch unerwünschten Ergebnissen führen, da zunächst das beanstandete Rechtsgeschäft förmlich abgeschlossen und sodann zur Genehmigung eingereicht werden müßte, obwohl schon jetzt mit ihrer Versagung zu rechnen ist. Warum der von dem LG. hervorgehobene Umstand, daß die Verfügung des Amtsgerichts mit „Antwort" überschrieben ist, der Annahme, daß es sich um eine Entscheidung handle, entgegenstehen soll, ist nicht ersichtlich, vielmehr bedeutet der Ausdruck „Antwort" nur die Abkürzung der Adresse, an die die Verfügung gerichtet ist. Endlich kann auch daraus, daß die Sachlage noch nicht spruchreif war, gegen die Eigenschaft der Verfügung als eine Ablehnung der Genehmigung nichts gefolgert werden, vielmehr hätte dieser Umstand höchstens wegen Verletzung des § 12 zur Zurückverweisung der Sache Veranlassung geben können.[1] B.

β) **Zwischenverfügung oder endgültige Entscheidung?**

Kammergericht, ZS. 1a. Beschluß v. 20. August 1920.

Als der Beschwerdeführer seine Eintragung ins Vereinsregister beantragte, hat das Amtsgericht den § 12 der Satzung beanstandet und zur Beseitigung dieses Hindernisses eine Frist von 3 Wochen gesetzt, die es am 3. Juni um weitere 3 Wochen verlängerte. Die Beschwerde des Vorstands hat das LG. als unzulässig verworfen, weil es in der angefochtenen Verfügung einen die Eintragung bedingt zurückweisenden Beschluß erblickt, gegen den nur die sofortige Beschwerde innerhalb der hier nicht gewahrten zweiwöchigen Frist zulässig sei. Allein das Amtsgericht hat sich, wie aus der Fristsetzung zweifelsfrei zu entnehmen ist, die endgültige Entscheidung bis zum Ablauf der Frist vorbehalten, bis dahin aber die Möglichkeit eines Meinungsaustausches gewährt, wie sich aus seiner Entgegnung vom 3. Juni ergibt. Gegen diese Zwischenverfügungen ist daher die fristlose Beschwerde aus § 20 zulässig, die ein sachliches Eingehen auf jene Verfügungen insofern erfordert, als das Amtsgericht die endgültige Entscheidung auf den Eintragungsantrag nicht sofort getroffen, sondern von der Beseitigung eines Anstands abhängig gemacht hat. U.

γ) **Ablehnung der Aufhebung einer Pflegschaft aus BGB. § 1913.**

Kammergericht, ZS. 1a. Beschluß v. 30. April 1919.

Im Nachlasse des A. wurde ein auf den Namen der Frau L. lautendes Sparkassenbuch vorgefunden, von der Polizeibehörde beschlagnahmt und sodann an das Amtsgericht abgeliefert. Dieses hat, da über die Person des Forderungsberechtigten nichts Bestimmtes ermittelt wurde, dem unbekannten Berechtigten einen Pfleger nach § 1913 bestellt. Neuerdings haben die Erben des A. mit der Behauptung, daß das Guthaben ihnen als Erben des A. zustehe, die Aufhebung der Pflegschaft erfolglos beantragt. Das LG. ist der Ansicht, daß ein Recht der Beschwerdeführer durch die angefochtene Verfügung nicht beeinträchtigt werde, daß es auch an einem unmittelbaren Eingriff in ihr Recht fehle, wobei dahingestellt bleiben könne, ob sie einen Rechtsanspruch auf das Sparkassenbuch haben. Dabei ist übersehen, daß sie hier nicht als unbeteiligte Dritte in Frage kommen, die nur einen Anspruch gegen den Pfleger geltend zu machen in die Lage gekommen sind, sondern daß sie nach ihrer Angabe die Beteiligten sind, in deren Interesse seinerzeit die Pflegschaft eingeleitet worden ist, und die sich jetzt, wie sie behaupten, als die Be-

[1] Wie die abweichende Fassung der §§ 19, 27 zeigt, verleiht das Gesetz gegen Verfügungen des LG. über die Ausführung einer Beweisaufnahme kein Beschwerderecht (OLG. Hamburg, 1. ZS. Beschluß v. 10. Dez. 1919).

rechtigten ausgewiesen haben. Als solche haben sie nach §§ 1915, 1890 einen Anspruch auf Herausgabe des Sparkassenbuchs, und eine Beeinträchtigung dieses Rechtes liegt vor, wenn das VormGericht die Pflegschaft nicht aufhebt, obwohl nach ihrer Angabe die Anordnung der Pflegschaft weggefallen ist (§ 1919). Schließlich wird zur Prüfung anheim gegeben, ob jetzt noch ein Schutzbedürfnis für unbekannte oder ungewisse Beteiligte vorliegt, obwohl die möglicherweise in Betracht kommenden Beteiligten (die Erben des bisherigen Inhabers und der Frau L.) ermittelt sind (vgl. KGJ. 33 S. 89, 45 S. 110), oder ob nicht vielmehr das Sparkassenbuch den Beschwerdeführern als Besitznachfolgern ihres Erblassers (§ 857) ausgeantwortet werden könnte, während den Rechtsnachfolgern der Frau L. überlassen bleiben könnte, ihre Rechte im Rechtswege geltend zu machen. B.

δ) **des Vormundes über Erteilung und des Vertragsgegners über Versagung der Genehmigung des VormGerichts.**

Kammergericht, ZS. 1a. Beschluß v. 23. April 1920.

Der Beschwerdeführer hat notariell von Frau H. und dem ihrem Mann bestellten Abwesenheitspfleger Grundstücke für 75000 Mark gekauft. Nach Aufnahme einer gerichtlichen Taxe verfügte das VormGericht, daß auf die Vertragsurkunde ein Beschluß gesetzt werde, wonach es die vom Pfleger abgegebenen Erklärungen genehmigte. Vor Ausführung dieser Verfügung zog jedoch der Pfleger seinen Antrag zurück, weil inzwischen höhere Kaufangebote gemacht worden seien. Nachdem inzwischen ein anderer Pfleger bestellt worden war, erklärte dieser in notarieller Verhandlung, daß er nunmehr den Kaufvertrag so, wie ursprünglich verlautbart, abschließe und um dessen Genehmigung bitte. Das Amtsgericht ordnete darauf an, daß auf die zusammenzuheftenden notariellen Urkunden ein Beschluß des früheren Inhalts gesetzt werde. Die Urkunden wurden sodann dem Notar übersandt. Der Pfleger, von dem Inhalte der Verfügung benachrichtigt, legte Beschwerde ein, weil das Grundstück unter dem Werte verkauft worden sei. Darauf hat das LG. die Genehmigung versagt. Hiergegen hat der Käufer, ohne daß ihm bisher der Pfleger die Verweigerung der Genehmigung gemäß § 1829 Satz 2 BGB. mitgeteilt hat, weitere Beschwerde erhoben. An sich ist die Erteilung oder Versagung der Genehmigung eine Angelegenheit, die nach §§ 1919, 1828 BGB. nur das Verhältnis des Gerichts zum Pfleger betrifft und daher in den Rechtskreis des Dritten, der auf die Genehmigung kein Recht hat, nicht eingreift (vgl. RG. 56 S. 124). Hier hat aber das Amtsgericht nicht nur bereits die Genehmigung dem Pfleger gegenüber erklärt, sondern sie auch, allerdings ohne eine dahingehende Ermächtigung, auf die vorgelegten Vertragsausfertigungen gesetzt. In solchem Falle wird der Vertragsgegner, der behauptet, daß der Vermerk der wirklichen Rechtslage entspreche, weil ihm gegenüber der Pfleger die Genehmigung nach §§ 1919, 1829 S. 2 BGB. mitgeteilt habe, in dem Rechte der ungestörten Benutzung der Vertragsurkunde beeinträchtigt, wenn nachträglich ein Beschwerdebeschluß ergeht, der die Genehmigung wieder aufhebt. Denn wenn auch jener Beschluß nicht die

Kraft hat, die durch Mitteilung der Genehmigung bereits eingetretene Wirksamkeit des Rechtsgeschäfts in Frage zu stellen, so steht er doch formell dem Genehmigungsvermerke des VormGerichts entgegen und zwingt den Vertragsgegner, in jedem einzelnen Falle die Wirksamkeit der Genehmigungsverfügung besonders nachzuweisen. Hierin liegt aber die Beeinträchtigung eines Rechtes i. S. des § 20, die ihn legitimiert, geltend zu machen, daß die Beschwerde des Pflegers nach § 55 unzulässig gewesen sei.

Die weitere Beschwerde hält das LG. zur Aufhebung der Verfügung des Amtsgerichts schon deshalb nicht für berechtigt, weil dem Pfleger ein Beschwerderecht nicht zugestanden habe. Allerdings führt Staudinger (BGB. § 1828[5b]) aus, daß die Grundlage des Beschwerderechts im Falle der Genehmigung fortfalle, da es ja dem Vormund (Pfleger) unbenommen bleibe, von dieser keinen Gebrauch zu machen, wenn das Rechtsgeschäft nachträglich als nicht im Interesse des Pflegebefohlenen liegend erachtet werde. In dieser Allgemeinheit kann jedoch Staudinger nicht beigepflichtet werden, vielmehr kommt es auf die Lage des einzelnen Falles an (vgl. Fuchs BGB. § 1828[9]). Hier liegt die bereits erwähnte Besonderheit vor. Wie daher dem Vertragsgegner vorstehend die weitere Beschwerde zugestanden worden ist, wenn die nach seiner Ansicht wirksam gewordene Genehmigung vom LG. wieder aufgehoben wird, muß entsprechend auch dem Mündel das Beschwerderecht zugestanden werden, wenn nach seinem Vorbringen, ehe die Genehmigung wirksam geworden ist, das VormGericht sie unberechtigt auf der Vertragsurkunde vermerkt und dadurch den Anschein erweckt hat, als ob sie bereits wirksam geworden sei. Der Pflegebefohlene hat in diesem Fall ein Recht auf formelle Aufhebung der Genehmigungsverfügung, um jederzeit nachweisen zu können, daß diese nicht in Kraft getreten, sondern vor ihrem Wirksamwerden aufgehoben worden ist.

In der Sache selbst ist die weitere Beschwerde unbegründet. Nach vorstehendem darf der Beschwerdeführer sie nicht auf die Frage erstrecken, ob das LG. vom Standpunkte der Interessen des Pflegebefohlenen aus die Genehmigung mit Recht oder zu Unrecht abgelehnt habe, denn jene Interessen wahrzunehmen, ist er nicht berufen; eine Verletzung seiner eigenen Interessen kann er aber nicht rügen, denn er hat kein Recht auf die Genehmigung. Das Rechtsmittel kann vielmehr nur darauf gestützt werden, daß das LG. zu Unrecht ihr Wirksamgewordensein verneint habe. Nach dieser Richtung läßt aber die Entscheidung, indem sie als glaubhaft gemacht ansieht, daß bisher der Pfleger die Genehmigung dem Erwerber noch nicht mitgeteilt habe, eine Gesetzesverletzung nicht erkennen. B.

ε) **Anordnung einer Berichtigung des Geburtsregisters.**

Kammergericht, ZS. 1a. Beschluß v. 20. Februar 1920.

... Das Amtsgericht hat auf den Antrag des A. O., dem sich zwei Seitenverwandte angeschlossen hatten, die Berichtigung seines Familiennamens dahin, daß er Op der Becke, nicht Opderbecke zu schreiben sei, angeordnet, offenbar, weil es die Überzeugung gewonnen hat, daß die Vorfahren des A. den Namen in der von ihm angegebenen Schreibweise geführt haben. Die Aufsichtsbehörde des Standesbeamten hat sich hierbei beruhigt, dagegen führt ein Vatersbruder des A. sofortige Beschwerde, da die Änderung, nachdem die Schreibweise Opderbecke schon seit langer Zeit in der Familie gebräuchlich gewesen sei, nur zu Wirrwarr führen würde. Das LG., das unter Aufhebung der Anordnung des Amtsgerichts die Antragsteller auf den Prozeßweg verweist, hat das Beschwerderecht des Beschwerdeführers auf Grund des § 20 bejaht, indem es Gewicht darauf legt, daß auch noch Seitenverwandte des Antragstellers sich dem Berichtigungsantrag angeschlossen hätten, woraus gefolgert werden müsse, daß in Wirklichkeit eine allgemeine Berichtigung der Schreibweise des Familiennamens in den Personenstandsurkunden der noch lebenden Familienmitglieder beabsichtigt sei. Diese Darlegungen sind nicht geeignet, die Beeinträchtigung eines Rechts, wie sie der § 20 verlangt, darzutun. Würde allerdings der beschwerdeführende Vatersbruder unter die nach § 66² PStG. zu hörenden Beteiligten fallen, so könnte wohl eine Bejahung seines Beschwerderechts in Frage kommen. Indessen können als „Beteiligte" i. S. des § 66² immer nur solche Personen gelten, die bei der beurkundeten und zu berichtigenden Angelegenheit, sei es als Anzeigende, sei es als unmittelbar durch sie Betroffene oder dadurch beteiligt sind, daß die beabsichtigte Berichtigung auf ihr Recht einwirkt (vgl. Hinschius-Boschan PStG. § 66⁴⁹; Sartorius S. 407). In diesem Sinne ist der Vatersbruder bei der Berichtigung der Geburtsurkunde seines Neffen nicht beteiligt. Die Beweiskraft der Geburtsurkunde, sei es der ursprünglichen, sei es der berichtigten, beschränkt sich nach § 15 PStG. auf die Tatsachen, zu deren Beurkundung sie nach § 22 bestimmt ist, gibt insbesondere nur rechtserhebliche Auskunft über die Familiennamen des Kindes und seiner Eltern. Wenn das LG. (übrigens ohne ausreichende tatsächliche Unterlage) annimmt, daß eine entsprechende Berichtigung anderer Personenstandsurkunden, sei es auf Antrag der daran Beteiligten, sei es auf Betreiben der Aufsichtsbehörde des Standesbeamten in Aussicht stehe, so wird doch dadurch ein Recht der an der vorliegenden Beurkundung nicht Beteiligten, der angeordneten Berichtigung zu widersprechen, nicht begründet, vielmehr bleibt es jedem Einzelnen überlassen, seine Rechte an der ihn betreffenden Eintragung zu wahren. Ein allgemeines Recht der Mitglieder einer Familie, darüber zu wachen, daß der Familienname in allen die Familienmitglieder betreffenden Personenstandsurkunden einheitlich, und zwar in der von ihnen als richtig erachteten Weise geschrieben wird, ist im Gesetze nicht anerkannt.[1] B.

---

[1] Gegen die Verfügung, die den von den Erben beantragten Erbschein abweist, steht dem Testamentsvollstrecker als solchem kein Beschwerderecht zu, denn der Erbschein kann nur nach BGB. § 2253 auf Antrag erlassen werden und nach § 20 FGG. ist gegen die abweisende Verfügung die Beschwerde, mag es sich um die erste oder um die weitere handeln, nur dem Antragsteller gegeben (Bayer. ObLG. 21. Mai 1920; III Nr 43). Vgl. Rsp. 40 S. 155 N. 1c.

c) **Begründung amtsgerichtlicher Beschlüsse.**

Bayer. Oberstes Landesgericht, ZS. Beschluß v. 30. Oktober 1920.

Die Anschauung des LG., der amtsgerichtliche Beschluß leide an einem wesentlichen Mangel, weil er nicht mit Gründen versehen sei, ist unzutreffend. Daß gerichtliche Entscheidungen der freiwilligen Gerichtsbarkeit mit Gründen zu versehen sind, ist reichsrechtlich nur vorgeschrieben für Beschwerdeentscheidungen (FGG. § 25, GBO. § 77), für die Zurückweisung des Antrags auf eine Eintragung im Grundbuch oder im Schiffsregister (GBO. § 18 S. 1, FGG. § 100[2] S. 2) und für die Zurückweisung der Anmeldung eines Vereins (BGB. § 60[1]; vgl. für das Genossenschaftsregister: § 3[3] Bek. v. 1. Juli 1899). Landesrechtliche Bestimmungen, die aufgrund des § 200[1] FGG. eine weitergehende Verpflichtung zur Begründung erstinstanzieller Beschlüsse vorschreiben (vgl. für Preußen § 4 AVf. v. 7. November 1899, JMBl. S. 313 und hierzu KG. in RJA. 4 S. 28, für Sachsen § 1 der VO. v. 16. Juni 1900, für Hessen Art. 16 AusfG. zum FGG. v. 18. Juli 1899) bestehen in Bayern nicht. Es ist denn auch allgemein anerkannt, daß (von den erwähnten Ausnahmen abgesehen) amtsgerichtliche Beschlüsse der freiwilligen Gerichtsbarkeit keiner Begründung bedürfen (Rsp. 4 S. 351, Samml. 18 A 180). Hieraus folgt jedoch noch nicht, daß die Beteiligten nicht zu erkennen brauchen, auf welchen Erwägungen die Entscheidung beruht. Im übrigen wird es sich aus Zweckmäßigkeitsgründen auch für das Amtsgericht regelmäßig empfehlen, seinen Beschlüssen, besonders solchen, die mit Beschwerde anfechtbar sind, eine schriftliche Begründung beizufügen. — Hier hat das Amtsgericht die beiden früheren Ehegatten gleichzeitig vernommen und in ihrer Gegenwart seinen Beschluß verkündet; der Mann kannte also die Gründe, aus denen die Frau, und diese die Gründe, aus denen der Mann handelte; wenn das Amtsgericht der Frau beitrat, wußte mithin der Mann, auf welchen Erwägungen der Beschluß beruhte. Dieser hat ferner durch Anführung des § 1635 BGB. ausgedrückt, daß die Anordnung aus besonderen Gründen im Interesse des Kindes geboten sei; da es sich nur um eine vorläufige Maßregel handelt, konnte dies genügen. Unter allen Umständen aber hat das Amtsgericht die Begründung durch die seinem Vorlagebericht beigefügten Ausführungen vollkommen ausreichend nachgeholt.... Von einer Zurückverweisung der Sache an das LG. konnte abgesehen werden, weil der vorliegende Sachverhalt ohne weitere Ermittlungen eine sachliche Entscheidung ermöglicht....[1] Kn.

d) **§ 55 FGG. im Falle der Ersetzung einer Zustimmung.**

Kammergericht, ZS. 1a. Beschluß v. 21. Mai 1920.

Die Frau A., die im Güterstande der (übergeleiteten) Fahrnisgemeinschaft lebt, hat ein von ihr eingebrachtes Grundstück verkauft und beantragt, die

[1] Nach FGG. § 46 kann nur ein mit der Angelegenheit befaßtes Gericht die Sache an ein andres Gericht abgeben; befaßt ist es aber dann, wenn es amtlich von Tatsachen Kenntnis erhält, die zum Einschreiten Anlaß bieten, zB. durch den Eingang der ihm vom Amtsg. A. zur Weiterbearbeitung übersandten Akten (KG. 20. August 1917, 1a x 447).

von ihrem Manne verweigerte Zustimmung zu ersetzen. Das Amtsgericht hat abgelehnt. Ihre Beschwerde wurde als unzulässig verworfen; denn der amtsgerichtliche Beschluß sei nach § 16 durch Zustellung an den Notar als Zustellungsbevollmächtigten aller Beteiligten wirksam und nach §§ 55, 62 unabänderlich geworden. Diese Begründung beruht jedoch auf einer Verwechslung der Ersetzung einer Zustimmung mit der Genehmigung durch das VormGericht. Der § 55 hat nur den Fall im Auge, daß die Genehmigung zu einem Rechtsgeschäft erteilt oder verweigert wird, und bestimmt allerdings, daß die Verfügung insoweit nicht mehr geändert werden kann, als die Genehmigung oder deren Verweigerung einem Dritten gegenüber wirksam geworden ist. Diese Vorschrift findet ihre Ergänzung und Rechtfertigung in § 1829 S. 2 BGB., wonach die Genehmigung sowie deren Verweigerung dem anderen Teile gegenüber erst wirksam wird, wenn sie ihm durch den gesetzlichen Vertreter mitgeteilt wird. Die Erteilung der Genehmigung ist hiernach i. S. des Gesetzes zunächst nur eine vorbereitende Handlung, die sich im Innenverhältnis zwischen dem gesetzlichen Vertreter und dem Dritten abspielt (§ 1828), während ihre Wirksamkeit erst dadurch eintritt, daß jener sie dem Dritten in rechtsgeschäftlicher Absicht mitteilt. Mit dieser Mitteilung, auf die das Gericht keinen Einfluß mehr hat, ist dann das Rechtsgeschäft wirksam zustande gekommen oder endgültig gescheitert, und es ist durchaus folgerichtig, daß in solchem Falle der § 55 dem Gericht verbietet, seine Verfügung, die doch die bereits eingetretene materielle Gestaltung der Rechtslage zu beseitigen nicht mehr in der Lage ist, noch formell zu ändern. Anders ist die Rechtslage bei der Ersetzung der Zustimmung eines Beteiligten, um die es sich hier nach §§ 1525, 1402 BGB. handelt. Hier ist die Verfügung nach § 16¹ an den zu richten, dessen Zustimmung ersetzt werden soll, tritt dann aber auch nach § 53, wenn sie die Zustimmung ersetzt, schon mit der Rechtskraft in Wirksamkeit, ohne daß es sonst noch einer Mitteilung an Dritte bedarf. Diese Fälle fallen hiernach nicht unter § 55, vielmehr gibt § 55² nur eine Sonderbestimmung für den Fall, daß die Zustimmung zu einer Ehelichkeitserklärung ersetzt wird (Ebert § 55¹). Dann gilt aber auch nichts Besonderes, wenn das Gericht es ablehnt, die Zustimmung zu ersetzen, vielmehr ist in solchem Falle nach allgemeinen Rechtsgrundsätzen dem abgewiesenen Antragsteller das Beschwerderecht gemäß § 20² gegeben. B.

e) **Rechtliches Interesse des § 57 Nr. 3. Pflegschaft aus § 1911 BGB.**
Kammergericht, ZS. 1a. Beschluß v. 16. Januar 1920.

Das Beschwerderecht des A. nach § 57 Nr. 3 ist zu bejahen, da er nach seinem Vortrage — er habe sein Grundstück verkauft und sich dabei verpflichtet, die Hypothek des in russischer Gefangenschaft befindlichen X. löschen zu lassen — ein rechtliches Interesse an der Anordnung der beantragten Abwesenheitspflegschaft hat. Das Bay. ObLG. (Rsp. 34 S. 239) hat den Unterschied zwischen rechtlichem und wirtschaftlichem Interesse zutreffend dahin angegeben, daß ersteres nur dann vorliegt, wenn die Anordnung oder Aufhebung der Pflegschaft an die zwischen dem Antragsteller und dem Abwesenden bestehenden Beziehung von rechtlich erheblichem Einfluß ist, daß im übrigen aber rechtliche und wirtschaftliche Interessen begrifflich sich nicht ausschließen, im Gegenteil zusammentreffen werden. Ob dies den vom ObLG. gezogenen Schluß rechtfertigt, daß letzteres für den Regelfall zu unterstellen sei, kann dahingestellt bleiben, da hier das rechtliche Interesse des § 57 Nr. 3 im Sinne obiger Darlegungen dargetan ist. Der Beschwerdeführer behauptet, daß die Forderung des X. durch Aufrechnung erloschen und X. daher zur Löschungserklärung verpflichtet sei, die Erfüllung dieser Verpflichtung vorerst aber nur mit einem dem X. zu bestellenden Pfleger angebahnt werden könne. Wenn durch die Ablehnung der Pflegschaft eine solche Verhandlung unmöglich wird, so wirkt dies, wie im Fall des ObLG., auf die rechtliche Beziehung des A. zu seinem Gläubiger nachteilig ein.

Dagegen ist die Annahme der Vorinstanzen, daß ein Fürsorgebedürfnis des § 1911 BGB. nicht vorhanden sei, rechtlich zu beanstanden.... Bezweckt überhaupt die Anordnung der Pflegschaft, eine Klage gegen X. zu vermeiden — dies muß als in dessen Interesse liegend erachtet werden, da ihm sonst nur unnütze Kosten erwüchsen und er möglicherweise wegen Verspätung der Erfüllung schadenspflichtig gemacht werden könnte —, so kann der Umstand, daß der behaupteten Tilgung der Schuld nach Ansicht des VormGerichts gewisse möglicherweise zu zerstreuende Bedenken rechtlicher oder tatsächlicher Art entgegenstehen, nicht zur Ablehnung der Pflegerbestellung führen; denn es ist gerade Sache des Pflegers, diesen Bedenken auf den Grund zu gehen, und er wird nach pflichtmäßiger Prüfung die Löschung nur bewilligen, wenn er rechtlich und tatsächlich die volle Überzeugung davon gewonnen hat, daß die Forderung getilgt sei. Die weitere Annahme des LG., daß sich der Pfleger nach der Sachlage kaum zur Löschungsbewilligung verstehen werde, greift der Entscheidung des Pflegers vor, da nur dieser nach Prüfung der gesamten Beweismittel sich schlüssig machen kann. Übrigens wäre, auch wenn es zu einer Klage gegen den Pfleger kommen und X. unterliegen sollte, damit nur dessen Verpflichtung festgestellt, dem Anspruche des A. zu genügen. Darin könnte aber eine Schädigung seiner Interessen nicht gefunden werden. M.

f) **Bestimmung eines gemeinschaftlichen Nachlaßgerichts.**

OLG. Breslau, 1. ZS. Beschluß v. 16. September 1920.

Das FGG. hat die Zuständigkeit für die dem Nachlaßgericht obliegenden Verrichtungen lediglich nach Umständen, die in der Person des jeweiligen Erblassers liegen, bestimmt und kennt nicht den Begriff eines gemeinschaftlichen Nachlaßgerichts für mehrere Erblasser, die zurzeit ihres Todes in den Bezirken verschiedener Amtsgerichte wohnten. Deshalb ist das OLG. nicht in der Lage, ein Gericht zu bestimmen, das sowohl für die 1916 in L. verstorbene Frau Emilie als auch für ihren 1918 in Gl. verstorbenen Mann Eduard als Nachlaßgericht zuständig ist. Es besteht jedoch die Möglichkeit, daß eines der beiden Amtsgerichte, die als Nachlaßgerichte hier in Betracht kommen, nicht nur für denjenigen Nachlaß, für den es nach § 73 örtlich zuständig ist, sondern im Einverständnisse mit den Beteiligten auch für den anderen Nachlaß die Vermittlung der Auseinandersetzung zwischen den Beteiligten übernimmt. Da das Amtsgericht L. zuerst in der Sache tätig geworden ist und ihm daher, sofern § 4 FGG. zur Anwendung käme, der Vorzug gebühren würde, so erscheint es angebracht, daß dieses Gericht sich der Bearbeitung der Sache unterzieht und, unbeschadet der sich aus § 193 mit Art. 21 PrFG. ergebenden Befugnisse, neben der ihm nach § 73 obliegenden Auseinandersetzung des Nachlasses des Mannes auch hinsichtlich des Nachlasses der Frau, sofern die Beteiligten damit einverstanden sind, die Auseinandersetzung zwischen ihnen vermittelt. Schn.

g) **Bedeutung der Vorschriften über die Ladung.**[1]

Kammergericht, 1. ZS. Beschluß v. 5. Februar 1920.

Ein Verfahrensmangel liegt nicht darin, daß das Gericht den Auseinandersetzungstermin abgehalten hat, ohne daß er in einem früheren Termine verkündet worden war und ohne daß gemäß §§ 89, 90 eine Ladung stattgefunden hatte. Die Beobachtung der Vorschriften über die Ladung ist nur Voraussetzung für die Anwendung des im Gesetze vorgesehenen Versäumnisverfahrens, nicht dagegen für die Zulässigkeit einer Verhandlung mit den erschienen Beteiligten. Sind sämtliche Beteiligte ohne Ladung erschienen, so kann die Auseinandersetzung unter ihnen vermittelt, beurkundet und bestätigt werden. Sind sie über einen von ihnen entworfenen Plan einig, so bedarf es nicht der Anfertigung eines gerichtlichen Plans; dann ist gemäß § 93 S. 3 die Auseinandersetzung zu bestätigen. Erschienen ist ein Beteiligter auch, wenn für ihn ein Bevollmächtigter auftritt (§ 13)[2]; Geschäftsführer ohne Vollmacht sind dagegen im Auseinandersetzungsverfahren nicht zuzulassen. M.

h) **Aufsichtsmaßnahmen gegen Vereine. Einberufung einer Mitgliederversammlung.**

Bayer. Oberstes Landesgericht, ZS. Beschluß v. 1. Oktober 1920.

Nachdem die ordentliche Mitgliederversammlung des eingetragenen Vereins am 1. August 1919 stattgefunden und als nächstjährigen Versammlungsort

[1] Wenngleich das Gericht nach § 87 den Beteiligten die Beschaffung der Unterlagen aufgeben darf, so ist es doch auch befugt, diese Unterlage von Amtswegen zu beschaffen, wenn dies nach Lage des Falles angemessen erscheint, wenn es zB. in leichter Weise Aufklärungen und Unterlagen durch behördliche Auskünfte, Einforderung von Akten beschaffen kann (KG. 13. August 1919, 1 x 186). Die Erwägungen des LG., daß das Gesetz keine Handhabe gewähre, einem andren Miterben die Beibringung des Nachlaßverzeichnisses wirksam aufzugeben, dazu aber auch kein Bedürfnis bestehe, weil der Beschwerdeführer es auf Grund der §§ 2027, 260 BGB. sich beschaffen könne, werden den an die pflichtmäßige Ausübung des Ermessens zu stellenden Anforderungen ausreichend gerecht (KG. 27. August 1019, 1 x 191).

[2] Ist ein Beteiligter nicht in der Lage, selbst den Auseinandersetzungstermin wahrzunehmen (zB. wegen Krankheit), aber imstande, durch einen Vertreter ihn sachgemäß wahrnehmen zu lassen, so muß er hierzu auch für verpflichtet erachtet werden; das gleiche gilt, wenn der zunächst ausgewählte Vertreter den Termin wahrzunehmen verhindert, eine sachgemäße Abhaltung des Termins durch einen andren Vertreter aber möglich ist (Beschluß desselben ZS. v. 25. Sept. 1919 x 214).

München bestimmt hatte, beantragten im August 1920 die Vorstandsmitglieder B. und C. bei dem Registergericht, den 1. Vorsitzenden A. aufzufordern, binnen kurzer Frist die Mitgliederversammlung einzuberufen; falls er aber dem nicht nachkäme, den B. dazu zu ermächtigen. Das Amtsgericht ermächtigte den B. zur sofortigen Einberufung einer außerordentlichen Mitgliederversammlung nach München und zur Führung des Vorsitzes in ihr. Die Beschwerde des A. hatte Erfolg. Die weitere Beschwerde des B. ist unbegründet.

Das innere Vereinsleben unterliegt nicht der Beaufsichtigung durch das Amts(Register)gericht; dieses hat sich, abgesehen von den in den §§ 29, 37, 78 BGB. vorgesehenen Ausnahmen, jedes Eingriffs in die Tätigkeit der Vereinsorgane zu enthalten. Die einzelnen Organe sind dem Verein für die Erfüllung ihrer Pflichten verantwortlich und zum Ersatze des ihm durch eine Pflichtverletzung zugefügten Schadens verpflichtet. Das oberste Organ des Vereins, die Mitgliederversammlung, die der Regel nach (§§ 27 [1], 40 BGB.) und auch hier (§ 11 der Satzung) die übrigen Organe bestellt, hat über die Klagen und Beschwerden wegen deren Amtsführung zu entscheiden; es kann die Geltendmachung von Ersatzansprüchen und gegebenen Falles auch die Entfernung aus dem Amte gegen die pflichtvergessenen Personen (§ 27 [2] BGB.) beschließen. Es ist also diejenige Stelle, an die der Beschwerdeführer seine Klagen über die Geschäftsführung des A. bringen muß.

Die rechtliche Nachprüfung ergibt, daß an der Entscheidung des LG. festgehalten werden muß. Dieses führt 3 Gründe an; in ihnen sind aber richtige Gesichtspunkte mit unrichtigen vermischt. Es kommt folgendes in Betracht: Das BGB. §§ 36, 37 unterscheidet nicht zwischen ordentlichen und außerordentlichen Mitgliederversammlungen. Dagegen stellt die Satzung eine solche Unterscheidung auf. Nach § 15 [1] ist nur die in jedem Jahre stattfindende Mitgliederversammlung eine ordentliche, alle anderen sind außerordentliche. Der Unterschied ist wesentlich; denn die ordentliche Versammlung beruft der 1. Vorsitzende; über den Ort ihrer Abhaltung entscheidet die Versammlung selbst. Es muß also jede ordentliche Versammlung über den Ort, an dem die nächste ordentliche Versammlung abzuhalten ist, beschließen. Über die Frage, ob eine außerordentliche Versammlung einberufen werden soll, entscheidet nach § 15 [2] der Satzung die Vorstandschaft, ebenso über den Ort; die Einberufung selbst erfolgt dann durch den 1. Vorsitzenden. Den erwähnten Unterschied haben die Antragsteller verkannt. Sie wünschten die Einberufung der diesjährigen ordentlichen Versammlung. Mit diesem Wunsche hatten sie sich an A. zu wenden. Als dieser sich ablehnend verhielt, mußten sie eine außerordentliche Versammlung ins Auge fassen und zu diesem Zwecke den im § 37 BGB. und im § 15 [2] der Satzung vorgeschriebenen Weg einschlagen. Nach § 15 [2] mußte aber ein schriftlicher Antrag, der von mindestens $1/3$ der Mitglieder unterschrieben war oder dem mindestens $1/3$ der Mitglieder schriftlich — wenn auch in gesonderten Schriftstücken — beigetreten war, an die Vorstandschaft gerichtet werden und unter Angabe des Zweckes und der Gründe die Einberufung einer außerordentlichen Mitgliederversammlung verlangen. Der Antrag brauchte nicht bei dem 1. Vorsitzenden eingereicht zu werden. Nach allgemeinen Grundsätzen genügte, wenn er irgendeinem Mitgliede der Vorstandschaft übergeben wurde. Die im § 28² BGB. für rechtsgeschäftliche Erklärungen gegebene Vorschrift wird man hier entsprechend anzuwenden haben. Ein Antrag der bezeichneten Art ist jedoch nicht gestellt worden. Die 623 schriftlichen Erklärungen, die die Antragsteller bei dem Amtsgerichte einreichten, entsprechen dem § 37¹ BGB. nicht. Sie enthielten besonders nicht den Zweck und die Gründe der einzuberufenden außerordentlichen Versammlung. Die Voraussetzung für das im § 37² BGB. vorgesehene Eingreifen des Amtsgerichts, daß einem dem § 37¹ entsprechenden Antrag nicht entsprochen wurde, war also hier nicht erfüllt. Schon aus diesem Grunde mußte das Amtsgericht den Antrag abweisen. Dazu kommt aber noch, daß er infolge der Nichteinhaltung des § 37¹ nur von 2 Mitgliedern gestellt wurde. Er mußte, wenn er Erfolg haben sollte, von oder Namens $^1/_3$ der Mitglieder gestellt werden. Die Mitglieder, die ihn an das Amtsgericht stellten, mußten die gleichen sein, die sich vergeblich an die Vorstandschaft mit dem Verlangen auf Einberufung einer außerordentlichen Versammlung gewandt hatten. Das Amtsgericht konnte, wenn alle Voraussetzungen erfüllt waren, einen der Antragsteller zur Berufung der Versammlung ermächtigten, es mußte die Ermächtigung nicht, wie nach dem Wortlaute des § 37² anzunehmen wäre, allen Antragstellern erteilen.

Auch dem weiteren Entscheidungsgrund des LG. liegt ein richtiger Gedanke zugrunde. Wie aus dem im § 37² gebrauchten Worte „kann" hervorgeht, kann das Amtsgericht den Antrag, auch wenn alle formellen Voraussetzungen erfüllt sind, zurückweisen. Das Amtsgericht muß demnach prüfen, ob er nach der Sachlage gerechtfertigt ist; es kann ihn zurückweisen, wenn es die Einberufung nicht für geboten erachtet. Das LG. hat nun die beantragte Einberufung nicht für geboten erachtet, weil A. für die ordentliche Versammlung bereits den 10. Oktober in Aussicht genommen hatte. Dabei hat es aber übersehen, daß A. unter Außerachtlassung des Beschlusses der letzten Versammlung Nürnberg als Ort der diesjährigen ordentlichen Versammlung bestimmen wollte, und daß eine Abänderung jenes Beschlusses durch schriftliche Abstimmung die nach der Sachlage nicht zu erreichende Zustimmung sämtlicher Mitglieder voraussetzte (§ 32² BGB). Unter diesen Umständen konnte der Antrag nicht als sachlich ungerechtfertigt bezeichnet werden.

Endlich meint das LG., der Antrag hätte nicht an das Amtsgericht, sondern an die Vorstandschaft gerichtet werden sollen. Allein A. hätte diese nicht einberufen und auch ihren Beschluß nicht vollzogen. Bei dieser Sachlage durfte sich die Minderheit sofort an das Amtsgericht wenden. Denn Voraussetzung dafür ist nicht, daß die Vorstandschaft den Antrag abschlägig beschied, sondern, daß sie ihm nicht „entsprach". Diese Voraussetzung ist schon dann gegeben, wenn sie sich untätig verhielt, über den Antrag überhaupt keinen

Beschluß faßte oder wenn zwar die Abhaltung einer Mitgliederversammlung beschloß, der Vorsitzende aber den Beschluß nicht vollzog, dh. die ihm satzungsgemäß obliegende Einberufung der Versammlung nicht vornahm.... Kn.

i) **Beweiskraft des Protokolls nach § 176 Nr. 2, 3.**

α) Kammergericht, 1. ZS. Beschluß v. 15. Mai 1919.

Die Urkunde, in der die jetzt verwitwete H. geb. M. die Löschung der für die verehelichte H., geb. M., eingetragenen Hypothek bewilligt, trägt den Vermerk, daß die vorstehende Namensunterschrift der „verwitweten Frau Auguste H., geb. M., in S. wohnhaft" beglaubigt werde. Der Löschungsantrag wurde jedoch zurückgewiesen, weil ohne Beibringung der Sterbeurkunde des Mannes der Gläubigerin deren Verfügungsberechtigung nicht dargetan sei. Allein wie der Senat in KGJ. 44 S. 208 ausgeführt hat, darf, wenn im notariellen Auflassungsprotokoll die im Grundbuch als Ehefrau eingetragene Eigentümerin als Witwe bezeichnet ist, das Grundbuchamt zum Nachweis ihrer Verfügungsbefugnis daneben nicht noch eine Sterbeurkunde ihres Mannes verlangen. Entsprechendes muß auch für den Fall der Beglaubigung angenommen werden. Der Beglaubigungsvermerk muß nach § 183² S. 2 die Bezeichnung desjenigen enthalten, der die Unterschrift vollzogen oder anerkannt hat. Näheres über die Art der Bezeichnung ist nicht vorgeschrieben. Dagegen hatte sie nach § 8³ Ges. über das Notariat vom 15. Juli 1890, der dem im FGG. geregelten Beglaubigungsverfahren als Vorbild gedient hat (Denkschrift S. 90), durch Angabe des Vor- und Zunamens, des Wohnorts und etwaigen Standes oder Gewerbes zu erfolgen. An den Familienstand ist dabei jedenfalls nicht gedacht worden (vgl. sten. Ber. des AbgH. 1890 III S. 1617, 1670). Trotzdem war diese Angabe zur Bezeichnung der Persönlichkeit unter der Herrschaft des Ges. vom 15. Juli 1890 entsprechend den Gepflogenheiten des Verkehrs bei weiblichen Personen vielfach üblich und zulässig. Um so weniger können heute dagegen Bedenken bestehen, wo es das Gesetz dem pflichtmäßigen Ermessen der Urkundsperson überläßt, die nach Lage des Falles zur Sicherstellung der Persönlichkeit des Beteiligten geeigneten Merkmale zu wählen, für deren Richtigkeit sie die Verantwortung trägt. Die Bezeichnung einer Frau als Witwe im Beglaubigungsvermerk dient der Sicherstellung der Persönlichkeit und ist dazu auch geeignet. Der Vermerk, der selbst eine öffentliche Urkunde darstellt (KGJ. 40 S. 362), beweist hier, daß die die Unterschrift leistende oder anerkennende Person die darin angegebenen Merkmale besitzt (ZPO. § 418¹). Er beweist daher auch den darin angegebenen Familienstand des Ausstellers. Dr. Bl.

β) Kammergericht, 1. ZS. Beschluß v. 3. Juli 1919.

Als Grundstückseigentümerin ist Fräulein Marie A. eingetragen. Im notariellen Kaufvertrage von Ende 1918 ließ „Frau Fabrikbesitzer Marie S., geb. A." das Grundstück an den Beschwerdeführer auf und der Ehemann, Fabrikbesitzer Otto S., genehmigte diese Erklärung. Die Eintragung wurde jedoch abgelehnt, weil die Auflage, eine Heiratsurkunde beizubringen, nicht befolgt wurde. Die weitere Beschwerde ist unbegründet. Die Auflassungserklärung enthält zunächst entsprechend dem § 176 Nr. 2 die Feststellung, daß vor dem Notar „Frau Fabrikbesitzer Marie S., geb. A." erschienen sei. Wie im KGJ. 44 S. 20, 212 ausgeführt ist, wird dadurch bewiesen, daß eine Person, die den Vornamen „Marie" hat, früher als ledige Person „A." hieß, dann geheiratet hat und den Namen „S." führt, die Auflassung erklärt hat. Dem Grundbuchrichter war eine Nachprüfung einer Tatsache entzogen; nur dann, wenn ihm Tatsachen bekannt waren, daß der Notar Vorschriften verletzt hat oder daß seine Beurkundung fehlerhaft ist, hatte er dies zu berücksichtigen.[1]

Nach § 176² Nr. 3 enthält die Urkunde ferner in §§ 3—5 die Erklärungen der Beteiligten; sie beweist also nach § 415 ZPO. nur, daß die Beteiligten sie abgegeben haben, nicht dagegen, daß die Erklärungen den Tatsachen entsprechen, daß also gerade die Maria A. (jetzt verehelichte S.) noch wirklich die Grundstückseigentümerin ist, für die sie sich in der Erklärung ausgibt, daß sie also identisch ist mit der im Grundbuch eingetragenen Marie A. Hätte der Notar auch solche Tatsachen nachgeprüft und dies im Protokoll ausgedrückt, so wäre dadurch trotzdem nach § 415 ZPO. nicht voller Beweis erbracht, da die Zuständigkeit für diese Beurkundung dem Notar mangelte. Er hatte vielmehr nach Art. 40 Pr.FG. nur etwaige Zweifel auszudrücken. . . . M.

4. Grundbuchordnung.

a) Antrags- und Beschwerderecht. Auslegung (Löschung) des auf einen Verkaufsfall beschränkten Vorkaufsrechts.

Kammergericht, 1. ZS. Beschluß v. 18. Dezember 1919.

Auf dem Blatte 36 stand ein auf den Grundstücken Nr. 1/3 und Nr. 4 des Bestandsverz. lastendes Vorkaufsrecht für den jeweiligen Eigentümer des Grundstücks Bl. 35 aus dem Vertrage von 1900 § 3 eingetragen, jedoch nur für den Fall, daß die Grundstücke gesondert verkauft werden. Am 29. Juni 1919 hat der Eigentümer A. die Grundstücke 1/3 und 4 an B. für 70000 Mark verkauft. B. hat darauf am 7. Juli 1919 das Grundstück 1/3 an S. für 10000 Mark weiterverkauft. Am 8. Juli hat B. dann mit A. einen Nachtragsvertrag geschlossen, in dem sich folgender Antrag findet: „Die Löschung des auf Bl. 36 eingetragenen Vorkaufsrechts wird schon hiermit beantragt; es ist gemäß § 1097 BGB. auf den ersten Verkaufsfall beschränkt, aber bei ihm nach seinem eigenen Inhalt nicht existent geworden, da die Grundstücke nicht gesondert verkauft sind." Am 15. Juli ist das Grundstück 4 dem

[1] Die Feststellung, daß der Beteiligte die im Protokolle hervorgehobenen Merkmale trägt, deckt der Urkundsbeamte mit seiner Verantwortung; dies gilt auch dann, wenn er den Beteiligten ausdrücklich als volljährig bezeichnet (Beschluß desselben ZS. v. 2. Okt. 1919 x 216). Ebenso gehört die Angabe, daß ein Recht Mehreren auf Grund einer Gesamthandsgemeinschaft zusteht, zur Bezeichnung der Berechtigten und diese erfolgt auf die einseitige Bewilligung der Betroffenen; deshalb bedarf es eines Nachweises dafür nicht. Nur wenn dem Grundbuchrichter bekannt ist, daß die behauptete Gesellschaft nicht besteht, darf er die Eintragung nicht vornehmen (KG. 6. März u. 10. Sept. 1919, 1 x 41, 208).

B. aufgelassen worden, der Grundbuchrichter machte jedoch die Löschung des Vorkaufsrechts von der Bewilligung des Berechtigten abhängig. Die vom Notar eingelegte Beschwerde wurde zurückgewiesen. Die weitere Beschwerde ist nicht begründet. Weder in der ersten noch in der weiteren Beschwerde hat der Notar die Beschwerdeführer angegeben. Als solche für die weitere Beschwerde werden A. und B. angesehen, da beide im Beschwerdebeschlusse als solche bezeichnet und mit Kosten belastet sind. Ob B. auch schon für die erste Beschwerde als Beschwerdeführer anzusehen war, kann zweifelhaft erscheinen, weil das Grundbuchamt in seiner Verfügung nur den A. als Antragsteller bezeichnet hat. Da jedoch der Beschwerdebeschluß, soweit er den B. als Beschwerdeführer bezeichnet, nicht bemängelt ist, so ist die Auffassung des LG. als dem Willen der Beteiligten entsprechend, anzunehmen.

Das Beschwerderecht des A. und des B. für die weitere Beschwerde ergibt sich aus der ihnen nachteiligen Kostenentscheidung. Da ferner A. vom Grundbuchamt mit Kosten belastet worden, ist er auch für die erste Beschwerde beschwerdeberechtigt. Dagegen war B. zu ihr nicht berechtigt, da ihm angesichts des Vertrags vom 7. Juli 1919 über die Weiterveräußerung des Grundstücks 1/3 auch ein Antragsrecht nach § 13² GBO. von vornherein nicht zustand (Güthe § 11¹⁸). A. war zwar ursprünglich als Eigentümer antragsberechtigt; mit dem Verlust der Eigentümereigenschaft, also mit der am 3. Sept. bewirkten Umschreibung jener Grundstücke auf S. verlor jedoch auch A. das Antragsrecht. Denn fortan konnte er durch die Löschung des Vorkaufsrechts nicht beeinträchtigt werden (Güthe § 13⁴²). Bei Einlegung der ersten Beschwerde bestand daher kein Antragsrecht des A. mehr. Da hiernach dem B. das Beschwerderecht und dem A. das Antragsrecht fehlte, hätte schon aus diesem Grunde die erste Beschwerde zurückgewiesen werden müssen; der Beschwerdebeschluß ist also im Ergebnis richtig.

Für den Fall, daß S. den Löschungsantrag wiederholen sollte, sei darauf hingewiesen, daß die Löschung des Vorkaufsrechts grundsätzlich nicht die Bewilligung des Berechtigten erfordert. Aus dem Wortlaut des § 3 des Vertrags von 1900, der eine Erstreckung des Rechts gemäß § 1097 Halbsatz 2 nicht ersehen läßt, geht ebenso wie aus der Eintragung hervor, daß das Recht nur für den ersten Verkaufsfall gelten sollte. Tritt dieser Fall ein, ohne daß der Eigentümer des berechtigten Grundstücks sein Vorkaufsrecht ausübt oder ausüben kann, so erlischt es nach der Regel des § 1097 und ist, wenn die Voraussetzungen des Erlöschens nachgewiesen werden, im Wege der Berichtigung auf Antrag zu löschen, ohne daß es der Bewilligung des Betroffenen bedarf (Güthe § 22¹², RGKomm. § 1097¹, KGJ. 40 S. 133). Der Nachweis, daß der Berechtigte sein Recht nicht ausgeübt hat, wird in der Regel nur durch dessen entsprechende Erklärung zu erbringen sein. Dagegen kann die Unzulässigkeit der Ausübung auch auf andere Weise nachgewiesen werden.

Die Beschwerde führt nun aus, daß es sich hier um einen Fall der letzteren Art handle, da der Vertrag vom 29. Juni/8. Juli den ersten Verkaufsfall darstelle. Diese Annahme ist jedoch unzutreffend. Allerdings bezeichnet der § 1097 als ersten Verkaufsfall den Fall, daß der Eigentümer, dem das Grundstück zurzeit der Bestellung des Rechts gehört, das belastete Grundstück verkauft. Allein das Recht kann auch so bestellt werden, daß es zwar auf einen Verkaufsfall beschränkt wird, aber unabhängig davon, ob der Verkäufer der alte Eigentümer oder einer seiner Einzelnachfolger ist (Wolff. Sachenr.[3] § 126 V 1; Planck § 1097[1c]). Wenn auch auf dem Gebiete des Sachenrechts keine Vertragsfreiheit herrscht, so läßt doch in § 1097 das Gesetz selbst Raum für eine abweichende Abmachung, indem es gestattet, das Vorkaufsrecht auch für mehrere oder für alle Verkaufsfälle zu bestellen. In den Rahmen der danach zulässigen Vereinbarungen fällt aber die im Vertrage von 1900 § 3 getroffene Vereinbarung. Denn wenn dort das Recht von vornherein nur für den Fall eines gesonderten Verkaufs des Grundstücks 1/3 bestellt worden ist, so kann dies kaum anders verstanden werden, als daß ihr erster gesonderter Verkauf, gleichgültig, ob er vom alten Eigentümer oder einem seiner Einzelnachfolger bewirkt würde, das Recht auslösen sollte. Die erforderliche Eintragung der Vereinbarung ist durch die nach § 874 zulässige Bezugnahme auf den die Bewilligung enthaltenden Vertrag ersetzt worden. Der erste Verkaufsfall ist aber der Verkauf des Grundstücks 1/3 an S. Die Unrichtigkeit des Grundbuchs kann daher nur durch eine Erklärung des Berechtigten über die Nichtausübung seines Rechts nachgewiesen werden. Daneben bleibt als Mittel zur Herbeiführung der Löschung die Bewilligung des Berechtigten. M.

b) **Beibringung einer Bescheinigung nach § 24 GrundEStG.**

α) Kammergericht, 1. ZS. Beschluß v. 22. Januar 1920.

Die Ordnungsvorschrift des § 24 GrundEStG. widerspricht nicht anderen Vorschriften dieses Ges. Die Steuerpflicht wird regelmäßig erst durch die Eintragung der Rechtsänderung im Grundbuch begründet (§ 4); die noch nicht geschuldete Steuer kann jedoch für den Fall der Entstehung der Steuerpflicht sichergestellt werden. Ein Anspruch auf Sicherstellung ist zwar dem Reiche nicht verliehen worden, dessen bedurfte es aber nach der gesetzlichen Regelung auch nicht. Die Beteiligten werden durch § 24 zur Sicherstellung genötigt, wenn sie die Eintragung erlangen wollen. Mit diesem Drucke hat sich der Gesetzgeber begnügt; die Vorschrift wird in der Regel ausreichen, die Beteiligten zur Sicherstellung zu veranlassen. Sollten sie, um diese nicht vorzunehmen, die Eintragung nicht beantragen, so wird dann durch § 5 dafür gesorgt, daß die Steuer nicht auf ungemessene Zeit unerhoben bleibt. Dabei ist noch mit der Möglichkeit zu rechnen, daß alsdann die Steuer höher ist. Der § 24 ist auch im Falle des § 5 anwendbar; ist danach die Steuer für das Veräußerungsgeschäft bezahlt und die Steuer für den Eigentumsübergang nicht höher als jene, so kann die Bescheinigung dahin ausgestellt werden, daß Steuer nicht zu erheben ist; im anderen Fall ist sie dahin auszustellen, daß die Steuer sichergestellt ist, sobald dies geschehen ist. — Sollte die Steuerstelle die nach dem Gesetze zu erteilende Bescheinigung verweigern, so darf der Grundbuchrichter deshalb nicht den § 24 unangewendet lassen; er muß es dann den Beteiligten überlassen, mit den gesetzlichen Mitteln die Bescheinigung zu erzwingen.

Dennoch müssen die Vorentscheidungen aufgehoben werden. Denn bei dem Fehlen dieser Bescheinigung muß gemäß § 18 GBO. eine Frist gesetzt werden, da es sich dabei um ein leicht zu hebendes Hindernis handelt (Beschluß v. 27. Nov. 1919), es sei denn, daß ausnahmsweise mit dessen baldiger Beseitigung nicht zu rechnen wäre, so zB. wenn die Beteiligten offenbar außerstande wären, die Mittel zur Sicherheit zu schaffen.[1] M.

β) Kammergericht, 1. ZS. Beschluß v. 29. April 1920.

Die Eheleute K. haben 1919 ihr Grundstück an ihre damals noch unverheiratete Tochter veräußert und sodann am 7. Februar 1920 in notarieller Verhandlung es ihr und ihrem gütergem. Mann aufgelassen. Der Antrag auf Eintragung der Eigentumsveränderung wurde beanstandet und eine Frist gesetzt zur Beibringung „einer Stempelbescheinigung (zur Hälfte des Wertes), deren es nicht bedurft hätte, wenn an die Tochter aufgelassen und nachher die Miteintragung ihres Mannes beantragt worden wäre". Die weitere Beschwerde ist begründet.

Einer Bescheinigung nach § 24 GrundEStG. bedarf es bei jeder Eintragung eines Eigentumsüberganges; auch dann, wenn dieser sich schon vor der Eintragung vollzogen hat und auch dann, wenn Steuer nicht zur Erhebung gelangt. Die Frage, ob und welche Steuer zu erheben ist, hat, wie der vom Gesetz vorgeschriebene Inhalt der Bescheinigung ergibt, lediglich die Steuerbehörde zu prüfen. Ob hier in der Zwischenverfügung ausreichend ausgedrückt ist, daß es sich um eine nach § 24 auszustellende Bescheinigung handelt, mag dahingestellt bleiben. Mit Recht bemängelte die Beschwerde jedenfalls, daß eine Bescheinigung „zur Hälfte des Wertes" verlangt worden ist. Aus diesen Worten, besonders in Verbindung mit der beigefügten Bemerkung, ergibt sich, daß eine Bescheinigung nicht hinsichtlich des einzutragenden Eigentumsüberganges als solchen verlangt wird, sondern nur hinsichtlich eines Teils des Rechtsvorganges. Das entspricht nicht dem Gesetze. Welche Rechtsvorgänge und inwieweit sie zu besteuern sind, hat ebenfalls nur die Steuerbehörde zu prüfen und zu entscheiden. Die dem Grundbuchamte beizubringende Bescheinigung aber ist lediglich auf den einzutragenden Eigentumsübergang als solchen abzustellen (Beschluß v. 22. April 1920, 1 x 92). Hiernach darf nur eine den vorstehenden Ausführungen entsprechende Bescheinigung verlangt werden. Gr.

[1] Dagegen ist für eine zeitlich unbegrenzte Aussetzung (bis zur Beibringung der Bescheinigung) kein Raum; vielmehr kann der Antragsteller nur demnächst die Verlängerung der gesetzten Frist nachsuchen (KG. 11. März 1920, 1 x 54). Der Grundbuchrichter ist zur Beschaffung der Bescheinigung nicht verpflichtet (Beschluß desselben ZS. v. 15. April 1920, SchlHA. S. 164).

c) **Eintragungen auf Verstorbene. Rechte der Erben.**

Kammergericht, 1. ZS. Beschluß v. 28. Oktober 1920.

Die Erben des Hypothekengläubigers X. haben am 18. Oktober 1918 an Karl A. die Hypothek abgetreten und ihre Umschreibung sowie die Aushändigung des Briefes an A. bewilligt und beantragt. Das Grundbuchamt, dem die Urkunde nebst dem Briefe am 12. September 1919 überreicht wurde, trug Ende 1919 die Abtretung im Grundbuch ein. Der Brief konnte jedoch nicht an A. ausgehändigt werden, weil dieser bereits Ende 1918 verstorben war. Hierauf traten die Beschwerdeführer als seine Erben die Hypothek an den Miterben Emil A. ab und bewilligten und beantragten die Eintragung der Abtretung, sowie die Aushändigung des Briefes an den neuen Gläubiger. Sie stützen sich darauf, daß ihr Erblasser noch bei Lebzeiten die Hypothek erworben habe. Nach § 891 BGB. wird allerdings, wenn im Grundbuche für jemand ein Recht eingetragen ist, vermutet, daß ihm das Recht zustehe; falls noch der Erblasser des das Recht in Anspruch Nehmenden eingetragen ist, bedeutet die Vermutung, daß dem Erblasser das Recht zugestanden hat. Dabei ist aber Voraussetzung, daß der Erblasser zurzeit der Eintragung des Rechtes noch gelebt hat. Denn wenn er wie hier zu dieser Zeit bereits gestorben ist, so steht fest, daß durch die Eintragung das Grundbuch unrichtig geworden ist (KGJ. 25 S. 113). Auf eine von vornherein unrichtige Eintragung kann aber eine Vermutung aus § 891 nicht gegründet werden. Die Beschwerdeführer müssen hiernach, da auch für eine Anwendung des § 1155 BGB. kein Raum ist, in der Form des § 29 GBO. den Hypothekenerwerb des Erblassers nachweisen. In Anwendung des § 1154 haben die Vorinstanzen mit Rücksicht darauf, daß hier der Brief erst am 12. September 1919, also nach dem Tode des Karl A., bei dem Grundbuchamt eingegangen ist, nicht für erwiesen erachtet, daß A. den Besitz am Briefe und damit das Gläubigerrecht an der Hypothek erlangt hat. In der Beschwerde ist allerdings unter das Zeugnis des X. gestellt, daß A. gleich am Tage der Abtretung den Brief übergeben erhalten habe. In der Nichtberücksichtigung dieses Vorbringens liegt jedoch keine Gesetzesverletzung, da der angetretene Beweis nicht der Formvorschrift des § 29 GBO. genügte.

Die Beschwerdeführer würden übrigens mit einem von ihnen etwa zu stellenden Berichtigungsantrage, der dem § 29 nicht zu entsprechen brauchte, möglicherweise das von ihnen erstrebte Ziel erreichen. Falls nämlich Karl A. die Hypothek nicht mehr erworben hat, könnte angenommen werden, daß seine Erben in die ihm durch die Abtretungserklärung zugedachte Rechtsstellung eingetreten sind. Stirbt derjenige, dem ein Vertragsantrag zugegangen ist, vor dessen Annahme, so wird, wenn nicht etwa bei dem Antragsteller die Absicht bestanden hat, den Vertrag gerade im Interesse der Person des Antragsgegners abzuschließen, regelmäßig davon auszugehen sein, daß die Erben des Antragsgegners befugt sind, durch ihre Annahmeerklärung den Vertrag zustande zu bringen (RGKomm. BGB. § 153[2]; Planck 153[3]).

Hier sind Anhaltspunkte für eine abweichende Absicht der X schen Erben nicht ersichtlich. Die Abtretungserklärung vom 18. Oktober 1918 haben die Erben des Karl A. angenommen. Sie würden auch, da die auf die Aushändigung des Briefes bezügliche Erklärung der X.schen Erben gleichfalls zu ihren Gunsten wirkte, mit der Einreichung des Briefes beim Grundbuchamt den Besitz daran erlangt haben. Sind sie aber entweder aus dem Recht ihres Erblassers oder aus eigenem Rechte Gläubiger der Hypothek geworden, so waren sie auch befugt, die Hypothek auf Emil A. weiter zu übertragen. Da dieser bei der Abtretung und der dabei über die Aushändigung des Briefes abgegebenen Erklärung selbst mitgewirkt hat, wäre die Hypothek damals sogleich auf ihn übergegangen. Durch seine Eintragung würde daher die bisherige Unrichtigkeit des Grundbuchs beseitigt werden (§ 22). Einer vorgängigen Eintragung der Beschwerdeführer würde es nach § 41 nicht bedürfen, weil sie als die Erben des eingetragenen Buchberechtigten von der Berichtigung betroffen werden würden (Güthe § 40[11]) und weil der Berichtigung eine Übertragung der Hypothek zugrunde liegen würde. K.l.

d) **Löschung einer Gesamthypothek. Bezeichnung der mithaftenden Grundstücke.**

α) Kammergericht, 1. ZS. Beschluß v. 4. März 1920.

Der Gläubiger, für den auf Nr. 13 und 163 ein Muttererbe haftet, hat in notarieller Urkunde, in der die Hypothek nur als auf Nr. 13 eingetragen bezeichnet ist, anerkannt, von dem Grundstückseigentümer A. das Muttererbe erhalten zu haben und dessen Löschung „im Grundbuch aller dafür haftenden Grundstücke" bewilligt. Die Löschung auf Nr. 163 wurde abgelehnt. Die weitere Beschwerde ist begründet. Der die Tilgung einer Gesamthypothek regelnde § 1173 BGB. findet keine Anwendung, wenn derjenige, der den Gläubiger befriedigt, Eigentümer der sämtlichen belasteten Grundstücke ist; vielmehr greifen die auf die Tilgung einer Einzelhypothek bezüglichen Bestimmungen, wonach der Eigentümer die Gesamthypothek entweder als Eigentümerhypothek (§§ 1143, 1153) oder als Eigentümergrundschuld (§§ 1163 S. 2, 1177[1]) erwirbt. Da hier durch die Quittung bewiesen wird, daß der Beschwerdeführer den Gläubiger befriedigt hat und da A. Eigentümer der belasteten Grundstücke ist, so ist er hiernach zur Verfügung über die Hypothek befugt. Die neben der Quittung bewilligte Löschung ist gegenstandslos; sie braucht daher auch nicht die Grundstücke nach § 28 GBO. zu bezeichnen und deshalb kann auf sich beruhen, ob die Löschungsbewilligung auf „allen dafür haftenden Grundstücken" genügt (Rsp. 18 S. 178). Freilich muß auch die Quittung, wenn über die Hypothek infolge der Zahlung verfügt werden und eine Eintragung ins Grundbuch erfolgen soll, eine dem § 28 entsprechende Bezeichnung des belasteten Grundstücks enthalten (KGJ. 34 S. 304). Allein hier genügt schon die ordnungsmäßige Bezeichnung eines der belasteten Grundstücke, um einen dem § 28 entsprechenden Nachweis für die Befugnis des Beschwerdeführers zur Verfügung über die Gesamthypothek zu erbringen. Daher kann sich nur fragen, ob der die Löschungsbewilligung ersetzende Antrag des A. erkennen läßt, daß die Hypothek auf beiden Grundstücken gelöscht werden soll und ob diese darin gemäß § 28 bezeichnet sind. Da in dem ausdrücklich zu beiden Grundstücken überreichten beglaubigten Antrag ohne Einschränkung die Löschung verlangt ist, so kommt dadurch deutlich zum Ausdruck, daß sie auf beiden Grundstücken vorgenommen werden soll. Dem steht nicht entgegen, daß die Nummer, unter der die Hypothek eingetragen ist, nur für Nr. 13. angegeben ist; denn es handelt sich hierbei offenbar um eine auf Versehen beruhende Unvollständigkeit. M.

β) OLG. Darmstadt, 2. ZS. Beschluß v. 12. Dezember 1919.

Die Vorinstanzen haben die beantragte Löschung im Hinblick auf § 28 abgelehnt. Die weitere Beschwerde meint, daß die Grundstücke aus dem Vermerke der Mitbelastung zu erkennen seien; sie ist jedoch unbegründet. Allerdings ist § 28 unanwendbar, wenn sich die Eintragung lediglich auf ein Recht am Grundstücke bezieht, vielmehr genügt dann jede Angabe, sofern über das gemeinte Recht jeder Zweifel ausgeschlossen ist (Rsp. 9 S. 330). Hier bezieht sich jedoch der Löschungsantrag unmittelbar auf das Grundstück selbst. Deshalb muß das Grundstück übereinstimmend mit dem Grundbuch oder durch Hinweis auf das Grundbuchblatt bezeichnet werden. Auf eine anderweite Bezeichnung des Grundstücks, an dem sich die einzutragende Rechtsänderung vollziehen soll, braucht sich das Grundbuchamt nicht einzulassen, auch dann nicht, wenn sich — wie hier aus den im Blatt 205 Abt. III Nr. 1 angegebenen Mitbelastungen — sicher entnehmen läßt, welche Grundstücke gemeint sind. Der § 28 ist zwar nur eine Ordnungsvorschrift, doch hat der Grundbuchrichter sie zu befolgen (RJA. 8 S. 161). Richtig mag sein, daß die preuß. Löschungsmuster entsprechend dem heutigen Löschungsantrage lauten; dies entspricht jedoch nicht dem Wortlaut des Gesetzes. W.

e) **Befugnis der Gemeindeorgane, sich vertreten zu lassen?**

Bayer. Oberstes Landesgericht, ZS. Beschluß v. 27. November 1920.

An sich steht jedem Rechtssubjekte die Befugnis zu, sich im bürgerlichen Rechtsverkehr durch eine andere Person vertreten zu lassen, was der Regel nach auch für den Grundbuchverkehr zu gelten hat. Diese allgemeine Befugnis muß auch den öffentlichen Organen zugesprochen werden, soferne nicht etwa aus dem öffentlichen Rechte Gegenteiliges zu entnehmen ist. So wurde auch schon bisher von der Rechtslehre zur GemeindeO. angenommen, daß es den Organen der Gemeinde (zB. dem Magistrate) freistehen muß, einer beliebigen Person Vollmacht zu ihrer Vertretung im bürgerlichen Rechtsverkehr zu erteilen, soferne nur dieser Rechtsakt durch entsprechenden Beschluß des Gemeindeorgans gedeckt ist (Helmreich-Rock GemO. Art. 84[6]). Bestand diese Befugnis schon nach der GemeindeO., so wird sie um so weniger den nunmehrigen Organen der Gemeinde nach dem Selbstverwaltungsgesetz abgesprochen werden dürfen, zumal dieses Gesetz im allgemeinen auf der Grundlage freiester Selbstbetätigung der Gemeinden aufgebaut ist. Es muß daher an sich auch der Bezirksausschuß im allgemeinen befugt sein, zu seiner

Vertretung im bürgerlichen Rechtsverkehr durch entsprechenden Beschluß eine beliebige Privatperson zu bevollmächtigen. Eine Schranke für derartige Rechtsakte bestand freilich schon bisher und bleibt auch weiterhin bestehen. Mit und durch solche Vollmachtserteilung dürfen dem Vertreter nicht zugleich Rechte eingeräumt werden, deren Ausübung nur dem bevollmächtigenden Organe selbst kraft öffentlichen Rechts zukommen und die unmittelbar in dem gesetzlichen Wirkungskreise dieses Organs liegen. Wo und soweit das Gesetz die Behördenorganisation öffentlich-rechtlicher Korporationen geregelt hat, bildet diese unabänderliche Grundlage für die Verwaltung der Korporationsangelegenheiten, und ohne besondere gesetzliche Ermächtigung kann eine derartige Behörde ihre Obliegenheiten weder ganz noch teilweise auf eine andere Person oder Organisation zur selbständigen Verwaltung unter eigener Verantwortlichkeit übertragen (Samml. 4 (alt) S. 601). Hier hat der Bezirksausschuß mit der Bevollmächtigung an den Kassier A. „vor dem Notariat und Amtsgericht S. alle erforderlichen Erklärungen für den Geschäftskreis der Bezirkskasse S. abzugeben", an seinen gesetzlichen Rechten und Pflichten, die Verwaltung des Bezirksvermögens zu leiten und die Aufsicht auf die Bezirkssparkasse S. zu führen, nichts Grundsätzliches aufgegeben oder übertragen. Jene Vollmachtserteilung erstreckt sich lediglich auf eine bestimmte und beschränkte Vertretung nach außen, sie bildet nur eine Maßregel zur Vereinfachung der Geschäftsabwicklung im bürgerlichen Rechtsverkehr, die volle Verantwortung im Rahmen dieser Gebiete trägt nach wie vor der Bezirksausschuß, der auch fortgesetzt die Möglichkeit hat, seine einschlägigen Rechte und Befugnisse uneingeschränkt auszuüben.[1] Kn.

f) Beschwerderecht der Behörden im Falle des § 59 GBO.

Kammergericht, 1. ZS. Beschluß v. 18. Dezember 1919.

Zwischen den Amtsgerichten A. und B. ist ein Meinungsstreit über den Inhalt eines von zwei gemäß § 59 miteinander verbundenen Hypothekenbriefen entstanden. Das LG. B. hat die Beschwerde des ersteren zurückgewiesen, weil es dessen Beschwerderecht verneinte. Diese Ansicht enthält keinen Rechtsirrtum. Das Verfahren der GBO. baut sich grundsätzlich auf dem Antragsprinzip (§ 13) auf. Von der Antragsberechtigung ist die Beschwerdeberechtigung bezüglich der vom Grundbuchamt erlassenen Entscheidungen zu unterscheiden. Im Gegensatze zu § 20 FGG. hat die GBO. von Vorschriften über die Beschwerdeberechtigung abgesehen. Es ist jedoch allgemein anerkannt, daß eine Popularklage nicht zuzulassen ist. Wenn Be-

[1] Die notarielle Beurkundung, daß eine Person zur alleinigen Vertretung einer Gesellschaft befugt ist, stellt keine Tatsache dar; dagegen kann der Notar mit öffentlicher Kraft beurkunden, daß ihm ein Registerauszug(Abschrift) bestimmten Inhalts vorgelegen habe (OLG. Karlsruhe, 1. ZS. Beschluß v. 23. Okt. 1920; Rpr. 123). — Der Beschluß, durch den das Nachlaßgericht gemäß § 2200 BGB. den A. zum Testamentsvollstrecker ernennt, ist weder bestimmt noch geeignet, die Eigenschaft des A. als Vollstrecker und besonders den Umfang der ihm zustehenden Befugnisse nachzuweisen; er wird sich daher ein Vollstreckerzeugnis erst beschaffen müssen (KG. 18. Nov. 1920, 1 x 351). K.

hörden als Beschwerdeführer auftreten, ist zu unterscheiden, ob sie zur Vertretung der Beteiligten, in deren privaten Interessen berufen sind und handeln wollen oder ob sie ihre Berechtigung aus öffentlich-rechtlichen Gesichtspunkten herleiten. Hier kann lediglich letzteres in Betracht kommen. Die demnach allein erhebliche Frage wird im einzelnen nach Art und Zweck der Behörde und der von ihr gewahrten Interessen zu beantworten sein (vgl. KGJ. 25 S. 88; so auch Güthe § 71[24]). Als Vorschrift allgemeiner Art erscheint hier lediglich der § 39, der Fälle regelt, in denen Behörden nach gesetzlicher Vorschrift befugt sind, das Grundbuchamt um eine Eintragung zu ersuchen. Ein derartiger Fall liegt hier nicht vor. Grundlage des Verfahrens ist der § 59, der die gemeinsame Tätigkeit mehrerer Grundbuchämter betrifft, wenn ein Gesamthypothekenbrief zu erteilen ist. Die GBO. enthält keine Vorschriften, aus denen folgt, daß sich hier jene Grundbuchämter im technischen Sinne des Wortes um ihre Tätigkeit „ersuchen". Das entspricht auch der Sache; denn die Brieferteilung ist nicht einem der Amtsgerichte unter Mithilfe der anderen, sondern jedem zu seinem Teil übertragen und die Weitergabe des Briefes ist nichts anderes als die Einreichung der Unterlagen für eine nunmehr selbständig von dem jetzt befaßten Amtsgerichte zu erledigende Obliegenheit. Werden dabei Interessen der Antragsteller nach deren Meinung nicht gewahrt, so steht ihnen die Sach- oder die Dienstaufsichtsbeschwerde je nach Lage des Falls offen. Ein derartiges selbständiges Zusammenwirken der Tätigkeit mehrerre Grundbuchämter findet gemäß § 49 auch da statt, wo Gesamtbelastungen von Grundstücken, die in verschiedenen Grundbuchbezirken liegen, den Gegenstand einer Eintragung bilden. Auch da ergibt sich aus § 49 klar, daß ein Ersuchen des einen Amtsgerichts an das andere im Sinn einer gesetzlich geregelten Befugnis, dessen amtliche Tätigkeit herbeizuführen, nicht vorliegt.... M.

g) **Anwendung des § 40 auf gütergem. Fälle.**[1]

Kammergericht, 1. ZS. Beschluß v. 5. Februar 1920.

Der als Eigentümer eingetragene A. und seine mit ihm in westf. GG. lebende Frau verkauften das Grundstück an ihre Tochter und ließen es ihr auf, wobei sie die Eintragung einer Restkaufgeldhypothek auf den A. beantragte. Die Vorinstanzen beanstandeten die Anträge, weil in Rücksicht auf die GG. die Hypothek nicht für den Mann allein eingetragen werden könne. Dieses Bedenken ist nicht aufrecht zu erhalten (RG. 84 S. 71, dem sich der Beschluß 1x 12/17 angeschlossen hat). Der Umstand, daß das Beschwerdegericht die rechtliche Prüfung von Eintragungsanträgen auf sämtliche Hindernisse zu erstrecken hat, gibt zu folgendem Hinweis Anlaß: Nach § 40[1] GBO. soll eine Eintragung nur erfolgen, wenn der „Betroffene" eingetragen ist. Unter diesem — abweichend vom § 19 — ist der Inhaber des Rechts zu verstehen, gleichgültig, ob er frei über sein Recht verfügen kann oder diese Befugnis ihm aus persönlichen, familien- oder erbrechtlichen Gründen nur

[1] Ebenso hat derselbe ZS. am 29. April 1920 entschieden (x 32).

beschränkt oder gar nicht zusteht. Daraus folgt, daß außer dem Mann A. auch dessen Frau eingetragen sein muß, da auch sie Berechtigte bezüglich des Grundstücks ist und durch dessen Veräußerung betroffen wird. Die Anwendung des § 40 auf gütergem. Fälle ist in dem — insoweit von RG. 84 S. 71 nicht berührten — Beschlusse (KGJ. 43 S. 256) ausdrücklich ausgesprochen und in Rücksicht auf die allgemeine Fassung des § 40 besteht kein Grund, hiervon abzugehen, mag sie auch im Grundbuchverkehr mitunter als lästig empfunden werden. Demnach wird, damit der Eigentumswechsel eingetragen werden kann, den Beteiligten aufzugeben sein, zunächst im Wege der Berichtigung die Eintragung der Frau A. herbeizuführen. Der Umstand, daß die Eheleute A. das Grundstück bereits aufgelassen haben, steht nicht entgegen. Denn der Auflassung kommt keine unmittelbar rechtsändernde Wirkung am Rechtsstande des Grundstücks zu und auch eine zeitlich nach dem Eingange des Eintragungsantrags beantragte Berichtigung des bisherigen Eigentums ist bedeutungslos, vielmehr ist in letzterer Hinsicht nur die Möglichkeit der gleichzeitigen Erledigung beider Anträge maßgebend (Predari § 40[1]). Übrigens zeigt auch dieser Fall, daß der § 40 den gütergem. Eheleuten, wenn auch die Eintragung eines Ehegatten nicht zu beanstanden ist, doch empfehlenswert macht, von vornherein — spätere Berichtigungen unterbleiben häufig — die Eintragung beider Gatten herbeizuführen. Gr.

h) **Genügt die Angabe „Gütergemeinschaft" dem § 48 GBO.?**

Kammergericht, 1. ZS. Beschluß v. 30. September 1920.

Mit dem Antrage auf Eigentumseintragung ist der notarielle Vertrag eingereicht worden, dessen § 1 lautet: „A. verkauft sein Grundstück an die Eheleute K. als Gesamtgut für 33000 Mark, läßt es ihnen auf und bewilligt ihre Eintragung als Eigentümer." Der Antrag wurde zurückgewiesen, weil die Angabe des Rechtsverhältnisses für die Gemeinschaft fehle. Die weitere Beschwerde ist nicht begründet. Das BGB. gebraucht den Ausdruck Gesamtgut bei der allgemeinen GG. (§ 1438), der Errungenschaftsgemeinschaft (§ 1519) und der Fahrnisgemeinschaft (d. i. der Gemeinschaft des beweglichen Vermögens und der Errungenschaft (§§ 1549, 1550). Das sind also die hier zunächst in Betracht kommenden Möglichkeiten. Auch in den sonstigen Fällen der Gesamthandberechtigung kann von Gesamtgut gesprochen werden, doch wendet das BGB. hier andere Ausdrücke an, nämlich Gesellschaftsvermögen bei der Gesellschaft (§ 718) und gemeinschaftliches Vermögen der Erben bei der Erbengemeinschaft (§ 2032). Nun vertritt allerdings Predari (GBO.[2] § 48[9]) die nicht näher begründete Ansicht, daß für die Eintragung gemäß § 48 GBO. das Wort „Gütergemeinschaft" genüge und deren Art gleichgültig sei. Von diesem Standpunkt aus könnte vielleicht unter Berücksichtigung des Vorstehenden die Erklärung der Antragsteller, daß es sich um Gesamtgut handele, genügen. Güthe (GBO.[3] § 48[8]) hält unter Hinweis auf die Probeeintragung in Abt. I der Anlage A zur AVf. vom 20. November 1899 eine Hinzufügung der Art der GG. dann für erforderlich, wenn Errungenschafts- oder Fahrnisgemeinschaft bestehe. Für die Ansicht von Predari ließe sich anführen, daß dem Zweck des § 48, bei Berechtigung mehrerer an demselben Recht die Rechtsstellung des einzelnen klarzustellen, durch die Angabe, daß das Recht zum ehelichen Gesamtgut gehört, genügt ist, denn die Rechtsstellung der Ehegatten zu Gegenständen des Gesamtguts ist bei allen drei Arten der GG. die gleiche, indem die Vorschriften der allgemeinen GG. für die andern Gütergemeinschaften Anwendung finden (§§ 1519, 1549). Dennoch ist der Ansicht von Predari nicht beizutreten. Wenn die GBO. in § 48 Bezeichnung des für die Gemeinschaft maßgebenden Rechtsverhältnisses verlangt, so kann darunter nur ein konkretes, tatsächlich vorkommendes Rechtsverhältnis verstanden werden (Rsp. 4 S. 191). Ein solches ist aber nur die allgemeine GG. oder die Errungenschafts- oder die Fahrnisgemeinschaft. Dagegen ist „Gütergemeinschaft" kein tatsächlich vorkommendes Rechtsverhältnis, sondern ein das Gleichartige bei mehreren tatsächlichen Arten zusammenfassender, abgezogener Gattungsbegriff. Es ist daher dem ebenfalls die Bezeichnung der tatsächlich bestehenden GG. fordernden Kommentar von Fuchs-Arnheim (GBO.[2] § 48[7]) darin beizutreten, daß die obenerwähnte Probeeintragung in Abt. I ungenau ist. Mit Recht haben also die Vorinstanzen die Bezeichnung des tatsächlichen Güterstandes als erforderlich erachtet. Unter den für Ostpreußen bestehenden besonderen Verhältnissen liegt es allerdings nahe, aus der Angabe Gesamtgut auf allgemeine GG. zu schließen. Wenn aber die Vorinstanzen in der hier vorliegenden Erklärung die für den Grundbuchverkehr erforderliche Bestimmtheit vermissen, so kann das nicht als Rechtsirrtum angesehen werden. Gr.

i) **Nachvermächtnis. Keine Schutzeintragung aus § 52 GBO.**[1]

Kammergericht, 1. ZS. Beschluß v. 27. Mai 1920.

Möglich ist, daß ein Grundstück, das zunächst der Erbe und dann ein Dritter erhalten soll, dem ersteren durch Vorausvermächtnis (§ 2150 BGB.), dem anderen durch Nachvermächtnis (§ 2191) zugewendet wird. Der Rechtsübergang auf den letzteren vollzieht sich aber nicht von Rechtswegen; er hat wie jeder Vermächtnisnehmer nur einen schuldrechtlichen Anspruch. Sein Recht kann, wenn der erste Vermächtnisnehmer durch Leistung des Vermächtnisses Eigentümer des Grundstücks geworden ist, deshalb auch nicht gemäß § 52 GBO. eingetragen werden (Güthe N. 3, Predari N. 1 zu § 52). Z.r.

k) **Eintragung eines Widerspruchs: α) nach Ausübung des Vorkaufsrechts?**

Bayer. Oberstes Landesgericht, 1. ZS. Beschluß v. 9. Januar 1920.

Nachdem A. sein Anwesen notariell an den „Landwirt" W. verkauft und aufgelassen hatte und der Eigentumsübergang eingetragen worden

[1] Zur Eintragung aus § 52 bedarf es allerdings weder eines hierauf gerichteten Antrags noch der Bewilligung des Betroffenen. Ergibt aber der Antrag auf Eintragung eines Vorerben, daß das Recht des Nacherben nicht eingetragen werden soll, so muß der Grundbuchrichter, wenn nicht etwa der Nacherbe auf die Eintragung seines Rechts verzichtet, den Antrag zurückweisen und darf nicht anstelle des beantragten unbeschränkten Rechts durch Beifügung des Nacherbenvermerks ein beschränktes Recht für den Gläubiger eintragen (Beschluß desselben ZS. v. 20. Mai 1920; SchlHA. S. 179).

war, ging am 19. September bei dem Grundbuchamt eine Erklärung der bayer. Landessiedlung GmbH. ein, daß sie das ihr zustehende Vorkaufsrecht ausübe, da der Käufer das Anwesen zertrümmere. Tatsächlich hatte W. bereits am 11. und 15. September die zum Anwesen gehörigen Grundstücke an 9 verschiedene Personen verkauft und aufgelassen; auch hier wurde der Eigentumsübergang eingetragen. Am 19. November wies sodann die Landessiedlung darauf hin, daß dieser Vollzug der Verträge vom 11. und 15. September „gegen die gesetzlichen Bestimmungen, besonders in Art. 4 des Güterzertrümmerungsges. vom 13. Aug. 1910 (GG.) verstoße, und gab anheim, nach § 54 GBO. zu verfahren. Die Vorinstanzen haben die „Eintragung eines Widerspruchs gegen die Eintragung der Auflassungen" mit Recht abgelehnt.

Wie bereits im Beschluß vom 20. September 1912 (Samml. 13 S. 573) ausgesprochen ist, tritt durch die Ausübung des Vorkaufsrechts — und zwar sowohl des vertragsmäßigen als des gesetzlichen des Art. 1 GG. — der Berechtigte lediglich in den obligatorischen Kaufvertrag zwischen Verkäufer und Käufer dergestalt ein, daß zwischen ihm und dem Käufer ein Kauf unter den gleichen Bedingungen zustande kommt, wie sie zwischen dem Verkäufer und dem Käufer vereinbart waren; dagegen wird eine dingliche Rechtsänderung nicht bewirkt, so daß der Vorkaufsberechtigte nicht in die zwischen dem Verkäufer und dem Käufer erfolgte Auflassung eintritt. An dieser Anschauung ist mit Planck, RGKomm., Turnau-Förster zu § 1098 BGB., Oberneck § 106, entgegen Goldmann und Fuchs festzuhalten. Ihre Richtigkeit ergibt sich übrigens auch aus dem Gesetze selbst, — denn wenn nach Art. 4 GG. das Vorkaufsrecht die Wirkung einer Vormerkung zur Sicherung des durch die Ausübung des Rechts entstehenden Anspruchs auf Übertragung des Eigentums hat, so setzt das doch voraus, daß der Geltendmachung des Vorkaufsrechts dingliche Wirkung nicht zukommt. Ist demnach der Käufer W. Eigentümer der Grundstücke geblieben, so konnte er auch über sie weiter verfügen und besonders auch sein Eigentum weiter übertragen. Dann hat das Vorkaufsrecht die Wirkung einer Vormerkung; durch eine solche aber wird eine Sperre des Grundbuchs nicht herbeigeführt. Der Verpflichtete bleibt zu Verfügungen über sein Recht befugt, auch wenn sie dem vorgemerkten Anspruch widersprechen (RG. RJA. 11 S. 242, RG. Gruchot 48 S. 934). Soweit allerdings Verfügungen des Verpflichteten oder seines Rechtsnachfolgers den Anspruch des Berechtigten vereiteln oder beeinträchtigen würden, sind sie ihm gegenüber nach Art. 4 GG., § 883 BGB. unwirksam, im übrigen aber ist er in der Verfügung über sein Recht nicht gehindert. Das Grundbuch ist also durch die Eintragung der Eigentümer, die ihr Recht von W. ableiten, nicht unrichtig geworden und zwar auch dann nicht, wenn man mit dem LG. annimmt, daß vor ihrer Eintragung die Vorkaufserklärung bei dem Grundbuchamt eingegangen ist. Hiernach sind die Eintragungen auch nicht unter Verletzung gesetzlicher Vorschriften erfolgt; das Grundbuchamt mußte die beantragten Eintragungen trotz der Geltendmachung des Vorkaufsrechts vornehmen, da immerhin die Möglichkeit gegeben war, daß es nicht bestand oder daß die Wirkungen seiner Geltendmachung nachträglich durch Vereinbarung zwischen den Parteien wieder wegfielen und dadurch die erfolgten Eigentumsübertragungen uneingeschränkte materielle Rechtsgültigkeit erlangten (RJA. 8 S. 154). **Kn.**

β) gegen Zwangseintragungen, die erst nachträglich Bestand erlangen?

Kammergericht, 1. ZS. Beschluß v. 16. Dezember 1920.

Auf Antrag des Gläubigers A. ordnete das Amtsgericht wegen eines Anspruchs aus Kaufgeschäften den dinglichen Arrest in das in seinem Bezirk befindliche Vermögen des Schuldners S., sofern A. eine Sicherheit von 300000 Mark leistet, in Höhe von 430000 Mark an. Unter Überreichung einer Bescheinigung der Gerichtskasse, daß 300000 Mark unverzinsliche Reichsschatzanweisungen von 1920 bei ihr zur Hinterlegung eingeliefert seien, beantragte und erwirkte A. am 3. Juli 1920 die Eintragung einer Sicherungshypothek wegen eines Teilbetrags von 150000 Mark auf dem dem Schuldner gehörigen Grundstücke. Nachdem am 12. Juli die Gerichtskasse bescheinigt hatte, daß 300000 Mark als Hinterlegungsgeld vereinnahmt seien, beantragte S., die Zwangsvollstreckung „für unzulässig zu erklären und die Hypothek zu löschen". Das LG., dem diese Eingabe als Beschwerde gegen die Eintragung vorgelegt wurde, hat die Eintragung eines Widerspruchs bei der Sicherungshypothek angeordnet. Die weitere Beschwerde des A. ist zulässig, und zwar auch mit dem Ziel auf Löschung des erst vom LG. angeordneten Widerspruchs (RG. 70 S. 234; KGJ. 38 S. 276); aber nicht begründet.... Durch die ZPO. ist die Zwangsvollstreckung und Arrestvollziehung in Grundstücke durch Zwangseintragung in die Hände des Grundbuchrichters ohne Vermittlung des Vollstreckungsrichters gelegt (JW. 1914 S. 943[31]). Das Grundbuchamt hat daher in solchem Falle die sonst den Vollstreckungsorganen obliegende Prüfung, ob die Zwangsvollstreckung statthaft ist, vorzunehmen. Nimmt es eine Eintragung vor, so sind insoweit lediglich die grundbuchrechtlichen Vorschriften maßgebend (KGJ. 43 S. 243). Die Beschwerde kann also nur gemäß § 71² GBO. zu der Prüfung führen, ob die Eintragung zu einem Widerspruch wegen Unrichtigkeit oder zur Löschung wegen inhaltlicher Unzulässigkeit Anlaß gibt (§ 54 GBO.). Alle die Anführungen, die der hier vom LG. angehörte Grundstückseigentümer als Arrestvollziehungsschuldner vorgebracht hat, sind daher unbeachtet zu lassen, soweit sie nicht die hier in Rede stehende Zwangseintragung als einzelne Vollzugsmaßnahme, sondern die allgemeine Art des Vollzugs (Überpfändung) oder spätere Ereignisse wie den angeblichen Fortfall der Arrestforderung (Vergleich) oder des Vollzugstitels (Verzicht) betreffen. Das LG., das die hiernach der Prüfung zu ziehenden Grenzen im wesentlichen richtig erkannt hat, führt nun aus: Die Reichsschatzanweisung sei, wenn sie auch im geschäftlichen Verkehr wie Geld behandelt werden möge, ein Wertpapier, mit dem gemäß § 234³ **BGB.** Sicherheit nur in Höhe von ³/₄ des Kurswertes geleistet werden könne; die zur Vollziehung des Arrestbefehls erforderliche Sicherheit sei daher am 2. Juli nicht geleistet gewesen, die Vollziehung sei wegen Verletzung der §§ 928, 751² ZPO. unwirksam. Diese Ausführungen sind rechtlich nicht zu beanstanden. Unverzinsliche Reichsschatzanweisungen sind kurzfristige und kurzfällige Anweisungen auf die Reichskasse (Elster³, Wörterbuch der Volkswirtschaft 2 S. 670 unter Reichsfinanzen). Wenn bei dem gegenwärtigen Zustand, wonach die Währung im wesentlichen in vom Reich ausgegebenen Papiergeld besteht, der Unterschied zwischen Geld und den erwähnten Wertpapieren des Reichs sich vielfach verwischen mag, so berechtigt das nicht dazu, die im BGB. in § 232ff. für Geld im Unterschiede von Wertpapieren getroffenen Bestimmungen auf Schatzanweisungen anzuwenden. Das Ergebnis des LG., daß bei der Zwangseintragung vom 3. Juli gesetzliche Vorschriften verletzt sind und das Grundbuch unrichtig geworden ist, ist mithin nicht rechtsirrtümlich. Das LG. führt sodann aus, daß der an sich zulässige (§ 235) spätere Umtausch in bares Geld und die dadurch bewirkte Erhöhung auf die vorgeschriebene Sicherheit die richtige Vollzugsmaßnahme nicht habe heilen können. Diese Ausführungen beruhen auf der richtigen Erwägung, daß ein Widerspruch aus § 54 GBO. nicht eintragbar ist, wenn die Zwangseintragung nachträglich Bestand erlangt hat und das Grundbuch daher nicht mehr unrichtig ist (KGJ. 31 S. 271, 41 S. 225; Güthe § 54¹⁴); sie führen auf das strittige Gebiet der Heilbarkeit von Vollstreckungsmaßnahmen, die bisher hauptsächlich für die Fälle erörtert ist, in denen vor der vorgeschriebenen Zustellung vollstreckt worden ist (§ 750 ZPO.); es wird jedoch allgemein angenommen, daß der Fall einer Vollstreckung vor Nachweis der dem Gläubiger auferlegten Sicherheitsleistung (§ 751 ZPO.) gleich zu behandeln ist (zB. Stein ZPO. §§ 751 III, 750 I) und daß es bei einem in seinem Vollzuge von Sicherheitsleistung abhängig gemachten Arreste wiederum anders liegt wie im Falle des § 751 (das. § 921 III). Wie die in KGJ. 49 S. 236 angeführten Nachweise zeigen, besteht eine feste Ansicht zu dieser Frage nicht und es ist die Rechtsprechung, besonders die des RG., schwankend. Die eine Meinung geht dahin, daß eine Vollstreckungsmaßnahme, die wegen Fehlens wesentlicher Vollstreckungsvoraussetzungen zurzeit ihrer Vornahme keine Wirkung äußern konnte, auch durch deren Nachholung nicht mehr Wirksamkeit erlangen kann, daß sie also nichtig ist und die Vollstreckung erneut werden muß (bes. JW. 1886 S. 424⁵; Seuffert, Petersen, Struckmann-Koch zu § 750). Die andere Ansicht nimmt an, daß es bei Fortbestand der Maßnahme und Nachholung der Vollstreckungsvoraussetzungen einer Wiederholung der Vollstreckung nicht bedarf, eine solche vielmehr leere Form wäre (zB. RG. 25 S. 371; Stein § 750⁷). Diese letztere Ansicht unterscheidet zwischen dem Verhältnis des Gläubigers zum Schuldner und demjenigen zu Dritten, die vor Hebung des Mangels ein Recht an dem Vollstreckungsgegenstand erworben haben, und läßt Dritten gegenüber eine Heilung nicht eintreten. Es ist aber Stein, der erst neuerdings dieser Ansicht beigetreten ist, darin zuzustimmen, daß eine Heilung im eigentlichen Sinn, dh. mit rückwirkender Kraft, auch dem Schuldner gegenüber, nicht stattfindet. Inwieweit gegen diese Ansicht auch allgemeine Erwägungen über Nichtigkeit als Folge des Fehlens wesentlicher Vollstreckungsvoraussetzungen sprechen mögen, wird hier dahingestellt gelassen. Die Gründe dafür, daß diese Ansicht gerade auch in die Rechtsprechung immer wieder durchbricht, liegen in ihrer praktischen Zweckmäßigkeit. Das nicht zu verkennende Gewicht dieses Grundes kann indessen nur dann Bedeutung haben, wenn die Ansicht sich in den verschiedenen Gebieten der Zwangsvollstreckung durchführen läßt, ohne zu einem unlöslichen Widerspruch mit einschlägigen Rechtssätzen zu führen. Die Frage ist bisher zumeist unter dem Gesichtspunkt der Vollstreckung in bewegliches Vermögen geprüft und es ist dort ein Widerspruch zu Rechtssätzen des Fahrnisrechts nicht hervorgetreten oder nicht für durchschlagend befunden. Bei der Vollstreckung in unbewegliches Vermögen führt indessen die Annahme der Heilbarkeit zu einem unlösbaren Widerspruch mit Rechtssätzen des Liegenschaftsrechts und sie muß deshalb abgelehnt werden. Der Senat hat im Beschlusse (KGJ. 49 S. 236), der den Fall des § 752 ZPO. betraf, Unheilbarkeit angenommen, dort aber die Entscheidung darauf gestützt, daß der § 752 im öffentlichen Interesse gegeben sei und sich dadurch vor den lediglich dem Schuldner dienenden §§ 750, 751 unterscheide. Er hat aber dort bereits auf Bedenken hingewiesen, die sich aus der Rangvorschrift des § 879 BGB. gegen die Annahme einer späteren Heilung einer Zwangseintragung ergeben. In Weiterführung der dortigen Andeutungen spricht der Senat nunmehr für den § 751² ZPO. sich dahin aus, daß die Annahme eines nachträglichen Wirksamwerdens einer Zwangseintragung mit den Rechtssätzen des BGB. über den Rang schlechthin unvereinbar ist. Nach § 879 bestimmt sich das Rangverhältnis, in das mehrere dasselbe Grundstück belastende Rechte zueinander treten, nach der Reihenfolge der Eintragungen. Eine abweichende Bestimmung, die durch nachträgliche Änderung oder ursprünglichen Rangvorbehalt gestattet ist, bedarf der Eintragung. In folgerichtiger Fortführung jenes Grundsatzes läßt das Gesetz sogar da, wo zurzeit der Eintragung noch kein dingliches Recht besteht, bei dessen späterem Entstehen die Eintragung für das Rangverhältnis maßgebend sein, so bei einer erst nach der Eintragung erfolgenden Einigung (§ 879²), der Vormerkung (§ 883³) und der Buchersitzung (§ 900³). Demnach kann es nicht zulässig sein, daß ein eingetragenes Recht nicht den aus der Eintragung sich ergebenden, sondern einen Rang hat, der sich an spätere, noch dazu aus dem Grundbuch nicht ersichtliche Ereignisse anknüpft. Zu einer solchen Folgerung führt aber die Ansicht, die Zwangseintragungen bei ursprünglichem Fehlen wesentlicher Vollstreckungsvoraussetzungen für nur unwirksam und durch deren spätere Nachholung für wirksam werdend und nur etwaigen Zwischeneintragungen (vgl. den Tatbestand in KGJ 49 S. 236) im Range nachstehend erachtet. Güthe (GBO.³ § 19¹⁰⁹) und Predari (§ 19³⁹) folgen der Lehre der Heilbarkeit, erwähnen allerdings nur den Fall mangelnder Zustellung (§ 750 ZPO.), letzterer ohne nähere Begründung unter Hinweis auf die frühere Entscheidung KGJ. 34 S. 323 (vgl. auch 43 S. 243). Güthe begründet seinen Standpunkt dahin: „Ein anderer Hypothekengläubiger, der zwischen der Eintragung der Zwangshypothek und der nachträglichen Zustellung seine Hypothek erworben hat, geht der Zwangshypothek im Range vor. Das Grundbuch ist demnach unrichtig und muß auf Antrag berichtigt werden; der Grundbuchrichter muß ... von Amtswegen einen Widerspruch eintragen, wenn vor Beibringung des späteren Zustellungsnachweises ein weiteres Recht eingetragen wird." Allein solange eine Einigung mehrerer dinglich Berechtigter über Rangänderung nicht vorliegt und eingetragen ist — wie auch in dem von Güthe erörterten Fall —, bestimmt sich das Rangverhältnis schlechthin nach dem Gesetz, und eine Unrichtigkeit, gegen welche Berichtigung und Widerspruch gegeben wäre, ist nicht denkbar. Eine Unrichtigkeit könnte — abgesehen von irrtümlich mit falschem Rang übertragenen oder wieder eingetragenen Posten erst dann eintreten, wenn eine Rangänderung (§ 880 BGB.) abweichend von der Einigung eingetragen wäre. Hieraus folgt, daß die Ansicht des LG., wonach die ordnungsmäßige Sicherheitsleistung vom 12. auf die Zwangseintragung vom 3. Juli nicht heilend einwirken konnte, nicht rechtsirrtümlich ist. Gleichgültig ist, daß hier Zwischeneintragungen nicht erfolgt sind und daher ein Rangverhältnis mehrerer dinglicher Rechte überhaupt nicht in Betracht kommt. Auch darin, daß das LG. die Zwangseintragung als nichtig bezeichnet und einen Widerspruch gegen die Eintragung als solche angeordnet, mithin die Entstehung einer Eigentümergrundschuld gemäß § 868 ZPO. verneint hat, liegt kein Rechtsirrtum. Es entspricht das dem Standpunkt des KG. (vgl. RJA. 11 S. 342; KGJ. 49 S. 236). Die in ersterer Entscheidung als Gegner dieses Standpunktes Bezeichneten Stein (ZPO. § 867 II[14]), Predari (aO. S. 388 oben) und Jäger (KonkO.[5] § 14[22]) sind ihm inzwischen ebenfalls beigetreten. Auch eine Eigentümerhypothek aus § 1163 BGB. ist nicht entstanden (Elf.-L. Z. 31 S. 18). Das Eigentum des G. ist durch die Eintragung einer nicht bestehenden Belastung beeinträchtigt (§ 894 BGB.). Die Eintragung begründet nach § 891 BGB. eine Vermutung für ihr Bestehen und erlangt kraft des Glaubens des Grundbuchs bei rechtsgeschäftlichem Erwerb der Arrestforderung durch einen gutgläubigen Dritten Bestand (§§ 401, 873, 1154[3] BGB.). Die Anordnung der Eintragung eines Widerspruchs gemäß § 54 S. 1 GBO. war geboten (Güthe § 54[13]). Erwähnt mag schließlich werden, daß der Fall des S. 2 das., nämlich inhaltliche Unzulässigkeit, nicht vorliegt. Nach § 932 S. 2 ZPO. ist zwar der Geldbetrag, durch dessen Hinterlegung die Vollziehung des Arrestes gehemmt wird, als Höchstbetrag einzutragen. Wird die Zwangseintragung nur wegen eines Teiles der Arrestforderung beantragt, so ist dieser als der Höchstbetrag einzutragen. Wenn nun auch die am 3. Juli vorgenommene Eintragung den Betrag von 150000 Mark nicht ausdrücklich als Höchstbetrag kennzeichnet, so muß darin doch die Angabe eines solchen gesehen werden, weil die Eintragung selbst durch Bezugnahme auf den Arrestbeschluß ergibt, daß es sich um eine gesetzlich nur als Höchstbetragshypothek zulässige Arresthypothek handelt (KGJ. 31 S. 331, 337). Gr.

l) **Brief- oder Buchhypothek?**

OLG. Braunschweig, 1. ZS. Beschluß v. 3. Dezember 1920.

Auf dem Grundstücke des A. stand für M. eine Hypothek von 4500 Mark eingetragen. Nachdem A. darauf 1500 Mark abbezahlt hatte, wurde auf Antrag der Beteiligten im Grundbuch eingetragen und auf dem Briefe vermerkt, daß die 1500 Mark als Grundschuld auf A. übergegangen, von diesem aber unter Rückverwandlung in eine Darlehnshypothek, mit dem Range hinter den verbliebenen 3000 Mark, an K. unter Verzicht auf eine Teilurkunde abgetreten seien. Demnächst hat K. die Teilhypothek (1500 Mark), und später M. die Resthypothek (3000 Mark) an den Beschwerdeführer B. abgetreten. Beide Abtretungen sind im Grundbuch eingetragen, aber nur die letztere ist auf dem Briefe vermerkt. Der Antrag des B., auch die erstere auf dem Briefe zu vermerken, wurde zurückgewiesen. Die weitere Beschwerde ist unbegründet.

Aus den Worten „unter Verzicht auf Teilbrief" allein läßt sich allerdings noch nicht mit Sicherheit entnehmen, daß die Begründung einer Buchhypothek, ein Ausschluß des Hypothekenbriefs im Sinne des § 1116² BGB. bewußt gewollt wurde. Dies um so weniger, als der neue Gläubiger K. ausweislich der Grundakten vorher und nachher an denselben Grundstücken noch andere selbständige Hypotheken, und zwar sämtlich als Briefhypotheken erworben hat. Auch war, um der Teilhypothek den Charakter der Briefhypothek zu wahren, die Bildung eines Teilbriefes nicht unbedingt erforderlich. Denn nachdem der Eigentümer den Teil der Hypothek zu 1500 Mark als Eigentümergrundschuld erworben hatte (§§ 1177 S. 1, 1163 S. 2 BGB.), gewann er damit zugleich Miteigentum an dem Stammhypothekenbrief (§ 952 BGB.), der insoweit zum Grundschuldbrief wurde (RG. 59 S. 318, 69 S. 40; RJA. 11 S. 140; Güthe § 61⁴). Die Weiterübertragung der Teilgrundschuld unter Umwandlung in eine Hypothek konnte nun nicht bloß durch Übergabe eines nach § 1152 BGB. zu bildenden Teilbriefs, sondern auch durch Übergabe des Stammbriefs oder durch Einräumung des Mitbesitzes am letzteren geschehen (RJA. 2 S. 85, 6 S. 64; RG. 69 S. 39). Hier erhellt aber nicht aus dem Eintragungsantrage, daß der Gläubiger M. dem A. an dem Stammbriefe Mitbesitz eingeräumt habe. Einen Anspruch auf solche Einräumung hatte A. bei der Bedeutung des Stammbriefs für den Gläubiger M. gegen diesen nicht (RG. 69 S. 41, 75 S. 222). A. konnte daher den Mitbesitz am Stammbrief nicht an K. übertragen. Noch weniger konnte die Übergabe des Stammbriefs selbst von A. an K. in Frage kommen, da der Gläubiger diesen behalten hat. Es blieb also nur die Bildung eines Teilbriefs auf Grund der §§ 1145, 1152, 1198, 1192 BGB. übrig, wenn die aus der Teilgrundschuld hervorgegangene Hypothek als Briefhypothek gelten sollte (RG. 75

S. 222). Aber diesen Weg haben die Beteiligten gerade abgelehnt durch die Worte „unter Verzicht auf Teilbrief". Die unter diesen Umständen eingetragene Hypothek kann daher nicht als Brief-, sondern nur als Buchhypothek bewertet werden. W.n.

m) **Wirkung der infolge neuen Vorbringens erfolgreichen Beschwerde.**
Kammergericht, 1. ZS. Beschluß v. 19. Februar 1920.

Die Ausführung des LG., daß das Grundbuchamt nach der damaligen Sachlage — die Vertretungsbefugnis des Prokuristen, der die Löschung bewilligt hatte, wurde durch einen älteren Registerauszug nicht nachgewiesen — den Löschungsantrag habe zurückweisen dürfen, ist nicht zu beanstanden. Daher kann es sich nur fragen, in welcher Weise die nachträgliche Ergänzung jenes Auszugs auf die Entscheidung des LG. einzuwirken geeignet war. Im Gegensatze zum 1. Entw. § 73 ist im 2. Entw. § 72 zur Vereinfachung des Verfahrens zugelassen worden, die Beschwerde auf neue Tatsachen und Beweise zu stützen. Daß es sich hier um ein solches neues Vorbringen handelt, kann nicht bezweifelt werden. Das LG. durfte sich daher nicht unter Hinweis darauf, daß der ursprüngliche Antrag durch die Zurückweisung endgültig erledigt sei, der Prüfung für überhoben erachten, ob durch den ergänzten Registerauszug das bisherige Hindernis beseitigt sei. Diese Gesetzesverletzung führt zur Zurückverweisung der Sache an das LG. Eine Zurückverweisung an das Grundbuchamt, wie das OLG. Dresden (ZBl. FG. 5 S. 250) in ähnlichem Fall ausgesprochen hat, erscheint hier nicht angezeigt, da es hier einer weiteren Sachprüfung bedarf und daher, nachdem das Grundbuchamt nicht gemäß § 75 GBO. der Beschwerde abgeholfen hat, dem Zwecke des § 74 nur dann genügt wird, wenn diese Prüfung nunmehr sogleich dem LG. übertragen wird. Dabei wird es folgendes zu erwägen haben:

Aus der Eigenart der auf neue Tatsachen (Beweise) gestützten Beschwerde ergibt sich bei der erfolgreichen Anfechtung der einen Eintragungsantrag zurückweisenden Entscheidung ein wichtiger Unterschied von der ohne neues Vorbringen eingelegten Beschwerde. Während diese den zurückgewiesenen Antrag mit seiner ursprünglichen Rangwirkung (§§ 17, 46 GBO.) unbeschadet der Wirksamkeit inzwischen vorgenommener anderweiter Eintragungen wieder aufleben läßt (Güthe § 18[30]), kommt einer Beschwerde, die auf Grund neuen Vorbringens dazu führt, daß einem zurückgewiesenen Antrage stattgegeben wird, rückwirkende Kraft in diesem Sinne nicht zu (Güthe N. 7; Predari N. 3; Arnheim N. 5; Turnau-Förster N. 2; Böhn N. II zu § 74; aM. Melchior § 74 I 3). Die Denkschrift S. 69 bemerkt dazu, daß dann die Sachlage dieselbe sei, wie wenn der Antragsteller von der Erhebung einer Beschwerde abgesehen und bei dem Grundbuchamte selbst einen neuen verbesserten Antrag gestellt hätte. Diese Bemerkung lehnt sich an einen ähnlichen in den Motiven zum 1. Entw. (S. 87, 115) im Anschluß an § 48 das. entwickelten Gedanken an.... Hiernach gehen die Motive offenbar davon aus, daß die auf neues Vorbringen gestützte Beschwerde wie ein neuer Antrag zu behandeln sei und daß eine dem Antragsteller günstige Entscheidung eine Aufhebung der früheren Entscheidung nicht nach sich zu ziehen brauche. Ob die Denkschrift denselben Standpunkt einnehmen will, kann zweifelhaft sein. Die mitgeteilte Bemerkung spricht dafür, da in dem dort gleichgestellten Falle, daß das Grundbuchamt selbst über den neuen Antrag zu entscheiden hätte, die diesem stattgebende Entscheidung die frühere unberührt ließe (vgl. Güthe § 18[26]). Anderseits läßt der jener Bemerkung vorangehende Satz auf eine abweichende Beurteilung schließen. Denn die Worte: „dabei versteht es sich von selbst, daß, wenn einem zurückgewiesenen Antrag auf Beschwerde auf Grund neuen Vorbringens stattgegeben wird, der Beschwerdeentscheidung rückwirkende Kraft nicht zukommt, können kaum anders verstanden werden, als daß auch der Beschwerdebeschluß den ursprünglichen Antrag zum Gegenstand hat. Welche Auffassung aber auch immer in der Denkschrift zu finden sein mag, jedenfalls ist die zuletzt erörterte als die zutreffende anzusehen. Wenn auch der ursprüngliche Antrag mit Rücksicht auf das Vorbringen neuer Tatsachen nicht wieder mit seiner früheren, sondern nur mit der aus dem Zeitpunkte der Einlegung der Beschwerde sich ergebenden Rangwirkung aufleben kann, so ist doch daran festzuhalten, daß es sich bei Einlegung einer Beschwerde gemäß § 74 GBO. — auch nach dem Wortlaut dieser Vorschrift — nicht um einen in der Beschwerdeinstanz ohnehin unzulässigen neuen Antrag, sondern um die Wiederholung des besser begründeten früheren Antrags handelt und daß daher das Beschwerdegericht nicht über einen neuen, sondern über den zurückgewiesenen Antrag zu entscheiden hat. Nur mit dieser Einschränkung kann auch den im Schrifttum an die Bemerkung der Denkschrift anknüpfenden Ausführungen zugestimmt werden (Güthe N. 7, Predari N. 3, Arnheim N. 5, Turnau-Förster N. 2 zu § 74, Oberneck 2 S. 161). Zu mißbilligen ist namentlich die vom OLG. Dresden aO. im Anschluß an die Bemerkung der Denkschr. vertretene Auffassung, daß die zurückweisende Entscheidung des Grundbuchamts, falls sie nach der damaligen Sachlage gerechtfertigt gewesen, trotz des Erfolges der Beschwerde aufrecht zu erhalten sei. Dabei wird nicht nur verkannt, daß den Gegenstand der Beschwerdeentscheidung der zurückgewiesene Antrag bildet, sondern auch außer Acht gelassen, daß es sich um ein gegen eine Vorentscheidung gerichtetes Rechtsmittel handelt, das im Falle des Erfolges stets zu einer Aufhebung der angefochtenen Entscheidung führen muß (Stein ZPO. § 575 II). Diese Folgerung wird denn auch in der Rechtslehre bei den gemäß § 23 FGG. erhobenen Beschwerden, die in dieser Hinsicht nicht anders zu behandeln sind, als die gemäß § 74 GBO. erhobenen, nicht abgelehnt (Schlegelberger FGG. §§ 23[1], 25[6]; Unger in BuschZ. 39 S. 56). Daß auch das Grundbuchamt, das auf eine ihm gemäß § 75 vorgelegte Beschwerde der bezeichneten Art dem Antrage stattgibt, zur Aufhebung seiner früheren Entscheidung genötigt ist, hat bereits der Senat am 20. März 1919 (x 43) ausgesprochen. Daraus, daß das LG. infolge neuen Vorbringens die angefochtene Entscheidung aufhebt, ergibt sich freilich, daß auch die mit dieser verbundenen Kostenfolge wegfällt, obwohl die Kosten damals dem Antragsteller mit Recht zur Last fielen. Dieses u. U. unerwünschte Ergebnis kann jedoch nichts ändern; es beruht darauf, daß es an einer dem § 97[2] ZPO. entsprechenden Vorschrift fehlt. M.

n) **Beibringung eines Hauptauszugs bei Übertragung eines Trennstücks?**

Kammergericht, 1. ZS. Beschluß v. 15. Januar 1920.

Die Beschwerdeführer A. und M. haben einen Teil ihres Grundbesitzes Nr. 91 und Nr. 85 gegeneinander ausgetauscht und sich wechselseitig aufgelassen, dabei hat A. eine im Katasterauszuge verzeichnete Parzelle 29/11, die angeblich zu den unter 13 des Bestandsverzeichnisses von Nr. 91 eingetragenen Ländereien gehört, in Tausch gegeben und ihre Übertragung nach Nr. 85 beantragt. Die Vorinstanzen haben die Beibringung eines den Gesamtbestand der Nr. 91 nachweisenden Hauptauszugs verlangt. Die weitere Beschwerde ist begründet. Allerdings sind die unter Nr. 13 eingetragenen Ländereien nicht im Grundbuch mit Kartenblatt und ParzellenNr. gemäß § 3 Nr. 2 AVf. v. 20. Nov. 1899 bezeichnet, auch befindet sich ein dem Abs. 2 das. genügender Katasterauszug nicht bei den Grundakten. Allein ist ein Grundstück bisher nicht nach jenen Vorschriften bezeichnet, so ist diese Bezeichnung allmählich von Amtswegen zu bewirken (§ 28[2]). Das Grundbuchamt ist daher jedenfalls aus Anlaß der vorliegenden Anträge verpflichtet, das bisher Versäumte nachzuholen und sich zu diesem Zweck die Flurbuchabschriften oder einen Katasterauszug zu beschaffen. Stellt sich dann heraus, daß die Parzelle 29/11 nunmehr in das Grundbuch übernommen oder im Katasterauszug bezeichnet ist, so genügt der überreichte Spezialauszug dem § 30 AVf. Andernfalls wird es freilich der Beibringung eines weiteren, die Entstehung der Parzelle nachweisendem Auszugs bedürfen. Dazu ist aber nicht ein Hauptauszug erforderlich, vielmehr reicht ein abgekürzter Auszug aus, der erkennen läßt, aus welcher Mutterparzelle die Parzelle 29/11 hervorging.[1] M.

o) **„Erforderliche“ Eintragung des PrAusfG. zur GBO. Art. 23.**

Kammergericht, 1. FerienZS. Beschluß v. 20. August 1919.

Nach Art. 23 AusfG. hat das Oberbergamt im Falle der Konsolidation um die Bewirkung „der erforderlichen Eintragungen“ zu ersuchen. Dazu gehören auch die zum Schutze der dinglich Berechtigten erforderlich werdenden Übertragungen von Hypotheken und Lasten auf das Berggrundbuchblatt des durch die bestätigte Konsolidation neu geschaffenen Bergwerkseigentums. Die Ansicht des Oberbergamts, daß seine Antragspflicht „auf die für Anlegung dieses Grundbuchblatts notwendigen Anträge, also auf die bestrickte Bezeich-

[1] Für den § 4 der erwähnten AVf. ergibt sich aus der Bezeichnung „Sanitätsrat“, da dieser Titel nur Ärzten verliehen wurde, zugleich der Beruf des mit ihr Beliehenen als eines Arztes und damit sein sozialer Stand (KG. 26. Febr. 1920, 1 x 51). — Im Sinne des § 11 das. stellt die Verlängerung eines zeitlich begrenzten Nießbrauchs keine Änderung seines Inhalts, sondern eine neue Grundstücksbelastung dar, die deshalb nicht in Spalte „Veränderungen“ bei der früheren Eintragung, sondern unter neuer Nummer einzutragen ist (KG., 30. Nov. 1916 u. 28. Juni 1919: 1 x 294/16, 129/17).

nung dieses Bergwerkseigentums nach Gegenstand und Person" zu beschränken sei, ist unbegründet. Denn nach § 43 Berggeſ. und Art. 23 AusfG. zur GBO. sind nur dem Oberbergamt, nicht auch dem Grundbuchrichter die mit den dinglich Berechtigten vereinbarten Bestimmungen darüber einzureichen, daß und in welcher Rangordnung die Rechte und Lasten auf das konsolidierte Werk als Ganzes übergehen sollen. Das Ersuchen hat sich deshalb beim Vorliegen des § 43 auf die zu übertragenden Hypotheken und ihre Rangordnung zu erstrecken; es bildet die ausschließliche Grundlage für die erforderlichen Eintragungen und kann nicht durch bloße Eintragungsbewilligungen oder Anträge der Beteiligten ersetzt werden (Güthe[3] 2 S. 1456 N. 8 I 1). M.

5. Familienrecht.

a) α) Keine Unbescholtenheit bei heimlichem Geschlechtsverkehr (§ 1300 BGB.).

OLG. Stuttgart, 3 ZS. Urteil v. 25. November 1919.

Die Klägerin war mit dem Beklagten verlobt und gestattete ihm die Beiwohnung. Schon früher hatte sie, wie sie ihm mitgeteilt hatte, mit X., der sie heiraten wollte, geschlechtlich verkehrt; die Brautschaft war dann aber in beiderseitigem Einverständnis wieder gelöst worden. Ohne Belang für den Begriff der Bescholtenheit ist, ob die sittliche Verfehlung der Braut weiteren Kreisen bekannt geworden ist oder nicht. Die Geschlechtsehre der Klägerin war, nachdem sie dem X. die Beiwohnung gestattet hatte, nicht mehr unversehrt, mag auch X. ihr Bräutigam gewesen sein. Ein Mädchen, das die Jungfräulichkeit zufolge des von ihr gestatteten Geschlechtsverkehrs verloren hat, ist nach der allgemeinen Volksanschauung nicht mehr unbescholten: nur darüber sind verschiedene Ansichten aufgetreten (RG. 52 Nr. 13), ob ein gewesener Verlobter gegen den Anspruch aus § 1300 dann Bescholtenheit einwenden kann, wenn er selbst schon vor der Verlobung geschlechtlich mit der Klägerin verkehrt hat. Die Verneinung wird darauf gestützt, daß in solchem Fall die Erhebung jenes Einwands arglistig (sittenwidrig) wäre; dieser Grund trifft aber offensichtlich nicht zu, wenn ein Dritter — nicht der Beklagte selbst — schon früher der Klägerin beigewohnt hat. Es widerspräche auch dem gesunden Volksempfinden, wenn ein mehrfach verlobt gewesenes Mädchen, das jedem ihrer Verlobten die Beiwohnung gestattet hat, der Reihe nach gegen jeden dieser Verlobten einen Anspruch aus § 1300 erheben könnte. Auch kommt in Betracht, daß der nicht vermögensrechtliche Schaden meist in der Hauptsache darin zu finden sein wird, daß zufolge der Deflorierung dem Mädchen die künftige Verheiratung im Zweifel erschwert sein wird. Dieser Gesichtspunkt fällt aber bei einer nicht mehr jungfräulichen Verlobten, die ihrem Bräutigam die Beiwohnung gestattet hat, weg. Daß und inwiefern sie durch diese Beiwohnung oder durch Auflösung der Verlobung einen Schaden der bezeichneten Art erlitten hat, ist keineswegs selbstverständlich und bedürfte besonderer Darlegung. S.

β) **Rückgabe der Brautgeschenke, wenn der Schenker zurückgetreten ist. Beweislast.**

OLG. Rostock, 2. ZS. Urteil v. 22. Oktober 1919.

Nachdem sich die Parteien im September 1918 verlobt hatten, ist im März 1919 der Kläger zurückgetreten. Er fordert die während des Verlöbnisses geschenkten Sachen mit der Begründung zurück, daß die Beklagte ihm vor der Verlobung zugesichert habe, ihr Vater werde ihnen die zur Häuslichkeit erforderlichen Mobilien beschaffen; dies Versprechen habe der Vater ihm später wiederholt, demnächst jedoch erklärt, er könne ihnen die Aussteuer nicht geben, weil die Möbel inzwischen zu teuer geworden seien; infolgedessen habe er das Verlöbnis auflösen müssen. An sich ist der Klaganspruch begründet, da feststeht, daß die Eheschließung unterbleibt. Nach dem gemäß § 1301 anwendbaren § 815 ist jedoch die Rückforderung ausgeschlossen, wenn der Leistende den Eintritt des Erfolges, hier also die Eheschließung, wider Treu und Glauben verhindert hat. Ein solches Handeln läge vor, wenn der Kläger das Verlöbnis grundlos aufgelöst hätte. Weil es sich darum handelt, daß die an sich begründete Rückforderung ausgeschlossen sein soll, ist es Sache der auf Rückgabe der Geschenke verklagten Braut, die Tatsachen darzulegen und zu beweisen, die die Auflösung des Verlöbnisses als grundlos erfolgt erscheinen lassen, nicht Sache des Klägers, darzutun, daß er das Verlöbnis aus wichtigen Gründen gelöst habe. Die Tatsache, daß der Kläger das Verlöbnis gelöst hat, reicht nicht aus, jene Beweislast ihm aufzubürden. Auch der Umstand, daß die grundlose Lösung sich als eine Negative darstellt, führt zu keiner anderen Verteilung der Beweislast. Es könnte sich nur fragen, ob, wenn die grundlose Lösung behauptet würde und der Bräutigam die Angabe von Gründen ablehnte, eine Aufklärungslast auf seiner Seite angenommen werden müßte, und diese dazu führen würde, daß aus dem Unterlassen der Aufklärung zu schließen wäre, die Auflösung sei grundlos erfolgt. Diese Frage kann aber hier dahingestellt bleiben, denn der Kläger hat die Gründe dargelegt. Wären diese allerdings derart hinfällig, daß die Auflösung als ein Handeln wider Treu und Glauben erscheint, so könnte die Einrede vielleicht als schlüssig angesehen werden. Hier ist aber das Verlöbnis deshalb aufgelöst worden, weil der Vater der Beklagten erklärt hat, er könne für eine Aussteuer nur 1000 Mark hergeben. Es liegt auf der Hand, daß mit Rücksicht auf die schon im Winter 1918/19 eingetretene Steigerung der Möbelpreise mit 1000 Mark auch eine nur einigermaßen ausreichende Aussteuer nicht zu beschaffen war. Demgegenüber bleibt es Sache der Beklagten, die Tatsachen darzulegen, die ein Handeln des Klägers wider Treu und Glauben dartun sollen. Daran fehlt es.... J.n.

γ) **Örtlicher Gerichtsstand für Klagen aus Verlöbnisbruch.**

OLG. Kassel, 1. ZS. Urteil v. 3. Januar 1921.

Das Verlöbnis ist nach der richtigen, auch herrschenden Ansicht als ein Vertrag anzusehen (RGKomm. § 1297). Wenn auch aus ihm nicht auf Eingehung der Ehe geklagt werden kann, so entspringen ihm doch, obwohl es in der Hauptsache familienrechtliche Bedeutung hat, rechtliche und klagbare Folgen (§§ 1298—1301), die deshalb eintreten, weil der Vertrag nicht erfüllt wird. Daß sie gesetzlich besonders zugelassen und geregelt sind, widerspricht nicht ihrer Ableitung aus dem Vertrage und ihrer Begründung aus der Nichterfüllung des allerdings nicht durch Klage erzwingbaren Vertrags; daher ist der Entscheidung (Rsp. 20 S. 290) nicht zuzustimmen. Allerdings wird der nichtschuldige Teil hier so gestellt, als habe die Verlobung nicht stattgefunden, während sonst der Gläubiger durch die Haftung des Schuldners für Nichterfüllung des Vertrags möglichst so gestellt wird, als wäre der Vertrag erfüllt (so Schreiber, Schuld und Haftung S. 48). Aber die Haftung beruht doch darauf, daß der Beklagte den Vertrag nicht erfüllt hat, und wird durch das Gesetz ausdrücklich gewährt. Daher ist mit Rsp. 11 S. 277 und Stein (ZPO. § 29 II 4) der § 29 ZPO. anzuwenden; dies gilt um so mehr, als das RG. (JW. 1896 S. 202) auch für die Klage auf Ersatz des negativen Interesses wo der Schade nicht auf Nichterfüllung eines Vertrags, sondern auf Haftung für sein Nichtgültigwerden beruht (zB. §§ 122, 179 BGB.), den § 29 anwendet. Für die Klagen aus §§ 1297 ff. ist also zuständig das Gericht des für die Erfüllung des Verlöbnisvertrags, dh. die Eheschließung, maßgebenden Ortes. Für diese ist nach § 1320 mit § 1317 der Standesbeamte, in dessen Bezirk einer der Verlobten seinen Wohnsitz hat, zuständig. Da nach § 1320[3] die Verlobten die Wahl zwischen den beiden etwaigen Orten haben, ist jeder zuständig, also auch an jedem ein besonderer Erfüllungsort gegeben. Daher ist im jetzigen Fall einerseits gleichgültig, ob nach der Verkehrssitte der Wohnort der Braut entscheidet, wenn für eine Rechtsfrage, zB. der Anwendung zwischenstaatlichen Rechts, zwischen den beiden Wohnorten gewählt werden muß, wie das RG. (23 S. 217; Gruchot 47 S. 135) angenommen hat. Mit Recht heißt es anderseits dort [im Gegensatz zu RG. 7 S. 340, 20 S. 325], daß nicht der erste eheliche Wohnsitz als entscheidend angesehen werden könne. Ob der angeführte Grund: dieser hänge nur vom Willen des Mannes ab, tatsächlich richtig ist und namentlich für die Zuständigkeit Bedeutung hat, kann unentschieden bleiben. Dagegen, daß dieser Wohnsitz für die Zuständigkeit der Klage aus § 1297 entscheide, spricht jedenfalls vor allem, daß dieser zukünftige Ort zurzeit des Verlöbnisbruchs vielfach noch gar nicht feststeht. H. G.

b) **Wiederherstellung der häuslichen Gemeinschaft nach § 1353.**

OLG. Naumburg, 1. ZS. Urteil v. 17. Juni 1920.

Die Beklagte wendet nur ein, daß das Verlangen des Klägers, die häusliche Gemeinschaft wiederherzustellen, zurzeit ein Mißbrauch seines Rechts sei, weil die vorgeschlagene Wohnung in N. ein kleines Bauernhaus sei, in dem ein zweiter Haushalt nicht geführt werden könne. Allein ihr ist die Wohnung bekannt und sie bestreitet nicht, daß sie mit dem Kläger dort unterkommen kann. Das muß für die heutigen Zeitverhältnisse genügen. Es ist bei der gegenwärtig überall, auch in ganz kleinen Orten herrschenden Wohnungsnot sehr schwer, häufig sogar ausgeschlossen, daß eine Familienwohnung, in der ein Haushalt gut geführt werden kann, von vornherein und schon im voraus zur Verfügung gestellt werde. Ehepaare, die umziehen, müssen sich in vielen Fällen vorerst mit Wohnungen von 1—2 Zimmern begnügen, bis es ihnen gelingt, sich zu verbessern. Anders steht auch ein Paar nicht, das früher in übereinstimmendem Willen sich getrennt hat. Diese Ehegatten müssen sich dann eben in den unstreitig zur Verfügung stehenden Räumlichkeiten so gut einrichten, wie es geht und sind darauf zu verweisen, dann in gemeinsamer Bemühung etwas Besseres zu suchen. Die Beklagte kann nicht etwa verlangen, weil die geschilderten Verhältnisse zurzeit so ungünstig liegen, das getrennte Leben bis zu einer besseren Gestaltung fortsetzen zu dürfen; dies um so weniger, als die Einkommensverhältnisse des Klägers sehr dürftige sind. E.g.

c) **Unterhaltspflicht des Mannes für die von seiner Frau eingebrachten Kinder?**

OLG. Dresden, 2. ZS. Urteil v. 28. Mai 1919.

Der klagende Ortsarmenverband fordert 613 Mark Pflegegelder, die er bei Ausübung der öffentlichen Armenpflege für den 12jährigen Stiefsohn des Beklagten ausgegeben hat. Das BGB. hat jedoch die gesetzliche Unterhaltspflicht auf Stiefeltern und Stiefkinder absichtlich nicht erstreckt (Mot. 4 S. 680). Es ist daher nur zu prüfen, ob der Beklagte für den Unterhalt, den seine Frau ihrem außerehelichen Kinde nach §§ 1601, 1705 schuldet, neben der Mutter hafte (§§ 1386, 1388). Der § 1386² würde nicht entgegenstehen, denn die Unterhaltspflicht der Frau gehört nicht zu den Verbindlichkeiten, die nach §§ 1415, 1416 im Verhältnis der Ehegatten dem Vorbehaltsgut zur Last fallen, sondern sind aus dem eingebrachten Gute zu bestreiten (§ 1411). Da die Frau aus diesem keine Einkünfte bezieht, hat nach § 1386¹ der Mann die Lasten zu tragen, die regelmäßig aus den Einkünften des Vermögens bestritten werden. Diese Verpflichtung des Mannes fällt nun nicht dann weg, wenn kein eingebrachtes Gut vorhanden ist (RGKomm. § 1386). Wohl aber kommt dieser Mangel bei der Regelung jener Pflicht in Betracht, weil die Unterhaltsgewährung ihrer Natur nach durch den Umfang der vorhandenen Mittel beeinflußt wird. Nach den Grundsätzen der §§ 1603, 1610 ist zu bestimmen, was das Kind von seiner Mutter und demgemäß auch von seinem Stiefvater als dem Gesamtschuldner der Frau (§ 1388) zu fordern hat.

Die Frau des Beklagten besitzt nun kein Vermögen. Sie hat aber nach §§ 1360/01 einen Unterhaltsanspruch, dem ihr Mann bei seinem Jahreseinkommen reichlich nachkommen kann. In dem Urteil des LG. München vom 9. Mai 1917, auf das sich der Kläger stützt, wird nun ausgeführt, der Unterhalt, den die Frau zu fordern berechtigt sei, gehöre zu den verfügbaren Mitteln, die sie nach § 1603² zu ihrem und des Kindes Unterhalt gleichmäßig zu verwenden habe, sie müsse das, was ihr davon entbehrlich sei, dem Kind abgeben, und für das, was sie hiernach abzugeben habe, habe der

Mann dem Kind unmittelbar aufzukommen. Allein dieser letzten Schlußfolgerung kann nicht beigetreten werden (Erler Recht 1919 S. 94, Männer das. S. 164). Wenn auch das Kind nach § 1603² auf Grund der gesteigerten Unterhaltspflicht der Mutter dieser gegenüber auf den ihr entbehrlichen Überschuß des vom Manne zu gewährenden Unterhalts berechtigt ist, so hat doch der Mann immer nur die persönlichen Bedürfnisse der Frau zu decken. Der Umfang seiner Verbindlichkeit ist nur aus der Person der Frau und dadurch einheitlich bestimmt; er läßt sich nicht in eine Verpflichtung zur Deckung der unentbehrlichen Bedürfnisse der Frau und in eine zur Leistung des Restes an das Kind zerlegen.

Es könnte noch in Betracht kommen, daß nach § 1356 die Frau zu Arbeiten im Hauswesen (Geschäfte) des Mannes verpflichtet ist. Wird sie dadurch verhindert, ihre Arbeitskraft zur Beschaffung des Unterhalts für ihr Kind zu verwenden, so kommt dem Mann etwas zugute, was das Kind, sei es allein, sei es neben dem Manne, beanspruchen könnte. Hieraus sucht Männer aO. einen unmittelbaren Unterhaltsanspruch des Stiefkindes gegen den Stiefvater in Höhe des Wertes der Arbeit der Frau herzuleiten, weil dieser Arbeitsertrag nicht Vorbehaltsgut der Frau werde, der Mann vielmehr die Unterhaltspflicht der Frau in jener Höhe so erfüllen müsse, wie das die Frau tun müßte, wenn sie unverheiratet wäre (§ 1604¹). Indessen lassen sich Rechtspflichten und sittliche Pflichten nicht ohne weiteres gleichstellen. Daß die Frau im Hauswesen mitarbeiten muß, ist im § 1356 ausdrücklich bestimmt; sie kann auf dem Klagewege dazu angehalten werden. Daß die vermögenslose, arbeitsfähige Mutter arbeiten müsse, um den Unterhalt für ihr Kind zu verdienen, bestimmt das BGB. nicht, obwohl das Sittengesetz es fordert. Die Arbeitskraft der Mutter zu den „verfügbaren Mitteln" des § 1603² zu rechnen, die Mutter auf die Klage des Kindes zum Arbeiten und Geldverdienen zu verurteilen, ließe sich schwerlich rechtfertigen. Müßte eine sittliche Verpflichtung mit herangezogen werden, um zur Haftung des Stiefvaters für den Unterhalt des Stiefkinds zu gelangen, so wäre der immerhin künstliche Umweg über § 1356 entbehrlich. Denn sittlich ist der Stiefvater, mindestens wenn es ihm seine Mittel gestatten, zweifellos verpflichtet, das Kind der Frau zu unterhalten. Die Lebensgemeinschaft der Ehegatten ist dem Wesen nach so innig, daß nach dem Empfinden der Allgemeinheit von der Fürsorge des Mannes für die Frau ein Brosamen auch für das Kind abfallen muß. Hier leben indessen die Ehegatten in Verhältnissen, unter denen eine Mitarbeit der Frau im Sinne des § 1356² nicht üblich ist. . . . —e—

d) **Aufhebung der Schlüsselgewalt bei Getrenntleben?**

OLG. Hamburg, 6. ZS. Urteil v. 26. Februar 1920.

Die Frau des Beklagten, von der dieser sich im Frühjahr 1917 getrennt hat und an die er 500 Mark monatliche Unterhaltsgelder zahlt, hat Ende 1918 Kleidungsstücke für 2650 Mark gekauft. Die Klage auf den

Kaufpreis ist unbegründet. Ob ein Getrenntleben der Ehegatten die Schlüsselgewalt aufhebt, ist allerdings dann, wenn der Mann die gemeinschaftliche Wohnung verläßt, nicht unstreitig, grundsätzlich aber zu bejahen. Der § 1357 hängt mit § 1356 eng zusammen. Weil und damit die Frau das gemeinschaftliche Hauswesen leitet und, soweit ein solches es erfordert, ist der Frau das Recht zur Vertretung des Mannes gegeben. Trennt sich der eine Gatte vom anderen und führt jeder einen getrennten Haushalt, so besteht kein gemeinschaftliches Hauswesen mehr; damit fällt auch die Schlüsselgewalt. Allerdings hebt nicht jede Trennung ohne weiteres die Gemeinschaft des Hauswesens auf. Entfernt sich zB. der Mann nur vorübergehend, also mit der Absicht, über kurz oder lang zurückzukehren, und führt die Frau inzwischen das Hauswesen in seinem Sinne und auf seine Kosten weiter dergestalt, daß der Mann noch immer das oberste Bestimmungsrecht in den den Haushalt betreffenden Angelegenheiten ausübt, so bleibt das Hauswesen gemeinschaftlich, wie auch nach natürlicher Auffassung das Haus und die Wohnung, wo das Hauswesen von der Frau geführt wird, sein Haus und seine Wohnung bleiben. Es mag auch sein, daß, wenn sich der Mann entfernt, die Frau also in der früheren Wohnung bleibt, es zunächst an einem genügenden äußeren Merkmal der Aufhebung mehr fehlt, als wenn sich die Frau entfernt. Aber das gleicht sich sehr bald durch längeres Fernhalten des Mannes oder andere Umstände, zB. dadurch, daß er sich in demselben Ort ein besonderes Hauswesen gründet, aus. Einen grundsätzlichen Unterschied auf die Dauer zwischen dem Falle, wo der Mann, von dem Falle, wo die Frau sich entfernt, zu machen, würde zu einer schwer erträglichen Unsicherheit im Verkehre führen, da sich die Art, wie es zur Trennung gekommen ist, mit der Zeit immer schwerer erkunden läßt. Hier hat sich der Beklagte von der Frau in der zweifellosen Absicht, nie wieder zu ihr zurückzukehren, getrennt und ihr eine feste Rente ausgesetzt, mit der sie nach eigenem Gutdünken verfahren kann, so daß ihm gänzlich fern liegt, sich um ihr Hauswesen zu kümmern; seitdem herrscht zwischen ihnen der erbittertste Streit. Ein gemeinschaftliches Hauswesen lag unter solchen Umständen nicht mehr vor (Rsp. 6 S. 155, 14 S. 222), Hamburg (das. 1 S. 368, 12 S. 300, 74 S. 222), München (Bl. f. RA. 70 S. 181).

Eine Kenntnis des Dritten von dem Getrenntleben erfordert der § 1357 nur dann, wenn der Mann die Schlüsselgewalt durch Willenserklärung entzieht (beschränkt) und er stellt selbst in solchem Falle der Kenntnis eine öffentliche Kundmachung durch Eintragung in das Güterrechtsregister gleich. Bei Aufhebung des gemeinschaftlichen Hauswesens hat das Gesetz solche Vorschriften nicht und ihre entsprechende Anwendung erscheint nicht angängig. Ist doch die Tatsache, daß zwei Ehegatten getrennt voneinander leben, fast immer mindestens ebenso leicht und einfach erkundbar, als die rechtsgeschäftliche Entziehung der Schlüsselgewalt durch Einsicht in das Register. Auch in sachlicher Beziehung wird der gute Glaube eines Dritten bei der Schlüsselgewalt nicht geschützt. Macht eine Ehefrau Einkäufe, die den Verhältnissen der Ehegatten nicht entfernt entsprechen, so hilft dem Verkäufer sein guter Glaube auch nichts. Wer einer Frau, die namens ihres Mannes Verbindlichkeiten eingeht, Kredit gibt, muß sich nach den Verhältnissen erkundigen, auch danach, ob sie mit ihrem Mann ein gemeinschaftliches Hauswesen hat. Jedenfalls konnten zur entsprechenden Anwendung nur die für das Erlöschen einer Vollmacht gegebenen §§ 169, 170 herangezogen werden. Danach genügt Dritten gegenüber schon, daß der Dritte das Erlöschen kennen muß. Hier hatte aber der Kläger vor der Bestellung erfahren, daß die Eheleute in Scheidung lägen; da hätte es doch sehr nahe gelegen, anzunehmen oder durch weitere Nachfrage zu erkunden, daß die Beklagte von ihrem Manne getrennt lebte. M. M.

e) α) **Unterhaltsklage und einstw. Verfügung während häuslicher Gemeinschaft.**

Kammergericht, 14. ZS. Urteil v. 17. Februar 1920.

Nach den einstw. Verfügungen vom 12. Juni und 10. Juli 1919 hat der Antragsgegner seiner Frau eine Unterhaltsrente vierteljährlich im voraus zu zahlen. Da die häusliche Gemeinschaft erst am 5. Juli 1919 aufgehoben wurde, streiten die Parteien darüber, ob die Rente für die Zeit vom 10. Mai bis 5. Juli gefordert werden kann. Für diesen Zeitraum hatte die Frau keinen Anspruch nach § 1361 auf eine Geldrente, sondern nur nach § 1360³ auf Unterhalt in Natur oder aber durch Wirtschaftsgeld, dh. einen Vorschuß auf ihre Aufwendungen bei der ihr nach § 1356¹ obliegenden Leitung des gemeinschaftlichen Hauswesens, worauf die §§ 669, 670 entsprechend anzuwenden sind. Soweit der Mann ihr nicht Unterhalt in Natur gewährt, kann die Frau nach § 1360 auf den zur Anschaffung erforderlichen Geldbetrag klagen. Ob dies eine Klage auf Herstellung des ehelichen Lebens nach § 606 ZPO. ist (so Staudinger § 1360⁶, dagegen Planck vor § 1353⁵), braucht hier nicht entschieden zu werden. Denn auch in diesem Fall ist nicht § 627, der auf die Unterhaltsregelung nach § 1361 BGB. eingeschränkt ist, sondern nur § 940 ZPO. anwendbar. Der Anspruch ist nach § 1360³ S. 2, § 1613 BGB. nur für die Zeit seit dem Verzuge des Mannes oder seit der Rechtshängigkeit begründet. Verzug setzt, da für die Leistung eine Zeit nach dem Kalender nicht bestimmt war, Mahnung nach Fälligkeit des Unterhalts für die hier streitige Zeit voraus; hierfür ist nichts behauptet. Die Rechtshängigkeit des Anspruchs wird weder durch den Antrag auf einstw. Verfügung, noch durch deren Anordnung begründet. Also selbst wenn zurzeit dieser Anordnung schon ein Unterhaltsanspruch für die Vergangenheit begründet gewesen wäre, dann würde es doch insoweit an der Glaubhaftmachung eines Grundes für die Anordnung fehlen, weil zur Abwendung wesentlicher Nachteile die Sicherung des Unterhalts der Antragstellerin für die Zukunft ausreicht. Das trifft auch dann zu, wenn sie zur Bestreitung ihres Unterhalts Schulden gemacht hatte und deshalb von ihrem Manne nach §§ 683, 679 BGB. Befreiung von dieser Verbindlichkeit beanspruchen kann (RGKomm.

§ 1613). Denn zur vorläufigen Regelung dieses Rechtsverhältnisses würde es nur dann einer einstw. Verfügung bedürfen, wenn ihr die alsbaldige Verfolgung durch ihren Gläubiger drohte. Eine solche Gefahr droht ihr keinesfalls wegen des von ihrem Sohne zu ihrem und seiner Geschwister Unterhalt beigesteuerten Betrags, selbst wenn man hierin ein Darlehen an seine Mutter erblicken wollte, und nicht vielmehr die Erfüllung der Verpflichtung seines Vaters nach § 670 BGB. in der Absicht, Ersatz von ihm nach §§ 683, 685 BGB. zu verlangen. L. d.

β) **Kein Anspruch der Frau auf einzelne Einnahmeposten des Mannes.**

OLG. Hamburg, 3. ZS. Beschluß v. 26. Februar 1920.

Das LG. hatte gemäß § 627 ZPO. die Unterhaltspflicht des Mannes den Anträgen der Beklagten entsprechend geordnet. Wenn diese glaubt, daß infolge veränderter Einkommensverhältnisse des Mannes diese Ordnung den Bedürfnissen nicht mehr entspricht, so bleibt ihr unbenommen, beim Prozeßgericht eine Erhöhung jenes Unterhaltssatzes zu erwirken. Nicht angängig aber ist, wenn sie einen Anteil an einmaligen, unregelmäßigen Einnahmeposten (Wirtschaftsbeihilfe des Arbeitgebers) ihres Mannes für sich beansprucht. Der Unterhalt ist, wie die Inbezugnahme des § 1361 BGB. im § 627 ZPO. beweist, durch eine Rente zu entrichten, nicht durch Anteile an einzelnen derartigen Einnahmeposten. Ob der Arbeitgeber des Klägers vernünftigerweise die Beihilfen bei Verheirateten höher bemißt, als bei Ledigen, ist für die Regelung der Unterhaltspflicht des Mannes gegenüber seiner mit ihm im Scheidungsprozeß liegenden Frau unerheblich. Hier kommt es vielmehr nur darauf an, wie das Einkommen des Mannes im ganzen gestaltet und ob danach gemäß den Bedürfnissen der Frau eine Erhöhung der bereits festgesetzten, damals allseitig befriedigenden Unterhaltssatzes am Platze ist. Für eine einstw. Verfügung, wie sie hier erbeten ist, durch die ein einzelner Posten erfaßt werden soll, ist sonach kein Raum. M. m.

f) α) **Geschenke der künftigen Schwiegermutter als Eingebrachtes?**

OLG. Hamm, 2. ZS. Urteil v. 28. Januar 1921.

Es ist nicht ausgeschlossen, auch nicht ungewöhnlich, daß die künftige Schwiegermutter dem Verlobten ihrer Tochter ein Geschenk zu persönlichem Eigentum gibt. Handelt es sich dabei aber wie hier um Gegenstände von der Art, wie sie eine Frau ihrem Manne einzubringen pflegt, namentlich um Sachen, die, dauernd für die künftige Hauseinrichtung, oder auch nur für die Einrichtung eines vorzugsweise dem Gebrauche des Mannes dienenden Zimmers bestimmt sind (zB. Schreibtisch und Sessel), so entspricht es der Verkehrsauffassung, daß sie in der Regel als dem Gute der Frau zugewendet behandelt werden. Sie stehen im Zweifel rechtlich den anderen Einrichtungsgegenständen gleich, die von den Schwiegereltern aus eigenen Mitteln oder aus dem Vermögen der Tochter für die Zwecke des künftigen Haushalts angeschafft und dem Bräutigam übergeben werden, somit als eingebrachtes Gut der Frau zu gelten haben. Besondere Umstände, die hier eine abweichende Beurteilung zuließen, liegen nicht vor. Insbesondere wird der rechtliche Charakter der Zuwendung nicht dadurch geändert, daß der Beklagte sich der Schwiegermutter G. als der Vermittlerin gegenüber durch ein Gegengeschenk erkenntlich erwies. Auch ist belanglos, ob Frau G. im Einverständnis ihres Mannes handelte oder ob dieser von der Schenkung erst nachträglich erfuhr. ... N.t.

β) **Tagebuch der Frau als Vorbehaltsgut gemäß § 1366.**

OLG. Hamm, 2. ZS. Urteil v. 5. März 1920.

Der Mann hat seiner Frau, mit der er in Scheidung lebt, ein von ihr geführtes, unter Verschluß gehaltenes Tagebuch heimlich fortgenommen. Die einstw. Verfügung, daß er das Buch den Prozeßbevollmächtigten der Antragstellerin herauszugeben hat, ist gerechtfertigt. Wenn diese ihre Gedanken über Erlebtes oder Empfundenes schriftlich zum Ausdrucke brachte, so ist das Buch, das sie dazu benutzte, nach seiner Natur und kraft Entschließung der Verfasserin „zum persönlichen Gebrauche der Frau bestimmt" und zwar „ausschließlich", gehört also zum „Vorbehaltsgute". Es steht auf derselben Stufe mit den im § 1366 besonders aufgeführten Kleidern, Schmucksachen und Arbeitsgeräten der Frau. Ein Mitgebrauch des Mannes am Buche ist durch dessen Natur und die ihm von der Frau gegebenen Bestimmung ausgeschlossen.

Die Regelung war zulässig und notwendig (§ 940 ZPO.). Ob eine Gefahr besteht, daß der Mann das Buch unbeteiligten Dritten zugänglich mache, mag dahingestellt bleiben. Denn er hat, wie er betont, das Buch sich zugeeignet und will es hinter sich behalten, um es im Scheidungsstreite zu verwenden als ein ihm unentbehrliches Beweismittel für die „ehewidrige Gesinnung", also wohl für ein Verhalten der Frau, das einen Scheidungsgrund aus § 1568 BGB. begründen oder unterstützen soll. Allein die Niederschriften im Tagebuche sind weder im Interesse des Mannes erfolgt, noch beurkunden sie ein zwischen ihm und seiner Frau bestehendes Rechtsverhältnis, noch enthalten sie Verhandlungen über ein ihn angehendes Rechtsgeschäft (§ 810 BGB.). Vorschriften, die das Verlangen des Mannes auf Herausgabe oder Vorlegung des Buches (§ 422 ZPO.) rechtfertigen könnten, enthält das bürgerliche Recht nicht (vgl. auch RG. 32 S. 371). ... N.t.

γ) **Klagerecht des Mannes auf den den Eheleuten versprochenen Jahreszuschuß.**

OLG. Königsberg, 1. ZS. Urteil v 17. Februar 1920.

Der Kläger ist mit der Tochter des Beklagten verheiratet und verlangt von diesem Zahlung eines Jahreszuschusses, den er nach der Hochzeit den Eheleuten gegenüber versprochen hat. Die Einrede, der Kläger könne den zum Eingebrachten gehörenden Anspruch nicht im eigenen Namen geltend machen und jedenfalls nicht Leistung an sich verlangen, ist nicht begründet. Nach § 1383 würde der Mann fällige Zinsen einer zum Eingebrachten gehörigen Forderung oder fällige Leistungen einer Leibrente wie ein Nießbraucher erwerben und könnte sie aus eigenem Recht geltend machen. In dieser Beziehung liegt aber die Sache hier nicht anders wie bei einer Leibrente. Die

Zuschüsse sind dazu bestimmt, dem ehelichen Aufwand, den der Mann zu tragen hat, zu dienen. Sobald sie gezahlt sind, kann er sie frei zur Bestreitung der Haushaltskosten verwenden. Wenn auch die Zuwendung des Beklagten nicht als eine einheitliche, Zinsen tragende Kapitalschuld aufzufassen ist, so sind doch nach dem Parteiwillen die einzelnen Zuschußraten als Erträgnisse eines versprochenen Rechts, der Ausstattung, gedacht, und es entspricht nur dem Zwecke dieser Leistung, wenn angenommen wird, daß die einzelnen Zuschußraten, die der Höhe nach je nach den Verhältnissen des Klägers wechseln können, der Kläger auf Grund seines Nutznießungsrechts mit der Fälligkeit erwerben soll. Dafür spricht auch der Umstand, daß das Versprechen auch dem Kläger gegenüber als dem Träger des ehelichen Aufwands (§ 1389) gemacht ist. Auch das OLG. Marienwerder hat in einem ähnlich liegenden Falle dem Mann ein selbständiges Klagerecht zugesprochen (PosMSchr. 7 S. 39). H. G.

δ) **Vorschußanspruch der Frau nach Bestellung des Armenanwalts.**[1]

OLG. Darmstadt, 1. ZS. Urteil v. 2. März 1920.

Die Antragstellerin wird in der Scheidungssache von dem ihr beigeordneten Armenanwalt vorläufig unentgeltlich vertreten, von Gerichtskostenvorschüssen ist sie nach § 115 ZPO. vorläufig befreit. Das LG. hat deshalb mit Recht angenommen, daß die Verwirklichung der Kostenvorschußpflicht durch einstw. Verfügung nicht geboten sei. Anders wäre die Sache, wenn das LG. sich überzeugen würde, daß der Mann zur Vorschußleistung imstande wäre, dann müßte der Frau das Armenrecht entzogen werden, da sie die Kosten des Rechtsstreits aus dem ihr zu leistenden Vorschuß bestreiten könnte, und auf ihren erneuten Antrag könnte ein solcher dem Mann durch einstw. Verfügung auferlegt werden. W. r.

Dazu: **Aufrechnung des Mannes gegenüber dem Vorschußanspruch der Frau?**

Kammergericht, 9. ZS. Urteil v. 23. Februar 1920.

... Die Unzulässigkeit der Aufrechnung ist für solche Fälle schon mehrfach angenommen worden. Dabei gehen freilich die Begründungen auseinander. So verweist das OLG. Hamburg auf die Unterhaltsähnlichkeit des güterrechtlichen Anspruchs (Recht 1917[26]), das KG. und das OLG. Naumburg dagegen auf die sonst eintretende Vereitlung des Zwecks der einstw. Verfügung, die der Frau die Barmittel zur Vorschußzahlung geben solle (KGBl. 1918 S. 64, Rsp 29 S 274), während Planck und das OLG. Frankfurt den Vorschußanspruch für unübertragbar erklären (BGB. § 399[1]). Gegen diese Begründungen läßt sich einwenden, daß die Ähnlichkeit mit den Unterhaltsforderungen keineswegs zu jenem Schlusse zwinge, daß weiter der Zweck der Verfügung erst in Frage kommen könne, nachdem das Bestehen des damit geregelten Anspruchs, also die Unwirksamkeit der Aufrechnung fest-

[1] Ebenso OLG. Braunschweig, 2. ZS. Beschluß v. 16. Nov. 1920. Auch dann, wenn die Frau dem Mann ihr Vermögen (12000 Mark) vorenthält und auf dessen Herausgabe verklagt ist, liegt kein Anlaß vor, dem Manne die Leistung eines Kostenvorschusses aufzugeben (OLG. Hamburg, 1. ZS. Beschluß v. 13. Okt. 1919).

gestellt sei, und schließlich, daß § 851 ZPO. die Pfändung unübertragbarer Forderungen soweit erlaubt, als der geschuldete Gegenstand pfändbar ist, was bei einer reinen Geldschuld zutreffen würde. Der Anspruch der Frau ist aber tatsächlich mindestens solange, als sie den Anwalt noch nicht bezahlt hat, keine reine Geldschuld, ändert sein Wesen auch nicht durch die in der Verfügung gewählte Art der Regelung: die Frau hat nicht sowohl eine Geldsumme zu fordern, als vielmehr, daß sie der Mann von der Kostenschuld freihält, wie denn auch die Verfügung auf Zahlung „zu Händen des Prozeßbevollmächtigten" lautet. Die gegenseitigen Forderungen sind also nicht gleichartig (Rsp. 40 S. 70). K.

e) Haftung des Mannes für die Gerichtskosten der Frau.

OLG. Breslau, 1. ZS. Beschluß v. 6. Oktober 1920.

In dem Urteil des Senats sind die Kosten der Berufung der Frau mit $^9/_{10}$, dem Manne mit $^1/_{10}$ auferlegt. Da dieses Urteil als Entscheidung über die einstw. Verfügung mit der Verkündung rechtskräftig wurde (§ 545² ZPO.), stand in dem Augenblick, als die Posten 1 und 2 der Gerichtskostenrechnung (Verhandlungs- und Entscheidungsgebühr nebst den Pauschsätzen) fällig wurden (§ 93 GKG), endgültig fest, daß der der Frau auferlegte Kostenteil im Verhältnis der Ehegatten zueinander dem Vorbehaltsgute der Frau zur Last fällt. Demnach ist der Mann der Frau gegenüber nicht verpflichtet, diesen Kostenteil zu tragen (§ 1387 Nr. 1 BGB.) und daher besteht auch keine gesamtschuldnerische Haftung des Mannes den Gläubigern der Frau gegenüber (§ 1388); es verbleibt vielmehr bei der im § 86 GKG. ausgesprochenen Regelung. Ob etwa der Mann, insoweit die Frau gemäß § 81 GKG. vorschußpflichtig, trotz der Rechtskraft des Urteils neben der Frau der Gerichtskasse als Gesamtschuldner weiter haftet, ist hier nicht zu entscheiden. Schn.

Dazu: Kammergericht, 9. ZS. Beschluß v. 16. Dezember 1920.

... Hier ist die Ehescheidung erst nach Entstehung und Fälligkeit der Kostenschuld rechtskräftig geworden. Anderseits hat die Klagerücknahme der Frau gemäß § 271 ZPO. das Endergebnis herbeigeführt, daß der Mann im Verhältnis zur Frau nicht die Kosten zu tragen braucht, und dadurch ist allerdings seine Haftung gegenüber der Gerichtskasse grundsätzlich und mit Rückwirkung erloschen. Das ist für den Fall entsprechender rechtskräftiger Kostenentscheidung anerkannt (KGBl. 1916 S. 98). Zu einer abweichenden Behandlung der Klagerücknahme besteht kein Anlaß; auch sie ergibt endgültig, ohne daß es des Urteilsspruches hierüber bedarf, die Kostenpflicht der Klägerin. Ob es demgegenüber auf die Zeit der Kosteneinforderung ankommt, kann hier dahingestellt bleiben, da die Rechnung erst nach der Klagerücknahme aufgestellt worden ist.

Gegen den Beschwerdeführer ist aber die besondere kostenrechtliche Vorschrift des § 90 GKG. anwendbar. Danach bedeutet die Vorschußpflicht gegenüber der Staatskasse stets eine endgültige Haftung, sofern nur ein Gebührenansatz in entsprechender Höhe bestehen bleibt. Der Grundsatz gilt zwar nicht unmittelbar für die Vorschußpflicht des Mannes nach § 1388 BGB., sondern zunächst nur für die kostenrechtliche Vorschußpflicht nach §§ 81—85 GKG. Aber § 92 das. erklärt die bürgerlichrechtlichen Haftungsgründe für anwendbar und diese Hineinziehung in den Rahmen des Kostenrechts ist so zu verstehen, daß jene Vorschriften des bürgerlichen Rechts als solche des GKG. selbst zu behandeln seien. § 1388 BGB. ist also jedesmal wie ein Teil der §§ 81 ff. GKG. zu betrachten und begründet somit endgültig die kostenrechtliche Zahlungspflicht des Mannes gegenüber der Staatskasse. Aus dem Wesen der Vorschußpflicht folgt, daß für ihre Entstehung nur die gegenwärtig erkennbare Rechtslage maßgebend sein kann (JW. 1910 S. 942[20]; RGKomm. § 1387[6]). K.

ζ) **Umfaßt die Vorschußpflicht die Teuerungszulage der Anwälte?**[1]

a) Bejaht vom Kammergericht, 14. ZS. Beschluß v. 5. November 1920.

Auf den von der Frau gemäß dem Beschlusse der Berliner Anwälte vom 12. Juni 1919 schriftlich bewilligten Teuerungszuschlag finden lediglich die §§ 93, 94 GebO. Anwendung. Daraus folgt, daß im Anwaltsprozeß eine Partei nicht gezwungen ist, den von ihrem Gegner nicht zu erstattenden Teuerungszuschlag aus eigenen Mitteln zu bewilligen, sondern nach § 33 RAO. die Beiordnung eines Anwalts beantragen kann. Auch die Ehefrau, die nach § 627 ZPO. die Regelung des Unterhalts nach § 1361 BGB. begehrt, konnte die Beiordnung eines Anwalts verlangen. Ihr hier geltend gemachter Anspruch auf Kostenvorschuß für jenes Verfahren nach § 1387 Nr. 1 BGB. würde sich daher auf die nach § 38 RAO. aufzuwendenden gesetzlichen Gebühren beschränken, wenn sie die Beiordnung beantragt hätte oder hierzu dem Manne gegenüber verpflichtet wäre. Die Bewilligung eines höheren Vorschusses würde sich dann auch nicht etwa durch die Dringlichkeit der Maßnahme nach § 940 ZPO. rechtfertigen lassen; denn die Beiordnung kann zugleich mit dem Gesuch um die einstw. Verfügung beantragt und bewilligt werden, weil bei beiden Beschlüssen desselben Prozeßgerichts dieselben Umstände zu berücksichtigen sind (a. M. OLG. Dresden, JW. 20 S. 912).

Die Verpflichtung der Frau dem Manne gegenüber, sich mit der Vertretung durch einen ihr beigeordneten Anwalt zu begnügen, läßt sich aber nicht allgemein bejahen. Die Frage, ob die Vertretung der Frau durch einen Anwalt zur Abwendung wesentlicher Nachteile nötig erscheint (§ 940 ZPO.), ist nicht nach denselben Grundsätzen zu beurteilen, wie die nach § 91 ZPO. für die Erstattung der Kosten des Prozeßgegners maßgebliche Frage, ob sie zur zweckentsprechenden Verfolgung notwendig sind. Denn die Kostenpflicht des Mannes nach § 1387 Nr. 1 BGB. ist unabhängig davon, ob der Rechtsstreit zwischen Mann und Frau geführt wird. Den Mann trifft diese Kostenlast nicht in seiner Eigenschaft als Prozeßgegner, sondern als eine seinem

[1] Das OLG. Naumburg hält den Mann für den Teuerungszuschlag in einem Falle als vorschußpflichtig, in welchem die Frau ihren bereits angenommenen Anwalt hätte wechseln müssen und dies ihr nach Lage des Falls nicht zuzumuten war (Urteil v. 4. Sept. 1920 AnwZ. S. 34).

Rechte zur Nutznießung entsprechende gesetzliche Pflicht: „die Lasten, die ein ordentlicher Wirt aus den Erträgen eines Vermögens zu bestreiten pflegt, soll der bestreiten, der diese Erträge ziehen darf“ (Wolff, Familienrecht § 52 II). Die Kosten eines Rechtsstreits pflegen wirtschaftlich die Natur von Verwaltungskosten zu haben (Mot. 4 S. 202); die Frau würde sie daher aus ihrem Vermögen bestreiten, wenn es nicht der Verwaltung und Nutznießung des Mannes unterläge (aO. S. 190). Hieraus leitet die herrschende Lehre die Pflicht des Mannes her, ihr diese Kosten vorzuschießen, bis endgültig feststeht, wer sie nach §§ 1387 Nr. 1, 1416[1] zu tragen hat (RG. 47 S. 72). Diese Pflicht erstreckt sich auf alle Kosten, gleich als wenn der Mann den Rechtsstreit als Partei führte (RGKomm. § 1387[6]). Im Verhältnisse der Ehegatten gelten also alle die Kosten als erstattungsfähig und vorschußpflichtig, die nach den besonderen Umständen des zu führenden Rechtsstreits von der Frau als erforderlich angesehen werden dürfen. Hierfür sind ähnliche Erwägungen maßgebend, wie im Verhältnisse zwischen Beauftragten und Auftraggeber (§ 670 BGB.), wo auch solche Aufwendungen erstattungsfähig sind, die der Beauftragte nach pflichtmäßigem Ermessen für erforderlich hält, um wesentliche Nachteile abzuwenden, mögen die Aufwendungen auch nach Ansicht des Gerichts zur Ausführung des Auftrags nicht unbedingt notwendig gewesen sein. Bei solchen Rechtsbeziehungen kann auch die Vereinbarung einer der gesetzlichen Gebühren überschreitenden Vergütung nach § 93 GebO. für einen nur unter dieser Bedingung zur Übernahme des Auftrags bereitwilligen Rechtsanwalt dann als zweckentsprechend angesehen werden, wenn besondere Gründe für die Wahl gerade dieses Rechtsanwalts sprechen (Hahn, JW. 1919 S. 960). Besonders kann der Frau eines nicht armen Manns nicht zugemutet werden, daß sie sich mit einem beliebigen, aus der großen Zahl der zugelassenen Anwälte nach der beim Prozeßgericht herkömmlichen Reihenfolge bestellten Vertreter[1] für den ihre ganze Rechtslage entscheidend beeinflussenden Scheidungsprozeß und für die damit in Verbindung stehenden Streitigkeiten begnügt. Sie handelt im Rahmen pflichtgemäßen Ermessens, wenn sie dem Anwalt ihres Vertrauens den üblichen Teuerungszuschlag bewilligt. Es muß ihr deshalb der hierfür erforderliche Vorschuß durch einstw. Verfügung zuerkannt werden. Lhd.

b) Verneint vom OLG. Dresden, 4. ZS. Beschluß v. 11. Januar 1921.

Von den Kosten der Rechtsstreite, die eine Ehefrau führt, gilt im Ver-

[1] Dieses Verfahren wird vielfach in Armensachen geübt, um einer übermäßigen Belastung einzelner Anwälte vorzubeugen. Diese Rücksicht gilt aber nicht bei dem Notanwalt, der die gesetzlichen Gebühren zu beanspruchen hat. Demgemäß hat in den wenigen Fällen, in denen der § 33 RAO. anzuwenden war, der 5. ZS. des KG. nicht nur die Aussichten des Rechtsstreits geprüft, sondern auch über die Person des auszuwählenden Anwalts beraten, ein Vorgang, der doch eine ganz andere Gewähr bietet, als das Ermessen einer unerfahrenen Frau. Auch steht, da nur der Geldpunkt den Zankapfel bildet, nichts entgegen, den von der Frau vorgeschlagenen Anwalt zu wählen. Keinenfalls kann aber daraus, daß der Vorsitzende nicht pflichtgemäß verfährt, die Partei das Recht herleiten, von § 33 ganz abzusehen. D. H.

hältnis unter den Ehegatten die Regel, daß sie nicht auf dem eingebrachten Gute lasten, sondern vom Mann, in seiner Eigenschaft als Verwalter und Nutznießer dieses Gutes, persönlich zu tragen sind. Infolgedessen ist der Mann auch verpflichtet, der Frau diese Kosten vorzuschießen; die Verpflichtung dazu ist in der Verpflichtung zur Kostentragung inbegriffen (RGKomm. § 1387[6a]). Jene Regel ist jedoch — dies hat der hiesige FerienZS. (JW. 1920 S. 912[12]) unberücksichtigt gelassen — nicht ohne Ausnahme; sie gilt nicht, sofern es sich um Kosten handelt, die dem Vorbehaltsgute zur Last fallen (RG. in JW. 1900 S. 850), und hinsichtlich solcher Kosten ist daher für den Mann, weil er sie nicht zu tragen hat, auch eine Verpflichtung, sie vorzuschießen, nicht begründet. Die Ausnahme ist hinsichtlich des Teuerungszuschlags gegeben; denn die Kosten eines Rechtsstreits, den eine Ehefrau nicht mit einem Dritten, sondern mit ihrem Manne, führt, fallen dem Vorbehaltsgute zur Last, soweit nicht, und zwar in seiner Eigenschaft als Prozeßpartei, der Mann sie zu tragen hat (§ 1416[1]), die Verpflichtung hierzu trifft aber hinsichtlich jenes Zuschlags den Mann selbst dann weder ganz noch teilweise, wenn er künftig als Partei im Scheidungsstreit unterliegen sollte. Dies steht schon jetzt fest, denn der Zuschlag ist, wie das LG. mit Recht angenommen hat, im Sinne von § 91 ZPO. nicht erstattungsfähig (JW. 1920 S. 60[6]). Schm.

Dazu: OLG. Breslau, 5. ZS. Beschluß v. 22. Januar 1921.

Mit Recht hat das LG. dem Mann aufgegeben, einen Kostenvorschuß für den Anwalt seiner Frau nur in Höhe der gesetzlichen Anwaltsgebühren, berechnet nach dem Ges. vom 18. Dez. 1919, zu zahlen und die Anordnung der Zahlung des Teuerungszuschlags abgelehnt. Wenn gegen Zahlung der gesetzlichen Gebühren kein beim Prozeßgericht zugelassener Anwalt die Frau vertreten will, so steht ihr immer noch der Weg des § 33 RAO. offen. Allerdings ist dabei möglich, daß sie dann nicht den Anwalt erhält, auf den gerade ihre Wahl gefallen ist, und daß sie dadurch nicht die Freiheit hat, wie eine Partei, die den von den Anwälten verlangten Teuerungszuschlag zahlen will. Verpflichtet zur Zahlung dieses Zuschlags ist aber niemand: jede Partei kann, wenn sie keinen Anwalt gegen Zahlung der gesetzlichen Gebühren findet, den Weg des § 33 RAO. beschreiten. Ob eine Frau, die sich einen Anwalt gegen Zahlung auch des Zuschlags bestellt, den Zuschlag vom Manne nach § 1387 BGB. ersetzt oder vorschußweise gezahlt verlangen kann, ist hier nicht zu erörtern. Denn hier handelt es sich nicht um diese materiellrechtliche Frage, sondern um eine vorläufige Regelung durch einstw. Verfügung, und hierzu, zur Abwendung wesentlicher Nachteile oder aus andern Gründen, ist nur erforderlich, daß die Frau überhaupt in der Lage ist, einen Anwalt zu bestellen. Aus diesen Gründen kann dem OLG. Dresden (JW. 1920 S. 912) nicht beigetreten werden. G. e.

g) **Bedeutung des § 1439 BGB.[1] Verlangt § 22[2] GBO. ausdrückliche Zustimmung? § 177 S. 2 BGB. im Grundbuchverkehr.**

[1] Das Vermögensverzeichnis des § 1528 erfordert, daß eine Mehrheit von Gegenständen

Bayer Oberstes Landesgericht, ZS. Beschluß v. 11. November 1920.

1. Der § 1439, der von der GG. jene Gegenstände ausschließt, die „durch Rechtsgeschäft nicht übertragen werden können", hat lediglich solche im Auge, die ihrem Wesen nach (wie zB. Fideikommisse, höchstpersönliche Rechte) nicht übertragen werden können, er ist aber nicht anwendbar auf Gegenstände, an denen einem der Ehegatten Anteile zustehen, über die er nur wegen ihrer Zugehörigkeit zu einem Inbegriffe, besonders zu einem Nachlasse nicht allein verfügen kann. Wenn nach § 2033² ein Miterbe über seinen Anteil an den einzelnen Nachlaßgegenständen nicht verfügen kann, so wird damit der Anteil selbst seinem Wesen nach nicht zu einem Gegenstande gestempelt, der allgemein durch Rechtsgeschäft nicht übertragen werden kann; denn der Anteil des Miterben am Nachlaß ist übertragbar (§ 2033 S. 1), auch kann der Miterbe zusammen mit den übrigen Miterben auch über den einzelnen Nachlaßgegenstand verfügen. Es ist sohin davon auszugehen, daß, was ein Ehegatte durch Erbschaft erwirbt, zum Gesamtgute wird. Dieser Erwerb zugleich für den andern Ehegatten vollzieht sich gemäß § 1438² kraft Gesetzes, so daß hierin auch keine Verfügung im Sinne des § 2033² liegt. Das gleiche hat auch für die Fortsetzung der allgemeinen GG. zu gelten.

Nicht zu billigen ist die Auffassung der Beschwerde, als ob in das Gesamtgut nur der Anteil des Miterben am Gesamtnachlaß gefallen wäre. Vielmehr steht an sich dem Miterben auch ein Anteil an den einzelnen Nachlaßgegenständen zu. Diese Ansicht ergibt sich schon aus dem Wortlaute des § 2033²; es wäre widersinnig, dem Miterben die Verfügung über seinen Anteil an den einzelnen Nachlaßgegenständen zu untersagen, wenn ihm ein solcher Anteil überhaupt nicht zustände (Dernburg in BayZ. 1905 S. 34; RG. 1911 S. 365; KG. RJA. 4 S. 183; BayObLG. 6 S. 660 und unten Nr. 51). Die Richtigkeit dieser Ansicht folgt auch mit daraus, daß der Nachlaß in seiner Gesamtheit alle einzelnen Gegenstände im Nachlaß in sich begreift und enthält. Der Anteil des Miterben ist Miteigentum an den einzelnen. Nachlaßsachen; dieser sein Anteil ist zwar kein Bruchteil, aber ein wirklicher, wenn auch bis zur Auseinandersetzung „still gelegter" Anteil. Dieser Anteil wird sohin, wenn der Erbe in gütergem. Ehe lebt, Gesamtgut.

2. Der gesetzgebende Grund des § 22² GBO. ist zu verhüten, daß im Wege der Berichtigung jemand als Eigentümer eines Grundstücks eingetragen wird, der nicht anerkennt, Eigentümer zu sein. Es ist also nicht erforderlich, daß der Einzutragende ausdrücklich darein willigt, als Eigentümer eingetragen zu werden, es muß vielmehr eine Willenskundgebung genügen, die das Einverständnis mit der Eintragung unzweifelhaft entnehmen läßt. Die Zustimmung kann sohin auch stillschweigend erteilt werden (Samml. 8 S. 556, 14 S. 423).

verzeichnet, also im einzelnen aufgeführt ist und daß diese Gegenstände rechtlich ein zusammengehörendes Ganzes, einen Inbegriff, bildet; daran fehlt es, wenn der Ehevertrag besagt: die Braut bringt als bare Mitgift, Aussteuer und an Fahrnis Werte von 16000 Mark ein (Bay. OLG., 2. ZS. Beschluß v. 3. Juni 1918; Samml 19 B. 9).

Hinsichtlich der Form aber wird allgemein angenommen, daß jene Willenskundgebung der Form des § 29 GBO. zu entsprechen hat....

3. ... Nach der herrschenden Meinung (vgl. Planck 4a, Staudinger II 3f zu § 925 BGB.) ist die Auflassungserklärung eines Vertreters ohne Vertretungsmacht an sich rechtsgültig, sie ist insoweit nur in Schwebe und wird voll rechtswirksam durch die nachträgliche Genehmigung des Vertretenen (§§ 177, 182 [1, 2]). Auf die Streitfrage, ob dem Grundbuchamte nachgewiesen werden muß, daß die Genehmigungserklärung dem Empfangsbedürftigen zugegangen ist, ist hier nicht weiter einzugehen, da dieser Nachweis ohnehin erbracht ist. Die weitere Frage aber, ob dem Grundbuchrichter auch nachgewiesen werden muß, daß der Käufer nicht von sich aus den Weg des § 177 S. 2 beschritten hat, wodurch allenfalls die ausgewiesene Genehmigung sich als rechtsunwirksam erweisen könnte, ist hier überhaupt nicht zu prüfen. Wie die Beschwerde mit Recht hervorhebt, wird in der Praxis des Grundstücksverkehrs der Weg des § 177 S. 2 regelmäßig überhaupt nicht begangen, die Beteiligten überlassen es vielmehr für die Regel dem Notar, für die Nachbringung der zum Vollzuge seiner Urkunde noch notwendigen Erklärungen und Anträge zu sorgen, am wenigsten hat der andere Vertragsteil Veranlassung, hier etwa selbsttätig im Wege des § 177 S. 2 einzugreifen. Mit dieser Regel des Lebens und Verkehrs wird auch der Grundbuchrichter rechnen dürfen und müssen. Dazu kommt hier, daß der Käufer ausdrücklich bestätigt hat, „von dem Vertreter der Verkäufer wegen der sämtlichen vorstehenden Genehmigungen Mitteilung erhalten zu haben“. Darin liegt zugleich mittelbar die Bestätigung, daß er selbst an diesen Genehmigungen nichts weiter auszusetzen hat oder wenigstens aussetzen will; denn er hätte sonst wohl Veranlassung genommen, weiteres beizufügen. Überdies hat ja im Regelfalle des Lebens der Käufer das eigenste Interesse, den von ihm geschlossenen Kauf aufrecht zu erhalten. Bei solcher Sachlage durfte daher der Grundbuchrichter ohne weiteres annehmen, daß der Käufer den Weg des § 177 S. 2 nicht beschritten hat, abgesehen von der Erwägung allgemeiner Art, daß es doch nicht die Aufgabe des Grundbuchamts im Rahmen seiner Prüfungspflicht sein kann, Beweise nach der negativen Seite zu verlangen (vgl. Samml. 5 S. 409; dagegen Rsp. 6 S. 477). Kn.

h) α) **Regelung des Unterhalts[1] nach § 627 ZPO. auf Antrag der Frau.**

OLG. Braunschweig, 1. ZS. Urteil v. 5. November 1920.

Die Frau A. hat eine einstw. Verfügung dahin erwirkt, daß sie während des Scheidungsprozesses mit den beiden schulpflichtigen Kindern getrennt vom Gegner leben darf, und dieser an sie monatlich 600 Mark Unterhaltsrente für sie und die Kinder zu zahlen hat. Die Voraussetzung einer Anordnung

[1] Der Begriff des standesmäßigen Unterhalts (§ 1610) steht nicht ein für allemal fest, sondern richtet sich neben dem Stand auch nach den Vermögens- und Einkommensverhältnissen des Verpflichteten, so daß u. U. in Zeiten der Teuerung das Maß niedriger zu bestimmen ist, als es unter normalen Verhältnissen der Fall wäre (KG. 5. Okt. 1917 und 30. Januar 1920, 1a x 742/19).

wegen der Sorge für die Person der Kinder und wegen ihres Unterhalts (§ 940 ZPO.) ist immer da gegeben, wo infolge des Interessengegensatzes der streitenden Elternteile (§ 1634) ein Schutzbedürfnis der Kinder vorliegt. Nur dieses, nicht aber die Befriedigung der Rechte des einen oder anderen Elternteils an der Person der Kinder hat § 627 ZPO. im Auge (Rsp. 10 S. 290).... Der Beklagte meint aber, der Antragstellerin sei nicht etwa die Sorge für die Person der Kinder zugesprochen, jedenfalls habe dazu kein Anlaß vorgelegen. Der Anlaß war jedoch im Schutzbedürfnis der Kinder gegeben; sie stehen noch in einem Alter, in dem sie der mütterlichen Pflege und Wartung nicht entraten können, namentlich aber ist der Beklagte infolge seiner beruflichen Tätigkeit gar nicht in der Lage, die persönliche Fürsorge so auszuüben, wie es das Wohl der Kinder erfordert. Das in der elterlichen Gewalt des Vaters begründete Recht zur Vertretung der Kinder (§§ 1627, 1630 ff.) aber übt die Antragstellerin nicht aus, indem sie auch den Unterhalt für die Kinder gemäß § 627 ZPO. geregelt wissen will. Es handelt sich dabei gar nicht um einen Anspruch der Kinder, als deren Vertreterin etwa die Mutter auftritt, sondern um einen Anspruch der Frau, die die Kinder tatsächlich versorgt und auch, weil der Mann nach den obwaltenden Umständen dazu außerstande ist, versorgen muß und der die Personensorge übertragen ist, also nur um die Verpflichtung zur Zahlung eines Ehegatten an den anderen für diesen und die Kinder (Rsp. 9 S. 82, 29 S. 144; Stein ZPO. § 627[32]). Das ergibt schon die Fassung der Schlußworte des § 627. Die Aktivlegitimation der Antragstellerin war daher zu bejahen. Daß der Gegner Veranlassung zum Antrage gegeben hat, folgt schon aus seiner Weigerung, überhaupt Unterhalt zu gewähren. Dazu ist er nach §§ 1360 f. verpflichtet. Die Voraussetzungen eines Fortfalls solcher Verpflichtung nach § 1361², wofür ihn die Beweislast trifft, hat er nicht glaubhaft gemacht. W.n.

β) **Fortgeltung der Landesgesetze über religiöse Kindererziehung.**

Kammergericht, ZS. 1a. Beschluß v. 30. April 1920.

Das LG. hat ausgeführt, daß durch Art. 149² Reichsvf. nicht ohne weiteres die Landesgesetze aufgehoben seien, die für besondere Tatbestände eine besondere Regelung angeordnet hätten; zu diesen Tatbeständen gehöre auch die religiöse Erziehung der Kinder aus Mischehen, so daß die einschlägigen Landesgesetze nur im Wege einer besonderen Gesetzgebung aufgehoben werden könnten. Diese Ausführungen sind in ihrem Ergebnis rechtlich nicht zu beanstanden. Zunächst kann in Frage kommen, ob der § 149² bereits in vollem Umfange zwingendes Recht darstellen soll oder ob lediglich programmatische Aussprüche vorliegen, Leitsätze aufgestellt sind, deren weitere Ausgestaltung zur Herbeiführung ihrer vollen praktischen Wirksamkeit Aufgabe der künftigen Gesetzgebung sein wird (so Meißner Reichsverf. S. 215). Aber auch bei der ersteren Annahme kann der Auffassung der Beschwerde nicht beigetreten werden. Allerdings muß dann die gegenwärtige Rechtslage dahin fegestiellt werden, daß kein Kind zur Teilnahme am Religionsunterricht sowie an kirchlichen Handlungen und Feiern durch die Staatsgewalt — im Gegensatz zu der kirchlichen Aufsichtsgewalt und der Erziehungsgewalt des Gewalthabers und des Vormundes (§§ 1627, 1631, 1686, 1793, 1800 BGB.; Art. 120 RVerf.; vgl. Giese S. 348; Arndt S. 193[3]; Stier-Somlo S. 114) — gezwungen werden darf. Allein einen Zwang zu Betätigungen der gedachten Art betreffen die landesgesetzlichen Vorschriften über die religiöse Kindererziehung in keiner Weise. Diese haben vielmehr lediglich die Frage zum Gegenstand, welchem von mehreren nach der Lage des Einzelfalles in Betracht kommenden religiösen Bekenntnissen die Kinder angehören, um auf diese Weise eine Grundlage dafür zu schaffen, wie die den Eltern (Vormunde) zugewiesene Erziehung von ihnen in religiöser Hinsicht zu gestalten ist. Ob die Kinder überhaupt zum Besuche kirchlicher Feiern anzuhalten sind, liegt ganz außerhalb des Rahmens jener Vorschriften. Dementsprechend kann es sich auch hier nicht darum handeln, ob auf die Mutter dahin einzuwirken sei, daß sie die Kinder bei der häuslichen Erziehung zur Teilnahme am Religionsunterricht der Schule und zum Besuche des Gottesdienstes anhält, sondern lediglich darum, ob Maßnahmen des VormGerichts gegen sie mit Rücksicht darauf erforderlich sind, daß sie die vier jüngeren, dem evang. Bekenntnis angehörenden Kinder zur Teilnahme am kath. Religionsunterricht und zum Besuche des kath. Gottesdienstes veranlaßt. Das jetzige Verfahren hat eben nur die Feststellung der Religion, in der die Kinder nach dem Landesgesetze zu erziehen sind, sowie die Entscheidung darüber zum Gegenstand, ob und wie die Mutter zur Erfüllung ihrer Verpflichtung angehalten werden soll, die weitere Erziehung der Kinder in einem ihnen nicht zukommenden Glauben zu unterlassen. Daß aber das VormGericht die Erfüllung jener Verpflichtung der Mutter zur Verhütung einer Gefährdung der gesetzmäßigen religiösen Erziehung zu überwachen hat und ihr gegenüber hierbei nötigenfalls geeignete Zwangsmittel anwenden kann, ist anerkannten Rechtens (KGJ. 20 S. 139, 37 S. 78, 39 S. 15). In dieser Hinsicht ist auch auf Art. 120 Verf. zu verweisen, nach welchem neben das Erziehungsrecht und die Erziehungspflicht der Eltern der Staat als überwachendes Organ tritt.

Die gleichen Erwägungen treffen übrigens auch auf den Art. 136[4] Verf. zu. In dieser Hinsicht kann die religiöse Erziehung, zu der, weil sie einen Teil der allgemeinen Erziehung bildet, der Gewalthaber (Vormund) berechtigt und verpflichtet sind, nicht als eine der dort bezeichneten Betätigungen angesehen werden, der sie sich selbst zu unterziehen hätten. Vielmehr kommen nur bestimmte einzelne Äußerungen der Zugehörigkeit zu einer Religionsgemeinschaft in Betracht, wie Taufe, Konfirmation, Kommunion, Beichte, Abendmahl, Trauung, Besuch des Gottesdienstes. Ein Zwang zu derartigen Betätigungen steht hier ebensowenig in Frage wie die Teilnahme der Kinder am Religionsunterricht der Schule. Vorliegend handelt es sich vielmehr lediglich um die rechtlich einwandfrei getroffene Feststellung, daß die jüngeren Kinder nicht in der kath. Religion erzogen werden dürfen.

Gleichwohl konnten die Vorentscheidungen nicht aufrecht erhalten werden. Das Amtsgericht hat sich, als es anordnete, daß die vier jüngeren Kinder den planmäßigen evang. Religionsunterricht zu empfangen haben, nicht auf einen Ausspruch über das Glaubensbekenntnis, dem die Kinder angehören und in dem sie zu unterrichten sind, beschränkt, sondern seine Anordnung auf die Teilnahme der Kinder an dem Religionsunterricht erstreckt und sich somit nicht im Rahmen seiner gesetzlichen Befugnisse gehalten.... Schr.

γ) **Verhältnis der Klage des Vaters auf Herausgabe seines Kindes zur einstw. Verfügung des Ehegerichts, die der Mutter die Personensorge zuspricht.**

OLG. Celle, 1. ZS. Urteil v. 21. Januar 1921.

Während des Scheidungsprozesses wurde der Mutter gemäß § 627 ZPO. die Sorge für die Person des gemeinschaftlichen Kindes übertragen. Der Vater klagte auf dessen Herausgabe und legte gegen das abweisende Urteil Berufung ein. Bei der Verhandlung über den gleichzeitig erhobenen Widerspruch beantragte er hilfsweise, die einstw. Verfügung bis zur Entscheidung über jene Berufung zeitlich zu beschränken. Der Hilfsantrag ist jedoch unbegründet. Mit der Klage verficht der Antragsgegner sein formales Recht als Vater auf Herausgabe des Kindes, das im § 1632 begründet ist. Das Ehegericht ist aber von diesem Rechte nicht abhängig. Es hat vielmehr ohne Rücksicht darauf und auch gegen es ähnlich wie der VormRichter die Interessen des Kindes zu wahren und die für das letztere ersprießlichen Maßnahmen im Verhältnis zu den Eltern zu treffen und zur Geltung zu bringen. Diese Befugnis steht ihm für die Dauer des Scheidungsprozesses zu. Sie kann das formale Recht des Vaters einengen und dadurch die Entscheidung des ordentlichen Prozesses beeinflussen. Sie zugunsten des Antragsgegners hier nicht restlos auszunutzen, würde den Interessen des Kindes widersprechen. Denn da diese die Trennung vom Vater erfordern, war es notwendig, dem ordentlichen Prozeß gegenüber dem Verbleib des Kindes bei der Mutter eine tunlichst dauerhafte gesetzmäßige Grundlage zu schaffen. Die Antragstellerin handelt, solange die Verfügung besteht, nicht widerrechtlich, wenn sie den Knaben dem Vater vorenthält (Warn. 9 Nr. 53). Im ordentlichen Prozeß werden allein die Interessen der Mutter ausgetragen; sie kann auch höchstens die Abweisung des Herausgabeanspruchs erstreiten. Der ihr durch die einstw. Verfügung zur Sicherung ihrer Stellung gewährte Schutz mußte ihr auf alle Fälle darüber hinaus zuteil werden. Gr.

δ) **Recht der verwitweten Mutter zum Verkehr mit dem Kinde.**[1]

Kammergericht, ZS. 1a. Beschluß v. 23. April 1920.

---

[1] Der Rechtsstreit auf Herausgabe des Kindes nach § 1635 S. 1 ist von der gemäß S. 2 das. beantragten Entscheidung des VormGerichts, ob im Interesse des Kindes eine abweichende Anordnung zu treffen sei, nicht im Sinne des § 148 ZPO. abhängig (OLG Stuttgart, 3. ZS. Beschluß v. 17. Febr. 1921). — Die Begründung des Wohnsitzes im Namen eines in der Geschäftsfähigkeit Beschränkten ist eine Angelegenheit der gesetzlichen Vertretung des Kindes, eine solche Vertretungsbefugnis steht aber der geschiedenen Frau, wie § 1635 S. 2 ergibt, bei Lebzeiten des Mannes auch dann nicht zu, wenn sie im übrigen nach § 1635 S. 1 zur tatsächlichen Ausübung der Personensorge befugt ist (RG. 20. Febr. 1920, 1a x 108).

Das LG. hat das Verlangen des Vormundes nach völligem Ausschluß des persönlichen Verkehrs des Mündels mit der Mutter für unzulässig erachtet, weil ihr unsittliches Verhalten nur eine Beschränkung des Verkehrs rechtfertigen könne, die etwaigen aus dem Verkehr dem Mündel erwachsenden Gefahren durch sachgemäße Anordnungen zu beseitigen seien.... Den Standpunkt des Beschwerdeführers, daß ein Rechtssatz, nach welchem einer Mutter, der die Sorge für die Person des Kindes entzogen sei, ein Anspruch auf Verkehr mit ihm zustehe, weder ausdrücklich im Gesetz enthalten, noch aus dem Geiste des Gesetzes zu entnehmen sei, ist nicht zutreffend. Die rechtliche Natur des Verkehrsrechts ist allerdings streitig.... Das KG. hat jedoch in Abweichung von seiner früheren Auffassung (Rsp. 16 S. 23) am 6. Oktober 1911 (Rsp. 24 S. 26) ausgesprochen, daß es sich weder als Ausfluß der Personensorge, noch überhaupt als Bestandteil der elterlichen Gewalt darstelle, sondern als selbständige Befugnis neben ihm bestehe und dem zwischen den Eltern und den Kindern bestehenden nahen Verwandtschaftsverhältnis entspringe, das bedinge, daß kein Elternteil von dem Verkehr mit den Kindern ganz ausgeschlossen werde. An diesen Grundsätzen war bei erneuter Prüfung auch gegenüber Lohmann (Gruchot 61 S. 26) unbedenklich festzuhalten. Aus ihnen folgt aber zunächst, daß der Elternteil, dessen elterliche Gewalt ruht, das Recht zum Verkehr mit den Kindern behält (KGJ. 41 S. 259) und sodann, daß diese Befugnis auch dann nicht gänzlich ausgeschlossen werden darf, wenn die Voraussetzungen des § 1666 jenem Elternteil gegenüber vorlagen (vgl. auch Motive 4 S. 628; Prot. 4 S. 449; KGJ. 30 S. 38; Rsp. 11 S. 297). Der im früheren Beschlusse vertretene Standpunkt, daß bei dem Vorliegen des § 1666 dem sorgeberechtigten Elternteil mit dem Personensorgerecht auch das Verkehrsrecht genommen werde, kann nicht aufrechterhalten werden (vgl. auch KGJ. 41 S. 14). Rechtlich bedenkenfrei ist ferner die Annahme des LG., daß es die Aufgabe des Vormundes sei, den persönlichen Verkehr des Mündels mit der Mutter zu regeln. Denn nach §§ 1793, 1800 finden auf das Personensorgerecht des Vormundes die §§ 1631 ff. über das Sorgerecht des Vaters entsprechende Anwendung und dieses schließt das Recht in sich, über den Verkehr der Kinder mit anderen Personen die geeignete Bestimmung zu treffen. In dasselbe kann das VormGericht nur auf dem durch die §§ 1837, 1886 vorgezeichneten Wege eingreifen. Das LG. hat nun erwogen, eine Pflichtwidrigkeit des Vormundes könne unter Umständen darin gefunden werden, daß er den Wünschen der Mutter mit einer durch die Zwecke der Erziehung nicht gebotenen Härte entgegentrete, und sich dahin ausgesprochen, daß der Vormund in das Verkehrsrecht der Mutter eingegriffen habe. Unter einer Pflichtwidrigkeit ist jedes schuldhafte Verhalten des Vormundes zu verstehen, das sich als eine Verletzung der Verpflichtung zu treuer und gewissenhafter Führung der Vormundschaft (§ 1789) darstellt. Dementsprechend kann der oben bezeichnete allgemeine Leitsatz des LG. an sich nicht bemängelt werden. Denn in dem vom Vormunde zu wahrenden Interesse des Mündels liegt es, daß auch das Sittengesetz ihm gegenüber angewendet werde, und dieses gebietet, daß der Verkehr des Mündels mit den Eltern aufrecht erhalten werde, um durch die Möglichkeit des gegenseitigen Sehens und Aussprechens einer Lösung der Bande der Blutsverwandtschaft entgegenzuwirken. Wenn der Vormund den Eltern den persönlichen Verkehr mit dem Mündel ohne verständigen Grund abschneidet, so handelt er dem Mündel gegenüber pflichtwidrig, indem er dessen Interessen schädigt. Das LG. hat aber eine Pflichtwidrigkeit des Vormundes darin erblickt, daß er in das durch § 1636 begründete Recht der Mutter zum Verkehr mit dem Mündel eingegriffen habe. Allein abgesehen davon, daß der § 1636, der eine für geschiedene Ehegatten maßgebende Sondervorschrift enthält, auf den vorliegenden Fall nicht angewendet werden kann, hat es nicht angegeben, worin es das Verschulden des Vormundes gesehen hat. Daß anläßlich des ablehnenden Verhaltens des Vormundes die Rechtslage ihm gegenüber irgendwie erörtert worden wäre, ist nicht ersichtlich. In der Beschwerdeschrift hat der Vormund ausführlich die Gründe dargelegt, aus denen er sich, um die Interessen des Mündels zu wahren, verpflichtet fühlt, jedes Zusammentreffen desselben mit der Mutter zu verhindern. Demzufolge hätte das LG., bevor es zu seiner Feststellung gelangte, mindestens von seiner rechtlichen Beurteilung des Falles dem Vormunde Kenntnis verschaffen und ihm dadurch Gelegenheit geben müssen, seinen Standpunkt nachzuprüfen und sein Verhalten zu ändern.

Solange aber eine Pflichtwidrigkeit, also auch ein Verschulden des Vormundes nicht einwandfrei festgestellt ist, darf das VormGericht nach § 1837[1] auch nicht durch Gebote oder Verbote gegen ihn einschreiten, um sein Verhalten in einem bestimmten Sinn zu beeinflussen, indem grundsätzlich davon auszugehen ist, daß die eigentliche Verwaltung selbständig in die Hand des Vormundes unter dessen Verantwortlichkeit gelegt ist. Daraus folgt aber keineswegs, daß die verwaltende Tätigkeit des Vormundes auch in Zweckmäßigkeitsfragen das Gericht nicht angeht. Vielmehr ist es kraft des ihm durch § 1837 verliehenen Aufsichtsrechts befugt und verpflichtet, den Vormund auf die etwaige Hinfälligkeit des von ihm vertretenen Standpunkts und eine Zweckwidrigkeit seines Verhaltens hinzuweisen und in dieser Hinsicht, vorbehaltlich etwa gebotener Maßnahmen aus § 1886, durch geeignete Vorstellungen auf ihn einzuwirken (vgl. KGJ. 29 S. 194; Rsp. 33 S. 366; BayObLG. 17 S. 231).

Endlich hat das LG. durch die vom Amtsgericht getroffenen Maßnahmen das Interesse des Mündels für ausreichend geschützt erachtet, so daß die vom Vormund besorgte Einwirkung der Mutter auf die Psyche des Mündels nicht zu befürchten sei. Auch diese Erwägungen geben zu rechtlichen Bedenken Anlaß.... Zu diesen gutachtlichen Äußerungen Stellung zu nehmen, hat das LG. unterlassen. Die Eigenart der Mutter und des Mündels hätte in Betracht gezogen und berücksichtigt werden müssen, daß das Recht der

Mutter hinter einem etwa entgegenstehenden Interesse des Mündels zurücktreten muß. In dieser Hinsicht kann, wenn ein Verkehr des Mündels mit der Mutter auch bei Anwendung aller geeigneten Überwachungsmittel sein geistiges oder leibliches Wohl ernstlich gefährden würde, ausnahmsweise ein auf bestimmte Zeit beschränkter Ausschluß des Verkehrs in Frage kommen (KGJ. 30 S. 36; 1a. x 119/16; Lohmann S. 45). Schr.

ε) **Verkehrsrecht des wegen Geisteskrankheit geschiedenen Ehegatten.**

Kammergericht, ZS. 1a. Beschluß v. 4. Juni 1920.

Aus der wegen Geisteskrankheit seiner Frau gemäß § 1569 geschiedenen Ehe des Beschwerdeführers ist eine 1906 geborene Tochter hervorgegangen, die sich bei ihm befindet. Das Amtsgericht hat den Verkehr des Kindes mit seiner Mutter dahin geregelt, daß dieses ihr allmonatlich während dreier Stunden zur Verfügung stehen und dabei eine geeignete Frau zur Beaufsichtigung dauernd zugegen sein solle. Die Beschwerde des Vaters ist zurückgewiesen.... Allein die Begründung des LG. ist, insofern sie in einem Falle der vorliegenden Art überhaupt das VormGericht zu einer Verkehrsregelung im Sinne des § 1636 S. 2 für zuständig erachtet, zunächst mit dem Wortlaute des § 1636 nicht zu vereinen. Hiernach (Satz 2) ist eine Verkehrsregelung durch das VormGericht nur im Falle des Satz 1 vorgesehen, also für den Fall, daß dem nach § 1635 zur Personensorge nicht berechtigten Ehegatten die Befugnis, mit dem Kinde persönlich zu verkehren, eingeräumt ist; § 1635 hat aber nur den Fall im Auge, daß die Ehe aus einem der in den §§ 1565/8 bestimmten Grunde geschieden ist, schließt also den Fall, daß die Scheidung wie hier gemäß § 1569 ausgesprochen ist, ausdrücklich aus. Daß diese Regelung beabsichtigt ist, ergibt die Entstehungsgeschichte. Der 1. Entwurf kannte die Geisteskrankheit als Scheidungsgrund überhaupt nicht, deshalb konnte dessen § 1457, der bereits über die Befugnis des von der Personensorge ausgeschlossenen Ehegatten, mit dem Kinde persönlich zu verkehren, und über die Zuständigkeit des VormGerichts die näheren Anordnungen über den persönlichen Verkehr zu treffen, eine dem § 1636 BGB. entsprechende Bestimmung enthielt, den Fall der Scheidung wegen Geisteskrankheit nicht im Auge haben. Nachdem aber die 2. Kommission jenen Scheidungsgrund aufgenommen hatte, erhielt der § 1457 die jetzt dem § 1636 entsprechende Fassung, indem darin auf den dem jetzigen § 1635 entsprechenden § 1479 der Vorlage verwiesen wurde. Den Fall der Scheidung wegen Geisteskrankheit hat hiernach der Gesetzgeber bewußt ausgeschieden. Das LG. erkennt dies auch an, meint aber, daß aus § 1636 ein allgemeiner Grundsatz zu entnehmen sei des Inhaltes, daß das VormGericht in allen Fällen den Verkehr getrennt lebender Ehegatten mit ihren Kindern regeln könne. In dieser Allgemeinheit hat aber das RG. 69 S. 94 die Zuständigkeit des VormGerichts zur Verkehrsregelung nicht anerkannt, im Gegenteil geht es dort von dem Fall aus, daß der Mutter nach § 1634 die Personensorge neben dem Vater zusteht, und spricht sich dahin aus, daß, wenn über die Art des persönlichen Verkehrs mit dem Kinde Meinungsverschiedenheiten zwischen den Eltern bestehen, die Verweisung der Frau auf den Prozeßweg nicht dem Willen des Gesetzes entsprechen würde, daß es vielmehr im Geiste des Gesetzes liege, den Streit über die nähere Regelung des persönlichen Verkehrs mit dem Kinde nicht nur im Falle der Ehescheidung, sondern auch dann vor dem VormGericht austragen zu lassen, wenn die Ehe der Parteien nicht geschieden ist. In Fortentwicklung dieses Gedankens hat das KG. am 6. Dezbr. 1918 (vgl. Recht 1919 Nr. 87) den § 1636 für entsprechend anwendbar erklärt, wenn getrennt lebende Eheleute vergleichsweise die Ausübung der Personensorge der Frau übertragen haben, und während der Dauer dieses Rechtsverhältnisses über den Verkehr des Mannes mit dem Kinde zwischen den Eheleuten Meinungsverschiedenheit besteht. Dagegen hat der Beschluß vom 31. Januar 1913 (KGJ. 44 S. 23) ausdrücklich abgelehnt, aus § 1636 S. 2 etwa den allgemeinen Grundsatz zu entnehmen, daß das VormGericht in den Fällen, in denen ein Elternteil tatsächlich von seinem Kinde getrennt lebt, allgemein zu einer Verkehrsregelung befugt sein soll. Jedenfalls liegt in den Fällen der vorliegenden Art, in denen die Ehe gemäß § 1569 geschieden worden ist, eine Veranlassung, den § 1636 S. 2 entsprechend anzuwenden, um so weniger vor, als das Gesetz die Einwirkung der Scheidung auf das Recht, für die Person der aus der Ehe hervorgegangenen Kinder zu sorgen, im Falle der Scheidung wegen Geisteskrankheit wesentlich anders bestimmt, als in den übrigen Fällen der §§ 1565/8, die § 1636 S. 1 und § 1635 im Auge haben. Ist die Ehe aus einem der in den §§ 1565/8 bestimmten Grunde geschieden, so ist zwar, soweit dem einen Gatten der früheren Ehe durch § 1635 das Personenrecht zugewiesen ist, das des anderen ausgeschaltet, doch ist diese Bestimmung nicht unabänderlich, wie § 1635 S. 2 ergibt, wonach das VormGericht eine abweichende Anordnung treffen darf. Ferner nimmt die Rechtsprechung (vgl. KGJ. 30 S. 40)[1] an, daß, wenn dem geschiedenen einen Ehegatten die ihm nach § 1635 zustehende Personensorge auf Grund des § 1666 entzogen wird, diese auf den anderen Ehegatten übergeht, es sei denn, daß sie auch ihm entzogen wird. Im Falle der Scheidung wegen Geisteskrankheit ist keine dieser Regeln anwendbar, vielmehr folgt aus dem Fehlen besonderer Bestimmungen, und da § 1634 nur während der Dauer der Ehe gilt, daß von der Auflösung der Ehe ab lediglich die allgemeinen Vorschriften gelten die, abgesehen von dem Falle des § 1635 im Gesetze getroffen sind. Dies bedeutet, daß wenn die Ehe, wie hier, wegen Geisteskrankheit der Frau geschieden ist, mit der Rechtskraft die gesamte elterliche Gewalt, also auch die Personensorge, allein dem geschiedenen Manne zusteht, und daß keine Möglichkeit besteht, etwa in entsprechender Anwendung des § 1635 S. 2 der (zB. inzwischen wieder geistig gesundeten) Frau die Personensorge zu übertragen,

[1] Ebenso Beschluß desselben ZS. v. 20. Nov. 1920 (x 688) und des OLG. Dresden, 6. ZS. v. 10. Mai 1919.

abgesehen von dem in diesem Zusammenhange kaum jemals praktisch werdenden Falle des § 1685² S. 1. Ebensowenig liegen in einem Falle der vorliegenden Art die Gründe vor, die im Falle des § 1635, zu der Rechtsansicht geführt haben, daß die dem sorgeberechtigten Elternteil nach § 1666 entzogene Personensorge auf den anderen Elternteil übergehe, denn es kann hier für den Regelfall, daß die Geisteskrankheit des geschiedenen Ehegatten fortdauert, nicht mit RGJ. 30 S. 43 unterstellt werden, daß das Kind bei dem geisteskranken Ehegatten besser versorgt wäre, als bei einem zu seinem Schutze bestellten Pfleger. Für Ausnahmefälle aber etwas Gegenteiliges annehmen zu dürfen, bietet das Gesetz keinen Anhalt. Erst wenn einer der Fälle des § 1684 vorliegt, besonders also, wenn der geschiedene Mann gestorben oder für tot erklärt ist, besteht rechtlich für die wegen ihres Geisteskrankheit geschiedenen Frau die Möglichkeit, die elterliche Gewalt und damit auch die Sorge für die Person des aus der Ehe hervorgegangenen Kindes zu erlangen.

Vorstehende Darlegungen ergeben, daß im Falle der Scheidung aus § 1569, solange der frühere Mann die Personensorge auszuüben befugt ist und ausübt, das Gesetz der Frau jede Teilnahme an der Personensorge versagt. Die Voraussetzungen der Personensorge sind hiernach vorliegend wesentlich andere als im Falle des § 1635, dann fehlt es aber auch an einem ausreichenden inneren Grunde, den § 1636 S. 2 entsprechend anzuwenden. Gegen diese Möglichkeit sprechen auch noch folgende Erwägungen: Wenn auch eine Anordnung aus § 1636 S. 2 an erster Stelle sich gegen den zur Personensorge berechtigten Gatten richtet, indem sein Personensorgerecht durch das Verkehrsrecht des anderen Gatten eingeschränkt wird (RGJ. 44 S. 25), so tritt doch dadurch auch der andere Gatte zu dem VormGericht in Rechtsbeziehungen und überkommt mit dem ihm eingeräumten Recht auch die Verpflichtung, die Anordnung des VormGerichts innezuhalten. Insoweit untersteht er daher auch dessen Zwangsgewalt (aO. S. 27). Von der Ausübung einer solchen kann aber keine Rede sein, wenn der zum Verkehr zuzulassende Ehegatte, wie dies bei einer Scheidung nach § 1569 meist der Fall sein wird, als geschäftsunfähig i. S. des § 104 anzusehen ist. Nun sind allerdings Fälle denkbar, daß der Ehegatte zwar geisteskrank, aber nicht entmündigt und nicht geschäftsunfähig ist, oder daß er sogar die volle Geschäftsfähigkeit wiedererlangt hat. Für die Annahme, daß das Gesetz solche Fälle besonders behandelt wissen wolle und bei ihrem Vorhandensein die Verkehrsregelung durch das VormGericht zulassen wolle, fehlt es an jedem Anhalt, vielmehr muß es als der Wille des Gesetzes angesehen werden, daß bei einer Scheidung aus § 1569 eine Verkehrsregelung in entsprechender Anwendung des § 1636 S. 2 überhaupt nicht in Frage kommt. Es kann daher auch dahingestellt bleiben, ob hier die Frau, die im Gutachten zwar als geisteskrank bezeichnet, aber nicht wegen Geisteskrankheit entmündigt ist, als geschäftsunfähig i. S. des § 104 Nr. 2 anzusehen sein sollte.

Aus vorstehendem folgt aber nicht, daß jeglicher Verkehr des wegen Geisteskrankheit geschiedenen Ehegatten mit seinem Kinde ausgeschlossen ist. Es entspricht sittlicher Anschauung, auch jenen Ehegatten nicht von jedem Verkehr mit seinem Kind auszuschließen, und der zur Personensorge berechtigte Ehegatte kann sich daher eines Mißbrauchs seines Sorgerechts schuldig machen, wenn er dem andren Ehegatten die Möglichkeit, das Kind zu sehen und zu sprechen, nimmt oder beschränkt; vgl. für ähnliche Fälle RG. 64 S. 52 (Annahme an Kindesstatt), RJA. 11 S. 252 (Ehelichkeitserklärung). Immerhin steht aber die Entscheidung über die Zulassung zu dem Verkehr an erster Stelle dem zur Personensorge berechtigten Elternteile zu, und das VormGericht kann mit Maßregeln aus § 1666 gegen ihn erst einschreiten, wenn ihn ein Verschulden trifft, also wenn er das Kind in einer gegen die sittlichen Pflichten verstoßenden Weise vom andern Elternteile fernhält. Es werden daher, wenn der zur Personensorge Berechtigte dem andern Elternteile das Kind vorenthält oder es vor ihm zurückhält, die zur Rechtfertigung seines Verhaltens geltend gemachten Gründe besonders auch nach der Richtung eingehend zu würdigen sein, ob damit dem richtig verstandenen Interesse des Kindes, wozu vornehmlich auch die Erfüllung der Kindespflichten gedient ist, oder ob im Falle der Zulassung des Verkehrs das leibliche oder geistige Wohl des Kindes gefährdet sein würde. Welcher Art die Maßregeln des VormGerichts sein könnten, richtet sich durchaus nach der Lage des einzelnen Falles. Nicht ausgeschlossen ist zB. für den Fall, daß der zur Personensorge berechtigte Elternteil jedem Verkehr des Kindes mit dem andern Elternteil zu unterbinden versucht, eine Anordnung, die für den einzelnen Fall bestimmte Besuchszeiten und Besuchsgelegenheiten festsetzt und auf diese Weise einer Verkehrsregelung nach § 1636 S. 2 ähnelt. Immerhin würde ein solche Anordnung ihre Grundlage nur in § 1666 finden können und daher nur, wenn und soweit die Voraussetzungen dieser Vorschrift vorliegen, zulässig sein. Für die Annahme, daß von diesem rechtlichen Gesichtspunkt aus die Vorinstanzen die Sachlage geprüft hätten, ergeben ihre Entscheidungen keinen Anhalt, wie auch ein Verschulden des Beschwerdeführers i. S. des § 1666 nicht festgestellt ist. B.

ζ) Verkehrsregelung, wenn sich darüber die Eheleute vor der Scheidung vergleichen.

Kammergericht, 3S. 1a. Beschluß v. 23. Dezember 1920.

Die Eheleute A. in Fr. sind aus Verschulden der Frau geschieden. Vor der Rechtskraft des Urteils haben sie einen Vergleich geschlossen, in welchem der Frau A. das Recht eingeräumt wurde, mit dem 1913 geborenen Sohne mindestens zweimal im Jahr einige Wochen außerhalb Fr. persönlich zu verkehren. Nunmehr hat auf Antrag der Frau A. das Amtsgericht zur Regelung dieses Verkehrs angeordnet: „Die Mutter darf mit ihrem Kinde jährlich zweimal in den Sommerferien 4 Wochen, in den Osterferien auf 2 Wochen zusammentreffen. Das Zusammentreffen findet in einem Ort außerhalb Fr.

statt; die Wahl des Ortes steht der Mutter zu." Die Beschwerde des A. blieb erfolglos. Seine weitere Beschwerde ist begründet.

An sich ist es allerdings nicht zulässig, daß die Eltern sich über die Ausübung des Verkehrsrechts verständigen; dies wird sogar, ehe das Vorm.-Gericht angerufen wird, der regelmäßige Weg sein (Celle LeipzZ. 1918 S. 336). Wird jedoch, wie hier, die Entscheidung nach § 1636 S. 2 angerufen, weil der eine Elternteil sich an den Vergleich nicht mehr gebunden erachtet oder behauptet, daß seit Abschluß des Vergleichs die Verhältnisse sich geändert haben, so ist das Gericht an frühere Vereinbarungen der Eltern nicht gebunden, vielmehr hat es zutreffendenfalls selbst entgegen einer solchen Vereinbarung der Eltern die Regelung so, wie das Interesse des Kindes es erfordert, vorzunehmen (RGJ. 44 S. 20). Das LG. geht daher zu weit, wenn es zugunsten der Mutter annimmt, daß der Beschwerdeführer mindestens die Beschränkungen sich gefallen lassen müßte, die er sich früher selbst habe auferlegen wollen und die keinen Verzicht auf seine Vaterrechte oder eine Einschränkung dieser Rechte bedeuteten. Dies würde nur zutreffen, wenn es zugleich im Interesse des Kindes läge, daß der Vater die Einschränkungen sich gefallen lassen müßte. Nach dieser Richtung haben aber die Vorinstanzen die Sachlage nicht ausreichend gewürdigt. Das Amtsgericht begnügt sich mit dem Ausspruche, daß das Verlangen der Mutter, ihr Kind zweimal im Jahr einige Wochen für sich zu haben, durchaus begründet sei. Damit wird aber zunächst nur den Interessen der Mutter Rechnung getragen, ohne daß die Anführungen des Beschwerdeführers, soweit sie für das Interesse des Kindes von Bedeutung sind, genügend berücksichtigt worden sind. Auch das LG. hat zu den Ausführungen des Beschwerdeführers nur in dem Sinne Stellung genommen, daß es sie für unerheblich bezeichnet hat. Damit ist dem § 1636 nicht genügt. Der Beschwerdeführer hat sowohl der Ermächtigung der Mutter, den Ort für die Zusammenkunft zu bestimmen, als auch einer längeren Dauer unbeaufsichtigter Ferienbesuche widersprochen, da er befürchtet, daß die Mutter das Zusammensein dazu benutzen könnte, das Kind ihm und seiner Familie zu entfremden. Damit hat er zugleich deutlich ausgedrückt, daß er sich an den Vergleich nicht mehr gebunden erachte, sondern eine dem Gesetz entsprechende Entscheidung erwarte. Nach dem Gesetz aber erschöpft sich das Verkehrsrecht des nicht sorgeberechtigten Elternteils darin, mit dem Kinde in persönliche Berührung zu kommen, dh. sich von dessen geistigen und körperlichen Befinden durch den Augenschein und gegenseitige Aussprache persönlich zu überzeugen (RGJ. 34 S. 23). Diesem Recht wird regelmäßig dadurch genügt, daß dem Elternteil die Möglichkeit gewährt wird, das Kind an dessen Aufenthaltsort aufzusuchen, während jede weitergehende Anordnung, besonders die von Zusammenkünften an anderen Orten, in das Personensorgerecht des anderen Elternteils eingreift, also nur dann in Frage kommen kann, wenn die Anordnung aus besonderen Gründen im Interesse des Kindes geboten erscheint. Es gilt dies namentlich (vgl. KGJ. 48 S. 5) von der Zulassung längerer Ferienbesuche, bei denen das Kind einige Zeit der Einwirkung des anderen Elternteils völlig ausgeantwortet wird. In solchen Fällen wird mit besonderer Sorgfalt darauf bedacht zu nehmen sein, daß die gerichtliche Anordnung in das Erziehungsrecht des dazu Berufenen nicht eingreift und das Interesse des Kindes an der Stetigkeit der Erziehung nicht beeinträchtigt wird, und es kommt dabei namentlich die Bestellung einer Vertrauensperson als Pfleger (Helfer) in Frage, die das Kind im Sinne der Anschauungen des Erziehungsberechtigten überwacht. Die Vorinstanzen haben aber die im einzelnen hinsichtlich der Eigenschaften und sittlichen Beschaffenheit der Mutter aufgestellten Behauptungen nicht ausreichend gewürdigt. Mit Recht beanstandet weiter die Beschwerde, daß die Regelung des VormGerichts der Mutter die Auswahl des Ortes der Zusammenkünfte überlasse, während es Sache des Gerichts sei, den Ort, die Zeit und die näheren Umstände des Verkehrs im einzelnen zu bestimmen. Nur Einzelheiten der Regelung können einem Dritten, wenn er zur Überwachung des Verkehrs bestellt ist, überlassen werden (KGJ. 51 S. 31). Sollte es vorliegend nicht angängig sein, ein für allemal denselben geeigneten Zusammenkunftsort zu bestimmen, so müßte er von Fall zu Fall bestimmt werden. U.r.

η) **Zur Auslegung des § 1643 Abs. 2 Satz 2 BGB.**

Kammergericht, ZS. 1a. Beschluß v. 22. Oktober 1920.

Die Eheleute A. haben durch die gemeinschaftlichen Testamente von 1896 und 1901 sich gegenseitig und ihre Kinder zu Erben eingesetzt mit der Maßgabe, daß der überlebende Gatte lebenslänglich im Besitz und Genuß des gemeinsamen Vermögens verbleibt, und über die Substanz unter Lebenden verfügen darf, und daß erst bei seinem Tode die Kinder zur Erbschaft gelangen. Der Erblasser ist 1902 gestorben. Der Beschwerdeführer hat 1919 die Erbschaft nach seinem Vater für sich und in einer besonderen Urkunde für seinen minderjährigen Sohn Bruno ausgeschlagen. Ferner hat er für sich und seinen Sohn mit seiner Mutter einen notariellen Erbverzichtsvertrag geschlossen. In diesem verzichtet er für sich selbst auf jegliches Erbrecht am Nachlasse seiner Mutter, und zwar sowohl insoweit, als er Erbe auf Grund der beiden Testamente werden würde, als auch auf seinen gesetzlichen Erbteil. Für seinen Sohn verzichtet er auf alle Rechte, die infolge seines Erbverzichts auf ihn bezüglich des Nachlasses seiner Großmutter übergegangen seien. Zu letzterem Erbverzicht hat er die Genehmigung des VormGerichts nachgesucht. Die Vorinstanzen erachten sie jedoch, soweit Bruno auf sein gesetzliches Erbrecht verzichtet habe, nicht für erforderlich, da insoweit die Wirkung des vom Beschwerdeführer hinsichtlich seines gesetzlichen Erbrechts erklärten Verzichts ohne weiteres nach § 2349 sich auf seinen Sohn erstreckt habe. Soweit dagegen das Erbrecht des Sohnes auf dem Testamente der Großeltern beruhe und ihm durch den Erbverzicht seines Vaters nach § 2069 zugefallen sei, sei zwar die Genehmigung erforderlich, aber deshalb zu versagen, weil der Erbverzicht nur in Verbindung mit der Ausschlagung des Nacherbenrechts für den Minderjährigen von Bedeutung, die in dessen Namen erklärte Ausschlagung aber in Ermangelung der Genehmigung nach § 1643² S. 2 unwirksam sei.

Die weitere Beschwerde rügt mit Recht Verletzung des § 1643². Nach S. 1 das. bedarf ein Vater, der im Namen seines minderjährigen Kindes eine Erbschaft ausschlägt hierzu der Genehmigung. Tritt jedoch — so fährt S. 2 fort — der Anfall an das Kind erst infolge der Ausschlagung des Vaters ein, so ist sie nur erforderlich, wenn der Vater neben dem Kinde berufen war. Die Beschwerde sieht diese Voraussetzung auch dann als erfüllt an, wenn wie hier der als Nacherbe eingesetzte Vater vor dem Eintritte des Falles der Nacherbfolge für sich und sein Kind die Erbschaft ausschlägt. Die Vorinstanzen halten zwar den Fall des S. 1, nicht aber den S. 2 für gegeben, indem sie auf § 2142¹ verweisen, wonach allerdings der Nacherbe (oder für ihn sein gesetzlicher Vertreter) die Erbschaft ausschlagen kann, sobald der Erbfall eingetreten, der Erblasser also gestorben ist (§ 1922). Sie verweisen aber ferner auf § 2139, wonach erst mit dem Eintritte des Falles der Nacherbfolge, regelmäßig also erst mit dem Tode des Vorerben, die Erbschaft dem Nacherben anfalle, und wollen hieraus folgern, daß die Ausnahme des § 1643² S. 2 nicht zutreffe, da die Erbschaft bisher dem Sohne des Beschwerdeführers als Nacherben nicht angefallen sei. Diese Begründung ist nicht schlüssig, beruht vielmehr auf der rechtsirrtümlichen Auffassung, daß der Ausnahmefall des § 1643² S. 2 erst Platz greife, nachdem die Erbschaft dem Nacherben angefallen sei, während es bis dahin der Genehmigung auch dann bedürfe, wenn das Nacherbenrecht auf das Kind erst infolge der Ausschlagung des Vaters übergegangen sei. Eine solche Auffassung wird dem Sinne und Zwecke des § 1643² S. 2 nicht gerecht. Wie die Mot. (5 S. 515) aussprechen, beruht die Vorschrift darauf, daß zwar, wenn der Gewalthaber Miterbe neben dem Kinde sei, ein Widerstreit der Interessen beider naheliege und darum die Genehmigung als erforderlich zu erachten sei; dagegen sei, wenn der Anfall an das Kind erst infolge der Ausschlagung des Gewalthabers eintrete, fast mit Gewißheit anzunehmen, daß die Erbschaft auch für das nächstberufene Kind ohne Vorteil sein werde, da der Gewalthaber selbst das dringendste Interesse habe, die Erbschaft zu erwerben, und nicht leicht ohne gehörige Prüfung der Sachlage sie ausschlagen werde. Der tiefere Grund der Bestimmung ist aber, was die Motive allerdings nur andeuten, darin zu finden, daß es zunächst im freien Ermessen des Gewalthabers liegt, ob er die Erbschaft ausschlagen und damit das Kind zur Erbschaft gelangen lassen wolle, unter diesen Umständen aber ein innerer Widerspruch darin läge, daß der Vater, nachdem das Erbewerden des Kindes von seiner freien Entschließung abgehangen hat, nunmehr bei der Entschließung, ob er im Namen des Kindes die Erbschaft ausschlagen wolle, an die Genehmigung des VormGerichts gebunden sein soll. Diese Entstehungsgeschichte ergibt, daß an den Fall der Nacherbfolge nicht gedacht worden, er jedenfalls nicht erwähnt ist.

Der gesetzgeberische Grund, der für den Fall der Vollerbschaft das Erfordernis der Genehmigung für entbehrlich erachtet, trifft aber in gleicher Weise für die Nacherbfolge zu. Daß in diesem Falle die Ausschlagung der Erbschaft nach Eintrit des Erbfalls bereits vor dem Eintritt des Falles der Nacherbfolge zulässig ist, ergibt § 2142¹ („Recht" 1904 S. 329). Ist also der Vater neben dem Kinde zum Nacherben eingesetzt, so bedarf nach § 1643² S. 1 seine im Namen des Kindes erklärte Ausschlagung der Erbschaft der Genehmigung. Trifft dies aber zu, so fehlt es an jedem inneren Grund, nicht auch den § 1643² S. 2 entsprechend anzuwenden, wenn erst infolge der Ausschlagung des Vaters das Kind in die Nacherbenstellung eingerückt ist; denn auch in diesem Falle greifen die gleichen Erwägungen Platz, die den Gesetzgeber für den Fall der Ausschlagung einer Vollerbschaft veranlaßt haben, von dem Erfordernis der Genehmigung abzusehen. Die Ansicht der Vorinstanzen beruht auf einer zu engen Auslegung der Worte: „Tritt ... ein", nämlich als ob der Zeitpunkt der Ausschlagung und des Anfalls zeitlich notwendig zusammenfallen müßten. Ein solcher zeitlicher Zusammenhang wird regelmäßig bei der Ausschlagung einer Vollerbschaft bestehen; im Falle der Nacherbfolge aber muß genügen, wenn infolge der Ausschlagung des Vaters seinerzeit die Erbschaft dem Kinde anfällt; denn auch dann tritt der Anfall an das Kind „infolge der Ausschlagung des Vater" ein. Der Umstand, daß hier der Anfall der Ausschlagungserklärung nachfolgt, hindert ebensowenig die Anwendbarkeit des § 1643² S. 2, wie der Umstand, daß im Falle der Ausschlagung einer Vollerbschaft durch den Vater der Anfall an das Kind nach § 1953² bereits als mit dem Erbfall erfolgt gilt, also zeitlich zurückliegend anzusehen ist; denn in beiden Fällen „tritt" der Anfall an das Kind infolge der Ausschlagung des Vaters ein, ohne daß das Gesetz aus dem Gebrauche der Präsensform („Tritt — ein") bestimmte Folgerungen gezogen wissen will.

Im Verfolg der vorstehenden Auffassung ist durch die 1919 vorgenommenen Rechtsgeschäfte folgende Rechtslage geschaffen worden: Der Beschwerdeführer, der im Testamente seiner Eltern zum Nacherben seines Vaters eingesetzt worden ist (KGJ. 38 S. 124), hat rechtswirksam die Erbschaft als Nacherbe für sich und seinen Sohn ausgeschlagen. Dieser war zwar nicht ausdrücklich an seiner Statt zum Erben eingesetzt; es ist aber nach § 2069 anzunehmen, daß (im Sinne des § 2142²) sein Abkömmling an seine Stelle treten sollte (Rsp. 24 S. 77). Durch den Erbverzichtsvertrag hat er rechtswirksam die ihm an dem künftigen Nachlaß seiner Mutter zustehenden Rechte aufgegeben. Soweit dieser Verzicht das gesetzliche Erbrecht betrifft, erstreckt er sich, wie nach § 2349 anzunehmen, ohne weiteres auf seinen Sohn; insoweit bedarf daher der Vertrag keiner Genehmigung. Anders liegt es mit dem Erbrecht aus dem Testamente der Mutter: hier bindet der Erbverzicht des Beschwerdeführers seinen Sohn nicht; dieser ist vielmehr als Ersatzerbe (§ 2069) an die Stelle getreten, und der in seinem Namen nach § 2352 abgeschlossene Erbverzichtsvertrag bedarf daher nach § 2347[1] der Genehmigung. Verbleibt es bei ihrer Versagung, so hat bis auf weiteres der Sohn die Rechtsstellung als Testamentserbe seiner Großmutter, während ihm am Nachlasse des Großvaters kein Erbrecht mehr zusteht. Der Beschwerdeführer findet in dieser Rechtslage eine Beeinträchtigung der Interessen des Kindes, da dessen Rechte bei Erteilung der Genehmigung besser gewahrt wären; denn die Geschwister A., denen die Ausschlagung und der Erbverzicht wirtschaftlich unmittelbar zugute kämen, hätten sich durch den überreichten Vertrag verpflichtet, die auf diese Weise erlangten Vermögenswerte auf den Sohn zu übertragen. Dieser auffallend erscheinende Weg sei gewählt worden, weil er die einzige Möglichkeit biete, das großelterliche Erbteil dem Enkelsohn zu erhalten; dagegen würden sich, wenn der Beschwerdeführer etwas aus dem Nachlaß erlangen würde, seine Gläubiger voraussichtlich daraus in vollem Umfange befriedigen.... Zu diesen Anführungen haben die Vorinstanzen bisher nicht Stellung genommen.... Daher ist die Sache an das Amtsgericht zurückzuverweisen, damit von dem veränderten rechtlichen Gesichtspunkt aus die Frage der Genehmigung erneut geprüft werde. Dabei wird auch zu erwägen sein, ob es im Interesse des Kindes liegt oder das VormGericht gehalten ist, durch Genehmigung des Erbverzichts bei einem Rechtsgeschäft mitzuwirken, das darauf berechnet ist, Nachlaßbestandteile dem Zugriffe der Gläubiger des Beschwerdeführers zu entziehen. L. n.

i) **Fürsorgeerziehung. Sachliche Voraussetzungen. Zeitpunkt ihres Vorliegens.**

Kammergericht, ZS. 1a. Beschluß v. 2. Juli 1920.

Wie im KGJ. 23 S. 53 ausgeführt ist, hat das Beschwerdegericht den Sachverhalt, wie er zurzeit seiner Beschlußfassung vorliegt, zu würdigen, also auch jeder inzwischen eingetretenen Änderung der Sachlage Rechnung zu tragen. Zu den sachlichen Voraussetzungen gehört aber auch, daß zurzeit der Entscheidung der Minderjährige noch nicht das 18. Lebensjahr vollendet hat. Die weitere Beschwerde bestreitet dies, zumal für die Anordnung der Fürsorgeerziehung der Tag des entscheidenden Beschlusses und nicht des Eintritts der Rechtskraft maßgebend sei. Allein wenn § 1 FEG. jene Anordnung nur gegenüber einem Minderjährigen, der das 18. Lebensjahr noch nicht vollendet hat, zuläßt, so legt er damit dem materiell über die Anordnung entscheidenden Gericht auch die Feststellung auf, daß der Minderjährige die Altersgrenze noch nicht überschritten hat, und da im Falle der Beschwerde das LG. vollständig an die Stelle des Amtsgerichts tritt, so liegt ersterem diese Feststellung in gleicher Weise ob. Allerdings hängt die Ausführung der Fürsorgeerziehung nicht davon ab, daß er bei Eintritt der Rechtskraft noch nicht das 18. Lebensjahr vollendet hat, so daß, auch wenn weitere Beschwerde eingelegt ist, der Umstand, daß er es erst nach Erlaß des Beschwerdebeschlusses vollendet hat, der Vollziehung der Fürsorgeerziehung nicht entgegensteht, wenn demnächst das KG. das Rechtsmittel zurückweist. Dies findet seine Begründung darin, daß das KG. nur zu prüfen hat, ob das Gesetz verletzt ist, während die vom LG. festgestellten Tatsachen für das KG. maßgebend sind. Richtig ist ferner, daß bei der gegenwärtigen Rechtslage unter Umständen die Vollziehung in Frage gestellt sein kann, wenn die erforderlichen Ermittelungen so viel Zeit beanspruchen, daß vor Vollendung des 18. Lebensjahrs des Minderjährigen die Entscheidung des VormGerichts oder des LG. nicht mehr rechtzeitig ergehen kann. Es ist dies aber ein Mißstand, dem nur durch Änderung des Gesetzes abgeholfen werden könnte, wie denn auch der Entwurf eines Abschnitts IV des Reichsjugendwohlfahrtgesetzes im § 62 bereits eine andere Regelung ins Auge gefaßt hat.[1] U. r.

k) α) Voraussetzungen einer Vereinbarung nach § 1714 BGB.[2]

Kammergericht, 3S. 1a. Beschluß v. 28 November 1919.

A. hat zu gerichtlichem Protokoll in Abwesenheit des Vormunds die Vaterschaft zu dem Mündel anerkannt und sich verpflichtet, diesem bis zum 16. Lebensjahre eine bestimmte Rente zu gewähren, sich auch der sofortigen Zwangsvollstreckung unterworfen. Das Amtsgericht hat, weil der Vormund eine vollstreckbare Ausfertigung verlangt und erhalten habe, eine genehmigungspflichtige Vereinbarung angenommen und die Genehmigung erteilt. Die Beschwerde hierüber blieb erfolglos. Die weitere Beschwerde ist zulässig (Rsp. 5 S. 290) und begründet. Die Tragweite der vorliegenden Genehmigung hängt von der Bedeutung desjenigen Vorgangs ab, anläßlich dessen sie ausgesprochen worden. Als solcher kommt die Verpflichtung des A. zur Rentengewährung in Betracht (RG. 84 S. 318). Diese Erklärung des A. als Vergleich (§ 779) aufzufassen, hat das LG. mit Recht abgelehnt; daher ist auch der von ihm — in andrem Zusammenhang — angezogene § 1822 Nr. 12 unanwendbar. Es erachtet vielmehr eine nach § 1714 zu beurteilende Vereinbarung zwischen A. und dem Mündel für vorliegend. Allein nach dem festgestellten Sachverhalt hat ihr der Vormund weder ausdrücklich noch stillschweigend zugestimmt, besonders auch nicht dadurch, daß er um eine Ausfertigung des Protokolls ersucht hat. Dieses Ersuchen ist vielmehr, da es keine Stellung zur Erklärung des A. nahm, nur als rein vorsorglich angebracht anzusehen. Eine Vereinbarung i. S. des § 1714 ist mithin nicht anzuerkennen, insoweit also die Erteilung der Genehmigung nicht begründet. Die A.sche Erklärung ist vielmehr nach §§ 780/1 zu beurteilen (KGJ. 46 S. 51), die zu ihrer Vollwirkung der Annahme des Gläubigers bedarf. Da diese noch nicht erfolgt

[1] Ist der Vater trotz seiner Krankheit soweit rüstig und gewillt, die zur Ausübung der elterlichen Gewalt erforderlichen Maßregeln zu treffen, so ist § 1677 nicht anwendbar, vielmehr kann es sich nur darum handeln, etwaigen Mißgriffen, die sich als Verstöße gegen § 1666 darstellen, durch entsprechende Maßregeln zu begegnen (Beschlüsse desselben 3S. v. 27. Okt. 1916 u. 30. Jan. 1920, x 64/20).

[2] Dem § 1701 genügt noch nicht die Kenntnis der die Nichtigkeit (Anfechtbarkeit) begründenden Tatsachen, vielmehr muß das Bewußtsein noch hinzukommen, daß diese Tatsachen auch geeignet sind, die Nichtigkeit der demnächst für nichtig erklärten Ehe zu begründen (Beschluß desselben 3S. v. 2, Mai 1919 x 153).

iſt, kommt auch bei dieſer rechtlichen Würdigung eine Genehmigung noch nicht in Frage. Die aus der Erklärung ſich zugunſten des Mündels ergebenden Folgerungen zu ziehen, wird zunächſt gemäß § 1793 dem Vormund obliegen, deſſen etwaiger Säumnis das Amtsgericht nach § 1837 entgegenzutreten haben wird.... M.

β) **Feſtſtellung der Abſtammung gemäß § 26 PerſStdG. nach dem Tode des Vaters.**

Bayer. Oberſtes Landesgericht, 1. ZS. Beſchluß v. 9. Januar 1920.

Die Arbeiterin S, die unehelich geboren hatte, hat zu Protokoll des Amtsgerichts erklärt, daß der inzwiſchen verſtorbene L. der Vater des Kindes ſei. Der dem Kinde beſtellte ſtädtiſche Berufsvormund beantragte bei dem VormGerichte die Mutter und Alleinerbin des L. darüber vernehmen zu laſſen, ob ſie anerkenne, daß ihr Sohn der Vater des Mündels ſei, ob ſie die Eintragung des Vaterſchaftsbekenntniſſes in das Geburtsregiſter genehmige, ferner ob und wie ſie der Unterhaltspflicht genügen oder das Abfindungsrecht nach § 1712² ausüben wolle. Bei der gerichtlichen Vernehmung erkannte die Mutter an, daß ihr Sohn der Vater des Kindes ſei und genehmigte die Eintragung im Geburtsregiſter; ſie weigerte ſich aber, Unterhalt für das Kind zu leiſten oder es abzufinden, weil ſie nichts geerbt habe. Die Eintragung des Anerkenntniſſes wurde abgelehnt. Die weitere Beſchwerde iſt zuläſſig, weil das Recht des Kindes durch die Verfügungen der Vorinſtanzen beeinträchtigt iſt. Sie iſt auch in der geſetzlichen Form eingelegt, da ein ſtädtiſcher Berufsvormund als Behörde nicht an die Formen des § 29¹ FGG. gebunden iſt.

In der Sache kommt eine Anerkennung nach § 25 PerſStdG. nicht in Frage, denn dieſe kann nur der Vater des unehelichen Kindes, ſein geſetzlicher Vertreter oder ein Bevollmächtigter erklären. Dagegen ſchlägt § 26 daſ. ein. Das LG. erachtet allerdings die Erklärung der Mutter nicht als Feſtſtellung der Abſtammung des Kindes. Allein die L. hat als Rechtsnachfolgerin ihres Sohnes bekannt, daß dieſer der Vater der Beſchwerdeführerin iſt, und hat nur wegen der Vermögensloſigkeit ihres Sohnes das Verlangen zurückgewieſen, Unterhalt für das Kind zu gewähren oder es abzufinden. Hätte ſie die Vaterſchaft ihres Sohnes anerkannt und ſich gleichzeitig zum Unterhalt oder zur Abfindung des Kindes verpflichtet, ſo könnte man zweifeln, ob ihre Erklärung als ſelbſtändige Feſtſtellung der Abſtammung aufzufaſſen iſt oder ob ſie nur als Einräumung des Rechtsgrundes für den erhobenen vermögensrechtlichen Anſpruch in Betracht zu kommen hat. Im letzteren Falle wäre die Vaterſchaftsanerkennung Vorausſetzung und Grund der Erklärung, in welcher Weiſe L. dem erhobenen Leiſtungsanſpruche genügen wolle, den Gegenſtand ihrer Verpflichtungserklärung würde aber der Leiſtungsanſpruch, nicht die Anerkennung der Abſtammung bilden. Aus dieſem Grunde wird regelmäßig die Feſtſtellung im Unterhaltsprozeſſe, daß der Verklagte als Vater des klagenden Kindes im Sinne der §§ 1708—1716 gelte und deshalb den im Urteile bezeichneten Verpflichtungen zu genügen habe, rein vermögensrechtlicher Natur und keine Feststellung der Abstammung im Sinne des angeführten § 26 sein (Samml. 7 S. 109). Der Anspruch auf Feststellung der Vaterschaft kann aber auch familienrechtliche Natur haben (§§ 1310³, 1718) und kann insoweit auch selbständig geltend gemacht werden. Hier ist er in dem Antrage des Vormunds selbständig erhoben worden; ebenso besteht über die selbständige Natur des Vaterschaftsbekenntnisses der Mutter kein Zweifel, da der Anspruch des Kindes auf Unterhalt oder Abfindung ausdrücklich zurückgewiesen worden ist. Da für den Rechtsstreit auf Feststellung der unehelichen Vaterschaft die besonderen Vorschriften der §§ 640 ff. ZPO. nicht gelten, kann er durch Geständnis beeinflußt, auch die Abstammung durch Vergleich festgestellt werden. Sie kann nicht nur durch ein rechtskräftiges Urteil oder durch einen Prozeßvergleich, sondern auch durch eine öffentlich beurkundete Anerkennung nachgewiesen werden, weil kein Gesetz einer Vereinbarung der Beteiligten darüber entgegensteht (Hinschius-Boschan⁴, PStG. § 26). Erforderlich ist aber die Feststellung der Vaterschaft durch alle Beteiligte. Hier sind zwar öffentlich beurkundete Erklärungen der Beschwerdeführerin, der unehelichen Mutter und der Mutter des unehelichen Vaters beigebracht, allein durch öffentliche Urkunden ist nicht nachgewiesen, daß die L. Rechtsnachfolgerin und daß sie alleinige Rechtsnachfolgerin ihres Sohnes ist. Erst wenn beides feststeht oder wenn etwa vorhandene Miterben gleichfalls zugestimmt haben und das VormGericht die Erklärung des Vormunds genehmigt haben wird (§ 1822 Nr. 12), kann der Standesbeamte angewiesen werden, die beantragte Amtshandlung vorzunehmen.... Kn.

l) **Unterhaltsrente. Erstattung unvorhersehbarer Ausgaben.**

α) OLG. München, 4. ZS. Urteil v. 4. November 1920.

Die Klägerin ist im Scheidungsprozesse gemäß § 627 ZPO. zum Getrenntleben ermächtigt und hat für sich selbst und die beiden Kinder einen monatlichen Unterhaltsbeitrag (150 Mark) vom Beklagten zu beanspruchen. 1919 mußte sie sich ins Krankenhaus aufnehmen lassen und hat dafür 1157 Mark bezahlen müssen. Die Klage auf deren Erstattung ist begründet. Die monatliche Geldrente, die der Beklagte bezahlt hat, war sein Beitrag zum Unterhalt der Klägerin und ihrer beiden Kinder. Sie hat den Unterhaltsanspruch der Klägerin (§§ 1360, 1389) in dem Umfang abgefunden (§ 760²), in dem sie bestimmt war, Lebensbedürfnisse der Klägerin zu befriedigen. Ihr mäßiger Betrag zeigt, daß sie nach den voraussichtlichen alltäglichen Bedürfnissen bemessen war und keine Vorsorge für unvorhersehbare außerordentliche Ausgaben treffen wollte, die wie hier eine Operation und eine Aufnahme im Krankenhaus erforderte. Der Anspruch der Klägerin, daß der Beklagte auch für diesen Teil ihres Unterhalts aufkomme, war also durch die Rente nicht befriedigt worden. Als die Klägerin Arzt und Krankenhaus in Anspruch nahm, war sie sich bewußt, daß der Beklagte den Aufwand zu tragen habe, und sie hat mit dieser Vorstellung, indem sie sich dem Arzte und dem Krankenhause gegenüber persönlich zur Bezahlung der zu erwartenden Rechnungen verpflichtete, ein Geschäft des Beklagten besorgt. Sie kann daher aus der Geschäftsführung gemäß §§ 677, 683 Ersatz ihrer Aufwendungen verlangen, da sie nicht etwa die Absicht hatte, darauf zu verzichten (§ 685). Es entsprach auch dem wohlverstandenen Interesse des Beklagten, daß sie Arzt und Krankenhaus in Anspruch nahm, statt durch Vernachlässigung ihres Leidens die Lasten ihres Unterhalts schließlich dauernd zu steigern; ob ihre Geschäftsführung auch dem Willen des Beklagten entsprach, ist nicht weiter zu prüfen, da ohne die Geschäftsführung eine gesetzliche Unterhaltspflicht nicht rechtzeitig erfüllt worden wäre (§§ 683, 679). H. n.

β) Erwerb der Frau aus Zimmervermietung als Vorbehaltsgut?

OLG. München, 2. ZS. Urteil v. 5. November 1920.

Die Klägerin will die auf die Lebensversicherung ihres Mannes treffenden Prämien „aus eigenen Mitteln" gezahlt haben, die sie aus dem Vermieten von Zimmern in der ehelichen Wohnung, sowie aus bei fremden Personen aufgenommenen Darlehen bezog. Der Anspruch auf Erstattung dieser Beträge ist unbegründet. Allerdings gehört nicht zum eingebrachten Gut der Erwerb, den die Frau durch ihre Arbeit, dh. durch ihre persönliche auf Hervorbringung wirtschaftlicher Werte gerichtete Arbeit (Staudinger § 1367[2]) oder durch den selbständigen Betrieb eines Erwerbsgeschäftes gezogen hat. Allein hier gehörten die Zimmer, die die Klägerin vermietete, zur ehelichen Wohnung, deren Kosten zu dem dem Manne nach § 1389 obliegenden ehelichen Aufwand zu rechnen sind und deren eingebrachte Einrichtungsgegenstände dem Besitze und der Verwaltung des Mannes unterstehen. Die Vermietung erfolgte wohl mit Wissen und Willen des Mannes, aber nicht zu dem Zwecke, daß die Frau hiermit einen selbständigen Erwerb, einen Erwerb für sich betreibe, da ja hierfür von vornherein die Grundlage, eine eigene, von ihr zu bestreitende Wohnung fehlte, sondern offensichtlich, wie dies in vielen Familien üblich ist, nur dazu, die gemeinschaftlichen Einnahmen zu erhöhen und hieraus die Ausgaben für die durch die eheliche Gemeinschaft bedingten Bedürfnisse der Familie mitbestreiten zu helfen. Wenn die Klägerin weiter aus Anlaß der Zimmervermietung persönlich Arbeit den Mietern, zB. Aufwarten, Bügeln und Waschen geleistet hat, so hat sie, abgesehen von der behaupteten Unterstützung durch eine dem ehelichen Aufwande zur Last fallende Zugeherin, diese Arbeit nicht als selbständige, auf Erwerb gerichtete Tätigkeit geleistet, sondern, da auch das Vermieten selbst innerhalb der häuslichen Gemeinschaft und für die Zwecke des Eheaufwandes erfolgte, in Erfüllung der ihr nach § 1356 und gemäß der nach den wirtschaftlichen Verhältnissen der Eheleute obliegenden Verpflichtung zur Leitung des Hauswesens; dieser Erwerb fällt aber dem Manne zu. Das durch die Darlehen erworbene Geld ist selbstverständlich niemals Vorbehaltsgut geworden; die Darlehensaufnahmen sind nach den Zeugenaussagen nicht lediglich für Bezahlung der Prämien aufgenommen, sondern, das ergibt sich aus ihrer Höhe, für Zwecke des Haushalts und fallen daher in den Bereich der Schlüsselgewalt der Frau, so daß nicht diese, sondern der Mann dadurch verpflichtet ist, wie anderseits die erhaltenen Beträge auch nicht in das Vermögen der Frau gelangt sind. H. n.

γ) **Kostenhaftung des Mannes bei Prozeßvergleichen ohne Kostenabrede.**

OLG. Celle, 1. ZS. Beschluß v. 24. Februar 1921.

Nachdem der Unterhaltsprozeß der Eheleute A. durch gerichtlichen Vergleich ohne Abrede über die Kosten erledigt worden war, hat die Gerichtskasse dem Anwalt der Klägerin die Auslagen mit Recht in Höhe der gesetzlichen Pauschsätze erstattet, da die Kosten nach § 98 ZPO. als gegeneinander aufgehoben gelten und die Kosten der Ehefrau daher im Sinne des Ges. v. 18. Dez. 1919 von einem ersatzpflichtigen Gegner nicht beigetrieben werden konnten. Diese Auslagen sind auch auf Grund jenes Gesetzes als Gerichtskosten anzusetzen. Ein Schuldner dieser Kosten ist nach § 86 GKG. nicht vorhanden, da keine Partei sie durch eine vor dem Gericht abgegebene oder ihm mitgeteilte Erklärung übernommen hat. Eine derartige Übernahme ist in dem Vergleichsabschluß allein nicht zu sehen. Der § 98 ZPO. regelt nur das Verhältnis der Parteien zueinander. Eine Übernahme im Sinne des § 86 GKG. liegt nur bei einer ausdrücklichen Übernahme vor. Schuldner der Gerichtskosten ist daher gemäß § 89 GKG. die Klägerin. Im Verhältnis der Parteien zueinander aber ist der Beklagte gemäß § 98 ZPO. verpflichtet, ihr die Hälfte der geschuldeten Gerichtskosten, also auch der dem Armenanwalt erstatteten Auslagen zu ersetzen oder jedenfalls sie von ihrer Verpflichtung der Gerichtskasse gegenüber zu befreien. Insoweit fallen daher hier die Gerichtskosten nicht dem Vorbehaltsgut, sondern gemäß § 1416 BGB. dem Manne zur Last. Für die Hälfte der Gerichtskosten haftet daher der Beklagte gemäß §§ 1387, 1388 den Gläubigern, dh. also dem Fiskus neben der Frau als Gesamtschuldner. Für die andere Hälfte der Gerichtskosten besteht jedoch eine Erstattungspflicht des Mannes nicht. Gr.

m) α) **Auflassung eines Grundstücksanteils namens minderjähriger Miterben als „Verfügung" des § 1821 Nr. 1 BGB.** [1]

Bayer. Oberstes Landesgericht, ZS. Beschluß v. 1. Oktober 1920.

Die Auflassung ist zweifellos eine Verfügung über das Grundstück (Planck § 1821 II 1b; RJA. 1 S. 135; Samml. 3 S. 143). Anteile an Grundstücken gelten im Sinne des § 1821 Nr. 1 als Grundstücke. Ob die mehreren Teilhaber nach Bruchteilen oder zu gesamter Hand beteiligt sind, kann hierbei keinen Unterschied begründen (Rsp. 5 S. 411; Samml. 9 S. 210). Dem einzelnen Miterben steht nicht nur ein Anteil am Nachlaß, sondern auch ein Anteil an den einzelnen Nachlaßgegenständen zu. Allerdings kann der Miterbe über seinen Anteil an diesen nicht verfügen, vielmehr können über einen Nachlaßgegenstand nur sämtliche Erben gemeinschaftlich verfügen.

[1] Die Mitteilung der Genehmigung (§§ 1829, 1643[3]) ist in die Hand des gesetzlichen Vertreters gelegt, um ihm die Freiheit der Entschließung zu wahren, ob er im Interesse seines Mündels (Kindes) von der Genehmigung Gebrauch machen will. Dieser Freiheit kann er sich nicht von vornherein durch Erteilung einer Generalvollmacht begeben, vielmehr könnte der Mitteilung eines Bevollmächtigten nur dann rechtliche Wirkung zukommen, wenn er nach erteilter Genehmigung dazu ermächtigt worden (KG. 27. Februar 1920, 1 a x 116).

Indem aber die Gesamtheit der Miterben über den ganzen Nachlaßgegenstand verfügt, verfügt auch jeder Miterbe über den seinem Erbteil entsprechenden Anteil an diesem Gegenstand und die mitwirkende Verfügung jedes einzelnen Miterben betrifft den ganzen, allen Miterben zur gesamten Hand gehörenden Nachlaßgegenstand. Ist dieser ein Grundstück, so bedarf demgemäß der Gewalthaber, der als gesetzlicher Vertreter eines minderjährigen Miterben bei der Auflassung dieses Grundstücks mitwirkt, nach §§ 1821 Nr. 1, 1643[1], 1686 der Genehmigung; das ist auch nahezu allgemein anerkannt. Was die Beschwerde im Anschluß an Bourier (bay. NotZ. 1917 S. 345; D. NotZ. 1918 S. 322) hiergegen vorbringt, ist nicht überzeugend. Mit Unrecht bestreitet sie zunächst, daß dem Miterben ein Anteil an den einzelnen Nachlaßgegenständen zustehe (vgl. oben Nr. 4 g).... Ob man diesen Anteil als „mittelbare" (Samml. 4 S. 588) oder als „unmittelbare" Berechtigung (so hinsichtlich der offenen HG. RG. 65 S. 233) bezeichnet, ist für § 1821 bedeutungslos. Allerdings bezieht sich § 1821 nur auf Grundstücke, die zum Vermögen des Minderjährigen gehören. Mit Unrecht behauptet aber die Beschwerde, der Anteil des Miterben an den einzelnen Nachlaßgegenständen gehöre nicht zu seinem Vermögen. Diese Ansicht beruht auf der unzutreffenden Annahme, die Gemeinschaft sämtlicher Miterben sei ein selbständiges Rechtssubjekt (juristische Person, Zweckvermögen), während sie in Wahrheit mit der Summe der einzelnen Miterben zusammenfällt (vgl. Rsp. 5 S. 411, Samml. 4 S. 588, 9 S. 210). Mit vollem Grunde weist schließlich das LG. darauf hin, daß nur seine Anschauung dem Zwecke des § 1821 (Schutz der Minderjährigen hinsichtlich des zu ihrem Vermögen gehörenden Grundbesitzes) gerecht wird. Die Meinung der Beschwerde, der zum ungeteilten Nachlaß gehörende Grundbesitz habe für den minderjährigen Miterben keine so überragende Bedeutung, widerspricht der Anschauung der Verkehrs und richtiger wirtschaftlicher Betrachtung; sie führt zu dem unannehmbaren Ergebnis, daß zwar der gesetzliche Vertreter eines minderjährigen Alleinerben, nicht aber der eines minderjährigen Miterben zur Verfügung über ein Nachlaßgrundstück der Genehmigung bedarf. Daß anderseits durch das Erfordernis der Genehmigung Verfügungen über Nachlaßgrundstücke auch für die beteiligten volljährigen Miterben erschwert und unter Umständen verhindert werden, ist nichts anderes als eine Rechtsfolge des Grundsatzes, daß die Erben über Nachlaßgegenstände nur gemeinschaftlich verfügen können (§ 2040[1]). **Kn.**

β) Genehmigung[1] einer Erbschaftsausschlagung trotz Fristablaufs.

Kammergericht, ZS. 1a. Beschluß v. 28. November 1919.

---

[1] Das VormGericht darf die Entscheidung über die Genehmigung des Grundstücksverkaufs nicht bis zur Klärung der Frage der Ausübung des auf jenem Grundstücke haftenden Vorkaufsrechts aussetzen; vielmehr hat es sobald als möglich den bis zur Erteilung der Genehmigung bestehenden Schwebezustand durch eine nach der einen oder anderen Richtung ergehende Entscheidung zu beenden; § 127 FGG. ist als singuläre Vorschrift nicht zu verallgemeinern (Beschluß desselben ZS. v. 5. März 1920 x 111). — Kann auch das VormGericht

Das LG. hat, ohne auf die Frage, ob die Ausschlagung der Erbschaft im Interesse der Kinder liege, überhaupt einzugehen, die Beschwerde deshalb zurückgewiesen, weil eine Genehmigung nicht mehr in Frage kommen könne, nachdem inzwischen die Ausschlagungsfrist (§ 1944[1]) abgelaufen und daher die Beschwerde gegenstandslos geworden sei. Allerdings hat der Beschwerdeführer bisher im Namen seiner Kinder die Ausschlagung noch nicht erklärt, und insofern unterscheidet sich der Fall von KGJ. 38 S. 50, wo die Genehmigung zu einer bereits erklärten Ausschlagung nachgesucht wurde. Gleichwohl trifft auch hier, obwohl möglicherweise die Ausschlagungsfrist bereits verstrichen ist, die Begründung jenes Beschlusses zu. Wie daselbst näher dargelegt, bestehen in der Rechtslehre verschiedene Meinungen darüber, welche Bedeutung und Wirkung es hat, wenn das VormGericht die rechtzeitig zur Erbschaftsausschlagung nachgesuchte Genehmigung nicht innerhalb der Frist erteilt; es fehlt nicht an Stimmen, die in solchem Fall eine Hemmung des Fristablaufs oder die Möglichkeit der Anfechtung der Fristversäumung annehmen (vgl. KGJ. 38 S. 53) Jedenfalls ist die Frage (vgl. aus neuerer Zeit Recht 1918 S. 141) noch nicht so weit ausgetragen, daß von einer unzweifelhaften Rechtslage die Rede sein könnte. Dann entspricht es aber nur der Aufgabe des VormGerichts, die Frage der Rechtzeitigkeit der Ausschlagung für den Fall, daß sie von dritter Seite bezweifelt wird, dem Prozeßgericht zu überlassen, die eigene Entscheidung aber darauf zu beschränken, ob die Ausschlagung den Kindern vorteilhaft ist. M.

n) **Vergütung für Rechnungssteller des Vormunds. Beschwerde.**

OLG. Stuttgart, 1. ZS. Beschluß v. 24. September 1920.

Der Bezirksnotar a. D. A. hat im Auftrag des Vormunds die Vormundschaftsrechnung gestellt und dafür 34 Mark berechnet. Die Vorinstanzen haben nur 25 Mark bewilligt. Die weitere Beschwerde des A. ist als im Auftrage des Vormunds eingelegt anzusehen und als solche zulässig (§ 20 FGG.) In eigenem Namen hätte A. kein Beschwerderecht: sein Recht ist nirgends beeinträchtigt; er ist Beauftragter des Vormunds und hat seine Belohnung von diesem zu fordern. Das VormGericht als Aufsichtsorgan hat nur darüber zu befinden, ob und wieviel der Vormund dafür in die Rechnung einstellen darf. Obgleich die Vormundschaft grundsätzlich nach § 1836 unentgeltlich zu führen ist, erscheint der Vormund, der erfolglos eine Vergütung nach Satz 2, 3 das. erbeten hat, als „benachteiligt", so daß er auch in eigenem Namen Beschwerde einlegen kann. Dagegen kann darauf allein, daß der festgesetzte Betrag nicht angemessen sei, die weitere Beschwerde nicht gestützt werden; denn die mehr oder weniger zweckmäßige Ausübung des richterlichen Ermessens stellt keinen Rechtsverstoß dar, sofern nicht das Gericht den gesetzlichen Begriff des Ermessens verkannt hätte. Das LG. hat

vom Vormunde beabsichtigte Maßregeln auf ihre Zweckmäßigkeit prüfen und auf Anfragen Rat erteilen, so geht dies doch nicht so weit, daß der Vormund, also auch der elterliche Gewalthaber, beliebig die Prüfung des VormGerichts zu Verträgen herbeiführen könnte (KG., Beschluß v. 13. August 1919, 1 a x 414).

aber zutreffend die Gesamtumstände des Falls, besonders die Größe der Mühewaltung, die die Fertigung der Rechnung einer hiezu befähigten Person verursacht, den Erfolg ihrer Tätigkeit und die Höhe des Mündelvermögens berücksichtigt. . . . S.

o) **Einschreiten des VormGerichts. Beschwerde nach § 59² FGG.**[1]

Kammergericht, 1. FerienZS. Beschluß v. 13. August 1919.

Nachdem der Vormund des wegen Trunksucht entmündigten Beschwerdeführers dessen Acker von 30 Morgen am 27. Sept. 1918 verkauft und die Genehmigung des VormGerichts erlangt hatte, wurde das Grundstück dem Käufer aufgelassen und umgeschrieben. Die Genehmigung des Landrats (Bek. v. 15. März 1918, RGBl. 123) wurde jedoch endgültig versagt, weil durch die Veräußerung der Betrieb des Mündels seine wirtschaftliche Selbständigkeit verlieren würde. Das Gesuch des Mündels, den Vormund zum Vorgehen gegen den Käufer anzuhalten, hat das Amtsgericht zurückgewiesen. Die Beschwerde wurde als unzulässig verworfen. Die weitere Beschwerde ist nach § 59² S. 1 FGG. zulässig. Da das Grundstück mit Getreide und Kartoffeln bestellt ist, kann sein Ertrag unmittelbar der Ernährung der Familie als Selbstversorgerin dienen, wodurch eine reichlichere Verpflegung gewährleistet wird, als sie auf Lebensmittelkarten verabfolgt werden kann. Die Maßnahmen, die dem Mündel den Besitz des Grundstücks einschl. des Ertrags der Ernte von 1919 verschaffen sollen, betreffen deshalb seine Person. Auch sachlich ist die Beschwerde begründet. Allerdings hat das VormGericht dem Vormund in Fragen der Zweckmäßigkeit keine Anweisungen zu erteilen, besonders auch nicht darüber, ob er einen Prozeß führen soll. Wenn aber der Standpunkt des Vormunds offensichtlich so unhaltbar ist, daß seine Unrichtigkeit ihm bei gewissenhafter Prüfung nicht entgehen kann, dann stellt sich sein Beharren darauf als Pflichtverletzung dar. Selbst wenn dabei ein Verschulden des Vormunds nicht vorliegt, also § 1837 unanwendbar ist, dann muß er, wenn das Interesse des Mündels gefährdet wird, nach § 1886 entlassen werden. Hier verstieß die Veräußerung des Ackers, auch wenn sie wirtschaftlich für den Mündel vorteilhaft ist, gegen ein im öffentlichen Interesse gegebenes Verbot, um die Selbständigkeit kleinerer landwirtschaftlicher Betriebe auch dann zu erhalten, wenn dem Eigentümer aus der Veräußerung ein Vermögensvorteil entsteht. Ob ein selbständiger Betrieb wegen geringen Umfangs oder wegen Ungeeignetheit des Bewirtschafters noch vorteilhaft ist, darüber hat allein die Verwaltungsbehörde zu entscheiden. Ist diese Entscheidung endgültig, so kann ein neuer Antrag nur auf neue Gründe gestützt werden. Die vom Vormunde beabsichtigte Beibringung eines neuen Gutachtens über die schon entschiedene

[1] Das LG. hat die vorläufige Vormundschaft (§ 1906) angeordnet, seine Ausführungen lassen aber nicht erkennen, ob es die Besorgnis einer Gefährdung des Vermögens des zu Entmündigenden gerade auf solche Tatumstände, die einen Entmündigungsgrund darzustellen vermögen, also auf Ursachen zurückgeführt hat, wegen deren entmündigt werden kann (KG. 13. Febr. 1920, 1 a x 69).

Frage stellt sich nicht als neues Beweismittel dar. Auf keinen Fall darf wegen der bloßen Möglichkeit einer abändernden Entscheidung die Wiederherstellung des gesetzlichen Zustands solange aufgeschoben werden, zumal dadurch in der Zwischenzeit der selbständige Betrieb lahmgelegt wird. M.

p) **Keine Pflegschaft für juristische Personen.**[1]

Kammergericht, ZS. 1a. Beschluß v. 14. Mai 1920.

Das BGB. hat die Fälle, in denen eine Pflegschaft statthaft ist, einzeln aufgeführt. Es kennt zwei Gattungen: a) solche Fälle, in denen der allgemeine elterliche oder vormundschaftliche Schutz für besondere Angelegenheiten ausnahmsweise nicht genügt (§ 1909); b) selbständige Pflegschaften unter bestimmten Voraussetzungen (§§ 1910/14). Hierbei handelt es sich nicht um allgemeine Rechtsgrundsätze, sondern um festbegrenzte Einzelfälle; für eine Ausdehnung im Wege der Analogie ist deshalb kein Raum (vgl. auch KGJ. 20 S. 21; 26 S. 20). In den Mot. (4 1252) und in der Denkschrift S. 239 ist dieser Gesichtspunkt bestimmt und scharf hervorgehoben.... Tatsächlich sind auf Grund besonderer reichs- und landesrechtlicher Bestimmungen Pflegschaften zulässig, so gemäß Art. 32 EG. im Falle des § 62 des RBeamtenges. gemäß Art. 55 EG. bei unfreiwilliger Versetzung in den Ruhestand (KGJ. 30 S. 28; 37 S. 69). In dieser Hinsicht ist ferner auf die Bestellung von Vertretern auf Grund der §§ 1141^{2}, 1189 BGB., der §§ 57, 58, 494^{2}, 779^{2}, 787 ZPO., § 334^{2} StPO., §§ 6, 135 ZVG., § 88 FGG., § 87^{3} ReichsabgO. zu verweisen. Diese wiederholte Zulassung der Bestellung von Pflegern und Vertretern im Wege der Sondergesetzgebung bestätigt aber gerade die Annahme, daß eine Ausdehnung der Vorschriften des BGB. über die Pflegschaften, besonders auf juristische Personen, mit dem Geiste und Sinne des Gesetzes nicht vereinbar ist. Die gleiche Erwägung trifft übrigens auch auf § 357 ReichsabgO. zu, der in bestimmten Fällen Geldstrafen gegen eine juristische Person zuläßt.

Der § 1909 BGB. bezieht sich offensichtlich nur auf natürliche Personen, kann also auf juristische Personen, besonders Aktiengesellschaften, nicht sinngemäß angewendet werden, falls ihr gesetzlicher Vertreter an der Besorgung ihrer Angelegenheiten behindert ist. Allerdings kann als „Beteiligter" (§ 1913) auch eine juristische Person in Frage kommen, sofern sie als solche unbekannt oder ungewiß ist, insbesondere nicht feststeht, ob sie bereits Rechtswirksamkeit erlangt hat, so daß eine Pflegschaft für unbekannte Beteiligte auch eine juristische Person betreffen kann. Allein abgesehen von diesem Fall handelt es sich bei der Pflegschaft stets um die Fürsorge für eine natürliche Person. ... Die hilfsweise Geltung des § 29 BGB. für die juristischen Personen

[1] Ist es möglich, daß dem Kind ein Anspruch gegen den Erben (auf den Pflichtteil) zusteht, so ist das VormGericht nicht befugt, weiter zu untersuchen, ob der Anspruch gerechtfertigt ist; es hat vielmehr, da eine Angelegenheit des Kindes zu erledigen ist, an deren Besorgung der Vater rechtlich behindert ist (§§ 1795 Nr. 3, 1630 BGB.), ohne weiteres nach § 1909 einen Pfleger zu bestellen; dieser hat pflichtgemäß zu prüfen, ob ein Anspruch zu erheben und wie er geltend zu machen ist (Beschluß desselben ZS. v. 20. Febr. 1920 x 75).

des Handelsrechts ist zwar allgemein anerkannt. Ein solcher Antrag ist aber nicht gestellt. Daher kann hier dahingestellt bleiben, ob wegen des Fehlens des Vorstandes infolge seiner vorübergehenden und auf eine einzelne Angelegenheit beschränkten rechtlichen Verhinderung (Staudinger § 29 III 1; Planck § 29 Nr. 2 a, b) auf Antrag des beteiligten Vorstandsmitglieds in entsprechender Anwendung des § 29 das Registergericht mit rechtsgestaltender Wirkung (JW. 1918 S. 361[1]) einen besonderen einstweiligen Vertreter zu bestellen hat. Dagegen wird die Bestellung eines Vertreters gemäß § 57 ZPO. nicht in Frage kommen, weil sie nur auf Antrag des Klägers, der gegen eine nicht prozeßfähige Partei klagen will, erfolgen kann und keine Anwendung findet, wenn der gesetzliche Vertreter erst während des Prozesses hinwegfällt (JW. 1904 S. 113). Wohl aber könnte die Beschwerdeführerin noch erwägen, ob eine Bestimmung über die Bestellung eines stellvertretenden Vorstandsmitglieds in den Gesellschaftsvertrag (§§ 182^2 Nr. 4; 242; 274 HGB.) aufzunehmen sein möchte. Die Anordnung einer Pflegschaft aus § 1909 ist jedenfalls unzulässig. Schr.

Dazu: Pflegerbestellung für Nacherben nach § 1913 BGB.

Kammergericht, ZS. 1a. Beschluß v. 7. Mai 1920.

Das LG. verneint das Bedürfnis für die beantragte Pflegschaft, weil zurzeit die Eltern des Erblassers noch die zu der einen Hälfte in Betracht kommenden Nacherben seien, auch wenn sie sich einen dem Pflichtteil gleichkommenden Betrag hätten auszahlen lassen. Allein da nach dem Testamente des Erblassers seine kinderlose Witwe Vorerbin sein und erst nach ihrem Tode zur Hälfte seine Erben und zur Hälfte die Erben seiner Frau Nacherben sein sollen, so entscheidet sich erst mit dem Tode der Vorerbin, welche Personen als Nacherben in Betracht kommen werden. Bis dahin sind die Personen der Nacherbschaft unbestimmt (OLG. Dresden in ZBl. FG. 7 S. 827). Deshalb kann es nicht darauf ankommen, daß die Eltern des Erblassers, wenn jetzt der Fall der Nacherbfolge einträte, als die alleinigen gesetzlichen Erben des Erblassers und daher zu der einen Hälfte als Nacherben in Betracht kämen, denn es ist ungewiß, ob sie es beim Tode der Vorerbin noch sein werden oder wer sonst an ihrer Stelle Nacherbe sein wird. Besteht daher überhaupt, wie die Beschwerde behauptet, ein Bedürfnis zur Einleitung einer Pflegschaft, so kann der Umstand, daß die Eltern noch vorhanden sind und möglicherweise zu den Nacherben gehören werden, der Bestellung eines Pflegers nach § 1913 nicht entgegenstehen. M.

q) **Ausschlagung der Erbschaft.[1] Kenntnis von ihrem Anfall.**

Bayer. Oberstes Landesgericht, ZS. Beschluß v. 1. Oktober 1920.

Zur Ausschlagung der Erbschaft genügt jede Willensäußerung, aus der unzweideutig hervorgeht, daß der Erbe die Erbschaft nicht annehmen will. Auf diesen Willen wird bei dem, der die Wahl zwischen einem Vermächtnis

[1] Keine Anfechtung der Ausschlagung einer Erbschaft wegen Irrtums über den Wert des Nachlasses; denn dieser Irrtum betrifft den Beweggrund (OLG. Kiel, 1. ZS. Urteil v. 1. Nov. 1920; SchlHA. 1921 S. 25).

und der Erbschaft hat, unter Umständen schon daraus geschlossen werden können, daß er das Vermächtnis annimmt. Allein notwendige Voraussetzung für die Feststellung, daß er die Erbschaft hat ausschlagen wollen, ist unter allen Umständen seine Kenntnis davon, daß ihm die Erbschaft angefallen ist oder daß er wenigstens möglicherweise als Erbe in Betracht kommt. Denn bei dem, der gar nicht weiß, daß er — wenigstens möglicherweise — Erbe geworden ist, kann begriffsmäßig nicht davon gesprochen werden, daß er den Willen hat, die Erbschaft auszuschlagen. Das LG. hat aber nicht festgestellt, daß der Beschwerdeführer jenes Wissen hatte. Kn.

r) **Aufhebung der Pflegschaft. Fortsetzung des gegen Miterben anhängigen Rechtsstreits.**

OLG. Hamburg, 6. ZS. Urteil v. 12. Februar 1920.

Ursprünglich hat der Pfleger für die unbekannten Erben des am 10. Februar 1917 verstorbenen Max A. geklagt. Der Pfleger war gesetzlicher Vertreter der Erben (RG. 50 S. 394); diese waren Partei und standen gemäß § 53 ZPO. einer nicht prozeßfähigen Person gleich. Diese Rechtslage hat sich dadurch geändert, daß nach Erlaß des ersten Urteils die Pflegschaft aufgehoben ist. Allerdings waren schon vorher die Erben ermittelt. Aber damit war die Pflegschaft nicht ohne weiteres erloschen; hierzu bedurfte es vielmehr noch der Aufhebung durch das Nachlaßgericht (RG. 72 S. 263; a. M. Dernburg 5 § 129 V). Mit ihr endete die gesetzliche Vertretung der Erben und der Rechtsstreit ging unmittelbar auf die Erben über (Rsp. 17 S. 318, Staudinger § 1960[4], Stein ZPO. § 241 III[13]). Hier liegt aber die Besonderheit vor, daß vor Aufhebung der Pflegschaft schon zwei der zunächst berufenen Erben gestorben sind, nämlich Emil und Hans A. Da Emil bereits am 23. März 1917 gestorben ist, so ist er jedenfalls schon vor Beendigung der Ausschlagungsfrist weggefallen. Der ihm zugefallene Erbteil ist daher unmittelbar auf seine Erben, die Klägerin zu 14, weiter vererbt (§§ 1942, 1952). Diese ist somit Erbe des Max A. geworden und wurde bis zur Aufhebung der Pflegschaft durch den Pfleger gesetzlich vertreten; sie konnte daher ebenso wie die anderen Erben den Prozeß unmittelbar fortsetzen. — Hans A. ist dagegen erst Ende 1918 gestorben, also ein Jahr nach Ausstellung des Erbscheins. Zweifellos hat er alsbald erfahren, daß er als Erbe seines Bruders berufen war, so daß bei seinem Tode die Ausschlagungsfrist jedenfalls für ihn erloschen war. Er ist daher nicht nur, wie Emil als Erbe berufen gewesen, sondern auch tatsächlich Erbe geworden. Seine Erben sind daher nicht auch Erben des Max A. geworden; sein Anteil an dem Nachlaß des Max A. gehörte vielmehr zu dem Nachlaßvermögen des Hans A. und wurde als Teil dieses Nachlasses auf seine Erben weiter vererbt. Diese können daher nicht zu den unbekannten Erben des Max A. gerechnet werden, zu deren Vertretung der Pfleger berufen war. Der Tod des Hans A. ist dem Tode einer Prozeßpartei gleichzustellen. Eine Unterbrechung des Verfahrens ist dadurch trotzdem nicht herbeigeführt, da die Kläger durch einen Prozeßbevollmächtigten vertreten waren (§§ 246,

78 ZPO.). Außerdem ist durch die in der Berufungsverhandlung abgegebene Erklärung, die jetzt im Rubrum aufgeführten Personen wollten den Rechtsstreit fortsetzen, dieser wirksam aufgenommen, da diese Erklärung die nach § 250 ZPO. gebotene Zustellung eines die Aufnahme anzeigenden Schriftsatzes ausreichend ersetzen würde (Stein § 250[6]).

Auch daraus können Bedenken nicht hergeleitet werden, daß zu den Erben des Hans A. auch der Beklagte gehört. Mit der Klage ist gegen ihn ein zum Nachlaß des Max A. gehöriger Anspruch geltend gemacht. Nach § 2039 S. 2 BGB. kann aber auch jeder einzelne Miterbe Nachlaßansprüche in der Weise geltend machen, daß er vom Schuldner Hinterlegung zugunsten aller Erben verlangt. Dieses Recht steht dem Erben auch gegenüber einem anderen Miterben zu, der Schuldner des Nachlasses ist (RG. 65 S. 5). Nun stehen allerdings die Kläger zu 1—11 zwar hinsichtlich des Nachlasses Hans A., aber nicht auch hinsichtlich des Nachlasses des Max A. dem Beklagten als Miterben gegenüber. Wohl aber besteht zwischen sämtlichen Klägern und dem Beklagten hinsichtlich des Nachlasses des Max A. ein Gesamthandsverhältnis; bei diesem steht nach ständiger Rechtsprechung (JW. 1900 S. 553, 1905 S. 146) den einzelnen Beteiligten gegenüber Dritten und untereinander dieselben Klagrechte zu, wie den Miterben nach § 2039 S. 2. Hiernach steht den Klägern das jetzt auf Hinterlegung zugunsten der Erben gerichtete Klaegrecht zu. Es erscheint auch zulässig, daß sie es in dem vom Pfleger angestrengten Prozeß weiter verfolgen. Denn materiell wird mit dem jetzigen Antrag der Kläger und dem ursprünglich auf Zahlung der Darlehenssumme gestellten Antrag dasselbe Ziel verfolgt: nämlich die Einziehung einer Forderung. Mit Recht hat sich denn auch der Beklagte mit der Änderung des Klagantrags stillschweigend einverstanden erklärt.... M. M.

s) Verfolgung von Ersatzansprüchen durch den Nachlaßverwalter.

OLG. Hamburg, 1. ZS. Beschluß v. 14. Juli 1919.

... In der Entscheidung des LG. läge eine Rechtsverletzung, wenn Ersatzansprüche von Nachlaßgläubigern oder Erben nur durch einen Nachlaßverwalter geltend gemacht werden dürften; dann müßte hier zur Prüfung, ob solche Ansprüche bestehen, die Nachlaßverwaltung fortgesetzt und ein neuer Verwalter ernannt werden. Der Beschwerdeführer beruft sich hierfür auf §§ 1985², 1978². Aus ihnen folgt, daß, solange eine Nachlaßverwaltung besteht, nur der Verwalter jene Ansprüche geltend machen kann. Wird er wegen der Pflichtwidrigkeit, die die Ansprüche begründet, entlassen und die Nachlaßverwaltung unter einem neuen Verwalter fortgesetzt, so ist, solange sie besteht, weder der Erbe, noch der Nachlaßgläubiger zur Erhebung des Anspruchs legitimiert, vielmehr allein der neue Verwalter. Wird aber die Nachlaßverwaltung aufgehoben, so kann der Erbe, soweit er geschädigt ist, und jeder Nachlaßgläubiger, soweit er nicht befriedigt ist, den Anspruch geltend machen (RGKomm., Staudinger § 1985 N. 4, Riesenfeld Erbenhaftung 2 S. 55). RG. 72 S. 262 trifft die hier streitige Frage nicht.

Eine Aufhebung der Nachlaßverwaltung ohne Berichtigung der bekannten Nachlaßverbindlichkeiten wird allerdings nur in Frage kommen können bei einer eigenartigen Lage, wie sie sich hier ergibt, wo von den vier Erben drei gleichzeitig die alleinigen bekannten Nachlaßgläubiger sind und wo die Erben und Nachlaßgläubiger übereinstimmend erklärt haben, daß von dem in ihrem Interesse durch § 1980 gegebenen Weg der Konkurseröffnung abgesehen werden soll, weil sie zur Ersparung der Kosten über eine außergerichtliche Ausgleichung nach dem Verhältnis ihrer Forderungen einig sind. Ist danach die Nachlaßverwaltung nicht der Rahmen, in dem allein die Ersatzansprüche geprüft und verfolgt werden können, so bleibt es eine hier nicht nachzuprüfende Zweckmäßigkeitsfrage, ob wegen solcher Ansprüche des Nachlasses die Verwaltung aufrecht zu erhalten ist. M. M.

t) **Auslegung des Testaments, das einen Miterben auf den Pflichtteil enterbt.**[1]

OLG. Braunschweig, 1. ZS. Urteil v. 19. November 1920.

Der 1918 gestorbene Vater der Parteien hat im § 3 seines Testaments seine Frau und seine Kinder zu Erben eingesetzt, den Kindern ihre Nachkommenschaft und, soweit solche nicht vorhanden sei, die Kinder einander gegenseitig substituiert. Im § 5 ist sodann bestimmt, „meinen erstehelichen Sohn Robert enterbe ich damit auf den Pflichtteil". Auf Grund dieses Testaments hat das Amtsgericht einen Erbschein ausgestellt, in welchem als Erben die Kinder, darunter der Kläger, aufgeführt sind. Dieser hat sich wegen der Auflassung des ihm im Testamente zugesprochenen Grundstücks mit den Miterben außer dem Beklagten geeinigt. Die Klage gegen ihn auf Erklärung dieser Auflassung wurde abgewiesen. Nach Einlegung der Berufung hat das Amtsgericht nach Einziehung des alten einen andern Erbschein, in welchem der Beklagte nicht mehr als Erbe aufgeführt ist, ausgestellt, und die Auflassung entgegengenommen. Die Klage war damit gegenstandslos geworden, die Kosten treffen jedoch den Kläger.

Da auch der Beklagte zu den im § 3 als Erben eingesetzten Kindern gehört, so widersprechen, wenn man ihren Wortlaut allein ansieht, die §§ 3 und 5 einander und es ist zu prüfen, welche Vorschrift den Vorzug verdient. Ausweislich des Eingangs des Testaments war dem Erblasser der Aufenthalt des Beklagten unbekannt; das läßt darauf schließen, daß das Verhältnis zwischen dem Vater und dem Sohne mindestens sehr kühl war. Namentlich aber enthält § 5 die besondere auf den Beklagten gemünzte Verfügung und deshalb ist als Wille des Erblassers anzunehmen, er habe die im § 3 dem

[1] Es erscheint rechtlich möglich, die Bestimmung des Ehe- und Erbvertrags, daß, falls aus irgendeinem Grunde die fortgesetzte GG. nicht eintritt, wir uns gegenseitig zu Erben unseres ganzen Nachlasses einsetzen, dahin auszulegen, daß der Erblasser unter diesem Nichteintritt auch den Fall verstanden haben wollte, wenn jene GG. zwar zunächst eingetreten, später aber — gleichgültig wann — aus irgendeinem Grunde aufgehoben worden ist (RG. 5. Febr. 1920, 1 x 18). — Der Testamentsbestimmung, daß der den Nachlaß haben soll, bei dem der Erblasser Wartung und Pflege gehabt, genügt nicht, daß ein Kind für kurze Zeit die Pflege des Erblassers während seiner Krankheit übernommen hat und gerade in dieser Zeit der Tod eingetreten ist (OLG. Kiel, 1. ZS. Urteil v. 14. Okt. 1920; SchlHA. 1921 S. 9).

Robert eingeräumte Stellung als Erbe und als bedingter Nacherbe durch den § 5 wieder entziehen wollen. Die Bestimmung „meinen Sohn „enterbe“ ich auf den Pflichtteil“ hebt also den § 3 hinsichtlich dieses Sohnes auf und die Erbseinsetzung ist dadurch widerrufen. Mit diesem Ergebnis trifft die Auslegungsregel des § 2304 überein: Beklagter hat lediglich ein Forderungsrecht auf Auszahlung des Pflichtteils (§ 2317). Dann fehlt ihm aber jedes Recht an dem Grundstück; seine Weigerung, die Auffassung zu erklären, war rechtlich belanglos und läßt sich auch nicht unter dem Gesichtspunkte halten, daß durch zu billige Übergabe des Grundstücks sein Pflichtteil geschmälert werde. Denn solcher Übernahmepreis ist ebensowenig gegen den Beklagten maßgebend, wie die vom Erblasser getroffene Wertbestimmung, vielmehr ist der Wert zurzeit des Erbfalls zu schätzen (§ 2311). Die Klage war nach dem eigenen Vorbringen des Klägers von vornherein rechtlich nicht begründet, weil es der Zustimmung des lediglich pflichtteilsberechtigten Beklagten gar nicht bedurfte. Bestanden in dieser Hinsicht nach dem früheren Erbscheine und dem Verhalten des Beklagten Zweifel, so hätte dem Kläger der Weg der Feststellungsklage offen gestanden. So, wie die Klage erhoben ist, ist sie mit Recht abgewiesen. W. n.

u) **Vorerbe (befreiter?) oder Vermächtnisnehmer?**

OLG. Braunschweig, 1. ZS. Beschluß v. 22. Oktober 1920.

Auf Antrag der Witwe A. hat das Amtsgericht nach dem eigenhändigen Testamente des A. einen gemeinschaftlichen Erbschein dahin ausgestellt, daß A. ausschließlich beerbt sei von seiner Witwe als befreiten Vorerbin und seinen Kindern als Nacherben zu gleichen Teilen. Der Beschwerdeführer, ein Nacherbe, ist der Ansicht, daß die Witwe nur Vermächtnisnehmerin, die Kinder aber Alleinerben geworden. Sein Antrag, einen neuen entsprechenden Erbschein auszustellen, wurde abgewiesen. Die weitere Beschwerde ist teilweise begründet.

Mit Recht nahmen die Vorinstanzen an, daß die Witwe wahre Vorerbin geworden sei. Denn der Erblasser ernennt sie in § 1 ausdrücklich zu solcher, während er seine Kinder ausdrücklich zu Nacherben beruft. Die ganze Fassung des aus 10 Paragraphen bestehenden, von ihm eigenhändig geschriebenen Testaments läßt deutlich ersehen, daß ihm mancherlei Rechtsbegriffe des Erbrechts wohl bekannt waren. Es darf daher unbedenklich angenommen werden, daß, wenn er die Begriffe „Vorerbe“ und „Nacherbe“ gebrauchte, ihm dabei deren Bedeutung im allgemeinen klar vor Augen stand. Es darf daraus ferner auf seinen Willen geschlossen werden, daß seine Frau demnächst jedenfalls Erbenstellung haben solle. Diese Folgerung wäre aber dann unrichtig, oder ein solcher Wille dann unbeachtlich, wenn andere Willensäußerungen des Erblassers vorlägen, die mit einer Erbenstellung der Witwe unvereinbar wären. In dieser Beziehung könnte nur der § 2 in Betracht kommen. Allein seine Bestimmung, daß „die Vorerbschaft in dem kautionsfreien Nießbrauche am gesamten Nachlasse, ohne daß meine Vorerbin

Rechnung abzulegen und den Offenbarungseid zu leisten hat", bestehen solle, ist keineswegs so beschaffen, daß sie die Witwe der Erbenstellung wieder berauben müßte. Sie umschreibt lediglich genau den Kreis der Befugnisse, der der Witwe in der Verwaltung, Nutznießung der Vorerbschaft und der Verfügung über sie zustehen sollen. Daß der Erblasser dabei von dem Begriff des Nießbrauchs ausgeht, ist nichts Unstatthaftes und nichts Ungewöhnliches. Die Beschränkungen, denen er danach die Witwe unterwirft, widersprechen nicht ihrer Eigenschaft als Vorerbin. Bereits die §§ 2112ff. unterwerfen den Vorerben mancherlei Beschränkungen. Wie sie aber dem Erblasser gestatten, den Vorerben von den meisten jener Beschränkungen durch besondere Bestimmung zu befreien (§§ 2136/7), so verbieten sie ihm anderseits nicht, den gesetzlichen noch neue Beschränkungen hinzuzufügen, soweit sie nicht den Begriff der Vorerbschaft ganz zerstören. Dahin gehört zB. die Einsetzung eines Vollstreckers mit weitestgehender Vollmacht. Wie sie mit der gewöhnlichen Erbschaft vereinbar ist, muß dasselbe auch bei der Vorerbschaft der Fall sein. Die Beschränkung durch einen Vollstrecker würde aber nicht hinter derjenigen zurückbleiben, die durch die Anordnung einer nießbrauchartigen Behandlung des Nachlasses bewirkt wird (JW. 1918 S. 434, Leonhard Erbr. § 2136 V, Recht 1918 S. 879).

Aus obigem ergibt sich aber, daß der Witwe eine noch beschränktere Stellung als Vorerbin zugewiesen ist, als wie sie bloß nach den §§ 2112ff. einnehmen würde. Um so weniger kann sie danach für eine befreite Vorerbin der §§ 2136/7 erachtet werden. Der Erbschein ist daher insoweit unrichtig, und zwar in einem wesentlichen Punkte (§ 2363[1]). Er gereicht daher jedenfalls den Nacherben zur Beschwerde, und muß auf den Antrag eines von ihnen eingezogen werden. W. n.

v) **Niederschrift unter der Herrschaft und Leitung eines Dritten.**

Bayer. Oberstes Landesgericht, 3S. Beschluß v. 14. Juni 1920.

Das LG. hat auf Grund der Schriftvergleichung und der Zeugenaussagen tatsächlich festgestellt, daß die Schriftzüge der Erblasserin in den zweifellos von ihr geschriebenen Schriftstücken erheblich von denen des Testaments abweichen und das letztere einen ganz anderen — männlichen — Schriftcharakter zeigen, daß besonders auch die Unterschrift auf der bei andren Akten befindlichen Vollmacht eine vollständig andere ist, als die unter dem Testament befindliche. Wie es weiter feststellt, hat der Zeuge S. der Erblasserin die die Feder haltenden Finger in einer Weise geführt, daß sie etwas anderes, als er gewollt hat, nicht niederschreiben konnte, daß sie so nicht mehr selbstgestaltend und frei in der Bildung der Schriftzeichen gewesen ist, vielmehr S. mittels der von ihm bewegten Finger ihrer Hand die Buchstaben zu Papier gebracht hat. Wenn auf Grund dieser Feststellungen das LG. zu dem Schluß gekommen ist, daß hier nicht mehr von einer bloßen Unterstützung der zitterigen Hand der Erblasserin gesprochen werden kann und daß es an dem Erfordernis der Eigenhändigkeit der Niederschrift des

Testaments gefehlt hat, so stimmt es mit dem RG. (Gruchot 53 S. 98, Warn. 4 S. 149) und der Rechtslehre überein.... Kn.

w) **Voraussetzungen des Art. 139 EG. zum BGB.**

OLG. Braunschweig, 1. ZS. Urteil v. 18 Juni 1920.

Der Art. 139 setzt nur voraus, daß die berechtigte Anstalt eine juristische Person ist, wobei es gleich ist, ob eine solche des öffentlichen oder des bürgerlichen Rechts vorliegt. Voraussetzung ist ferner Unterstützung oder Verpflegung des Verstorbenen. Über ihre Art und Dauer und sonstigen Voraussetzungen ist nichts vorgeschrieben; insoweit entscheidet also lediglich das Landesrecht (Planck Art. 139[3]). Die VO. v. 29. Okt. 1778 stellt jedoch keine näheren Bestimmungen auf, erfordert auch nicht, wie in Preußen Rechtens ist, vorgängige Bekanntmachung der Vorschriften an die Pfleglinge als Bedingung des Erbrechts. Maßgebend ist also nur, was das klagende Stift nach seiner Satzung gewährt. Nach der Hausordnung wird freie Wohnung, Heizung, Licht, Bedienung, freie Kur und feste Kompetenzgelder, sowie im Falle von Krankheit und Arbeitsunfähigkeit außerordentliche Unterstützungen, endlich aus besonderen Vermächtnissen usw. Nebeneinnahmen gewährt. Unstreitig sind der verstorbenen X. Wohnung, Licht, Feuerung und Bedienung gewährt worden, so daß es nicht noch der Beweise über weitere Zuwendungen, vor allem Geldzahlungen bedarf. Daß die Unterstützungen bis zum Tode der X. reichen müssen, ist weder in Art. 139, noch im hiesigen Landesrechte vorgeschrieben. Die VO. gibt der Anstalt nicht nur ein Erbrecht, sondern ein Noterbrecht auf den ganzen Nachlaß des Pfleglings. Das folgt aus Fassung und Sinn der VO., nach der der ganze Nachlaß dem Stifte zufallen soll.... Die VO. enthält zwingendes Recht. In dem erwähnten Gebot ist notwendig das Gebot enthalten, das Vermögen als Ganzes dem Stift zu erhalten, damit die Beerbung gemäß jener VO. gesichert und durchführbar ist. Darin liegt folgeweise das Verbot, über das Vermögen als Ganzes zu verfügen, so daß die Erbrechte des Stiftes gegenstandslos gemacht würden. Derartige Verfügungen würden dem Sinne der VO. widersprechen und nach damaligem Landesrechte nichtig sein.... W.n.

6. Bürgerliches Recht.

a) **Bindung des Vorstandes an Beschlüsse seiner Mitglieder.**

OLG. Königsberg, 1. ZS. Urteil v. 23. November 1920.

Der Beklagte, Mitglied der klagenden Innung, war 1918 zu ihrem Kassierer auf 3 Jahre gewählt worden. In seiner Abwesenheit wurde Anfang 1919 in einer Vorstandssitzung beschlossen, der Gesamtvorstand solle sein Amt niederlegen und diese Niederlegung sowie seine Neuwahl auf die Tagesordnung einer außerordentlichen Generalversammlung am 6. Jan. 1919 setzen. In dieser wurde vor Erörterung der Vorstandsfrage ein Antrag angenommen, den Beklagten aus der Innung auszuschließen. Sodann wurde die Amtsniederlegung des Vorstands zur Kenntnis genommen, die Neuwahl vorgenommen und anstelle des Beklagten ein anderes Mitglied gewählt. Die

Klage auf Herausgabe des Innungsvermögens, der Bücher ꝛc ist unbegründet. Das Amt des Beklagten ist durch die Vorgänge von Anfang 1919 nicht beendet. Es kann dahingestellt bleiben, ob aus Rücksicht auf die für alle juristischen Personen des Privatrechts verbindlichen allgemeinen Grundsätze des Vereinsrechts des BGB. der Beschluß von Anfang 1919 mangels vorheriger Bekanntgabe des Gegenstandes der Tagesordnung bei der Berufung der Vorstandsmitglieder rechtsgültig ist (§§ 28¹, 32 S. 2); denn die Bindung des Vorstands an den Mehrheitsbeschluß seiner Mitglieder, wie sie § 31 S. 4 der Satzung in Übereinstimmung mit den §§ 28¹, 32 S. 3 BGB. vorsieht, betrifft nur Angelegenheiten des Geschäftskreises, wie ihn § 33 der Satzung für den Vorstand umschreibt, sie erstreckt sich aber nicht auf Sonderrechte und Sonderangelegenheiten des einzelnen Vorstandsmitglieds, wie sie die Fortdauer der Zugehörigkeit des einzelnen Mitglieds zum Vorstand darstellt. Die Stellungnahme zu dieser Frage muß dem einzelnen Vorstandsmitglied vorbehalten bleiben, solange nicht die Generalversammlung, die ihn berufen hat, die Bestellung widerruft (§ 27² BGB.). Der Beschluß, die Ämter niederzulegen, war daher für den Beklagten, der damit nicht einverstanden war, unverbindlich. Die Tatsache, daß er am 6. Januar dem Verfahren nicht widersprach, ist nicht als stillschweigende Zustimmung zur Beeinträchtigung seines Rechts aufzufassen; denn die Generalversammlung, die ihn kurz zuvor aus der Innung ausgeschlossen hatte, war für solch eine Rechtsverwahrung kaum die geeignete Stelle. . . . Th.

b) **Kettenhandel mit Tabak (BO. v. 8. Mai 1918 § 7 Nr. 4).**

OLG. Stuttgart, 2. ZS. Urteil v. 9. Dezember 1920.

Der Kläger betreibt neben der Zigarrenfabrikation den Tabakhandel im großen. Die im Handelsregister nicht eingetragene Beklagte, welche Webwaren vertreibt, fing Anfang 1919 daneben den Handel mit Tabak und Tabakwaren im großen und im kleinen an, ersteren ohne die dafür vorgeschriebene Erlaubnis. Gegen die Klage auf Abnahme der im Juni 1919 verkauften 20 Ztr. Tabak und auf Zahlung des Kaufpreises wandte sie mit Recht ein, daß ein verbotenes Kettenhandelsgeschäft vorliege. Der Kläger hatte den Tabak in Tüten in einer Menge von 50 Ztr. unmittelbar vom Erzeuger, Tabakfabrikanten, bezogen. Damit, daß er ihn in kleineren Mengen weiter verkaufte, erfüllte er, da hierdurch eine Verteuerung der Ware bewirkt wurde, seine Aufgabe als Großhändler, die Ware den Verbrauchern näher zu bringen, nur dann, wenn mit der Beklagten nicht noch ein weiteres, unnützes Zwischenglied eingeschoben wurde. Dies war aber jedenfalls tatsächlich der Erfolg des Verkaufs, sofern die Beklagte und zwar, wie ohne weiteres zu unterstellen ist, in Ausführung ihrer schon damals bestehenden Absicht, den Tabak, besonders gerade den in Tüten, jeweils sofort und im ganzen an auswärtige Zwischenhändler wiederum mit Gewinn weiterverkaufte. Mit dieser Möglichkeit hatte aber der Kläger bei der ihm bis dahin geschäftlich unbekannten Beklagten zu rechnen, da die Gesamtmenge von 70 Ztr., die sie durch die in einem Monat aufeinandergefolgten Abschlüsse erwarb, so groß war, daß deren Absatz im Kleinhandel schlechterdings ausgeschlossen war. Überdies hat der Kläger auch ausdrücklich gefragt, ob die Beklagte die — nur für den Großhandel vorgeschriebene — Tabakhandelserlaubnis habe.

Allerdings ist auch durch die VO. vom 8. Mai 1918 nicht jeder Zwischenhandel verboten. Wo herkömmlicherweise unter normalen Verhältnissen, wie sie bis zum Kriegsausbruch bestanden, die Ware an den Verbraucher schon bisher im Weg mehrfachen Zwischenhandels gebracht wurde, wird solcher auch noch jetzt als zulässig angesehen werden können. Dies war aber beim Handel mit Tabak und Tabakwaren erfahrungsgemäß nicht der Fall, sofern früher der Kleinhändler, wenn nicht unmittelbar vom Erzeuger, so doch jedenfalls nur vom ersten Großhändler zu kaufen pflegte, und auch die kleinsten Händler mit unmittelbaren Angeboten der Fabrikanten und der Großhändler geradezu überschwemmt wurden. Daß dies infolge des Kriegs anders wurde, und daß jetzt der Kleinhändler seine Ware nimmt, wo er sie bekommen kann, ändert daran nichts, daß dieser jetzt vielleicht übliche verteuernde Zwischenhandel normalen Verhältnissen nicht entspricht. S.

c) **§ 138 bei Ausnutzung der Ungewandtheit des Vertragsgegners.**

OLG. Jena, 2. ZS. Urteil v 13. Juli 1920.

Die Beklagten, die dem Kläger ihr Gut zur Zerschlagung verkauften, haben dabei die Wertzuwachssteuer übernommen, „auch bei einer Weiterveräußerung des Grundbesitzes seitens des Käufers bis 1. Januar 1913". Der Kläger hat den gesamten Grundbesitz alsbald mit Gewinn weiterveräußert, zwei Grundstücke haben die Beklagten selber zurückgekauft. Die Klage auf Erstattung der dem Kläger abgeforderten Wertzuwachssteuer ist unbegründet. Die Klausel, wonach der Verkäufer im Verhältnis zu seinem Käufer die Wertzuwachssteuer zu tragen hat, ist allerdings weder verboten, noch an sich schon unsittlich. Nach dem Grundsatz der Vertragsfreiheit kann ein Verkäufer, wenn das einmal seinem bewußten Willen entspricht, sich unbedenklich zu einer solchen, den Kaufpreis mindernden Leistung verpflichten. Immerhin trägt die Abrede schon in sich selber das ausbeuterische Moment, daß, je höher der Wiederverkaufspreis und damit der Gewinn des ersten Käufers ist, um so verhältnismäßig geringer der dem ersten Verkäufer verbleibende Erlös wird. Dem Anstandsgefühl aller gerecht und billig Denkenden widerspricht es aber, wenn ein geschäftsgewandter Käufer die Ungewandtheit und geistige Schwerfälligkeit des Verkäufers ausnutzt und es womöglich ihm noch geflissentlich erschwert, die Tragweite der Abrede zu erkennen, und ihn auf diese Weise zum Abschluß der Vereinbarung bringt. So liegt die Sache hier. Die ausbeuterische Natur der Klausel ist schon an sich nicht ohne weiteres klar erkennbar, die Erkenntnis wird hier noch erschwert durch die vom Kläger gewählte Vertragsfassung, wonach sie nur als Nebenabrede neben der ganz selbstverständlichen Verpflichtung der Verkäufer erscheint, die in ihrer eigenen Person erwachsende Wertzuwachssteuer zu tragen. Die Beklagten sind offensichtlich nicht so geschäftsklug, daß sie sich ohne Hilfe Dritter der Tragweite der Klausel ohne weiteres hätten bewußt werden können. Der Kläger hat aber den X., den die Beklagten zur Unterstützung zugezogen hatten, geflissentlich von der Notariatsverhandlung ferngehalten. M.l.

d) α) **Vorbehalt: „Freibleibend, Zwischenverkauf vorbehalten".**

OLG. Königsberg, 1. ZS. Urteil v. 18. Januar 1921.

Am 17. Januar 1919 bot die Beklagte dem Kläger auf dessen Anfrage 5 Wagen Holz „freibleibend, Zwischenverkauf vorbehalten", zum Kauf an frei Waggon G. Am 19. teilte der Kläger mit, daß er „4 Wagen gemäß dem Angebot hiermit kaufe". Durch Schreiben vom 21. erwiderte die Beklagte, daß inzwischen die Ausfuhr an Schnittwaren aus Ostpreußen untersagt sei, und bat um Bescheid, ob das Holz innerhalb der Provinz verladen werden könne. Der Kläger fragte darauf am 23., ob die Verschiffung nach Stettin angängig sei; er werde nach Erhalt der Antwort Bescheid geben, ob der Versand zu Wasser erfolgen soll. Die Beklagte antwortete, daß sie die Ware anderweit habe verkaufen müssen. Die Klage auf Schadensersatz wegen Nichterfüllung ist unbegründet. Das Angebot „freibleibend" bedeutet lediglich die Aufforderung zur Stellung eines Antrags; der Anbietende behält sich völlig freie Hand vor, den Antrag anzunehmen oder abzulehnen; ein Vertrag kommt erst zustande durch die Annahmeerklärung des Anbietenden (Staub HGB.[10] Anh. zu § 361 N. 16, 17). Eine Ablehnung muß ohne Zögern erklärt werden, sonst gilt der Antrag als angenommen (LeipzZ.[19] S. 654[3]). Der Zusatz „Zwischenverkauf vorbehalten" neben „freibleibend" ist nach Handelsbrauch bedeutungslos und besagt keineswegs, daß nur im Fall eines inzwischen geschlossenen anderweiten Verkaufs die Ablehnung des Antrags berechtigt sei. Hier kommt also nichts darauf an, ob ein Zwischenverkauf tatsächlich erfolgt ist. Das LG. sieht nun in dem Schreiben der Beklagten vom 21. die Annahme des ihr am 19. gemachten Antrags, der nur noch eine Mitteilung über inzwischen eingetretene Versandschwierigkeiten beigefügt sei. Allein jenes Schreiben enthält lediglich die Mitteilung, daß inzwischen ein Ausfuhrverbot erlassen ist, und die Anfrage, ob die Ware nach einem Ort innerhalb der Provinz verladen werden könne. Es macht also lediglich den Kläger auf die inzwischen eingetretene Unmöglichkeit der Versendung nach einem Ort außerhalb der Provinz aufmerksam und fragt an, ob er unter diesen Umständen noch sein Kaufangebot aufrecht erhalte und wohin in diesem Falle die Versendung erfolgen solle. Dazu hatte die Beklagte auch allen Grund. Denn zum Versand nach einem Ort außerhalb dieser Provinz stellte die Eisenbahn keine Wagen; die Beklagte konnte also „frei Waggon G." nicht erfüllen und nicht den Kaufpreis erlangen, den sie nur bei Vorlage des Duplikatfrachtbriefs fordern durfte. In ihrem Schreiben liegt auch keine bedingte Annahmeerklärung, nämlich wenn der Kläger die Verladung nach einem Ort innerhalb der Provinz bestimmen würde. Dafür fehlt darin jeder Anhalt, besonders auch dafür, daß dann die Beklagte auf die Klausel „freibleibend“ hätte verzichten wollen. In jedem Fall aber hat der Kläger eine solche Bestimmung gar nicht getroffen. Th.

β) **Vorbehalt: „Preise freibleibend“.**

OLG. Hamm, 2. ZS. Urteil v. 4. Februar 1921.

Die Freiklausel ist dem Vertragsabschlusse, nicht einem Vertragsangebote, beigefügt worden, und zwar in der Beschränkung auf den Preis. Das bedeutet, daß der Käufer unbedingt gebunden ist, der Verkäufer aber den Preis für den Zeitpunkt der Lieferung, die er indes nicht gegen Treu und Glauben zu Gewinnzwecken hinausschieben darf, nach billigem Ermessen zu bestimmen hat (§ 315). Eine derartige Bindung des Käufers ist — zumal seit Kriegsende — nicht ungewöhnlich und rechtlich nicht zu beanstanden. ... Wenn der Kläger demnächst mitteilte, der Preis stelle sich gegenüber dem ursprünglich in Aussicht genommenen jetzt um 1600 Mark höher und nehme, falls er gegenteilige Nachricht nicht erhalte, an, daß die Beklagte mit der Absendung des Herrenzimmers einverstanden sei, so liegt darin nicht eine Erklärung, daß er die Abnahme oder Nichtabnahme freistelle, also nicht ein Verzicht auf seine Vertragsrechte verbunden mit einem neuen Angebote. Vielmehr wollte er damit lediglich eine Bestätigung der von ihm getroffenen Preisbestimmung herbeiführen, vielleicht auch eine Weisung der Beklagten darüber veranlassen, ob sie Lieferung zu ihrem Lager oder etwa Versendung an einen Abnehmer wünsche. ... Die Beklagte ist hiernach verpflichtet, dem Begehren des Klägers auf Abnahme der Zimmereinrichtung zu genügen (§ 433). Die endgültige Preisfestsetzung wird Gegenstand der weiteren Auseinandersetzung unter den Parteien sein müssen. N.t.

γ) **Stillschweigende Annahme eines Vertragsantrags?**

OLG. Jena, 2. ZS. Urteil v. 11. Januar 1921.

Der Kläger, der gelegentlich gebrauchte Sachen verkauft, besuchte 1919 die Beklagte und bot ihr Schmucksachen zum Kauf an. Sie erklärte sich einem derartigen Kauf geneigt und bat um Zusendung mit Preisangabe. Am 20. Januar 1920 sandte er ihr 4 Schmucksachen mit Preisangabe und bat sie um unverzügliche Rücksendung, falls sie hierfür kein Interesse habe. Sie antwortete ihn am 30. brieflich: „... Ob ich alle 4 Sachen behalte, weiß ich noch nicht.“ Die Klage auf Herausgabe der Sachen hat das LG abgewiesen; denn die Unterlassung sofortiger Rücksendung der nicht gefallenden Stücke habe deshalb die Bedeutung einer Annahme gehabt, weil der Kläger unverzügliche Rücksendung verlangt habe. Das ist nicht richtig. Schon, daß Beklagte diese Auffassung keineswegs teilte, spricht dafür, daß der Brief des Klägers nicht als Verzicht auf Zusage gemeint und verkehrsüblich aufzufassen war. Die Beklagte ging im Briefe vom 30. davon aus, daß sie noch freie Hand habe, daß also eine etwa damals schon vorhandene Verzögerung der Rücksendung vom Kläger noch nicht als Annahme gedeutet werden durfte. Ein solcher Verzicht wäre ungewöhnlich und wenig verständlich vom Kläger gewesen. Nach den Briefen vom 20. und 30. ist anzunehmen, daß Beklagte unter den mehreren Schmucksachen eine Auswahl treffen sollte. Es war also nicht von vornherein beabsichtigt, daß sie alle 4 Stücke behalten sollte. Schon das legte eine ausdrückliche Erklärung nahe, ob und was von der zugesandten Auswahl sie kaufen wolle. Es handelte sich ferner um Gegenstände von nicht unerheblichem Wert und um ein einmaliges Gelegenheitsgeschäft. Da ist es nicht üblich, daß der Käufer das ihm Angebotene stillschweigend behält. Es war, wie der Kläger im Brief vom 20. ausdrücklich betont, ein besonders günstiges Angebot und eilige Entschließung nötig, weil, wie deutlich zwischen den Zeilen zu lesen ist, im Fall der Ablehnung sofort anderweitige Verkaufsmöglichkeiten offenstanden. Da mußte der Verkäufer sofort Klarheit darüber haben, ob sein Angebot angenommen war oder nicht. Die bloße Nichtrücksendung genügte dafür nicht, denn sie konnte auf allen möglichen Gründen beruhen. Alles das konnte und mußte sich die Beklagte sagen. Bei solchen Erwägungen konnte sie den Schluß des Briefes vom 20. nicht dahin verstehen, daß der Kläger den Kauf dann als perfekt ansehen wolle, wenn er die Schmucksachen nicht unverzüglich zurückerhalte. Der Satz besagte vielmehr nur, daß Beklagte sich unverzüglich entschließen und im Fall der Ablehnung die Sachen unverzüglich zurücksenden müsse.... M. l.

e) **Berechnung der Frist zur Annahme brieflicher Angebote.**

OLG. Hamburg, 5. ZS. Urteil v. 1. Oktober 1920.

Die Beklagte hat dem Kläger in ihrer vom 24. Mai datierten Postkarte ein Vertragsangebot für 2 Tage gemacht und dadurch ihre Gebundenheit zeitlich begrenzt. Der Kläger will aus § 130 entnommen wissen, daß es für die Berechnung dieser Frist auf den Zeitpunkt (27. Mai) ankomme, in dem das Angebot ihm zugegangen sei. Allein § 130 bestimmt den Zeitpunkt, in welchem eine empfangsbedürftige Willenserklärung wirksam wird. Die Frage aber, wie lange der Erklärende an seine Erklärung gebunden sein will, kann nur aus dem Inhalt seiner Erklärung selbst entschieden werden, und dieser ist im Wege der Auslegung zu ermitteln. Sinn und Zweck der zeitlichen Begrenzung gehen dahin, daß der Erklärende seine Gebundenheit nur für einen genau begrenzten Zeitraum festlegen will, dergestalt, daß er nach dessen Ablauf die Freiheit des Handelns zurückgewinnt. Er will im Gegensatz zu der gesetzlichen Regelung, die eintritt, wenn er das Angebot zeitlich nicht begrenzt, jede Ungewißheit über die Dauer seiner Bindung ausschließen und nach Ablauf der Frist völlig frei sein. Diesen Zweck kann er nur dann erreichen, wenn die Fristberechnung auf völlig sicherer Grundlage ruht, so daß der Erklärende mit Bestimmtheit übersehen kann, wenn seine Bindung aufhört. Diese Sicherheit hat er aber nur dann, wenn der Zeitpunkt der Datierung des Angebotschreibens den Beginn der Frist bestimmt. Nur dann weiß er, wann er wieder frei ist. Die Wahl jedes anderen Zeitpunkts schafft eine Ungewißheit, die ja gerade durch die Befristung der Gebundenheit beseitigt werden soll und stellt den Anbietenden ungünstiger, als wenn er, es bei der gesetzlichen Regelung belassend, seine Gebundenheit zeitlich nicht begrenzt hätte. Denn in dem Fall würde er gemäß § 147² nur bis zu dem

Zeitpunkt gebunden sein, in welchem er den Eingang der Antwort unter regelmäßigen Umständen erwarten konnte; dagegen gingen, wenn der Zugang des Angebots oder der Zeitpunkt der Abstempelung für die Fristberechnung maßgebend wären, alle Zufälligkeiten der Postbeförderung zu seinen Lasten, so daß der Zeitpunkt des Fristablaufs und damit des Rückgewinns seiner Handlungsfreiheit völlig ins Ungewisse gerückt wäre und seine Bindung unter Umständen länger dauerte, als wenn er sie zeitlich überhaupt nicht begrenzt hätte. Hiernach war, als das Angebot dem Kläger zuging, die Frist, für die sich die Beklagte gebunden hatte, bereits abgelaufen und das Angebot nicht mehr annahmefähig.... M. M.

f) **Vertretung einer unbekannten Person.**

Kammergericht, 7. ZS. Urteil v. 22. Oktober 1920.

Der Kläger fordert den Kaufpreis wegen Mängel der Kaufsache zurück. Der Beklagte will das Geschäft für eine Person abgeschlossen haben, die er nicht näher bezeichnen könne, weil er sie nicht gekannt habe. Allein er hat sich nicht als Vertreter beim Vertragschlusse zu erkennen gegeben, er haftet also nach § 164² selbst. Sodann kann er seine Vertretungsmacht nicht so nachweisen, daß der Kläger den Unbekannten zu belangen vermag. In dem Bestreiten des Klägers, Beklagter habe als Vertreter gehandelt, liegt auch das Leugnen, daß er überhaupt ermächtigt gewesen sei, den Vertrag für den Unbekannten abzuschließen. Da der Beklagte den angeblich Vertretenen selbst nicht kennt, so kann er den Kläger auch nicht auf ihn verweisen. Er haftet demnach auch nach § 179 auf Vertragserfüllung. L.n.

g) **Zurückziehung der verwaltungsrechtlichen Genehmigung von Rechtsgeschäften.**

OLG. Cassel 2. ZS. Urteil v. 4. Juni 1920.

Die einstw. Verfügung ist nicht gerechtfertigt, weil der Anspruch auf Erfüllung des Kaufvertrags vom 7. Nov. 1919 nicht glaubhaft gemacht ist. Zunächst fehlt es an der nach der Bek. vom 15. März 1918 (RGBl. S. 123) erforderlichen Genehmigung des Grundstücksveräußerungsvertrags durch die Verwaltungsbehörde. Zu Unrecht beruft sich der Antragsteller darauf, daß Ende 1919 der zuständige Landrat diese Genehmigung erteilt habe. Denn er hat sie demnächst zurückgezogen und ausdrücklich versagt, auch ist die Beschwerde hierüber erfolglos geblieben. Der Ansicht, daß die einmal erteilte Genehmigung unwiderruflich sei, war nicht beizutreten. Die Grundsätze des § 182 ff. über die „Genehmigung“ von Rechtsgeschäften sind hier unanwendbar. Über die Genehmigung, die die Bek. vom 15. März 1918 vorsieht, entscheidet nach Sachprüfung die Verwaltungsbehörde. Diese verfährt und entscheidet nach Grundsätzen des öffentlichen, nicht des Privatrechts in Ausübung staatlicher Hoheitsrechte. Ihre Verfügungen, als solche stellt sich auch eine erteilte Genehmigung wie die vorliegende dar, unterliegen nach Grundsätzen des Verwaltungsrechts, soweit nicht im Einzelfalle Ausnahmen bestimmt, besonders Rechtsmittel und Verwaltungsstreitverfahren vorgesehen sind, jederzeitiger Abänderung und Widerruf durch die erlassende oder die dieser vorgesetzte Dienstaufsichtsbehörde. Eine Rechtskraft und Unabänderlichkeit derartiger Verfügungen im Sinne der ZPO. oder sonstiger Gesetze des bürgerlichen Rechts gibt es nicht. Die endgültige Entscheidung des Regierungspräsidenten ist für das Gericht maßgebend, ohne daß es nachzuprüfen hätte, ob das Verfahren überall zulässig war und den Verwaltungsvorschriften entsprach (vgl. hierzu — teilweise abweichend — Kormann rechtsgeschäftliche Staatsakte S. 305, 313, 326, 347). Ein Vergleich der hier fraglichen Genehmigung mit der zu Rechtshandlungen des Vormundes vorgesehenen Genehmigung des VormGerichts ist ebensowenig am Platze, wie mit der in Konzessionsverfahren erfolgende Genehmigung der Verwaltungsbehörden, da es sich im ersteren Falle um durch das bürgerliche Recht geordnete privatrechtliche Verhältnisse handelt, im letzteren Falle aber die Vorschriften des Verwaltungsrechts bestimmte in Verwaltungsstreitverfahren zu verfolgende Rechtsmittel gegen die Erteilung oder Versagung beantragter Konzessionen vorsehen, eine in freiem Belieben der Verwaltungsbehörde stehende Abänderbarkeit ihrer Verfügungen in diesem Falle sonach kraft gesetzlicher Vorschrift ausgeschlossen ist. Das Bedenken, daß, wenn die Genehmigung jederzeit zurückgezogen werden könne, dadurch Rechtsunsicherheit eintrete, kann nicht ausschlaggebend in Betracht kommen, da eine Zurückziehung dann nicht mehr zulässig ist, wenn das genehmigte Rechtsgeschäft ausgeführt ist. Bis dahin aber müssen die Beteiligten mit der Zurückziehung rechnen. H.

h) **Wirksamwerden ursprünglich ungültiger Verfügungen.**[1]

OLG. Rostock, 1. ZS. Urteil v. 17. Juni 1920.

Der Anspruch des klagenden Konkursverwalters auf Löschung der für die Beklagte eingetragenen Hypothekenvormerkungen ist begründet. Denn wenn an sich auch das nach § 185 eintretende nachträgliche Wirksamwerden ungültiger Verfügungen mit rückwirkender Kraft erfolgt, so kann dies doch nicht geschehen, wenn im Einzelfalle besondere Vorschriften entgegenstehen. Es ist auf jeden Fall zu fordern, daß das Rechtsgeschäft, das nachträglich wirksam werden soll, auch in diesem Augenblick, hier also des Grundstückserwerbs des Gemeinschuldners, der die Eintragungsbewilligung für die Beklagte abgegeben hatte, noch möglich und rechtlich zulässig ist. Das ist hier aber nicht der Fall. Denn mit jenem Erwerbe fiel das Grundstück unmittelbar auch in die Konkursmasse und damit unter § 14² KonkO. Der Gemeinschuldner hätte also, als er endgültig Eigentümer des Grundstücks wurde, die Eintragungsbewilligungen nicht mehr wirksam abgeben können.

Im übrigen sind die Hypothekenvormerkungen zeitlich nach der Vormerkung zur Sicherung des Eigentums des Gemeinschuldners eingetragen worden. Somit konnten sie keine Rechte begründen, die dem durch die Eigen-

[1] Allerdings ist, wenn der Berechtigte selbst als Vertreter des Nichtberechtigten die Verfügung vornimmt, regelmäßig darin seine Einwilligung in diese Verfügung zu sehen (JW. 1913 S. 594⁵). Dabei ist jedoch Voraussetzung, daß er sich für den Berechtigten gehalten hat; andernfalls liegt in seiner Mitwirkung keine Einwilligung (RG., 1. ZS. Beschluß v. 3. Juli 1919 x 124).

tumsvormerkung gesicherten Rechte widersprächen. Da diese Vormerkung schon nach der Konkurseröffnung eingetragen ist, so war damit der Erwerb des Eigentums für den Gemeinschuldner schon mit den aus der Konkurseröffnung folgenden Beschränkung, speziell also der sich aus § 14² KonkO. ergebenden Beschränkungen gesichert, so daß diese auch gegenüber den später zugunsten der Beklagten eingetragenen Hypothekenvormerkungen Geltung behielt. Dr. Br.

i) **Einrede der allgemeinen Arglist.**

OLG. Hamm, 2. ZS. Urteil v. 18. Januar 1921.

Dem Rechtsvorgänger der Beklagten wurde im Übertragungsvertrage von 1869 eine —, durch Hypothek gesicherte — Abfindung ausgesetzt, bestehend in 90 Mark, einer Kuh im Werte von 78 Mark und einer „Ausrüstung", fällig bei der Großjährigkeit des Berechtigten (1871). Der Kläger, Rechtsnachfolger des Schuldners, klagt auf Löschung jener Hypothek. Dagegen verlangen die Beklagten widerklagend Lieferung einer Kuh. Allein nach den Zeugenaussagen spricht eine hohe Wahrscheinlichkeit dafür, daß der Gläubiger mit dem Schuldner dahin einig geworden ist, daß dieser nicht die Kuh hergebe, sondern dafür die im Vertrage festgesetzten 78 Mark zahle. Allerdings ist nicht festgestellt, daß diese 78 Mark auch gezahlt sind. Hierauf kann es indes nicht ankommen. Entscheidend ist, daß der Berechtigte und seine Erben den Verpflichteten 50 Jahre lang darüber in Ungewißheit gelassen haben, ob noch Vertragserfüllung in Gestalt der Lieferung einer Kuh verlangt werde. Es verstößt gegen Treu und Glauben, jetzt diese Erfüllung zu beanspruchen (vgl. RG. 88 S. 262). Den Beklagten steht insoweit der Einwand der allgemeinen Arglist entgegen. Er zerstört das hier geltend gemachte persönliche Recht und bewirkt damit den Übergang der Hypothek auf den Eigentümer, der mithin ihre Löschung verlangen darf... N. t.

k) **Versagung der Ausfuhrerlaubnis für eine ins Ausland verkaufte Ware.**

OLG. Rostock, 1. ZS. Urteil v. 19. April 1920.

Der Kläger (Schwede), der im Mai 1917 von der Beklagten hier Eichenbretter (230 cbm) kaufte, wollte das Holz nach Schweden ausführen, konnte jedoch die Ausfuhrerlaubnis nur für 70 cbm erwirken; diese wurden dann auch geliefert. Den Rest hat die Beklagte anderweit verkauft und das Verlangen des Klägers, das Holz an eine von ihm bezeichnete Stelle in Deutschland zu liefern, bestimmt abgelehnt. Gegen die Klage auf Erstattung des durch den Deckungskauf entstandenen Schadens wendet sie zunächst ein, daß der Kauf unter der **Bedingung** der Erteilung der Ausfuhrerlaubnis abgeschlossen sei. Richtig ist, daß der Kläger das Holz nach Schweden verschiffen wollte und hierzu einer Ausfuhrerlaubnis bedurfte, ebenso, daß beide Teile dies (schon aus ihrer früheren Geschäftsverbindung) wußten. Ebenso lag es offenbar im Rahmen des Vertrags, daß neben dem Käufer auch der Verkäufer sich um diese Erlaubnis bemühen sollte und bemüht hat. Aber zur Bedingung ist ihre Erteilung nicht erhoben. Das Bestätigungsschreiben der Beklagten, das die Vermutung der Richtigkeit und Vollständigkeit für sich hat, enthält kein Wort über die Ausfuhrerlaubnis. Die Ausfuhr war wohl Absicht des Käufers und der Zweck, den er mit dem Vertragsschluß verband; ob er aber diesen Zweck erreichte, war seine Sache. Zwar hat Beklagte schon am 28. Juli 1917 bei dem Kläger angefragt, ob er auch mit Rücksicht auf die sich darbietenden Schwierigkeiten vom Vertrage zurücktreten wolle. Aber vereinbart war die Abhängigkeit des Vertrags von der Genehmigung nicht. Diese Erteilung ging die Beklagte nichts an. Mochte sie sich auch im Sinne des anderen Vertragsteils um die Erlaubnis zur Ausfuhr bemühen, sie hatte kein Interesse daran, ob der Käufer das Holz in Deutschland oder in Schweden verwendete, und der Käufer, der ein solches Interesse hatte, hat sich die Erlangung der Erlaubnis nicht ausbedungen und die sofortige Anzahlung der 25 000 Mark, etwa der Hälfte des Kaufpreises, ohne Vorbehalt verheißen und geleistet.

Weiter ist unrichtig, daß die Versagung der Ausfuhrerlaubnis den noch nicht erfüllten Teil des Vertrags unmöglich gemacht habe. Nicht der Verkauf von Eichenholz an Ausländer war in Deutschland verboten, sondern nur die Ausfuhr nach dem Auslande von einer Erlaubnis abhängig gemacht, deren Erteilung im wesentlichen von dem Umfang des Holzlagers des Verkäufers abhing. Es ist aber nicht abzusehen, daß das deutsche Gesetz verletzt oder umgangen wäre, wenn Beklagte, wie der Kläger schließlich verlangte, an eine von ihm bezeichnete Stelle in Deutschland geliefert hätte. Der Abnahmepflicht des Käufers wäre hiermit genügt worden, zugleich blieb das Holz dem Zugriff für den einheimischen Bedarf erreichbar. Der Käufer, der es nicht ausführen durfte, konnte es im Inlande veräußern oder sonst verwenden. Diese Lieferung konnte Beklagte um so weniger verweigern, als sie den Vertrag nach seinem zweifellosen Inhalt im Inland zu erfüllen hatte und ihre Vertragspflicht mit der Ablieferung an die Bahnstation ihres Geschäftssitzes erledigte. J. n.

l) α) **Erfüllungsort Posen. Erfüllung in polnischer Mark.**

Kammergericht, 24. ZS. Urteil v. 28. Oktober 1920.

Das Grundstück des Klägers, auf dem sich der versicherte Kraftwagen befand und beschädigt wurde, lag in Bromberg. Der Versicherungsvertrag ist zwischen dem Kläger und der hiesigen beklagten Gesellschaft geschlossen, unterschrieben aber von der Agentur der Beklagten in Posen, die dort als selbständige Zweigniederlassung eingetragen war; an sie hat der Kläger nicht nur die im Schein aufgeführte Prämie und die weiteren Gebühren, sondern auch alle anderen Prämienzahlungen geleistet. Aus diesen Umständen folgt, daß gemäß § 269 als Erfüllungsort für die Beklagte Posen anzusehen ist (RG. 73 S. 387; 44 S. 362). Das Schuldverhältnis untersteht daher dem in Posen geltenden Recht (RG. 95 S. 164) und der daselbst geltenden Währung (RG. 96 S. 272). Unbestritten besteht aber nach dem polnischen Gesetz vom 20. Nov. 1919 am Erfüllungsort gesetzlich nicht nur die Gleichstellung der polnischen und der deutschen Mark, sondern auch das Gebot, jede Verpflichtung nur in polnischer Mark zu erfüllen. Deshalb ist die Beklagte berechtigt und verpflichtet, ihrer in Posen zu erfüllenden Pflicht zur Zahlung der Versicherungssumme durch die polnische Währung in demselben Nennbetrage zu genügen. Gr.

β) **Bedeutung der Klausel: Zahlung: vorheriges Bankakkreditiv.**

OLG. Kiel, 2. ZS. Urteil v. 23. November 1920.

Der Kläger, der von der Stadtgemeinde Darmstadt Erfüllung des Kaufvertrags durch Zahlung des Restkaufpreises verlangt, leitet die Zuständigkeit des hiesigen LG. aus dem Bestätigungsschreiben, besonders der Vertragsbedingung „Zahlung: vorheriges Bankakkreditiv H.Bank Kiel" her. Diese Bestimmung besagt indessen ihrem Wortlaute wie auch ihrem Sinne nach nur, daß die Beklagte den Kaufpreis nicht bar zahlen, statt dessen vielmehr den Kläger bei der Bank akkreditieren sollte, und zwar nicht Zugumzug gegen Übergabe der Ware, sondern vor deren Lieferung. Anstelle der Zahlung, die nach Art. 92 EG. mit Art. 32 des Hess. AusfG. zum BGB. an der Kasse in Darmstadt in Empfang zu nehmen gewesen wäre, war also die Akkreditierung getreten. Diese stellte die Vertragsleistung der Beklagten dar; wie sich der Kläger dann bezahlt machte, ob er das Geld bei der Bank abhob oder es sich zusenden oder es sich anderswohin überweisen ließ, war seine Sache, die Beklagte hatte damit nichts mehr zu tun. Bestand aber die Leistung der Beklagten lediglich in der Akkreditierung des Klägers, hatte sie also diesem nur einen Kreditbrief unter entsprechender Mitteilung an die Bank zu übersenden oder die Bank unter Benachrichtigung des Klägers zu ersuchen, für ihre Rechnung dem Kläger zu zahlen, so liegt die Sache nicht anders, als wenn sie den Kaufpreis selbst auf ihre Kosten und Gefahr an die Bank zu überweisen gehabt hätte, nur daß hier anstelle des zu übermittelnden Geldes das Akkreditiv getreten ist. In dem einen wie im anderen Falle bleiben die Vorschriften über den gesetzlichen Leistungsort unberührt. Im übrigen fordert der Kläger nicht Stellung eines Akkreditivs, er verlangt auch nicht, daß die Beklagte durch diese Bank zahle, sein Antrag geht vielmehr lediglich auf Zahlung der Klagsumme. Für die danach jetzt streitige Verpflichtung ist, auch wenn das Geld wegen der Zahlungsbedingung nach Kiel zu übersenden wäre, in jedem Fall nach § 270⁴ BGB. Darmstadt Erfüllungsort. B.p.

γ) **„Alle Angebote freibleibend, Erfüllungsort Hamburg."**

OLG. Hamburg, 7. ZS. Urteil v. 12. November 1919.

Der Aufdruck: „Alle Angebote sind, wenn nicht ausdrücklich anders vermerkt, stets freibleibend, Erfüllungsort Hamburg" findet sich unter dem Text des Briefes in kleiner Schrift gedruckt, mit einer dünnen Linie unterstrichen, und kann außerordentlich leicht übersehen werden. Dazu kommt, daß der Vermerk keineswegs zweifelsfrei den Sinn ergibt, den der Kläger ihm unterlegen will. Da der erste Teil offenbar nur für den Kläger gelten soll, so liegt die Annahme nahe, daß die davon nur durch Komma getrennten Worte: „Erfüllungsort Hamburg" sich auch nur auf ihn beziehen soll. Die Bestimmungen des Aufdrucks sollen nur gelten, wenn nicht ausdrücklich anders vermerkt. Gleichwohl ist die Bestimmung „freibleibend" noch besonders im Text des Angebots wiederholt. Der Beklagte behauptet, daß die Bestimmung Erfüllungsort Hamburg durch den Satz: „Netto Kasse gegen Duplikatfrachtbrief ꝛc" beseitigt werde. Dies trifft zu. Mit RG. 50 S. 270 ist davon auszugehen, daß dieser Satz „nur einen Ersatz für die dem Käufer gesetzlich obliegende Pflicht, dem Verkäufer die Zahlung an seinen Wohnort zu übersenden, enthält, dadurch soll an dem gesetzlichen Erfüllungsort nichts geändert werden". Es kann aber unmöglich als der Wille der Parteien betrachtet werden, daß der Beklagte die Zahlung statt von seinem Wohnorte, dem gesetzlichen Leistungsort, von Hamburg auf seine Gefahr und Kosten nach auswärts übersende. Einen vernünftigen Sinn erhält der Satz erst, wenn der Wohnort des Beklagten als der Erfüllungsort für seine Zahlung zugrunde gelegt wird. Daher gelangt das Gericht zu der Auslegung, daß durch den Satz: „Netto Kasse ꝛc" allerdings der Ausdruck „Erfüllungsort Hamburg", falls er wirklich dahin zu verstehen wäre, daß Hamburg für beide Teile als Erfüllungsort zu gelten habe, beseitigt wird und somit der Wohnort des Beklagten als Erfüllungsort zu gelten hat. Zu einer anderen Entscheidung würde man nur gelangen, wenn die Bestimmung „Erfüllungsort Hamburg" sich nicht sowohl auf den Leistungsort im Sinne der §§ 269, 270 als solchen, sondern auf den Gerichtsstand beziehen soll. Es mag sein, daß es die Absicht des Klägers gewesen, für seine Prozesse ein für allemal Hamburg als Gerichtsstand vorzuschreiben. Dieser Sinn geht aber nicht deutlich aus dem Vermerk hervor, auch ist es nicht allgemein handelsüblich, diesen Sinn damit zu verbinden. M. M.

δ) **Vermerke der Preisliste. Ausschließlicher Gerichtsstand?**

OLG. München, 1. ZS. Urteil v. 8. Oktober 1920.

Es kann dahingestellt bleiben, ob und unter welchen Voraussetzungen der in eine Preisliste aufgenommene Vermerk über Erfüllungsort und Gerichtsstand rechtliche Bedeutung erlangen kann. Denn hier handelt es sich nicht um einen Vermerk oder eine Einfügung in den Inhalt einer Preisliste, sondern um die Mitteilung ausführlicher Geschäftsbedingungen für Lieferung und Zahlung. Diese Mitteilung hängt zwar mit der Preisliste äußerlich insofern zusammen, als sie auf die Rückseite desselben Blattes gedruckt ist, kann aber nach ihrem Inhalt und Umfang selbständige Bedeutung neben der Preisliste beanspruchen. Schon dadurch, daß jene Bedingungen als für die deutschen Fahrradfabrikanten allgemein gültig bezeichnet sind, lassen sie erkennen, daß sie auch für die Abschlüsse der Beklagten maßgebend sein sollen. Der Empfänger der Preisliste kann daher an ihnen nicht vorübergehen. Der Kläger hat sie stillschweigend hingenommen und muß sie deshalb als Vertragsinhalt gelten lassen. Das trifft nicht nur für die erste Bestellung nach dem Empfang der Preisliste, sondern auch für die späteren zu. Allerdings ist die der Klage zugrunde liegende Bestellung bei der Münchner Zweigniederlassung und mündlich erfolgt; allein es ist nicht erkennbar, daß sie auf einer anderen Grundlage als die vorausgegangenen Abschlüsse beruhen sollte (vgl. hierzu HansGZ. 1917 S. 252).

Der hiernach stillschweigend vereinbarte Gerichtsstand war jedoch nicht als ausschließlicher gewollt. Die erwähnten Bedingungen bezwecken, den Inhalt und Vollzug der Verträge über Fahrräder so zu regeln, daß die Interessen der Fabrikanten gegenüber ihren Abnehmern, den Händlern, gewahrt werden. Von diesem Zwecke aus ist auch die Bestimmung über Erfüllung und Gerichtsstand zu beurteilen. Sie will offenbar dem Fabrikanten die Möglichkeit gewähren, am Sitz seiner Firma die Erfüllung zu verlangen und im Gerichtsstand dieses Sitzes seine Vertragsansprüche gegen den Händler gerichtlich geltend zu machen, statt zur Klagerhebung beim Gericht des sonst maßgebenden Leistungsortes des Händlers genötigt zu sein. Keinerlei Anlaß aber besteht für die Annahme, daß die Schaffung des neuen Gerichtsstandes verbunden sein soll mit der Aufhebung der nach dem Gesetz bestehenden Gerichtsstände, der Fabrikant also von vorneherein darauf verzichtet, unter diesen einen aus besonderen Gründen für ihn vielleicht günstigeren Gerichtsstand zu wählen. Wäre dies gewollt, hätte nichts näher gelegen, als den darauf gerichteten Willen irgendwie auszudrücken. Der Einwand, daß der vereinbarte Gerichtsstand als nicht ausschließlicher ohnehin bestände, ist insofern unzutreffend, als die Bestimmung den Gerichtsstand für die — meist auf Kaufpreiszahlung gerichteten — Klagen des Fabrikanten betrifft, für diese aber ein Gerichtsstand am Sitz der Fabrik nach dem Gesetz in der Regel nicht besteht. H.n.

m) **Zahlung ausländischer Geldschulden in Reichswährung. Begriff des Wohnsitzes nach amerikanischem Recht.**

Kammergericht, 21. ZS. Urteil v. 23. März 1920.

Der Kläger hat aus Warenlieferungen einen seit 1. Januar 1917 fälligen Restbetrag von 1893 dänischen Kronen zu fordern und hat beantragt, die Beklagte zu verurteilen, diesen Betrag oder nach ihrer Wahl die Summe zu zahlen, die am Tage der Zahlung oder Vollstreckung dem Tageskurse von 1893 Kronen entspreche. Die Beklagte, die die amerikanische Staatsangehörigkeit besitzt und Ende 1916 von Berlin nach Zürich verzogen ist, hat zunächst die Aussetzung des Rechtsstreits beantragt. Allein auf den Friedensvertrag unmittelbar kann sie sich nicht stützen, weder auf Art. 304 noch auf Art. 296, da Amerika ihn noch nicht ratifiziert hat. Es kann daher dahingestellt bleiben, ob die Anwendbarkeit jener Artikel an sich gegeben ist, eine Frage, die zumindest für Art. 304b Abs. 1 mit Rücksicht auf Art. 299c grundsätzlich zu verneinen ist. Ebenso läßt sich der Antrag nicht durch § 1² des Ges. vom 31. August 1919 mit Art. 296 Friedensvertr. begründen. Es kann auf sich beruhen bleiben, ob dieser Abs. 2 nur die „feindlichen Forderungen" betrifft, nicht aber auf die „feindlichen Schulden", zu denen die Klageforderung gehören würde; diese eingeschränkte Auslegung wird durch die verschiedene Fassung der Abs. 1 und 2 des § 1 einerseits, durch § 25 des Anhangs zu Art. 296 Friedensvertr. anderseits nahegelegt. Jedenfalls gehört die Klageforderung nicht zu den „feindlichen Schulden" im Sinne des Art. 296. In Frage könnte an sich nur die Nr. 1 kommen, da die Forderung vor dem Eintritt Amerikas in den Weltkrieg fällig geworden ist. Aber sie setzt voraus, daß die Beklagte „im Gebiet einer gegnerischen Macht wohnt". Der Art. 296 läßt freilich nicht unmittelbar ersehen, wann der Schuldner seinen Wohnsitz im Gebiet einer feindlichen Macht haben muß. Es kann aber offenbar nur der Wohnsitz zurzeit der Fälligkeit, nicht etwa des Inkrafttretens des Friedensvertrags in Frage kommen. Auf dieser Auffassung beruht auch offensichtlich der § 1 Ges. v. 31. August 1919, der unausführbar wäre, wenn man die Ratifikation entscheiden ließe. Denn er ordnet an, daß schon vor ihr die unter Art. 296 fallenden Verbindlichkeiten gewissen Beschränkungen unterworfen sein sollen; wenn sich aber erst mit ihr entscheidet, welche Verbindlichkeiten unter Art. 296 fallen, so wäre der § 1 gänzlich nichtssagend. Sache der Beklagten wäre es daher, darzutun, daß sie Anfang 1917 den Wohnsitz im Gebiet einer feindlichen Macht hatte. Daß sie sich damals in solchem Gebiet aufgehalten habe, hat sie nicht behauptet. Es kommt also nur in Frage, ob sie, obwohl sie sich nicht in jenem Gebiet aufhielt, gleichwohl ihren Wohnsitz im Gebiet einer feindlichen Macht nicht aufgegeben hatte. Es ist dabei von der Rechtsauffassung des englisch-amerikanischen Rechts auszugehen, wonach mit der Verlegung des Aufenthalts der Wohnsitz dann nicht aufgegeben wird, wenn bei der Verlegung die Absicht zur Rückkehr besteht, und daß der Wohnsitz so lange erhalten bleibt, als die Rückkehrabsicht fortdauert. Die Beklagte mußte also nachweisen, daß sie vor 1917 ihren Wohnsitz und Aufenthalt im Gebiet einer feindlichen Macht hatte, daß sie bei Aufgabe des Aufenthalts gleichwohl die Absicht der Rückkehr an diesen selben Aufenthaltsort besaß und daß sie diese Absicht während des Aufenthalts an anderen Orten nicht aufgegeben hatte. In diesen drei Richtungen hat die Beklagte es aber an irgendwelchen bestimmten Behauptungen fehlen lassen. Übrigens ist durch die Tatsache, daß sie sich während des Krieges jahrelang in Deutschland und der Schweiz aufhielt, und daß sie hier einen umfangreichen Geschäftsbetrieb einrichtete, erwiesen, daß sie nunmehr die Rückkehrabsicht nach Amerika nachträglich aufgegeben hatte, selbst wenn sie diese Absicht ursprünglich bei Verlegung ihres Aufenthalts gehabt haben sollte. Damit aber hatte sie ihren alten Wohnsitz verloren. Daß sie inzwischen, dh. nach 1. Januar 1917 auch ihren Aufenthalt wieder nach Amerika verlegt oder den Rückkehrentschluß wieder gefaßt hat, läßt den einmal verlorenen Wohnsitz nicht wieder rückwirkend aufheben.

In der Sache war davon auszugehen, daß der Kläger nur Zahlung in dänischem Gelde fordern kann, daß aber die Beklagte nach § 244[1] BGB. ermächtigt ist, sich durch Leistung in deutschem Gelde zu befreien. Diese Wahlermächtigung war ihr in der Urteilsformel vorzubehalten. Als Umrechnungswert war dabei nicht der Zahlungs-, sondern der Fälligkeitstag zugrunde zu legen, also der Kurs der Krone an der Berliner Börse am 1. Januar 1917. Der Kläger hat freilich in 2. Instanz erklärt, daß er in diesem Falle den Kursunterschied zurzeit der Fälligkeit und der Zahlung als Schaden beanspruche. Damit hat er ausgedrückt, daß er die Schlußworte seines Antrags „oder nach ihrer Wahl 2c" nunmehr anders verstanden wissen will. Bis dahin sollten diese Worte trotz ihrer mißverständlichen Fassung — ob eine Wahlschuld und nicht eine Wahlermächtigung der Beklagten vorliege — unstreitig ihr nur das Recht aus § 244 BGB. einräumen, also nur einen ihr zugestandenen Vorbehalt darstellen. Durch die jetzige Erklärung gibt aber der Kläger den Schlußworten die Bedeutung eines wenngleich nur hilfsweise gestellten Antrags, da zu seiner Begründung ganz neue Tatsachen behauptet werden müssen. Er enthält deshalb eine Klagänderung, der die Beklagte widersprochen hat. Dr. P.

Dazu: OLG. Hamburg, 3. ZS. Urteil v. 2. Dezember 1920.

Die Beklagte, rechtskräftig Ende 1919 zur Zahlung von 3500 österr. Kronen verurteilt, hat gemäß § 244 die Schuld in Mark zum Tageskurse beglichen. Damit ist die Forderung des Klägers erloschen. Unbenommen bleibt ihm aber, den Schaden geltend zu machen, der ihm dadurch erwachsen ist, daß der in Verzug gesetzte Schuldner am Verfalltage nicht erfüllt hat, also etwaigen Zins- und Kursverlust. Solchen Anspruch besonders einzuklagen, ist der Gläubiger, zumal er sich hier im Vorprozeß alle weiteren Ansprüche vorbehalten hatte, nicht gehindert. Für eine Verweisung in die Vollstreckungsinstanz ist kein Raum, weil sich der Gläubiger nicht gegen die Art und Weise der Vollstreckung wendet. Vielmehr hat er durch diese erhalten, was er inhaltlich des Titels zu verlangen berechtigt war, nämlich nach Wahl des Schuldners (§ 244) denjenigen Betrag in Mark, der dem Kronenbetrag, auf den der Titel lautete, gleichkam. Das Urteil des 1. ZS. vom 6. März 1916 (HansGZ. B. 1916 S. 145) behandelt den anders liegenden Fall, daß der Gläubiger, der das auf fremdländische Valuta lautende Urteil vollstreckt und zum Kurse des Zahlungstages volle Begleichung erzielt hatte, nun durch Berufung im Wege einer Klagerhöhung geltend macht, daß der Kurs des Fälligkeitstages zugrunde zu legen und der Schuldner zur Nachzahlung eines entsprechenden Betrags in der ausländischen Valuta noch weiter zu verurteilen sei. Das ist mit Recht abgelehnt, weil der Titel unstreitig der in ausländischer Valuta ausgedrückten Geldschuld genau entsprach und die Frage, ob der erst in der Zwangsvollstreckung Begleichung in Mark wählende Schuldner die Judikatsschuld voll erfüllt habe oder nicht, in der Tat in der Vollstreckungsinstanz zu entscheiden war. Anders hätte der Fall gelegen, wenn der Gläubiger dort, wie gegenwärtig der Kläger, geltend gemacht hätte, infolge bereits früher eingetretenen Verzugs des Schuldners sei ihm ein dem Kursunterschiede gleichkommender Schaden in Mark erwachsen. Es hätte bei solcher Begründung und Forderung in jenem anderen Falle nichts im Wege gestanden, daß der

Kläger durch Einlegung der Berufung einen Anspruch auf Verzugsschaden geltend gemacht hätte, vorbehaltlich des § 529² ZPO.

Hier begehrt der Kläger derartigen Schadensersatz an sich zulässigerweise durch besondere Klage. Er behauptet, die Kronenschuld sei bereits früher, zurzeit eines ihm günstigeren Kursstandes, fällig gewesen, Beklagte sei schon damals in Verzug geraten und müsse ihn daher so stellen, wie wenn er damals die geschuldeten Kronen oder nach Wahl des Schuldners damals deutsche Mark erhalten hätte. Diese Darlegungen sind an sich schlüssig, es fehlt aber an der Voraussetzung, daß Beklagte durch Mahnung in Verzug geraten sei.... M. M.

n) α) **Keine Aufhebung des Anzeigenvertrags durch den Krieg.**

OLG. Hamburg, 5. ZS. Urteil v. 18. Februar 1921.

Das allgemeine Fleischhandelsverbot setzte erst im Juni 1916 ein. Bis zum Ende der Vertragszeit (September 1915) lag also nur die Verhinderung vor, daß der Beklagte seit 1914 infolge Einziehung zum Militär sein Darmgeschäft aufgeben mußte. Es bestand die abstrakte Möglichkeit, daß das Geschäft verkauft oder durch einen Vertreter fortgeführt wurde. Der Handel mit Därmen, der sogar nach der Einschränkung des Fleischhandels noch möglich blieb, war daher an sich nicht unmöglich und subjektive Verhinderung in der Ausnutzung einer Anzeige ist ein Ereignis, das auch im Frieden bei mehrjährigen Anzeigeverträgen eintreten konnte, und das im Sinne der Vertragschließenden nicht als ein den Besteller befreiendes Ereignis angesehen werden sollte. Diese Gefahr nimmt der Besteller auf sich und findet seinen Entgelt in dem erheblichen Rabatt, den er sich dadurch sichert.

Der Inhalt des Inserats ist nicht Gegenstand des Vertrags geworden. Eine Beschränkung lag höchstens in dem Charakter der Zeitung als eines für Fleischer bestimmten Organs. Die Bedürfnisse des Fleischhandels sind aber so mannigfaltig und erstrecken sich auch auf den Bedarf an zu diesem Geschäft erforderlichen Utensilien und Personal, so daß die Erfüllung oder richtiger Ausnutzung des Vertrags dem Beklagten immer noch möglich blieb, wenn er den Warenzweig, den er ursprünglich durch die Anzeigen anpreisen wollte, nicht mehr vertrieb. Die Zeitung ist immer weiter erschienen und der Beklagte behielt trotz der durch seine Einziehung herbeigeführten Einstellung des Darmgeschäfts die Möglichkeit, sei es selbst, sei es durch andere den Anzeigenraum für andere Waren oder Bedarfsartikel auszunutzen.

Es kann dahingestellt bleiben, ob die Klausel gleichbleibender Umstände auf einen Anzeigenvertrag von längerer Dauer überhaupt anzuwenden ist. Jedenfalls kann sie nur in Betracht kommen, wenn im Vertrag auf bestimmte Waren hingewiesen ist und wenn der Vertrieb dieser Waren unmöglich oder so verändert wird, daß er wirtschaftlich als ein ganz anders gearteter Vertrieb erscheint. Hier stand aber dem Beklagten jede Art der Anzeige frei und die Verhinderung, die bei ihm durch den Krieg in der Benutzung dieser Anzeige eintrat, unterschied sich nicht von Verhinderungen, die bei jedem

Anzeigenvertrag auch im Frieden möglich sind und daher bei dem Vertragsschlüsse mit in Rechnung gezogen werden oder als in Rechnung zu ziehen anzusehen sind. M. M.

β) „Lieferungsmöglichkeit vorbehalten" bei Gattungsware.

OLG. Hamburg, 5. ZS. Urteil v. 31. März 1921.

Nach dem Bestätigungsschreiben des Klägers liegt ein reiner Gattungskauf vor. Die Größen 1—8, in die der Auftrag (auf die Nadeln) eingeteilt ist, sind im Handel allgemein eingeführt. Auch die von der Beklagten gewünschte Art der Etikettierung hat nichts mit der Lieferung eines bestimmten Fabrikats zu tun. Ebensowenig ergibt sich diese Beschränkung daraus, daß der Auftrag nach Muster erteilt worden ist. Der Kläger war auf jeden Fall völlig frei, die Ware zu beziehen, woher es ihm beliebte. Dann ist aber der Sinn der vereinbarten Klausel „Lieferungsmöglichkeit vorbehalten" nicht ohne weiteres erkennbar. Ist der geschuldete Gegenstand nur der Gattung nach bestimmt, so ist die Lieferung immer möglich, solange aus der Gattung geleistet werden kann. Der Vorbehalt würde also, buchstäblich genommen, nichts anderes bedeuten, als die Wiederholung der Regel des § 279, er wäre also überflüssig. Daß dies nicht der Wille der Parteien war, ist offenbar, er ist daher durch Auslegung zu ermitteln. In dieser Hinsicht ergibt bereits das Bestätigungsschreiben, daß der Kläger das Geschäft abgestellt hatte auf den Bezug von einer bestimmten, wenn auch nicht benannten Fabrik, daß er also nicht im Handel die Ware erwerben wollte; es sollte nämlich der Preis „ab Fabrik" berechnet werden. Ferner hat der Kläger auf die wiederholten Anfragen ständig auf die bei ihm eingegangenen Nachrichten der Fabrik über die mutmaßliche Herstellungsdauer Bezug genommen, was die Beklagte als der ihr offenbar bekannten Sachlage entsprechend stillschweigend hingenommen hat. Diese aus den Umständen sich ergebende und von beiden Parteien vorausgesetzte Beziehung des Klägers zu einer bestimmten Fabrik als Lieferantin der von ihm verkauften Nadeln führt dann aber, wenn auch der Beklagten der Name der Fabrik unbekannt geblieben, zu einer dem Willen der Parteien entsprechenden Auslegung der Klausel dergestalt, daß der Kläger von der Lieferungspflicht befreit sein sollte, wenn und solange er ohne seine Schuld von der Fabrik, zu der er in den vorausgesetzten Beziehungen stand, nicht beliefert werden würde. M. M.

o) α) Haftet der Verkäufer, wenn sein unberechtigter Rücktritt vom Teillieferungsvertrag zugleich berechtigte Erfüllungsverweigerung enthält?

OLG. Stuttgart, 2. ZS. Urteil v. 25. September 1919.

Der Kläger, der 6 Wagen Bretter in Teilen zu liefern hatte, hat einen Wagen Kistenbretter geliefert. Die Beklagte beanspruchte darauf Minderung, weil nicht Originalgatterware geliefert sei und deshalb das Maß nicht gestimmt habe. Infolgedessen erklärte der Kläger, daß er den Auftrag auf die weiteren 5 Wagen streiche. Die Beklagte ist darauf nach § 326 vorgegangen; die Nachfrist ist fruchtlos verstrichen. Sie will dadurch einen Schaden von 2500 Mark erlitten haben, mit dem sie gegen den eingeklagten Kaufpreis aufrechnet. Allein nach dem Beweisergebnisse war der Kläger berechtigt, Spaltbretter zu liefern; der Wagen Kistenbretter durfte deshalb nicht beanstandet werden. Trotzdem war die Streichung des Auftrags unberechtigt. Eine ernstliche und hartnäckige Weigerung der Beklagten hinsichtlich einer Hauptverpflichtung, die als positive Vertragsverletzung anzusehen gewesen wäre, lag nicht vor. Sie hat allerdings erklärt, sie sei der Ansicht, Originalware verlangen zu dürfen; aber immerhin hat sie den Wagen angenommen. Es lagen also zwar verschiedene Meinungen darüber vor, wie zu erfüllen sei. Aber sie waren nicht so tiefgreifend, daß dadurch die Abwicklung des Geschäfts ausgeschlossen und dessen Bestand in Frage gestellt worden wäre. Die Beklagte hat auch in den folgenden Briefen nicht Originalware, sondern nur Kistenbretter in den Maßen wie bestellt, verlangt. Es war daher nicht sicher, daß sie Spaltware zurückgewiesen hätte. Wäre bei den nächsten Wagen die Ware besser ausgefallen, wäre zB. weniger nicht maßhaltige Ware darunter gewesen als früher, dann hätte sie die Lieferung vielleicht nicht beanstandet. Vielleicht hätte sie sich, auch wenn dies nicht der Fall gewesen wäre, trotzdem noch entschlossen, die Wagen zu behalten und wiederum nur Minderung zu beanspruchen. Es lag somit keine solche Erfüllungsweigerung der Beklagten vor, die den sofortigen Rücktritt des Klägers rechtfertigte (Staub HGB. Anh. zu § 374 Anm. 185; RG. 66 S. 419). Trotzdem ist die Beklagte nicht berechtigt, Schadensersatz zu verlangen, weil der Kläger seinerseits nicht im Verzug mit einer Hauptverpflichtung (Lieferung) war. Er war vielmehr berechtigt, weitere Lieferung wenigstens zunächst abzulehnen. Es hat sich hier um ein Sukzessivlieferungsgeschäft gehandelt, bei dem der Kläger zunächst teilweise erfüllt hatte. Selbst wenn der gelieferte Wagen erst am 5. November in die Hände der Beklagten gekommen ist, so war sie, da Zahlung nach 8 Tagen zu erfolgen hatte, vom 13. November ab zur Zahlung verpflichtet und befand sich, da der Kläger an diesem Tage gemahnt hatte, von da ab im Zahlungsverzug. Zurzeit der Fristsetzung vom 16. November war daher der Kläger zur Lieferung nicht verpflichtet; deshalb konnte auch die Beklagte damals die Frist nicht wirksam setzen. Aus der Streichung des Auftrags allein ergibt sich kein Ersatzanspruch der Beklagten. Wenn bei einem gegenseitigen Vertrag ein Teil nach § 326 vorgeht oder erklärt, am Vertrag nicht festhalten zu wollen, so entsteht nur dann ein Ersatzanspruch wegen Nichterfüllung, wenn das Vorgehen gerechtfertigt war (RG. 67 S. 313; 92 S. 180). S.

β) **Bedeutung des § 326². Anbieten gleichwertiger Ware anstelle der grundlos zurückgewiesenen.**

OLG. Hamburg, 7. ZS. Urteil v. 2. Februar 1921.

Die am 6. Mai 1920 abgesandte Ware sollte „Anfang/Mitte April" geliefert werden. Ob dadurch eine Zeit nach dem Kalender bestimmt wurde, kann dahingestellt bleiben. Denn auch wenn angenommen wird, daß sich der Kläger ohne Mahnung seit Mitte April im Verzuge befunden hatte, war die Beklagte nicht berechtigt, die Annahme der Lieferung abzulehnen. Eine Nachfrist hat sie nicht gesetzt. Auf § 326² kann sie sich nicht berufen. Denn der Nebenintervenient X. hat die Annahme deshalb verweigert, weil die Ware nach Syrien bestimmt gewesen, die Ausfuhr dorthin aber infolge eines inzwischen erlassenen Einfuhrverbots nicht mehr möglich sei. Allein auch wenn die Ware schon Mitte April nach Hamburg abgesandt worden wäre, so hätte sie frühestens Ende April auf dem Seewege weiter versandt werden können. Sie hätte also Syrien keinesfalls vor dem Erlaß des Einfuhrverbots erreicht. Der Wegfall des Interesses des X. an der Vertragserfüllung war daher keine Folge des Verzugs des Klägers.

Den Einwand, daß der Kläger mit einer anderen als der am 6. Mai abgesandten Ware erfüllt hat, ist nicht begründet. Allerdings beschränkt § 243² die Verpflichtung des Schuldners auf die dem Gläubiger gehörig angebotene, zur Erfüllung geeignete Sache. Diese Regel schränkt aber der das ganze Schuldrecht beherrschende Grundsatz des § 242 ein. Die Beklagte hatte die Ware grundlos zurückgewiesen. Der Kläger hat darauf den Kaufpreis eingeklagt und die Ware, mit deren Abnahme er vor Beendigung des Rechtsstreits nicht rechnen konnte, zur Vermeidung nutzloser Lagerkosten an die Fabrik zurückgehen lassen. Er konnte mit Recht annehmen, daß der Beklagten gleichgültig sein werde, ob sie gerade die angebotene Ware oder eine Ware von gleicher Beschaffenheit und Güte erhalte, zumal sie und ihre Nachmänner die Ware überhaupt nicht besichtigt hatten.... Daß die angebotene Ware vertragswidrig gewesen sei, ist nicht behauptet. Aber wenn es der Fall wäre, würde auch das kein Grund sein, die vor der Geltendmachung irgendwelcher Bemängelung angebotene mangelfreie Ersatzware zurückzuweisen. Daß der Kläger der Beklagten die Auswechslung der Ware nicht mitgeteilt hat, gibt der Beklagten gleichfalls keinen Grund zur Zurückweisung. An solcher Mitteilung hatte sie kein Interesse.[1] M. M.

p) **Annahme von Geldscheinpäckchen ohne Nachzählen.**

Kammergericht, 14. ZS. Urteil v. 23. November 1920.

Der Beklagte, der vom Kläger vier Pferde für 19900 Mark gekauft hatte, zählte ihm 4900 Mark auf und übergab ihm zur Begleichung des Restes eine Anzahl Geldscheinpäckchen. Der Kläger behauptet, diese hätten nur 13850 Mark ausgemacht, und verlangt die fehlenden 1150 Mark. Das

[1] Der gekaufte, aber nicht gelieferte Drehstrommotor war zur Herstellung von Werkzeugmaschinen, also von Gegenständen des täglichen Bedarfs, bestimmt und daher selbst ein Gegenstand des täglichen Bedarfs; daher steht dem auf Ersatz eines Schadens von über 150% des Vertragspreises gerichteten Klaganspruch, soweit er auf Ersatz des abstrakten Schadens gerichtet ist, die Erwägung entgegen, daß ein dementsprechender Weiterverkaufspreis einen gegen die Verbotsvorschrift des § 1 Z. 1 der PreistreibereiVO. vom 8. Mai 1918 verstoßenden übermäßigen Gewinn enthalten würde und deshalb insoweit auch nicht der Berechnung des abstrakten Schadens zugrunde gelegt werden kann (RG. 96 S. 284). Als zulässigen Gewinn könnte äußerstenfalls ein solcher von 20—25% erachtet werden. Dagegen ist bei konkreter Schadensberechnung der Klaganspruch in höherem Betrag begründet (OLG. Stuttgart, 2. ZS. Urteil v. 27. Januar 1921). S.

LG. hat ihn abgewiesen. Seine Berufung ist begründet. Der Beklagte hat nach den Beweisregeln darzutun, daß er erfüllt, also dem Kläger — abgesehen von den 4900 Mark — volle 15000 Mark gezahlt hat. Die Beweislast würde sich umkehren, wenn der Kläger die ihm als Erfüllung angebotenen Geldscheinpäckchen als Erfüllung angenommen hätte. Die Annahme einer Ware kann trotz gleichzeitigen Vorbehaltes der Mängelrüge eine Annahme als Erfüllung darstellen; sie ist es jedenfalls dann nicht, wenn sie vorläufig nur zur Untersuchung der Ware erfolgt. Die Annahme von Geld, das dem Empfänger nicht hingezählt wird, geschieht regelmäßig zunächst zum Nachzählen, und hier ergeben die eigenen Behauptungen des Klägers nicht, daß er die Päckchen ohne diese selbstverständliche Maßgabe angenommen hätte. Das ginge auch nicht aus einer bloßen Unterlassung alsbaldiger Nachzählung hervor, wie sie vorläge, wenn der Kläger (nach der Behauptung des Beklagten) das Geld erst nach zwei Tagen seit dem Pferdeverkauf zum Vorschußverein gebracht und erst dort durch das vom Kassierer vorgenommene Nachzählen das Fehlen von Scheinen festgestellt hätte. Würden sich aber die Behauptungen des Beklagten bewahrheiten, über die dem Kläger durch dieses Urteil der Eid anvertraut ist — daß er auf die Aufforderung des Beklagten zum Durchzählen der Päckchen erwidert habe, es werde schon stimmen, es komme auf einige Scheine mehr oder weniger nicht an —, so läge eine Annahme der Päckchen als Erfüllung vor; der Kläger hätte dann deutlich zu erkennen gegeben, daß ihm an einer Nachzählung nichts gelegen war. Leistet er den Eid, so bleibt es bei der Beweisregel, daß der Beklagte die volle Zahlung darzutun hat; ein solcher Beweis ist aber nicht angetreten. Verweigert dagegen der Kläger den Eid, so hätte er zu beweisen, daß er 1150 Mark zu wenig erhalten hat. Geldscheine im Betrage von 1150 Mark können ihm schon gleich beim Wegstecken der Päckchen, oder weil er diese unordentlich eingesteckt hatte, auf dem Wege nach Hause oder zum Vorschußverein abhanden gekommen sein. Somit blieb als Folge der Eidesverweigerung nur eine Abweisung seiner Klage.[1] Lhd.

q) **Rechtsnatur der Quittung.**

OLG. Hamm, 2. ZS. Urteil v. 22. März 1921.

Der Auffassung, die vom Kläger ausgestellte Quittung, „an Rest laut Nota M 194 erhalten", beweise schlechthin die Einigung der Parteien, daß die ganze Schuld nunmehr getilgt sei, kann nicht beigetreten werden. Eine Quittung ist im Regelfalle das auf Verlangen des Schuldners zur Sicherung des Beweises ausgestellte schriftliche Bekenntnis des Gläubigers über eine gleichzeitig oder früher eingetretene Tatsache, die das Erlöschen des Schuldverhältnisses zur gesetzlichen Folge gehabt hat. Die Quittung ist regelmäßig Empfangs-, nicht Erlöschensbekenntnis. Sie ist mithin als Geständnis oder

[1] Gegen die Entscheidung spricht die Erwägung, daß Geld, wenn es auch nicht dem Empfänger aufgezählt wird, doch zum sofortigen Nachzählen an Ort und Stelle übergeben und deshalb durch Verlassen der Zahlstelle ohne Rüge der Unvollständigkeit stillschweigend als vollzählig anerkannt wird, mindestens aber als Erfüllung angenommen wird (§§ 363, 768). D. E.

als Beweismittel zu betrachten, dessen Wert der freien richterlichen Würdigung unterliegt. Zur Entkräftung der Quittung bedarf es deshalb auch nicht der Anfechtung, da sie keinen Dispositivakt und keine Willenserklärung im Sinne des § 119 darstellt, vielmehr lediglich eine Wissenserklärung ist, die — ebenso wie das gerichtliche Geständnis nach § 290 ZPO. — durch Widerruf verbunden mit der Darlegung der Unrichtigkeit der abgegebenen Erklärung beseitigt wird. Allerdings kann in der Erteilung einer Quittung auch ein Erlaß- oder ein negativer Schuldanerkennungsvertrag (§ 397) liegen. Sache des Schuldners ist es, zu beweisen, wenn er der Urkunde eine solche weitergehende Bedeutung beilegen will. N. t.

r) α) **Abtretung aus Werklieferungsvertrag oder Lieferungskauf?**

OLG. Rostock, 2. ZS. Urteil v. 29. Januar 1919.

Die mitbeklagte Werft hatte 1916 mit dem Beklagten B. einen Vertrag über Lieferung eines von ihr zu erbauenden neuen Dampfers abgeschlossen. Anfang 1917 haben B. und der Kläger vereinbart, daß der Dampfer diesem zu liefern und von ihm mit 1725000 Mark zu bezahlen sei. Die Werft hat zugestimmt und die Lieferung des Dampfers an den Kläger versprochen. Dieser meint, daß B. ihm den Dampfer verkauft habe und daher neben der Werft zu dessen Lieferung verpflichtet sei. Das LG. hat jedoch die Klage gegen B. mit Recht abgewiesen.

Der von B. mit der Werft geschlossene Vertrag war kein Kauf, sondern ein Vertrag auf Lieferung einer nicht vertretbaren Sache. B. war nicht Schiffbauer, sondern Schiffsreeder, er konnte also mit dem Kläger nicht wohl einen Werklieferungsvertrag schließen. Denkbar ist freilich, daß er sich verpflichtet habe, dem Kläger einen von der Werft zu erbauenden Dampfer zu liefern, er also eine zukünftige Sache verkauft habe; dann hätte er aber alle Rechte gegen die Werft behalten müssen, ihm allein hätte die Zahlungspflicht gegenüber der Werft obgelegen. Nach dem Bestätigungsschreiben des Klägers sollte die Werft bestätigen, daß der Vertrag auf den Kläger übergegangen sei, und in dem Schreiben des Vermittlers an den Kläger heißt es: „Um unnötige Kosten zu sparen, wird kein Vertrag gemacht, sondern die Werft bestätigt Ihnen, daß die Baunummer 378 anstatt für den ursprünglichen Besteller B. für Sie gebaut wird." Zweifellos haben die Parteien bei ihren Vereinbarungen die rechtliche Beurteilung nicht ins Auge gefaßt, sondern den herbeizuführenden wirtschaftlichen Erfolg. Dieser war nach dem Inhalte der Bestätigungsschreiben, daß der Vertrag auf den Kläger übergehen, der Dampfer statt für B. für den Kläger gebaut werden sollte. Dieser Erfolg wurde erreicht bei Zugrundelegung der rechtlichen Auffassung, daß der Beklagte nur verpflichtet sein sollte, seine Rechte aus dem zweiseitigen Vertrage mit der Werft abzutreten und vielleicht außerdem eine Erklärung der Werft beizubringen, daß sie sich verpflichte, den Dampfer an den Kläger statt an B. zu liefern. Hiergegen spricht nicht, daß die Parteien von dem Dampferneubau als dem Vertragsgegenstand sprechen. Aus der unjuristischen Auffassung erklärt sich auch, daß der Kaufpreis für den Gegenstand des Vertrags nicht nur berechnet ist nach dem, was der Kläger an B. für die Abtretung der Rechte zahlen sollte, sondern der von B. an die Werft zu zahlende Preis eingerechnet. Sachlich waren die Parteien darüber einig, daß der Preis des Dampfers, den B. der Werft schuldete, vom Kläger unmittelbar an sie zu zahlen war, und es ist keine Rede davon, daß B. der Werft gegenüber für den Preis weiter haften sollte. Auch die Werft hat die ihr mitgeteilten Vereinbarungen dahin aufgefaßt, daß B. seine Rechte an den Kläger abgetreten habe. Dieser behauptet zwar noch, die Werft habe sich dem Kläger neben B. zur Lieferung des Dampfers verpflichten sollen. Das wäre aber kein Kauf mehr gewesen, sondern danach hätte B. neben der Abtretung seiner Rechte eine Garantie oder Bürgschaft für die Lieferungsverpflichtung der Werft übernehmen müssen. Darauf weist jedoch nichts in den Bestätigungsschreiben hin. Dagegen spricht, daß nach den Parteivereinbarungen der Dampfer statt für B. für den Kläger gebaut werden sollte. Hätte B. die Verpflichtung übernehmen sollen, auch seinerseits dafür einzustehen, daß die Werft dem Kläger den Dampfer liefere, so hätte nicht vereinbart werden dürfen, daß der Dampfer anstatt an B. dem Kläger geliefert werden solle und damit die Werft von der Verpflichtung, ihn B. zu liefern, befreit werden solle. J.n.

β) **Sicherungsabtretung. Anwendung des § 401. Begriff der Gesellschaft.**

OLG. Braunschweig, 1. ZS. Urteil v. 23. April 1920.

Zufolge notariellen Vertrags vom 1. Mai 1917 hat der Kläger einen Geschäftsanteil der GmbH. zu 5000 Mark dem Beklagten übereignet, wogegen dieser ihm auf 5 Jahre 3% des Umsatzes dieser Gesellschaft zu zahlen und vierteljährlich Abrechnung zu leisten sich verpflichtet hat. Der Kläger, der seinen Anteil am Jahresumsatz im Herbst 1917 der Firma X. zur Sicherheit ihrer Forderungen von 9000 Mark unbeschränkt abgetreten hat, verlangt Auskunft über den Gesellschaftsumsatz für 1917 und 1918 und Abrechnung darüber, sowie Auszahlung des auf ihn entfallenden Umsatzanteils mit der Maßgabe, daß davon 9000 Mark an X. zu zahlen seien. Das LG. hat den Einwand mangelnder Aktivlegitimation des Klägers verworfen, weil sich das Verhältnis der Parteien als Gesellschaftsvertrag kennzeichne, gerichtet auf Teilung des Umsatzes der GmbH. Allein es fehlt die beim Gesellschaftsvertrag unerläßliche Verbindung zur Förderung eines gemeinsamen Zweckes. Der Kläger hat keinerlei Verpflichtung übernommen, die Erreichung eines Gesellschaftszwecks in bestimmter Weise zu fördern. Die Vereinbarung vom 1. Mai 1917 stellt sich vielmehr zwanglos als Kaufvertrag dar, bei dem der Geschäftsanteil das Kaufobjekt und der dem Kläger zugesicherte Umsatzanteil den Kaufpreis bildet. Die streitige Pflicht zur Auskunft und Rechnungslegung, die das LG. aus §§ 713 mit 666 folgert, ist dem Beklagten durch den Vertrag insofern auferlegt, als er vierteljährlich Abrechnung zu leisten übernommen hat. Aber auch ohne solche Abrede wäre sie an sich gegeben. Sind die Rechtsbeziehungen der Vertragsteilnehmer so geartet, daß der Berechtigte über Umfang und Bestehen seines Rechts im Ungewissen, der Verpflichtete aber in der Lage ist, unschwer und ohne Gefährdung eigener Interessen darüber Auskunft und Rechenschaft zu geben, so kann auch die stillschweigende Vereinbarung einer Rechenschaftspflicht bei Anwendung der Grundsätze von Treu und Glauben unbedenklich angenommen werden (vgl. Crome System 1 § 136; Recht 1903 S. 425, 1915 Nr. 1941). Hier wäre dem Kläger die Feststellung der Höhe seines Umsatzanteils nicht möglich, wenn ihm nicht der Beklagte als Geschäftsführer der GmbH. Gelegenheit zur Prüfung gibt, ob der ihm jeweils zugewiesene Betrag den ihm bewilligten Anteil am Geschäftsumsatz darstellt. Diese Prüfung kann aber nur so erfolgen, daß ihm über den Gesamtumsatz der Gesellschaft unter Mitteilung der Unterlagen Aufschluß gegeben und Rechnung abgelegt wird.

Es steht nun in Frage, ob nicht durch die Abtretung des Klägers sein Recht auf Auskunft und Rechnungslegung an X. mit übergegangen ist, obschon das Recht nicht erwähnt wurde. Darin kann dem LG., das unter Hinweis auf Dernburg 2 § 39 die Gebundenheit des Hilfsrechts auf Auskunft an den Hauptanspruch anerkennt, nicht beigetreten werden, wenn es mit Rücksicht auf den Sicherungszweck der Abtretung den Streitfall abweichend beurteilt. Die gesicherten Verbindlichkeiten des Klägers sind fällig und noch nicht getilgt. Einen Anspruch auf Rückabtretung könnte er gegen X. erst geltend machen, wenn der Zweck der Sicherungsabtretung völlig erreicht, dh. die Schuld gedeckt ist. Bis zu diesem Zeitpunkte, der noch in weiter Ferne liegt, ist das Gläubigerrecht auf X. unbeschränkt und unverkürzt übergegangen (RGKomm. § 398 [1]). Mit dem Hauptanspruch ist aber auch gemäß § 401, der sich nicht auf die dort ausdrücklich angeführten Nebenrechte beschränkt, der Anspruch auf Auskunfterteilung und Rechnungslegung auf X. übergegangen; er ist mit ersterem unlösbar verbunden, hat zu diesem Pertinenzcharakter und kann weder selbständig übertragen, noch bei einer Abtretung des Hauptanspruchs zurückbehalten werden (Seuff. 73 S. 110; RG. 89 S. 195). W.n.

8) **Kauf:** α) **zu dem bei Lieferung gültigen Preis.**

OLG. Hamburg, 7. ZS. Urteil v. 9. Februar 1921.

Nach dem Vertrage der Parteien kann der Kläger den am Tage der Lieferung gültigen Preis berechnen. Darunter kann nicht schlechthin im Anschluß an den Wortlaut der am Tage der tatsächlichen Lieferung gültige Preis verstanden werden. Für die Feststellung des Sinnes der Bestimmung ist ihr praktischer Grund und Zweck von Bedeutung. Sie beruht darauf, daß sich der Kläger wegen der ständigen Steigerung der Erzeugungskosten an keinen festen Preis binden und nicht die Gefahr einer nach dem Vertragsschluß eintretenden weiteren Erhöhung der Löhne, Rohstoffe ꝛc auf sich nehmen wollte. Dieser wirtschaftliche Zweck rechtfertigt nicht die Erhöhung des Preises um den am 1. Dezember in Kraft getretenen Aufschlag. Die bestellten Schienen waren schon Mitte November fertiggestellt. Sie lagen seitdem, wie der Kläger der Beklagten mitgeteilt hatte, auf dem Werk versandbereit. Die

Absendung hat sich nur infolge der Bahnsperre und des Wagenmangels verzögert. Ohne dieses Hindernis, das nur die vom Kläger als Nebenleistung übernommene Versendung betraf, wäre die Ware schon vor 1. Dezember geliefert worden. Die wirtschaftlichen Gründe der Bestimmung, die den zurzeit der Lieferung gültigen Preis für maßgebend erklärt, führen zu der Auslegung, daß eine schon versandbereit liegende Ware, deren Absendung nur durch Transportstörungen verzögert wird, von später eintretenden Preiserhöhungen nicht betroffen werden soll. Auch in solchem Falle den Zeitpunkt der Absendung entscheiden zu lassen, läge nicht im Sinne des Vertrags nach Treu und Glauben.... M. M.

β) **Rechtliche Bedeutung der Druschprämie.**

OLG. Rostock, 1. ZS. Urteil v. 20. September 1920.

Die Druschprämie stellt eine Vergütung für den Betriebsschaden dar, der dem Landwirt durch eine vor 1. Oktober erfolgende Kornablieferung immer erwächst, und sie ist als „Lieferungszuschlag" einfach eine Erhöhung des Höchstpreises für die Zeit vor 1. Oktober. Dieser Zuschlag wird auch bei der Abgabe des Korns in den Verkehr mit in Rechnung gesetzt, und er ist auch bestimmend für den Preis des Mehls und der Backwaren, die der an sich zum Naturalbezug Berechtigte sich als Ersatz für die Naturallieferung beschaffen muß. Bei dieser Sachlage ist zu sagen, daß der für die Leistungspflicht des Beklagten zugrunde zu legende gemeine Wert des Roggens sich aus dem Höchstpreise zuzüglich des für die Ablieferung vor 1. Oktober bestimmten Zuschlags zusammensetzt. Dr. Br.

γ) **Versicherungspflicht beim Versendungskauf.**

OLG. Hamburg, 5. ZS. Urteil v. 11. Februar 1921.

Die Versendung der verkauften Ware nach dem Bestimmungsort gehört an sich nicht zu den Obliegenheiten des Verkäufers; vielmehr besorgt er, wenn er die Ware auf Grund eines Handelsgebrauchs oder besonderer Abrede versendet, ein Geschäft des Käufers (RG. 88 S. 38). Die Gefahr des Transports trägt nach § 447 der Käufer. Grundsätzlich ist es daher auch Sache seiner freien Entschließung, ob er versichern will oder nicht. Diese Regelung ist für den Kommissionär und Spediteur ausdrücklich im HGB. §§ 390, 407² ausgesprochen. Sie muß grundsätzlich auch beim Versendungskauf gelten, wo die Verhältnisse für die Versicherung im wesentlichen gleichliegen (Staub¹⁰ Anh. zu § 382³⁶). Diese Regelung liegt auch in der Natur der Sache, denn der Verkäufer kann nicht wissen, ob der Käufer die Kosten der Versicherung aufwenden will, oder ob er nicht bereits die Transportgefahr selbst gedeckt hat. Die besonderen Verhältnisse des Einzelfalls können eine Durchbrechung dieses Grundsatzes rechtfertigen, wenn zB. der Käufer annehmen durfte, daß der Verkäufer versichert habe und deshalb die Versicherung unterließ, oder wenn der Ware eine Gefahr drohte, die der Käufer nicht kannte. Welchen Gefahren hier der Transport ausgesetzt war, wußte der Kläger so gut wie die Beklagte. Daß von ihr Deckung der Versicherung erwartet wurde, konnte Beklagte nicht wissen. Es handelt sich um das erste Geschäft zwischen den

Parteien, so daß sich auch nicht der Auftrag zur Versicherung aus den bisher von ihnen geübten Gepflogenheiten ergab. Ebensowenig verlangten Handelsbrauch oder kaufmännische Übung von der Beklagten die Deckung der Versicherung. Es mag sich in bestimmten, sachlich umgrenzten Verhältnissen einzelner Handelskreise eine dahingehende Übung gebildet haben. Ganz allgemein kann sich aber eine solche gegenüber der gesetzlichen Regel, diese mithin außer Kraft setzend, nicht gebildet haben. Das behauptet auch der Kläger nicht.

Allerdings hat die Beklagte in der Verladeanzeige die Worte: ohne weitere Versicherung gebraucht. Allein darin lag keineswegs eine ausdrückliche Weisung an den von ihr beauftragten Spediteur, die Versicherung nicht vorzunehmen, sondern lediglich die Mitteilung, daß sie ablehne, den Auftrag zur Versicherung zu erteilen. Diese Mitteilung hinderte den Spediteur nicht, seinerseits den Transport zu versichern, falls er dies nach den Umständen des Falls für geboten erachtete. Entschloß er sich dazu, so tat er dies freilich nicht als Beauftragter der Beklagten, sondern in unbeauftragter Geschäftsführung für den Kläger. Unterließ er es, so trug an solcher Unterlassung nicht die Beklagte die Schuld. Denn bestand für sie keine Rechtspflicht, für die Versicherung zu sorgen, sei es, daß sie diese selbst schloß, oder den Spediteur anwies, sie zu decken, dann war sie auch befugt, ihm mitzuteilen, daß sie Versicherung nicht wünsche. Solche Mitteilung war nur ein Ausfluß ihrer Befugnis, die Sorge für die Versicherung dem Kläger zu überlassen und Versendung der Ware in unversichertem Zustand vorzunehmen. M. M.

Dazu: OLG. Königsberg, 1. ZS. Urteil v. 26. Oktober 1920.

Der Kläger hat der Beklagten auf ihre Bestellung am 6. Dezember 1918 vier unfrankierte Pakete zugesandt, von denen eines, enthaltend Waren zum Preise von 1125 Mark verloren ging und vom Postfiskus nur mit 60 Mark entschädigt wurde. Die Klage auf den Rest ist unbegründet.

Eine Übersendungspflicht legt zwar § 447[1] dem Verkäufer nicht auf. Bei Distanzgeschäften verpflichtet ihn aber ein Handelsbrauch, die Waren dem Käufer an seinen Wohnsitz zu übersenden. Über die Art, wie er diese Verpflichtung zu erfüllen hat, fehlt eine Bestimmung. § 447[2] macht ihn nur für den Schaden verantwortlich, der durch eine Abweichung von der angeordneten Versendungsart entsteht. Nach Art. 344 des alten HGB. galt er aber für beauftragt, mit der Sorgfalt eines ordentlichen Kaufmanns die Art der Versendung statt des Käufers zu bestimmen. Diese Vorschrift ist als selbstverständlich weggelassen, ihr Grundsatz ist also auch jetzt noch Rechtens. Diese Sorgfalt hat der Kläger nicht beobachtet. Im Dezember 1918 war es schon seit mehreren Monaten allgemein bekannt, daß infolge des Mangels an geschulten und zuverlässigen Beamten und der Einstellung von Hilfskräften die Diebstähle bei der Post, die in Friedenszeiten zu seltenen Ausnahmen gehörten, erheblich zugenommen hatten. Wie gerichtsnotorisch, pflegten schon vor der Umwälzung sowohl das Privatpublikum als auch die Geschäftswelt wegen der immer größer werdenden Unsicherheit Pakete von nicht unerheblichem

Wert nur unter Wertangabe oder gegen Versicherung der Post anzuvertrauen, da diese im Verlustfalle für jedes Pfund nur 3 Mark vergütet. Diese Unsicherheit hatte sich nach der Umwälzung noch verschlimmert. Deshalb gebot es die Sorgfalt eines ordentlichen Kaufmanns, daß der Kläger die Beklagte, da es sich um Sachen von über 1125 Mark handelte, vor dem ihr durch den Verlust der Pakete drohenden erheblichen Schaden durch die Mittel der Wertangabe oder Versichernng zu schützen suchte. ... Th.

δ) **Zugehörigkeit einer vorgezeigten Parzelle als zugesicherte Eigenschaft.**

OLG. München, 3. ZS. Urteil v. 11. Januar 1921.

Dadurch, daß die Klägerin dem Beklagten bei dem zum Kaufabschlusse vorgezeigten Anwesen die strittige Parzelle als zum Anwesen gehörig bezeichnete, ist diese Parzelle von beiden Teilen als Vertragsbestandteil bezeichnet und zum Gegenstand des Kaufvertrags erhoben, so daß die über diesen Grundstücksteil zustande gekommene Vereinbarung nach § 313 wirksam wurde. Wenn der Käufer eines Anwesens Aufschluß über die Zugehörigkeit eines Grundstücks zum Kaufgegenstande verlangt, so kann nach Treu und Glauben der Verkäufer diese Befragung nicht anders auffassen, als daß der Käufer dieses Grundstück als zum Anwesen gehörigen Teil erachtet und mitverkauft wissen will, wenn er sich zum Kauf entschließen soll. Die Bejahung dieser Zugehörigkeit muß er dann gegen sich so gelten lassen, wie der Käufer sie nach der allgemeinen Verkehrssitte aufzufassen berechtigt ist (JW. 1911 S. 90, 1915 S. 571). Der Käufer darf die Antwort aber dahin auffassen, daß der Verkäufer ebenso wie er selbst, der Meinung und des Willens ist, daß das Grundstück, das er durch seine Frage als zum Kaufobjekt gehörig vorausgesetzt und gewollt erklärt hat, Gegenstand des Kaufvertrags sein solle, wenn es zu diesem kommen wird, wie auch, daß der Käufer seine Preisbestimmung von der Zugehörigkeit des Trennstücks zum Kaufobjekt abhängig machen wolle. Dies trifft hier mit Rücksicht auf die Lage des Trennstücks an der Straßenfront und auf die durch diese Enge geschaffene Möglichkeit eines weiteren Zugangs zum Gesamtanwesen in erhöhtem Maße zu. Die Bezeichnung des Trennstücks als Teil des ganzen Kaufobjekts ist deshalb als Zusicherung einer Eigenschaft nach § 459² zu erachten. H.n.

ε) **Befristung des Wiederkaufs.**[1]

OLG. München, 2. ZS. Urteil v. 18. Juni 1920.

Die Klägerin verlangt die Herausgabe von Sachen, die ihr Eigentum seien und von ihrem Manne S. dem Beklagten vor 10 Jahren überlassen wurden. Allein in der dabei getroffenen Abmachung, S. könne die Sachen wieder haben, wenn er sie auslösen könne, liegt keine Befristung; im Gegenteil ist die Zeit, in der der Wiederkauf sollte geltend gemacht werden können, hiernach ganz unbestimmt. Die Ausübung jenes Rechts ist aber notwendig an eine Frist gebunden; sonst tritt die Frist des § 503 in Kraft. Die Mot. 2

[1] Das Wiederkaufsrecht bei der Anliegersiedlung (Ges. v. 11. August 1919 § 20) ergreift die gesamte durch Zukauf vergrößerte Ansiedlerstelle (Gutachten des KG., 1. ZS. v. 30. Sept 1920, JMBl. 594).

S. 341 können hiergegen nicht ins Feld geführt werden, denn die hiernach im 1. Entwurf vorgesehene Lösung der zeitlichen Beschränkung des Wiederkaufsrechts wurde im 2. Entwurf fallen gelassen und durch den jetzigen § 503 ersetzt. Diese Regelung widerspricht auch nicht der gesamten Rechtsentwicklung vor dem BGB. (Mot. aO.). H. n.

t) **Miete:** α) **Hat stets der Vermieter in den Fernsprechanschluß einzuwilligen?**

OLG. Braunschweig, 1. ZS. Urteil v. 12. März 1920.

Die Frage, ob ein Hauseigentümer seinem Mieter die Anlage eines Fernsprechanschlusses in seiner Mietwohnung und die Zuführung der dafür allein nötigen Drähte gestatten muß, ist bestritten, wird aber besonders für Geschäftsbetriebe weitgehend bejaht, weil die Verkehrsverhältnisse die Verwendung dieses Verkehrsmittels in weitem Umfange fordern (Oertmann § 535[1]; Staudinger § 550 A; B II 2a; RGKomm. § 535[2]; RG. 37 S. 217; OLG. Stuttgart 13. März 1903; Planck § 535[5]; Mittelstein Miete § 44 Nr. 5; Niendorf Mietrecht[9] § 31 Nr. 4b; Enneccerus Lehrb. § 351[3]). Die hier geforderte Einwilligung beschränkt sich aber nicht auf die Einrichtung einer Fernsprechstelle für den Mieter und die Einführung der dazu nötigen Drähte; sie erstreckt sich auch auf die Gestänge, Stützen und sonstigen Vorkehrungen, die für die Herstellung, Instandhaltung und Erweiterung des Telegraphen- und Fernsprechnetzes erforderlich sind; sie bindet den Hauswirt bis zum Ablauf einer Kündigungsfrist, die nur vom 1. April oder 1. Oktober gerechnet wird, und nicht in Lauf gesetzt werden darf, solange sich im Hause ein Fernsprechanschluß befindet. Damit wird er in einer Weise belastet, die über die Zwecke des Mietvertrags der Parteien weit hinausgeht. Die auf dem Hausdache zu befestigenden Gestänge bringen erfahrungsgemäß erhebliche Unannehmlichkeiten und Schäden mit sich. Bei Winddruck können sie Geräuschstörungen herbeiführen. Recht häufig verursachen sie Schäden am Dache, die bei Sturmwind sehr beträchtlich werden können. Das durch solche Schadenstellen eindringende Wasser gefährdet das Gebäude auch im Innern. Die Gefahr oder der Eintritt solcher Schäden erfordert das Nachsehen durch Telegraphenarbeiter und damit eine Vermehrung des Verkehrs im Hause. Die Telegraphenverwaltung muß zwar derartige Schäden beseitigen, aber diese Verpflichtung wirkt dann erst nach Eintritt des Schadens, und vor allem ist bei den zurzeit herrschenden Arbeitsverhältnissen nicht sicher, ob die Beseitigung immer mit der gebotenen Beschleunigung erfolgen kann. Der Mieter kann deshalb nicht erwarten, daß der Vermieter durch Übernahme derartiger Verpflichtungen ihm den Fernsprechanschluß ermöglicht. Das Haus des Beklagten liegt in keiner lebhaften Geschäftsgegend. Wenn auch der Kläger in der von ihm behaupteten Art ein Geschäft mit technischen Bedarfsartikeln der Kaliindustrie betreibt, so kann doch nicht anerkannt werden, daß die Übernahme solcher Lasten durch den Beklagten einer allgemein herrschenden Rechtsüberzeugung über die Pflichten des Vermieters entspräche (RG. 49 S. 306). W. n.

β) **Ersatz baulicher Änderungen. Bedeutung des § 683.**

OLG. Braunschweig, 1. ZS. Urteil v. 25. Juni 1920.

Der Kläger hat seit April 1919 im Wohnhause des Beklagten eine Mietwohnung inne. Dazu gehört eine im Nebengebäude belegene Werkstatt, die erst kurz vorher durch Umbau zweier Pferdeställe auf gemeinschaftliche Kosten der Parteien hergerichtet ist. Als nach dem Einzuge sich herausstellte, daß die Werkstatt für das Malerhandwerk des Klägers zu dunkel war, hat dieser darin die Fenster vergrößert und sonstige bauliche Veränderungen vorgenommen. Ein Ersatzanspruch aus § 547[1] besteht jedoch nicht, weil der Kläger die Notwendigkeit der Veränderungen nicht dargetan hat. Deshalb ist weiter zu prüfen, ob der Umbau dem Interesse und dem Willen des Beklagten entspricht (§ 683 S. 1). In diesem Falle wäre der Kläger nach § 670 an sich ersatzberechtigt; dagegen wäre andernfalls nur dann, wenn der Beklagte die Herstellung des Umbaus — erkennbar als für ihn geschehen — genehmigt hätte, der Ersatzanspruch gegeben (§ 684 S. 2). Dieser beschränkt sich auf Herausgabe der Bereicherung (§ 684 S. 1), wenn weder die Genehmigung des Beklagten noch die Übereinstimmung der im Umbau sich vollziehenden Tätigkeit des Klägers mit der sachlichen Nützlichkeit für den Beklagten und mit dessen geäußertem oder nach den Umständen verständigerweise vorauszusetzenden Willen nachgewiesen wird (vgl. RGRKomm. § 683[2,3]). Das LG. hat abgewiesen, weil nach der Sachlage der Kläger lediglich in eigenem Interesse die Veränderungen vorgenommen und nicht die Absicht gehabt hat, vom Beklagten die Aufwendungen dafür ersetzt zu verlangen (§ 685). Zu demselben Ergebnis gelangt man zwanglos durch Verneinung der Voraussetzungen des § 683 S. 1 und des § 684 S. 2. Als der Kläger zur Vergrößerung der Fenster rc die Erlaubnis des Beklagten einholte, gab dieser eine Erklärung ab, die mit Sicherheit darauf hinwies, daß er mit dem beabsichtigten Umbau für seine Person nichts zu tun haben wollte und dessen Gefahr auf den Kläger abschob. Dieser konnte hiernach nicht annehmen, daß sein Vermieter den Umbau als seinen eigenen Interessen förderlich billigte oder ihn als eigene Angelegenheit genehmigte. Aus dem gleichwohl vorgenommenen Umbau ist vielmehr die Annahme unabweislich, daß der Kläger die Veränderungen nicht für den Beklagten besorgen, sondern damit ein eigenes Geschäft verrichten wollte (RGRKomm. § 678[3]; JW. 1903 Beil. Nr. 310). Die Erklärung des Beklagten, er wolle das Hofgebäude nicht wieder als Pferdestall, sondern nur als Werkstatt vermieten, ist für die Aufwendungen bedeutungslos, denn das Hofgebäude war ja bereits zur Werkstatt eingerichtet, und dazu ohne die baulichen Veränderungen verwendbar. Ebensowenig ist der Wert des Grundstücks durch sie erhöht worden. . . W.n.

γ) **Dauernde oder vorübergehende Veränderung der Mietsache?**

OLG. Dresden, 5. ZS. Urteil v. 25. März 1920.

Der Kläger, der von der Beklagten das Erdgeschoß (Wohnung und Laden nebst Niederlagsraum) auf 6 Jahre gemietet hatte, hat in diesen Raum den in der Küche angebrachten eisernen Kochherd bringen und an dessen Stelle eine Kochmaschine aus Kacheln für 685 Mark setzen lassen. Das Eigentum an ihr beansprucht die Beklagte zunächst auf Grund des § 93. Allein von vornherein spricht schon die Wahrscheinlichkeit dafür, daß der Kläger die Kochmaschine nur für seine eigenen vorübergehenden Zwecke hat setzen lassen und daß er nicht daran gedacht hat, sie in den Mieträumen zurückzulassen. Dem steht schon entgegen, daß der eiserne Kochherd erhalten und nur — gleichfalls im vorübergehenden Interesse des Klägers — in den Niederlagsraum gesetzt worden ist, aus dem er leicht wieder entfernt und an seinen früheren Standort zurückgebracht werden kann. Außerdem hat er einige Zeit nach dem Vertragsschluß dem Beklagten erklärt, daß er sich die Kochmaschine setzen lassen wolle und sie dann wieder mitnehmen werde, und auch bei der Auftragserteilung ausdrücklich angeordnet, die Kochmaschine solle so gesetzt werden, daß er sie bei seinem Auszuge wieder wegnehmen und den alten Zustand wieder herstellen könne. Infolgedessen kommt darauf, in welcher Art die Kochmaschine mit dem Gebäude verbunden worden ist, überhaupt nichts an.

Ebensowenig schlägt der § 6 des Mietvertrags ein, wonach die Neuanschaffungen des Mieters, deren Entfernung die Mieträume schädigen würde, wie Wasser- und Gasrohr, elektrische Klingel- und Lichtleitungen, Sicherheitsschlösser, Ketten ꝛc unentgeltlich in das Eigentum des Vermieters übergehen. Denn er ist, wenn anders er nicht zu einer gänzlich ungerechtfertigten Bereicherung des Vermieters führen soll, auf solche Anschaffungen zu beschränken, die dem Mieter einmal im Verhältnis zum Mietzinse nur geringfügige Kosten verursacht haben und auch zur Mietsache selbst nur in untergeordnetem Verhältnisse stehen, und deren Entfernung anderseits angesichts der damit verbundenen Aufwendungen für die Wiederherstellung des früheren Zustandes Ausgaben machen würden, die außer jedem Verhältnis zum Werte der wiederentfernten Sachen ständen. Dies ergibt sich auch aus den beispielsweise angeführten Gegenständen. Diese stehen sämtlich ihrem Werte nach in untergeordnetem Verhältnis zur Mietsache, ihre Anschaffung und Einfügung hat dem Mieter im Vergleiche zum Mietzinse regelmäßig nur geringe Aufwendungen verursacht — der jetzige außergewöhnlich hohe Wert und die hohen Arbeitslöhne können hierbei nicht berücksichtigt werden — und ihre Beseitigung würde dem Mieter in Verbindung mit der Herstellung des früheren Zustandes Kosten machen, die in keinem Verhältnis mehr zum Werte der entfernten, teilweise sogar gerade dadurch unbrauchbar werdenden Gegenstände stehen würde. Der Zusatz „deren Entfernung die Mieträume schädigen würde“, steht nicht entgegen. Denn auch er ist nur auf die anschließenden Beispiele zu beziehen. Nicht aber ist damit gesagt worden, daß alle Neuanschaffungen schechthin, falls nur ihre Entfernung die Räume schädigen würde, dem Vermieter unentgeltlich zu verbleiben hätten. Diese Auslegung würde die aus den Beispielen sich ergebende und allein den Interessen beider Mietsteile gleichmäßig gerecht werdende Beschränkung der Bestimmung wieder aufheben und zuungunsten des Mieters in ihr Gegenteil umkehren. Sie ist auch im Interesse des Vermieters nicht geboten. Denn macht der Mieter weitergehende Neuanschaffungen, so hat er dann auch, wenn er sie beim Ende des Mietvertrags wieder entfernen will, nach Befinden um so erheblichere Kosten für die Wiederherstellung des alten Zustandes aufzuwenden. . . —e—

δ) **Haftung des Mieters, der für die Scheiben aufzukommen hat.**

OLG. Hamburg, 6. ZS. Urteil v. 8. Februar 1921.

Nach dem Mietvertrag hat der Mieter die Räumlichkeiten dach- und fachfest und im baulichen Stande zu unterhalten und mit unzerbrochenen Scheiben, schließbaren Fenstern und Türen abzuliefern. Die mit dem Mietvertrag zusammengeheftete Hausordnung bestimmt: „Jeder Mieter hat die Glasscheiben der Fenster und Türen in gutem Zustande zu erhalten und zerbrochene oder sonstwie beschädigte Scheiben sofort durch neue Scheiben zu ersetzen." Das LG. mißt diesen Bestimmungen nicht die Bedeutung bei, daß die Mieterin hinsichtlich der Scheiben die Tragung irgendwelcher Gefahr übernommen habe, sondern hält sie nur im Fall eines von ihr zu vertretenden Verschuldens zur Erneuerung beschädigter Scheiben verpflichtet. Es kann dahingestellt bleiben, ob dieser Ansicht im ganzen Umfange beizutreten ist. Jedenfalls bedeuten die Bestimmungen bei sinngemäßer Auslegung nicht, daß die Mieterin damit dem Vermieter auch die Gefahren abgenommen hat, die außerhalb des Kreises der Gefahren liegen, mit denen bei Abschluß des Mietvertrags gerechnet werden konnte. Um eine solche Gefahr handelt es sich hier bei der Schaufensterscheibe, die bei den Unruhen im Juni 1919 von außen durch einen Revolverschuß beschädigt wurde. Sie der Mieterin aufzubürden, würde so unbillig sein, daß den vereinbarten formularmäßigen Bedingungen dieser Sinn nicht beigelegt werden kann (JW. 1920 S. 1045).[1] M. M.

ε) **Haftung des Mitmieters für Wasserschäden.**

OLG. Hamburg, 3. ZS. Urteil v. 13. November 1919.

Die in den Mieträumen der Beklagten vom vierten in den fünften Stock führende Wasserleitung ist 1917 infolge strenger Kälte zugefroren und geplatzt, so daß sich das ausfließende Wasser in die im zweiten Stock befindlichen Mieträume des Klägers ergoß. Der angerichtete Schaden wäre nicht eingetreten, wenn der an der Leitung der Beklagten angebrachte Abschlußhahn

[1] Obige Entscheidung entspricht nicht der Sachlage. Auch in der Vorkriegszeit waren Schaufenster stets gefährdet, zB. durch Stromer, die für den Winter ein Unterkommen im Gefängnisse suchten, durch spielende Kinder, durchgehende Kraftwagen, namentlich aber auch bei Arbeitseinstellungen, die nicht immer ganz friedlich verliefen. Jeder Mieter, der eine uneingeschränkte Haftung für die Scheiben übernimmt, pflegt sich deshalb durch Versicherung zu schützen; bei dem hohen Werte der Scheiben macht der Vermieter dies kleinen Mietern sogar zur Pflicht. In Berlin kommt es oft vor, daß der Eigentümer, namentlich vieler Häuser, sämtliche Scheiben versichert und die — dadurch geringere — Prämie auf die Ladenmieter verteilt. Die Haftung des Mieters bedeutet also nur, daß er auf eigene Kosten eine Versicherung nimmt, die sonst der Vermieter nehmen und von ihm in Gestalt einer Mieterhöhung einfordern würde. Eine Belehrung hierüber war im obigen Fall, in welchem eine große Gesellschaft gemietet hatte, nicht geboten. D. H.

geöffnet gewesen wäre. Für diese Unterlassung ist die Beklagte, da die Parteien in keinem Vertragsverhältnisse stehen, nur verantwortlich, wenn eine Rechtspflicht zum Handeln bestand. Ein besonderer Rechtssatz, der jene Pflicht umschlösse, besteht nicht. Aus allgemeinen Grundsätzen muß aber gefolgert werden, daß jeder, in dessen Herrschaftsbereich ein fremde Rechtsgüter gefährdender Zustand entsteht, den Eintritt von Schadensfolgen für andere, soweit möglich, zu verhindern hat (RGKomm. § 823 f.). Diese Rechtspflicht hat Beklagte schuldhaft verletzt. Es handelte sich um eine vom vierten Stock in das darüber befindliche Dachgeschoß besonders gelegte, zum Teil den Witterungseinflüssen frei und ungeschützt ausgesetzte Wasserleitung. Ob der Hauswirt sie genehmigt hat, ist unerheblich; jedenfalls ist sie auf Veranlassung der Beklagten gelegt worden. Die verkehrserforderliche Sorgfalt gebot daher, daß sie ihr besonderes Augenmerk zuwendete. Hätte sie das getan, so hätte ihr nicht entgehen können, daß die Leitung der Frostgefahr erheblich ausgesetzt war, jedenfalls in ganz anderem Maße, als die sonst in bewohnten Räumen üblichen Wasserleitungen. Sie hätte alsdann erwägen müssen, wie solcher Gefahr, die, wie jedermann bekannt, die Möglichkeit des Platzens der Rohre nach sich zieht, zu begegnen sei. Dabei hätte ihrer Aufmerksamkeit das Vorhandensein des Abschlußhahns und seines Verwendungszwecks nicht entgehen können. . . . M. M.

ζ) Anpassung des Betriebs an die jetzigen Verhältnisse.

OLG. Karlsruhe, 2. ZS. Urteil v. 5. Oktober 1920.

Nach dem Beweisergebnis ist der Cafébetrieb mit Billard infolge Abnahme des Fremdenverkehrs, Wegfalls der Garnison ꝛc nicht mehr gewinnbringend; besonders ist auch die Benutzung des Billards selbst durch Abnutzung und erschwerte Wiederherstellung stark zurückgegangen. Daher wurde allenthalben in den Cafés zum Konzertbetrieb übergegangen, ohne den sie überhaupt nicht mehr zu füllen sind (Gutachten). Den gleichen Zweck erfüllen die vielfach eingerichteten Fünfuhrtees mit Konzert. Es wäre unbillig, dem Beklagten (Mieter) die Anpassung an diese veränderten Verhältnisse zu verwehren; auch der Kläger müßte, wenn er den Betrieb selbst führte, entweder diesem Zuge folgen oder Schaden leiden. Das LG. hat deshalb mit Recht die Klage auf Unterlassung von Teeunterhaltungen abgewiesen. Das gleiche gilt für den Umstand, daß Beklagter im Billardsaal, sei es dauernd oder nur für bestimmte Stunden, Weinzwang eingeführt hat. Auch dadurch hat er nicht die Grenzen dessen überschritten, was ihm als zulässige Änderung des Betriebs zugebilligt werden kann. Der Mietvertrag bestimmt nicht, daß Beklagter Bier ausschenken müsse, sondern nur, daß, wenn er Bier ausschenkt, ausschließlich die vom Kläger bestimmten Biere auszuschenken seien.

Dagegen ist die Einführung der Tanzunterhaltungen unzulässig. Hierbei handelt es sich nicht um bloße Schautänze (durch Berufstänzer oder Tanzmeister), sondern um Tänze, bei denen das Publikum selbst mittanzt. Mag auch das Geräusch auf dem Fußboden durch Teppiche gedämpft sein und auf die Bewohner des Hauses nicht mehr als die Konzerte störend einwirken, so wird doch der Charakter des Lokals als eines zur Erholung und zum beschaulichen Genusse aufgesuchten Erfrischungsraums erheblich geändert.... Rpr.

η) **Verjährung der Ansprüche des Vermieters. Beginn.**

OLG. Dresden, 7. ZS. Urteil v. 26. März 1920.

... Dem § 558 entspricht es, daß mit dem Zurückerhalten der Mietsache die Ansprüche des Vermieters auch dann zu verjähren beginnen, wenn das Mietverhältnis erst später endet; denn bereits in der Zwischenzeit kann sich der Vermieter von dem Zustand überzeugen, in dem sich die Sache befindet. Der Kläger hatte aber schon vor 22. Mai 1918 die Wohnung besichtigt, die der Beklagte damals verlassen hatte. Denn er schreibt am 22. Mai, daß sämtliche Wohnräume mit neuen Tapeten versehen werden müßten und daß das Treppenhaus neu zu malen sei. Am 5. Juni macht er dann über die Notwendigkeit der Vorrichtungsarbeiten dieselben Angaben. Er hatte also schon am 22. Mai von dem Zustande der Wohnung Kenntnis und war deshalb schon damals in der Lage, deshalb Ansprüche zu erheben. Er hat aber erst am 22. Mai 1919 geklagt. Allerdings hat die Beklagte am 7. Juni dem Kläger geantwortet, sie übergebe ihm das Grundstück erst an dem Tag, an dem sie aufhöre, Miete zu zahlen und gestatte ihm solange auch nicht die Vornahme irgendwelcher Vorrichtungen. Dadurch ist jedoch nichts an der Tatsache geändert worden, daß der Kläger Zutritt zur Wohnung hatte. Außerdem hat er ihr am 11. Juni geschrieben, er habe die Wohnung zum 1. Oktober anderweit vermietet, obwohl Beklagte an den Mietvertrag noch bis 30. September 1919 gebunden war. Mit dieser vorzeitigen Vermietung hatte sich Beklagte schon im Briefe vom 7. Juni einverstanden erklärt. Durch sie ist es, selbst wenn wegen des schriftlichen Vorbehalts vom 7. Juni der Kläger seine Wohnung noch nicht im Sinne von § 558 zurückerhalten haben sollte, doch zur Tatsache geworden, daß Beklagte die Wohnung nicht wieder in Gebrauch nehmen würde. Damit also stand für beide Teile fest, daß das Aufgeben der Wohnung durch die Beklagte und die Besitznahme der Räume durch den Kläger die tatsächliche Beendigung des Mietverhältnisses bedeute, der Kläger also die Wohnung schon damals zurückerhalten hatte.... —e—

u) α) **Erfolgloser Versuch einer Brunnenanlage. Werk- oder Dienstvertrag?**

OLG. Rostock, 1. ZS. Urteil v. 12. Juli 1920.

Der Beklagte hatte die Herstellung eines Brunnens auf der Häuslerei des Klägers übernommen, die Arbeit aber nach umfänglichen erfolglosen Bemühungen eingestellt. Der Kläger hat darauf auf Fertigstellung geklagt, weil sich der Beklagte verpflichtet habe, den Brunnen gegen eine feste, bereits bezahlte Vergütung von 205 Mark gebrauchsfertig herzustellen. Der Beklagte hat dies bestritten und widerklagend weitere 1000 Mark beansprucht, weil er Arbeitslohn nach der verwendeten Zeit zu fordern habe.... Er behauptet nun, daß bei Verträgen der fraglichen Art Vergütung nach Stundenlohn und Materialaufwand üblich und daher als stillschweigend vereinbart anzusehen sei. Allein nach der Auffassung des Beklagten ist ein Dienstvertrag abgeschlossen, wodurch er sich verpflichtete, zur Herstellung eines Brunnens Arbeiten zu leisten, so daß er für einen Mißerfolg nur dann einzustehen hätte, wenn dieser durch fehlerhafte Ausführung der Arbeit verschuldet war. Nach der Darstellung des Klägers handelt es sich dagegen um einen Werkvertrag und könnte eine Vergütung nur gefordert werden, wenn das Werk hergestellt wird. An sich kann ebensowohl die eine wie die andere Rechtsform beim Abschluß derartiger Verträge gewählt werden. Eine Vermutung dafür, daß die Form des Dienstvertrags oder wenigstens eine Entlohnung nach seinen Vorschriften gewollt sei, besteht nicht. Sie kann auch nicht aus der tatsächlichen Natur des Vertrags, besonders nicht aus der Unsicherheit des Erfolgs derartiger Arbeiten hergeleitet werden. Diese Unsicherheit dem Unternehmer zur Last zu legen, ist nicht unbilliger, als sie dem Besteller aufzubürden. Ersterer kann die bei seiner Tätigkeit erforderlichen Aufwendungen an Zeit und Mühe vorher veranschlagen und danach seine Forderung bemessen oder ausdrücklich Zeitlohn ausbedingen. Der Besteller, der die Schwierigkeiten regelmäßig weniger übersieht als der Unternehmer, der Fachmann zu sein pflegt, wird gewöhnlich nicht gewillt sein, sich mit Verpflichtungen zu belasten, deren Umfang er nicht abschätzen kann. Hier, wo es sich um eine Brunnenanlage auf einem kleinen Grundstück von 5800 Mark Wert handelt, ist schwerlich anzunehmen, daß er eine völlig unsichere, im tatsächlichen Ergebnis nutzlos über 1000 Mark betragende Aufwendung hat auf sich nehmen wollen. Demnach ist die Behauptung des beweispflichtigen Beklagten unbewiesen geblieben. Aber auch der Anspruch des Klägers auf Fertigstellung des Werks nach § 633² ist nicht mehr berechtigt. Denn Beklagter hat mit großem Aufwand an Zeit und Mühe auf zwei verschiedenen Stellen tiefe Bohrungen vorgenommen, ohne auf eine dauernd zu erfassende Wassermenge zu stoßen. Es ist daher durchaus glaubhaft, daß die Beschaffenheit des Bodens die Herstellung eines Brunnens entweder überhaupt ausschließt oder doch von so großen Arbeiten und Kosten abhängig macht, daß die Fortsetzung der Bohrungen einen zum erhofften Erfolg unverhältnismäßigen Aufwand erfordert. J. n.

β) **Haftung für die im Schulflur aufgehängte Schülerkleidung.**[1]

OLG. Rostock, 1. ZS. Urteil v. 4. Oktober 1920.

Der Beklagte (Fiskus) wurde durch den auf entgeltliche Unterrichtserteilung im Schulgebäude gerichteten Vertrag verpflichtet, den Schülern für die Unterrichtszeit zur Aufbewahrung ihrer Kleidungsstücke einen Raum zur Verfügung zu stellen, der gegen Diebstähle Schutz bot. Bei Bestimmung des Umfangs der Schutzmaßregeln sind der Wert der zu schützenden Güter und die Größe der Diebstahlsgefahr einerseits, Schwierigkeiten und Kosten der Schutzmaßnahmen anderseits gegeneinander abzuwägen. Danach reichten die hier getroffenen Maßnahmen nicht aus. Der vielfach gesteigerte Wert der Kleidungsstücke, die herrschende Zunahme der Diebstähle während und nach dem

[1] Die Haftung des Staates ist zwar nicht aus § 688 BGB., sondern aus dem mit dem öffentlichen Rechtsverhältnis verbundenen Privatrechtsverhältnis herzuleiten. Ordnungsmäßiger Verschluß der Zugangstüren genügt (OLG. Hamburg 29. Sept. 1920; HansRZ. 1921 S. 41).

Kriege machten dem Beklagten weitergehende Schutzmaßnahmen zur Pflicht, zumal Schulen mit ihrem geringen Verkehr während der Schulstunden eine besonders günstige Gelegenheit zu Diebstählen bieten.... Diebstähle von außen eindringenden Personen konnten dadurch gehindert werden, daß sämtliche Zugangstüren zum Gymnasium so eingerichtet wurden, daß sie außer von dem mit einem Öffnungswerkzeuge zu versehenden Schuldiener nur von innen geöffnet werden konnten. Gewiß hatte das einige Unzuträglichkeiten im Gefolge, aber diese standen nicht im Verhältnisse zu dem Nutzen. Arbeiteten, wie am kritischen Tage, fremde Personen im Schulgebäude, so war eine ständige Bewachung sämtlicher Gänge geboten. Die dadurch erwachsenden Kosten kommen gegenüber den zu schützenden Werten nicht in Betracht. Allerdings sind Entwendungen durch einen Anstaltsschüler möglich und durch Maßnahmen der bezeichneten Art und überhaupt durch Schutzmaßnahmen kaum zu verhindern; aber diese Möglichkeit liegt in einer fast ausschließlich von Söhnen der gebildeten und begüterten Klassen besuchten Schule so fern, daß sie außer Betracht bleiben konnte, solange sie vom Beklagten nicht behauptet und bewiesen wurde.... Dr. Br.

γ) **Interessenwahrnehmung bei Umzügen.**

OLG. Jena, 2. ZS. Urteil v. 22. Oktober 1920.

Der Kläger hat die Möbel des Beklagten von M. nach dem Bahnhof N. befördert, von wo der Beklagte durch den Spediteur S. und Hilfskräfte den Möbelwagen nach seiner 200 m entfernten Wohnung bringen ließ. Da der Möbelwagen in einem stark beschädigten Zustande dem Kläger zurückgesandt wurde, hat er auf Ersatz der Ausbesserungskosten und Verdienstentgang geklagt, weil die Beschädigung erst durch Leute des Beklagten oder aber durch die Eisenbahn als Frachtführer erfolgt sei. In letzterem Falle habe Beklagter durch verspätete Anzeige der Beschädigung und durch Nichtwahrnehmung der Rechte des Absenders gegenüber der Bahn dem Kläger die Möglichkeit benommen, sich an die Bahn zu halten. Der Anspruch ist nicht begründet. Der Beklagte hatte mit der Abfuhr des Wagens von der Bahn auch dessen pflegliche Behandlung, nicht nur die Kosten der Ausladung und der Rücksendung übernommen. Anderseits ist erwiesen, daß der unbeschädigt von M. abgegangene Wagen in N. bereits erheblich beschädigt eingetroffen ist. Es ist nichts dafür erbracht, daß sich die Beschädigung nennenswert während der Zeit vergrößert hätte, während deren dem Beklagten die Sorge für den Wagen oblag. Eine Pflicht des Beklagten, für den Absender Rechte gegenüber der Bahn zu wahren, liegt nicht im Möbeltransportvertrag; sie ergibt sich auch nicht aus sonstigen Bestimmungen des bürgerlichen Rechts. Wer einen Umzug ausführen läßt, denkt gar nicht daran, Pflichten zur Wahrnehmung von Interessen des Absenders gegenüber dem Frachtführer zu übernehmen. Der Spediteur als Geschäftsmann muß eine solche Interessenwahrnehmung sich eigens ausbedingen, wenn er den Vertrag mit der Abrede schließt, daß der Empfänger den Wagen sich selbst an der Bahn abholen soll.

Von selbst versteht sich eine solche Verpflichtung nicht. Hatte der Beklagte keine Anzeigepflicht, so kommt auch nichts darauf an, ob er selbst oder seine Leute die Bestimmungen des HGB. über das Erlöschen der Haftung des Frachtführers gekannt haben. M. l.

d) **Mangelhafte Spezifikation einer Rechnung.**

OLG. Rostock, 2. ZS. Urteil v. 12. Mai 1920.

Der Kläger hat in seiner Maschinenfabrik die in der Klagerechnung verzeichneten Arbeiten ausgeführt und die darin angesetzten angemessenen Preise nebst Verzugszinsen seit 1. April 1919 eingeklagt. Die Beklagte beanstandet zwei Ansätze der Klagerechnung, nämlich „an Getreidemäher 2c 136 Mark; an Göpel 2c 228 Mark" als nicht genügend spezifiziert und verweigert deshalb die Zahlung der Zinsen. Allein die Beklagte ist am 1. April unstreitig gemahnt worden. Die Mahnung setzte sie allerdings nur dann in Verzug, wenn der Klaganspruch fällig war, sie also nicht die Leistung verweigern durfte. Daher ist zu prüfen, ob die Klagerechnung genügend spezifiziert war. Denn da die Höhe der an den Kläger zu zahlenden Vergütung nicht von vornherein feststand, so mußte er nachweisen, was er zu fordern hatte, und dazu auch nachweisen, was er geleistet hatte. Solange er das unterließ, war seine Forderung nicht ausreichend begründet und konnte die Beklagte Bezahlung für die ihr als geleistet nicht nachgewiesenen Arbeiten zunächst verweigern. Die Spezifikation einer Rechnung der hier fraglichen Art kann jedoch nur so weit gefordert werden, daß ein Sachverständiger in der Lage ist, ihre Richtigkeit nachzuprüfen. Daß die Klagerechnung soweit spezifiziert ist, beweisen die Gutachten der Sachverständigen, die beide erachtet haben, daß die angesetzten Preise — falls die Arbeiten ordnungsmäßig ausgeführt — angemessen seien. An einer weitergehenden Spezifikation hat Beklagte — entgegen der Annahme des Sachverständigen A. — kein beachtliches Interesse. J. n.

e) **Verjährung von Ansprüchen wegen mangelhafter Stromlieferung.**

OLG Dresden, 1. ZS. Urteil v. 14. November 1919.

Die Beklagte hatte sich verpflichtet, den 8 PS Motor des Klägers an ihr Elektrizitätswerk anzuschließen und Strom zu liefern, hat jedoch nicht den nötigen Strom geliefert und wendet gegen die Schadensklage Verjährung ein. Dieser Einwand ist teilweise begründet. Das LG. sieht den Anspruch als einen solchen aus Verzug an. Verzug ist aber nach § 284 die nicht rechtzeitige Vertragserfüllung, die nicht vorliegt. Die Beklagte hat den Strom ohne Zögerung auch geliefert. Aber das von ihr zu leistende Werk entsprach insofern nicht dem Vertrage, als die von ihr gelieferte Energie nicht zum Betriebe des Motors ausreichte. Sie hat auch nicht etwa nur einen Teil der Energie, die sie liefern konnte, geliefert, sondern sie war gar nicht imstande, mehr zu beschaffen. Das von ihr beschaffte Werk war also mangelhaft. Der Klaganspruch ist ein solcher wegen Nichterfüllung (§ 635) und unterliegt der kurzen Verjährung des § 638. Ihr Beginn ist aber nicht schon von der Fertigstellung des Anschlusses an zu rechnen. Das wäre nur zulässig, wenn sich die Vertragspflicht der Beklagten in der Herstellung des Anschlusses erschöpfte oder wenn der Schaden durch mangelhaften Anschluß entstanden wäre. Beides trifft nicht zu. Denn die Beklagte hatte nach Herstellung des Anschlusses auch Strom zu liefern, und der Schaden ist gerade durch die mangelhafte Stromlieferung entstanden. Ebensowenig ist die Verjährungsfrist erst vom Ende der Vertragsdauer an zu rechnen. Denn es handelte sich nicht um die Lieferung einer bestimmten Gesamtmenge von Energie, die sich als unteilbare Leistung darstellte und erst mit dem Ende des Vertrags als abgenommen zu gelten hätte, sondern es stand in Frage eine fortdauernde gleichmäßige Stromlieferung, die einer Sukzessivlieferung bei Kaufverträgen gleichsteht. Als Abnahme erscheint die jeweilige Stromentnahme. Demnach ist auch der Schaden nicht als ein einheitlicher Gesamtschaden anzusehen; vielmehr sind die einzelnen Schäden als untereinander selbständig zu erachten. Das gleiche gilt auch von den Ansprüchen auf ihren Ersatz, so daß für jeden die Verjährungsfrist selbständig mit seiner Entstehung beginnt. Es könnte sich deshalb fragen, ob nicht die Schäden von Tag zu Tag als dem kleinsten Kalenderabschnitte zu berechnen sind. Das ist aber nicht anzunehmen. Im Geschäftsleben rechnet man bei Feststellung der Betriebsergebnisse nicht unter Zugrundelegung der einzelnen Tage, weil dies unpraktisch und kaum durchführbar wäre, sondern nach längeren Fristen, regelmäßig nach Monaten. Auch der Kläger legt seinen monatlichen Reinverdienst zugrunde. Die Beklagte berechnet gleichfalls die Zählermiete nach Monaten und zieht die Rechnungsbeträge monatlich ein. Da die Klage am 21. Oktober 1915 erhoben ist, sind die bis 31. März 1915 entstandenen Ansprüche verjährt. —e—

c) **Bedeutung der Garantie für sichtbare Mängel.**

OLG. Braunschweig, 2. ZS. Urteil v. 4. Januar 1920.

Da die Beklagte die Herrichtung eines Grabmals aus den vom Kläger zu beschaffenden Stoffen aufgetragen hat, dieses Grabmal auch nach Zeichnung in besonderen Ausmessungen eigens für den von ihr bestimmten Zweck anzufertigen war, liegt Werklieferung nach § 651 S. 2 vor, auf den die §§ 631 ff. Anwendung finden, soweit nicht in der Übernahme einer Garantie auf 5 Jahre für sichtbare Fehler eine verstärkte Haftung des Klägers begründet ist. Übergabe und Abnahme sind Ende 1918 erfolgt, ohne daß Beklagte dabei Fehler oder Mängel gerügt hätte. Wenn sie damals aber die Frage, ob sie mit der Ausführung zufrieden gestellt sei, bejaht hat, so hat sie damit doch keineswegs das Werk als völlig vertragsmäßig anerkannt, sondern nur die Erfüllung im Sinne der §§ 341³, 363 angenommen (RG. 57 S. 338), damit also auch das Rügerecht etwaiger ihr derzeit noch unbekannter Mängel keineswegs verloren (Gruchot 57 S. 964). Der Kläger behauptet zwar, die demnächst, aber rechtzeitig gerügten Aderungen im Sockel seien schon als in der Gesteinsstruktur liegend bei der Abnahme vorhanden und offen sichtbar gewesen. Allein das würde nur besagen, daß Beklagte sie damals hätte erkennen können und müssen, während § 640² ihre wirkliche Kenntnis voraussetzt, die nicht behauptet ist... Sie war auch nicht mit der Mängelrüge durch die gleich nach der Abnahme geleistete Teilzahlung ausgeschlossen, da hierin kein Verzicht auf Gewährleistungsansprüche liegt (Staub HGB. vor § 373 N. 77 a a. E.). Gerügt hat die Beklagte, daß die beiden Untersockel feine Risse von stellenweise rostbrauner Färbung aufwiesen, die mit zunehmender Verwitterung immer wieder stärker erscheinen und die künstlerische Wirkung des Grabmals beeinträchtigen. Sie sieht hierin Mängel des Werks im Sinne des § 633 und sichtbare Fehler im Sinne des Garantievertrags, verlangt ihre Beseitigung durch Auswechslung der beiden Quadern und verweigert bis dahin die Zahlung der Restforderung, wendet also nicht gehörige Vertragserfüllung ein. Es ist streitig, ob diese Einrede aus § 320, die bei gegenseitigen Verträgen an die Stelle des Zurückbehaltungsrechts aus § 273 tritt (RG. 68 S. 22) und nicht von Amtswegen zu beachten ist, nur bei Zurückweisung der Lieferung statthaft ist (RG. 66 S. 333; Seuff. 60 S. 29; Staub aO.; Staudinger BGB. § 633 B III 1 a) oder auch bei Erfüllungsannahme nach §§ 341[3], 363, 640[2] (RG. 66 S. 280; Planck § 320[3]; Oertmann § 320 B 4 b, § 363 B 3; Staudinger § 320 B 2, Enneccerus[6] I 2 S. 92 Z. 2, 3; Crome, System, 2 S. 172; Cosack Lehrb. 1 S. 305). Unbedenklich wird man indessen die Einrede da zulassen müssen, wo sie wie hier mit der einredeweisen Geltendmachung des Gewährleistungsanspruchs, besonders auf Nachbesserung, zusammenfällt und dieser Anspruch nicht bereits durch Verzicht, Verjährung ꝛc verloren gegangen ist (RGKomm. § 320[7]; Staub aO.), der Besteller auch überhaupt noch beim Vertrage stehen bleibt und nicht das Werk wegen Mängel endgültig ablehnt (RG. 51 S. 369, 69 S. 381). Gemäß dem Garantievertrag ist die Beweislast nicht infolge der Erfüllungsannahme umgekehrt, vielmehr hat der Kläger nachzuweisen, daß sichtbare Fehler am Grabmal nicht vorhanden sind oder doch die gerügten Risse keine Fehler darstellen. Dieser Beweis aber ist ihm mißlungen.... Allerdings ist nur ein geringfügiger Mangel gegeben; allein der Besteller kann auch die Beseitigung solcher Mängel fordern. W. n.

v) **Stillschweigender Nachweisauftrag an Mäkler.**

OLG. Rostock, 1. ZS. Urteil v. 18. November 1920.

Der Kläger beansprucht für die Zuführung des A. als Käufers des Grundstücks der Beklagten eine Vergütung von 2%. Er ist, ehe in bezug auf die von einem andern Mäkler eingeleitete Annäherung zwischen A. und der Beklagten etwas geschah, dazwischengetreten, indem er den A. der Beklagten zuführte, so daß diese nunmehr Gelegenheit hatte, mit ihm zu verhandeln. Ist hiernach der ursächliche Zusammenhang zwischen der Tätigkeit des Klägers und dem Abschlusse gegeben, so liegt doch kein genügender Anhalt dafür vor, daß Beklagte den Kläger nicht für einen vom Käufer angenommenen Mäkler hielt. Es ist in neuerer Zeit durchaus nichts Ungewöhnliches, daß sich Kaufliebhaber der Hilfe eines Mäklers zum Auffinden von Kaufgelegenheiten oder zur Vermittlung solcher Geschäfte bedienen. Daher muß der Verkäufer aus dem Umstande, daß eine ihm gegenüberstehende Persönlichkeit nur als Vermittler tätig werde, nicht ohne weiteres schließen, daß sie seine Interessen wahrnehme und von ihm Entlohnung erwarte. Besondere Anhaltspunkte aber dafür, daß Beklagte auch das letztere habe annehmen müssen, hat der Kläger nicht beigebracht. Insbesondere ergibt sich dieser Schluß nicht daraus, daß er der Beklagten außer A. auch noch M. und N. als Käufer vorgestellt hat. Es war durchaus möglich, daß er von mehreren Kaufliebhabern Auftrag hatte, eine Stelle zu besorgen, und daß er jedem von ihnen die Stelle der Beklagten zeigte.

Hiernach bleibt für den Kläger lediglich die Möglichkeit, sich auf die ausdrückliche Erteilung eines Auftrags zu stützen. In dieser Beziehung weist er darauf hin, daß doch sein ganzes Verhalten (Ausbieten der Stelle in der Zeitung, Zuweisung von Kaufliebhabern, von denen er einen sogar habe allein gehen lassen) und die Erwägung, daß er sich doch schwerlich ohne feste Zusage einer Vergütung auf diese Tätigkeit für die Beklagte eingelassen hätte, dafür sprächen, daß ihm ausdrücklich ein Mäklerlohn zugesichert sei. Allein trotz alledem ist durchaus möglich, daß er sich gescheut hat, die Beklagte zur ausdrücklichen Zusicherung einer Provision aufzufordern oder daß er überhaupt nur als Beauftragter von Kaufliebhabern gehandelt hat. Dr. Br.

w) **Auslobung. Auszahlung an Mitbewerber.**

OLG. Frankfurt, 4. ZS. Urteil v. 14. Juli 1920.

Nach dem Beweisergebnisse hat der Kläger hervorragend zur Wiederherbeischaffung der gestohlenen Sachen und damit zur Erreichung des mit der Auslobung angestrebten Erfolges mitgewirkt, so daß es auf seine Kenntnis der Auslobung und seinen Willen, sich die ausgesetzte Belohnung zu verdienen, nicht weiter ankommt. Ob seiner Tätigkeit allein die Wiedererlangung zu danken und er deshalb die ganze ausgesetzte Belohnung zu beanspruchen berechtigt sei, kann dahingestellt bleiben. Selbst wenn dies der Fall wäre, könnte er diesen Anspruch gegen die Beklagte nicht verfolgen, weil diese unbestritten einen Teil der Belohnung an drei Verkäufer der bestohlenen Firma bereits verteilt hat u. z. ohne jede Absicht, dem Kläger die Geltendmachung seines Anspruchs zu vereiteln. Nach den Bewerbungsschreiben konnte sie mit Recht annehmen, daß den drei Verkäufern das Hauptverdienst an der Wiederherbeischaffung des Diebesgutes zuzuerkennen sei und der Umstand, daß der Name des Klägers in dem einen Schreiben genannt und darin mitgeteilt war, daß die Verkäufer aus dem vom Kläger vorgelegten Musterstück sofort erkannt hätten, daß es sich um bei ihrer Firma gestohlenen Samt handele, gab ihr noch keine Veranlassung, nun ihrerseits Ermittlungen anzustellen, ob der Kläger auch einen Teil der Belohnung beanspruche. Angesichts ihrer in weitestgehender Weise veröffentlichten Auslobung durfte sie annehmen, daß der Kläger sie kannte und seine Rechte anmelden würde. Nachdem er das während zweier Monate nach Entdeckung des Diebstahls nicht getan hatte, konnte sie annehmen, er mache Ansprüche auf die Belohnung nicht geltend, zumal nicht ohne weiteres gesagt werden kann, daß jeder, der an der Entdeckung eines Diebstahls und der Ermittlung des Täters mitgewirkt hat, nun auch ohne weiteres gewillt ist, eine dafür ausgesetzte Belohnung für sich zu beanspruchen. Wenn daher auch der Kläger durch sein Verhalten nicht auf die Belohnung überhaupt und endgültig verzichtet hat, so muß er doch die von der Beklagten in gutem Glauben vorgenommene Verteilung gegen sich gelten lassen und kann daher seine etwaigen Rechte wegen angeblich unbilliger Verteilung nur gegen die drei Verkäufer geltend machen (Staudinger N. 8 b RGKomm. N. 2 zu § 660). Lediglich den noch nicht gezahlten Teil der Belohnung kann daher der Kläger unmittelbar von der Beklagten verlangen.

Der Auslobende muß zu der Richtigkeit der sachlichen Angaben seiner Erklärung stehen. Es geht nicht an, daß er durch Inaussichtstellen eines großen Gewinns einen starken Anreiz zur Erreichung des Erfolges gibt und daß er sich dann, wenn dieser Anreiz gewirkt hat, unter Berufung auf einen Irrtum auf den geringen Wert des tatsächlich nur gestohlenen Guts stützen kann. Dies muß hier um so mehr gelten, als die Beklagte selbst vorträgt, daß erfahrungsgemäß in mindestens 95 % aller Fälle der Versicherungsnehmer den Schaden zunächst zu hoch schätzt. Sie hatte also allen Anlaß, bei der Wertschätzung in der Auslobung ganz besonders vorsichtig zu sein. Einen ihr dabei trotzdem unterlaufenen Irrtum konnte sie zwar rechtswirksam anfechten, aber nur in der Form der öffentlichen Auslobung. Mit Recht hat daher das LG. den Wert der wieder herbeigeschafften Sachen (8450 Mark), den die Beklagte der Festsetzung der versprochenen 10 % Belohnung zugrunde legen muß, auf denjenigen Teil des in der Auslobung angegebenen Gesamtschadens von 25000 Mark berechnet, der dem Verhältnis der wieder herbeigeschafften Sachen zum Werte der tatsächlich gestohlenen (12400 Mark) entspricht. Danach ergibt sich aus der Gleichung $x : 25000 = 8450 : 12400$ die Grundlage für die Belohnung... K. r.

x) **Schadensersatz beim Verwahrungsvertrage.**[1]

α) OLG. Rostock, 1. ZS. Urteil v. 16. Februar 1920.

Den zwischen ihnen geschlossenen Kaufvertrag hatte der Kläger durch Bezahlung des Kaufpreises und die Beklagte durch Eigentumsübertragung gemäß § 930 erfüllt. Dem dabei geschlossenen Aufbewahrungsvertrage hat aber Beklagte zuwidergehandelt, indem sie die Sachen veräußerte; sie ist demgemäß nach Ablauf der ihr nach § 326 gesetzten Frist zum Schadensersatz verpflichtet. Dieser wird nicht etwa wegen Verzugs gemäß § 286, sondern wegen mangelnder Vertragserfüllung begehrt. Er ist auch nicht auf denjenigen Wert beschränkt, den die Sachen im Zeitpunkt des Eintritts des Verzugs hatten; nach den Regeln der §§ 249, 251 ist vielmehr Gelderſatz in demjenigen Betrage zu leisten, der nötig ist, um für den Kläger wirtschaftlich die Lage herzustellen, in der er ohne das schädigende Ereignis gewesen wäre. Beklagte muß also einen Betrag leisten, für den jetzt ein dem entzogenen gleichwertiges

[1] Stillschweigender Abschluß eines solchen Vertrags über die vom Mieter bei seinem Wegzuge mit Zustimmung des Vermieters zurückgelassenen Sachen (OLG. Kiel, 2. ZS. Urteil v. 11. Mai 1920; SchlHA. S. 155).

Klavier nebst Zubehör zu beschaffen ist. Man kann auch nicht sagen, daß der Kläger dadurch, daß er sich nicht früher, als die Sachen noch billiger waren, diese beschafft hat, schuldhaft zur Entstehung des Schadens mitgewirkt habe. Denn es war, zumal bei den jetzigen wirtschaftlichen Verhältnissen, nicht zu verlangen, daß er ein Klavier anschaffte, bevor er einen vollstreckbaren Schuldtitel wegen seiner Ersatzforderung hatte. Dr. Br.

β) OLG. Braunschweig, 1. ZS. Urteil v. 3. Dezember 1920.

Bei einem vom Beklagten in seinem Hotel veranstalteten Tanzvergnügen hatten die Teilnehmer ihre Kleidung gegen 30 Pfennige Gebühr abzugeben. Der Kläger hat jedoch seinen Überzieher nicht zurückerhalten und verlangt dessen jetzigen Wert mit 600 Mark. Da der Beklagte einen Verwahrungsvertrag über den Überzieher abgeschlossen hat, so haftet er auf Schadensersatz. Für die Höhe ist die Zeit des schädigenden Ereignisses maßgebend; wenn sich der Schaden jedoch bis zum Urteil infolge von Umständen, die der Geschädigte nicht zu vertreten hat, vergrößert, so fällt dies dem Schädiger zur Last, weil er sich im Verzuge befindet. Bei der Beschädigung einer gebrauchten Sache kann der Geschädigte nicht grundsätzlich eine neue dafür verlangen, weil ihm keine ungerechtfertigte Bereicherung zugesprochen werden darf; anderseits ist nicht nur der objektive Verkaufswert der Sache maßgebend, sondern der Wert, den die Sache für den Geschädigten hatte (RGKomm. A. § 251[3]; Warn. 1 Nr. 126). Hier hat der Kläger den Überzieher zwar schon Ende 1912 gekauft, aber infolge militärischer Einziehung nur selten getragen. Sein Selbstkostenpreis im Geschäft hat 55 Mark betragen. Den Wert eines neuen Überziehers gleicher Art schätzt der Sachverständige jetzt auf 600 Mark. Das erscheint nach der Preissteigerung der letzten Jahre keineswegs als zu hoch, zumal der Stoff, den der Kläger mit der Entschädigungssumme beschaffen kann, die Güte der Friedensstoffe von 1912 nicht erreicht. Der abhanden gekommene Überzieher ist dem Kläger nicht anders zu ersetzen, als daß ein neuer für ihn an die Stelle tritt. Ob er selbst inzwischen einen neuen für sich erworben hat, ist unerheblich, weil er ja auch zwei Mäntel zu besitzen wünschen kann. Daraus kann der Beklagte für sich keine Rechte ableiten. Einen gerade gleichwertigen, getragenen Mantel wird der Kläger anderweit nicht beschaffen können. Es ist ihm auch nicht ohne weiteres zuzumuten, ein von einem anderen schon getragenes Kleidungsstück zu übernehmen. Sollte sich durch die Erwerbung eines neuen Mantels für den Kläger ein gewisser Vorteil durch längere Haltbarkeit wirklich herausstellen, so kann dafür nichts abgesetzt werden. Der Kläger hat Anspruch auf sein volles Interesse, und dem kann nicht anders genügt werden, als daß ein neuer Überzieher beschafft wird. Ein nennenswerter wirtschaftlicher Vorteil läßt sich hierbei jetzt nicht feststellen und, wenn sich wirklich ein Vorteil noch zeigen sollte, so ist er nicht ungerechtfertigt, weil der Beklagte sich diese Folge selbst zuzuschreiben hätte und der Kläger Anspruch auf vollen Ersatz hat (Recht 1912 Nr. 2636, 1919 Nr. 1973; Rsp. 28 S. 54). W. n.

γ) **Haftung des Wirts für die Kleidung seiner Gäste.**[1]

OLG. Hamburg, 5. ZS. Urteil v. 30. Juni 1920.

Der Inhaber eines Restaurants haftet an sich nicht für die von den Gästen mitgebrachten Garderobenstücke. Stellt er zu deren Aufbewahrung Einrichtungen und Personen zur Verfügung, so liegt darin das Angebot zu einem besonderen Verwahrungsvertrag, zumal wenn die Aufbewahrung gegen Marken und Entgelt erfolgen soll. Angenommen wird das Angebot regelmäßig erst dann, wenn diese Gäste die Sachen an dem dazu bestimmten Orte der zur Verwahrung bestellten Person übergeben. Wenn der Wirt weitere Personen anstellt, um den Gästen die Sachen abzunehmen und an den Aufbewahrungsort zu bringen, so vollendet sich möglicherweise der Vertrag schon mit der Übergabe an diese Personen. Es kann aber auch sein, daß der Wirt diese Leute nur zur Verfügung stellt, damit sich die Gäste ihrer auf eigene Gefahr bedienen. Wie es in dieser Beziehung hier mit dem „Boy" B. stand, ist nicht klargestellt. Es kommt auch nicht darauf an, da die Aktentasche nicht in seine Hände gekommen ist. Dadurch, daß W. zur Klägerin sagte, sie möchte die Garderobe einstweilen auf einen Tisch im Restaurant legen, ist zweifellos ein Vertrag zwischen den Parteien über Aufbewahrung der Tasche nicht zustande gekommen. Zunächst erscheint ausgeschlossen, daß W. überhaupt irgendwelche Obhutpflichten für sich oder im Namen des Beklagten hat übernehmen wollen, da er als Kellner die Gäste bedienen mußte, und garnicht in der Lage war, auf die Sachen zu achten. Aber wollte man das selbst annehmen, so ist doch ein Kellner nach der Verkehrsauffassung nicht befugt, für den Wirt derartige Verpflichtungen zu übernehmen; es liegt außerhalb seines Wirkungskreises. M. M.

y) α) **Haftung des Wirts für eingebrachte Sachen.**

OLG. Dresden, 7. ZS. Urteil v. 30. Januar 1920.

Nach § 701 kommt nichts darauf an, ob der Gast auswärts oder am selben Orte wohnt, ob er überhaupt einen Wohnsitz außerhalb der Gaststätte hat, ob sein Aufenthalt darin für längere oder kürzere Zeit beabsichtigt ist, welche Vergütung und welche Zahlungsweise für sie vereinbart ist. Denn diese Umstände berühren die Tatsache nicht, daß dem Gaste Beherbergung, dh. Ersatz für Heim und Häuslichkeit geboten wird. Ebenso ist gleichgültig, ob der Gast oder der Wirt die polizeiliche Anmeldung und die Lebensmittelkarten besorgt. Weiter erfordert jedoch der § 701, daß der Wirt den Gast im Betriebe seines G e w e r b e s aufgenommen habe. Das würde dann nicht zutreffen, wenn er einen Teil seiner Räume erkennbar aus seinem Gewerbebetrieb ausgeschieden hätte. Einen Beweggrund dafür könnte besonders die Absicht des Gastes bilden, für längere Zeit seinen Aufenthalt dort zu nehmen. Aber für sich allein genügt diese Absicht noch nicht dazu, auch nicht, wenn

[1] In öffentlichen Lokalen pflegt zwar der Wirt eine Gelegenheit zum Aufhängen ihrer Garderobe den Gästen zur Verfügung zu stellen; darin liegt aber kein Vertragsantrag, den der Gast dann durch Benutzung der Gelegenheit annimmt (OLG. Kiel, 3. ZS. Urteil v. 27. Okt. 1920; SchlHA. 1921 S. 16).

sie zu einer besonderen Abmachung über die Höhe der Vergütung, die Zahlungsfrist, Kündigung oder ähnliches geführt hat, die von dem sonst Üblichen abweicht. Vielmehr muß erkennbar werden, daß das Verhältnis zwischen Gast und Wirt aus dem Bereiche des Gewerbebetriebs ausscheiden solle. Das ist aber hier nicht geschehen. Vielmehr ist schon die räumliche Zugehörigkeit zur Gastwirtschaft beiden Zimmern, die nacheinander dem Kläger überlassen worden sind, durch die Beibehaltung der in Gasthäusern üblichen Nummerierung gekennzeichnet worden. Der Beklagte hat durch die in seinem Gewerbebetrieb tätigen Leute das Zimmer und die Stiefel des Klägers reinigen lassen. Von besonderer Bedeutung ist, daß der Kläger das Zimmer nicht unter eigenem Verschluß gehalten, sondern den Schlüssel dazu beim Verlassen des Hauses jedesmal an ein Schlüsselbrett beim Pförtner gehängt hat, wie es in Gasthäusern üblich ist. Dazu kommt, daß keine Kündigungsfrist vereinbart und daß die Vergütung nach Tagen bemessen worden ist, so daß eine etwaige Absicht des Klägers, für eine längere Zeit seine Wohnung im Hause des Beklagten zu nehmen, überhaupt nicht durch eine besondere Gestaltung des Vertragsverhältnisses zum Ausdruck gekommen ist....

Die Anzeigepflicht des § 703 soll dem Wirt ermöglichen, die Behauptungen des Gastes zu prüfen und gegen seine etwa schuldigen Leute vorzugehen. Dazu ist nicht unter allen Umständen erforderlich, daß sofort ein Verzeichnis aller einzelnen abhanden gekommenen Sachen vorgelegt wird. Seine Aufstellung würde in vielen Fällen die Anzeige verzögern, deren Beschleunigung den Wirt mehr berührt, als die sofortige Kenntnis der einzelnen Gegenstände. Daher reicht hier die Anzeige aus, auch wenn der Kläger das Abhandenkommen der Schmucksachen nicht gleichzeitig, sondern erst nach einigen Tagen mitgeteilt hat, zumal kein Verdacht besteht, daß er diesen Verlust nachträglich erdichtet hat....

Zum Ersatze des Schadens muß der Beklagte den Geldbetrag gewähren, der zur Herstellung des Zustandes, der ohne den Verlust bestände, also zum Ankaufe von Sachen in gleicher Beschaffenheit, wie sie die abhanden gekommenen zurzeit des Verlustes hatten, erforderlich ist. Dieser Betrag kann bei der jetzigen Entwicklung der Wertsverhältnisse sehr leicht denjenigen erheblich übersteigen, der bei der Anschaffung aufgewendet wurde, auch wenn die Sachen inzwischen benutzt worden sind.... —e—

β) Ausschluß des § 701 durch Verschulden des Gastes.[1] Kostbarkeit.

OLG. Rostock, 2. ZS. Urteil v. 8. Oktober 1919.

[1] Höhere Gewalt i. S. des § 701 ist gegeben, wenn in der Nacht drei mit Waffen versehene Personen in den Gasthof des Beklagten eindringen und die dort als Gast weilende Klägerin ihrer Schmucksachen berauben (OLG. Kiel, 1. ZS. Urteil v. 1. Juli 1920; SchlHA. S. 200). — Für § 702 ist der Begriff „Kostbarkeit" aus der Anschauung und dem Sprachgebrauche des Lebens zu entnehmen und auch auf Kleidungsstücke anzuwenden, sofern die derzeitigen, für Ende 1918, geltenden allgemeinen Werte in unverhältnismäßiger, ungewöhnlicher Weise überschritten sind. Dies ist nicht der Fall bei einem Damenmantel (Samt, seidegefüttert mit Pelzkragen), dessen anfänglicher Wert von 2000 schließlich auf 6000 Mark hinaufgegangen ist (OLG. Karlsruhe, 1. ZS. Urteil v. 14. Juli 1920; Rpr. S. 109).

Die Klägerin, die sich zusammen mit ihren Schwestern vom 1. bis 14. September 1918 in dem von der Beklagten in Warnemünde betriebenen Fremdenheim aufgehalten hat, behauptet, daß ihr am Nachmittag des 4. September aus dem ihr zugewiesenen Zimmer 870 Mark und mehrere Kostbarkeiten nebst Taschen gestohlen seien. Ihr Anspruch auf Schadensersatz von 1000 Mark ist unbegründet, selbst wenn die Beklagte, insofern sie Inhaberin eines Fremdenheims ist, als Gastwirtin, die gewerbsmäßig Fremde zur Beherbergung aufnimmt, im Sinne des § 701 anzusehen ist.

Auf das Rechtsverhältnis zwischen Gastwirt und Gast findet § 254 Anwendung (RG. 75 S. 394). Ein Verschulden des Gastes an dem Verlust eingebrachter Sachen vermag also unter Umständen die Ersatzpflicht des Gastwirts auszuschließen, auch soweit diese nur aus § 701 hergeleitet wird. Die Klägerin hat aber die ihr angeblich gestohlenen Sachen ungenügend verwahrt. Im Sommer 1918 wurden in größeren Kurorten häufig Diebstähle verübt. Die Klägerin, die sich selbst als eine reisegewandte Dame hinstellt, mußte dies wissen und daher bei der Verwahrung ihrer Sachen, besonders bei Geld und Kostbarkeiten die größte Vorsicht anwenden. Trotzdem hat sie von den Verschlußvorrichtungen, die sich ihr boten, in durchaus unzureichender Weise, wie sie bei einiger Überlegung sofort erkennen mußte, Gebrauch gemacht. Die Kommode, in die sie angeblich den ziselierten Ring und das Zigarettenetui nebst Tasche gelegt hat, konnte mittels des auf jener liegenden Schlüssels sehr leicht geöffnet werden. Die Reisetasche, in der sich angeblich das Geld und der Trauring in einer Handtasche befunden haben, soll zwar verschlossen gewesen sein. Die Klägerin hat aber trotz der Höhe des angegebenen Geldbetrags den Kleiderschrank, in den sie die Reisetasche stellte, nicht verschlossen, obwohl dies geschehen konnte. Sie hat ferner die Tür des Zimmers zwar zugeschlossen, den Schlüssel aber außerhalb an einen Nagel gehängt, so daß die Tür leicht geöffnet werden konnte. Die Tür in dieser Weise zu verschließen, mochte vielleicht unter gewöhnlichen Umständen angängig sein. Wenn aber die Klägerin 870 Mark und Kostbarkeiten im Werte von mehr als 440 Mark in der angegebenen Weise im Zimmer verwahrte, so gebot ihr die einfachste Vorsicht, dafür zu sorgen, daß die Benutzung des Schlüssels durch Unbefugte ausgeschlossen wurde. Dies war um so mehr geboten, als, wie sie angibt, leicht Unbefugte unbemerkt in das Haus eindringen konnten. Die gehörige Anwendung der erwähnten Verschlußvorrichtungen hätte der Verübung des behaupteten Diebstahls erhebliche Hindernisse bereitet, die nach der Erfahrung des Lebens geeignet sind, einen Diebstahl zu verhüten. Daß trotz des gehörigen Gebrauchs der Verschlußvorrichtungen der Diebstahl verübt worden wäre, hätte bei dieser Sachlage die Klägerin darlegen müssen. Dieses grobe Verschulden überwiegt den Grund, aus dem nach § 701 einem Gastwirt die Ersatzpflicht für den Verlust eingebrachter Sachen auferlegt ist, in dem Maße, daß eine solche Verpflichtung der Beklagten gar nicht anzuerkennen ist.

Ein Mitverschulden trifft die Beklagte nicht. Ihr wird vorgeworfen, sie habe weder die Haustür mit einer Schelle versehen, noch den Hauseingang überwachen lassen. Allein es erscheint zweifelhaft, ob ihr bei dem Verkehr, den ein Pensionat mit sich bringt, überhaupt zuzumuten war, diese Vorkehrungen zu treffen. Der Entscheidung hierüber bedarf es indessen nicht, denn es ist nicht dargelegt, daß eine solche etwaige Nachlässigkeit der Beklagten bei der Entstehung des Schadens mitgewirkt hat. Diese Mitwirkung ist dadurch bedingt, daß der Dieb von außen in das Haus eingedrungen ist, also nicht zu den Hausgenossen, besonders zu den Gästen des Pensionats — deren Verschulden die Beklagte nicht zu vertreten hat — gehört hat. Die Ausführung des Diebstahls durch einen Hausgenossen ist keineswegs unwahrscheinlich, wenigstens ebensogut möglich wie durch eine nicht zum Pensionat gehörende Person. Die Darlegung, daß der Dieb von außerhalb des Hauses gekommen sei, gehört daher zu der Begründung, die Beklagte habe durch Unterlassung von Vorkehrungen gegen das Eindringen Unbefugter zur Entstehung des Schadens mitgewirkt. J. n.

γ) **Gelten die Inhaber von Fremdenheimen stets als Gastwirte?**

Kammergericht, 8. ZS. Urteil v. 13. Oktober 1920.

Allerdings kann sich auch der Betrieb eines Pensionats als Gastwirtschaft darstellen. Dies hängt von den Umständen des Falls und der Auffassung des Verkehrs ab. Hier handelt es sich jedoch nach der Art des Betriebs nicht um eine Gastwirtschaft oder auch nur um einen hotelartigen Betrieb. Wenn auch etwa 20 Zimmergäste vorhanden sind und die Zahl der Tischgäste durchschnittlich 10—15 beträgt, so steht doch die Tatsache, daß die Bedienung in normalen Zeiten nur aus drei Hausmädchen und einer Köchin bestanden hat und ein Hausdiener nicht gehalten wurde, mit dem üblichen Zustand eines auch nur kleinen Hotels nicht im Einklang. Den wesentlichen Zwecken und Gepflogenheiten einer Gastwirtschaft widerspricht ferner, daß die Gäste regelmäßig nur gegen zweiwöchige Kündigung zum 1. oder 15. des Monats aufgenommen werden. Auch ist der Inhaber, ohne sich einen Vertreter zu bestellen, für die Dauer eines Monats verreist, und hat für diese Zeit einen wesentlichen Teil des Betriebs, nämlich die Verpflegung der Gäste, in der Hauptsache einfach ausgesetzt und die Hälfte seiner Angestellten entlassen oder beurlaubt. Bei einem so gestalteten Verkehrsunternehmen fällt auch der Grund des § 701, daß nämlich mit einer eigentlichen Gastwirschaft für jeden, der sich von ihr aufnehmen läßt, die Gefahr verbunden ist, durch die große Zahl fremder sich täglich erneuernder Gäste, mit denen er vom Inhaber der Wirtschaft in Nachbarschaft und Flurgemeinschaft gebracht wird, an seiner Habe Schaden zu erleiden. Eine solche Gefahr wird im gegenwärtigen Falle hauptsächlich dadurch wesentlich verringert, daß durch die Bedingung zweiwöchiger Kündigung ein so großes Zuströmen täglich wechselnder Fremder erheblich vermindert und ein längerer Aufenthalt der Gäste im Hause gewährleistet wird. . . . B.

z) α) **Weiterführung eines Zeitungsunternehmens durch ein Konsortium.**
OLG. Rostock, 1. ZS. Urteil v. 14. Juni 1920.

Die Beklagte wendet ein, daß die Kläger, die zurzeit den Vorstand der M.-Zeitung bilden, persönlich aus dem Vertrage von 1887 keine Rechte erworben hätten. Allein diesen Vertrag haben abgeschlossen die Beklagte einerseits und anderseits der „Vorstand der M.Zeitung, zurzeit bestehend aus O., P. und R.“ Daß letztere unter sich einen besonderen Gesellschaftsvertrag abgeschlossen haben, ist nicht behauptet, aber auch unerheblich. Es handelte sich dabei um ein Konsortium, wie es bei Verfolgung eines bestimmten nicht gewerblichen Zwecks, besonders im politischen Leben, vielfach in Tätigkeit tritt. Die Rechte der Mitglieder sind höchstpersönlicher Art; fallen einzelne Mitglieder fort, so setzen die übrigen die Vereinigung einfach unter sich fort, wenn sie nicht, was zu ihrem Belieben steht, weitere Personen kooptieren. Die Erben der verstorbenen Teilnehmer haben keinerlei rechtliche Beziehungen zu den übrigbleibenden Mitgliedern, besonders kein Anrecht darauf, daß sie anstatt ihres Erblassers an der Vereinigung teilnehmen, wie sie denn auch der Neuaufnahme Dritter nicht widersprechen können. Deshalb finden auch die Bestimmungen über die Auseinandersetzung von Gesellschaften keine Anwendung. Die Rechte, die den durch solche Vereinigung zusammengehaltenen Einzelpersonen erworben sind, stehen immer nur demjenigen zu, die jeweils zu ihr gehören, und sind deshalb auch nur von diesen geltend zu machen....

In der Sache selbst hält die Beklagte den Vertrag für unverbindlich und bedeutungslos, weil die Mitglieder des Konsortiums ein geistiges Eigentum oder ein Verlagsrecht an der Zeitung oder an deren Titel nicht gehabt und deshalb auch nicht hätten übertragen können. Allein der Vertrag sollte lediglich die Beziehung der Parteien so regeln, wie es den beiderseitigen Interessen am besten entsprach: dem Interesse des Konsortiums an der Verbreitung des konservativen Gedankens durch eine Zeitung und dem Interesse der Beklagten durch deren Druck und Verlag eine gewinnbringende Beschäftigung zu erlangen. Diesem Zweck entsprechend sind die Rechte und Pflichten der Parteien genau bestimmt und bei der sowohl nach gemeinem Recht wie nach BGB. geltenden Vertragsfreiheit ist die bindende Kraft dieser Bestimmungen nicht zu bezweifeln. Danach hatte die Beklagte lediglich die technische Seite des Unternehmens zu besorgen, dagegen lag seine eigentliche Leitung, die geistig-kulturelle und sozialpolitische Inspiration in einer bestimmten Richtung, die die Bekenner dieser Richtung veranlaßte, die Zeitung zu bestellen und sie bei ihren Anzeigen zu berücksichtigen, allein bei den Mitgliedern des Konsortiums. Gerade diese Inspiration machte den qualitativ besonderen Wert des ganzen Unternehmens aus, der in dem Titel der Zeitung besonders in Erscheinung trat. Wenn das LG. weiter die Folgen einer Kündigung des Vertrags bespricht, und dabei zu dem Ergebnisse gelangt, daß dann die Beklagte nicht mehr befugt ist, auf einer von anderer Seite redigierten Zeitung den Titel „M.Nachrichten" weiter zu führen, so ist diese Ausführung nur zu billigen. Es kann in dieser Hinsicht noch darauf hingewiesen werden, daß sich die Beklagte im Nachtrage sogar ausdrücklich mit der Weiterführung des Zeitungsunternehmens durch das Konsortium für den Fall einverstanden erklärt hat, daß der Vertrag zwischen dem Vorstande und dem Ministerium wegen Herausgabe der Amtlichen M.Anzeigen aus irgendeinem Grunde aufgelöst werde und die Beklagte nicht in der bisherigen Weise und unter den bisherigen Bedingungen die Herausgabe fortsetzen wolle. Diese Voraussetzungen sind eingetreten.... Dr. Br.

β) **Rechnungslegung des Jagdgastes. Klage auf Vervollständigung.**

OLG. Kassel, 1. ZS. Urteil v. 7. März 1921.

Der Kläger, der die Gemeindejagd gepachtet hatte, hat dem Beklagten durch Bescheinigung von 1918 „gestattet, die Jagd in der Gemarkung jederzeit auszuüben". Der Beklagte hat dies auch bis Ende 1919 getan und eine Rechnung ausgestellt, in der er 2 Hasen, 2 Waldtauben, 6 Raben und 2 schwache Rehböcke als von ihm geschossen anführt. Der Anspruch auf Rechnungslegung ist begründet.

1. Es liegt ein Vertrag vor und zwar des Verkehrslebens und nicht nur über „gesellschaftliche Gefälligkeiten des täglichen Lebens" (RGKomm. N. 3 vor § 662). Er ist als ein Gesellschaftsvertrag im Sinne der §§ 705 ff. aufzufassen. Wenn der Beklagte auch nicht zum Jagen verpflichtet ist — dieser Mangel an Verpflichtungswillen hindert die Annahme eines Auftrags im Sinne der §§ 662 ff. —, so doch dazu, alles erlegte Wild nach Vereinbarung oder Verkehrssitte zu bezahlen. Er hilft also das Jagdrecht wirtschaftlich auszunützen; der Kläger stellt dieses zur Verfügung, der Beklagte sein Schießen. Dies genügt für den weitgehenden Begriff des § 705. Jeder Teil ist danach als Geschäftsführer anzusehen, der Beklagte jedenfalls hinsichtlich der Erlegung und Bezahlung von Wild. Er muß also nach §§ 713, 666 darüber Rechenschaft legen.

2. Zweifellos kann der Kläger, wenn er Grund zu der Annahme hat, die in der Rechnung des Beklagten enthaltenen Angaben über die Einnahmen seien nicht mit der erforderlichen Sorgfalt gemacht, nach §§ 259, 261 durch Klage den Offenbarungseid verlangen. Aber er hat vorher auch das Recht eine neue und vollständige Rechnung zu fordern, wenn die bisherige nicht erschöpfend ist und ungeeignet, die erforderliche Auskunft zu geben (RGKomm. § 259[1]). Dazu würde der Beweis dienen, daß der Beklagte weiteres, in der Rechnung nicht enthaltenes Wild (Hirsche) geschossen habe. Es ist aber der hierfür angetretene Beweis nicht erst zu erheben. Vielmehr begründet der unstreitige Sachverhalt bereits den Antrag auf weitere Rechnungslegung. Der vom Beklagten für das geschossene und verwendete Wild zu zahlende Betrag kann ordnungsmäßig nur durch Angabe des Gewichts der Böcke berechnet werden, da auch nach Angabe des Beklagten bei Bezeichnung als „schwach" ein Unterschied von gegen 5 kg bestehen kann. Der Beklagte, der

die Böcke für sich verwendete, hätte sie wiegen müssen. Hat er dies unterlassen, so mag er es nun schätzen. Sache des Klägers ist es, ob er auch dann noch den Offenbarungseid darüber verlangt. G.

γ) **Gilt § 717 S. 1 auch gegenüber Konkursverwaltern?**

Kammergericht, 3. FerienZS. Beschluß v. 4. August 1920.

A. hatte 1913 die Verurteilung seines Gesellschaftes B. zur Rechnungslegung erstritten. Nach Eröffnung des Konkurses über A. hat der Verwalter beantragt, den B. zur Rechnungslegung durch eine Geldstrafe anzuhalten. Das LG. hat ihn jedoch, weil der nach § 717 BGB. nicht übertragbare Anspruch unpfändbar sei und deshalb nicht zur Konkursmasse gehöre, abgewiesen und sich auf den Beschluß des hiesigen 8. ZS. v. 8. Mai 1915 berufen. Allein dort handelte es sich um die Frage, ob K., der den Anspruch seines Schuldners A. auf Rechnungslegung aus dem Urteile von 1913 hätte pfänden und sich überweisen lassen, befugt war, diese Rechte zu verfolgen. Das hat der Senat im Anschluß an RG. (52 S. 35) verneint, wobei er offenbar davon ausging, daß die Unübertragbarkeit des § 717 BGB. auch nach Beendigung der Gesellschaft fortbestehe. Aber bereits aO. ist ausdrücklich dahingestellt gelassen, ob und welche Rechte dem Pfändungsgläubiger aus § 859 ZPO. zustehen. Daß nämlich der Gläubiger, der den Anteil des Gesellschafters an dem Gesellschaftsvermögen gepfändet hat, eine besondere Stellung einnimmt, geht aus § 725 BGB. hervor. Vorliegend handelt es sich aber um die weit stärkeren Rechte, die dem Konkursverwalter für die Durchführung seiner Aufgabe, die Masse im Interesse der Konkursgläubiger zu verwerten, zuzubilligen sind. Der Anteil eines Gesellschafters ist der Zwangsvollstreckung und damit auch der Beschlagnahme durch den Konkurs unterworfen (§ 859[1] ZPO.; Jäger KO. § 16[4]). Nach § 728 BGB. wird die Gesellschaft durch die Eröffnung des Konkurses über einen Gesellschafter ohne weiteres aufgelöst. Das ist festgesetzt worden, um dem Verwalter den Zugriff auf die dem Gemeinschuldner zukommenden Werte des Gesellschaftsvermögens ohne weiteres zu ermöglichen. Nach § 16 KO. erfolgt zwar die Auseinandersetzung außerhalb des Konkursverfahrens. Aber sie ist nunmehr eine Sache zwischen dem Verwalter, der insoweit anstelle des Gemeinschuldners tritt und daher in RG. 42 S. 105 dessen Vertreter genannt wird, und dem andern Gesellschafter, kann aber nicht mehr in das Belieben des Gemeinschuldners gestellt sein. Daraus folgt, daß der Anspruch auf Rechnungslegung, der die Auseinandersetzung wirksam vorbereitet und in vielen Fällen erst ermöglicht, nach der Konkurseröffnung ohne weiteres auf den Verwalter übergeht, wie denn auch darüber kein Streit herrscht, daß Klagen, die der Vorbereitung eines die Aktivmasse betreffenden Hauptanspruchs dienen, zB. auf Rechenschaft, das zur Konkursmasse gehörige Vermögen des § 10 KO. betreffen (Jäger § 10[3]). B.

7. Bürgerliches Recht.

a) **Begleichung ausländischer Geldschulden: „sobald der Kurs wieder normal ist".**

OLG. Hamburg, 1. ZS. Urteil v. 28. Juni 1920.

Die Vereinbarung: „gegenseitige Verrechnung, sobald der Kurs wieder normal ist", ist im August 1918 in der Schweiz zwischen den damals befreundeten Parteien getroffen. Beklagter befand sich damals auf einer Reise und gab gegen die 2500 Frank dem Kläger 2500 Mark. Ob dieser mit dem deutschen Geld eine Kursspekulation beabsichtigte, ob er sich die Frank von seiner Bank lieh und dagegen die 2500 Mark als Sicherheit gab und ob er der Bank Nachschüsse geleistet hat, ist streitig. Die Parteien haben offensichtlich den bei Hingabe des Geldes herrschenden Kurs als einen durch die Kriegsverhältnisse hervorgerufenen normalen Kurs betrachtet und angenommen, daß sich die deutsche Valuta in absehbarer Zeit wieder heben werde. Es fragt sich, ob der Kläger noch länger, und zwar wie lange noch, zu warten hat. Nach dem Wortlaut der Vereinbarung könnte man entweder daran denken, daß er so lange zu warten hat, bis der Kurs vor Kriegsausbruch erreicht ist, oder doch so lange, bis die Handels-, Geld- und Verkehrsverhältnisse mit der Schweiz wieder zu einer Stabilität geführt haben — gleichgültig, wie hoch der Kurs der Schweizer Frank sich bei konsolidierten Verhältnissen auch stellen wird; jedenfalls sei zurzeit die Klage unbegründet, weil die Bewertung ausländischen Geldes täglich erheblichen Schwankungen unterworfen ist. Man könnte auch daran denken, daß der Kläger nach Ablauf einer angemessenen Zeit berechtigt ist, Zahlung zu verlangen, und daß dann, falls der Kurs nicht unter 151 gesunken ist, zum Kurse von 151 zu regulieren wäre.

Das Gericht erachtet nicht für erforderlich, schon jetzt zu der Frage Stellung zu nehmen, zu welchem Kurse später zu regulieren sein wird, weil der Zeitpunkt noch nicht gekommen ist, in welchem der Kläger Regulierung verlangen kann. Allerdings ist es nicht die Meinung des Vertrags, daß der Kläger jahrzehntelang zu warten hat; aber eine angemessene Zeit muß er warten, und die Angemessenheit dieses Zeitraumes wird man nach den bei Hingabe des Geldes bestehenden persönlichen Beziehungen der Parteien und nach den durch den Weltkrieg geschaffenen Umwälzungen zu bemessen haben. Der Krieg dauerte damals schon 4 Jahre; bei den Riesenanstrengungen, die auf beiden Seiten gemacht waren, bei den Opfern, die auf beiden Seiten gebracht waren, bei der Erschütterung der gesamten Wirtschaftsverhältnisse, die der Krieg für ganz Europa gebracht hatte, war es klar, daß ein normaler Kurs erst jahrelang nach dem Frieden wieder eintreten würde. Der Kläger trägt daher das Risiko einer event. längeren Zeitdauer, als er sich bei Vertragschluß gedacht hat. Daß ein dem Beklagten zuzubilligender angemessener Zeitraum bereits jetzt verstrichen ist, nimmt das Gericht nicht an. Auch legt es kein Gewicht auf die Behauptungen, der Kläger habe sich die Frank von seiner Bank geliehen und ihr Sicherheit und Nachschüsse geleistet,

Beklagter dies auch gewußt. Der Betrag ist nicht groß, und wie der Kläger in seinen internen Verhältnissen verfügt, erscheint für die Auslegung des Vertrags gleichgültig. M. M.

b) **Versendung eines Schecks im einfachen Brief. Haftung der Bank bei Verfälschung.**

Kammergericht, 13. ZS. Urteil v. 1. November 1920.

1. Der Kläger hat den Scheck nur über 125 Mark ausgeschrieben; die Beklagte hat aber tatsächlich 1125 Mark gezahlt, also einen Schaden von 1000 Mark erlitten. Sie ist nicht berechtigt, diese 1000 Mark dem Kläger als Scheckzahlung in Rechnung zu stellen. Dies ergibt sich aus dem Scheckvertrag der Parteien. Es kann dahinstehen, ob er als Geschäftsbesorgung im Sinne des § 675 zu behandeln ist, oder als ein eigenartiger Vertrag des modernen Rechts. Sein Inhalt muß jedenfalls dahin verstanden werden, daß die Bank für Rechnung des Ausstellers nur die Beträge zahlen soll, die der Aussteller im Scheck angegeben hat. Was die Bank darüber hinaus infolge Verfälschung des Schecks zahlt, leistet sie nicht im Rahmen des Vertrags (RG. 92 S. 50; JW. 1919 S. 36, 1920 S. 395[5])....

2. Da die Gefahr einer Verfälschung des Schecks den Bezogenen trifft, so muß aus dem Scheckabkommen für den Bankkunden die vertragliche Verpflichtung hergeleitet werden, daß er mit derjenigen Sorgfalt zu Werke geht, die erforderlich ist, um die mit der Verfälschung von Schecks verbundenen Schädigungen nach Möglichkeit auszuschließen (RG. 92 S. 52).... Der Kläger hat aber bei der Versendung des Schecks nicht die erforderlichen Vorsichtsmaßregeln getroffen. Er hätte den Brief, in dem er den Scheck versandte, zum mindesten einschreiben lassen müssen. Auch dabei ist die Gefahr des Diebstahls und der Verfälschung nicht völlig ausgeschlossen, aber erheblich gemindert. Im kaufmännischen Verkehr war bis zum Kriege allerdings üblich, im einfachen Brief solche Schecks zu versenden, in denen der Aussteller durch einen quer über die Vorderseite gesetzten Vermerk „nur zur Verrechnung" die bare Auszahlung verboten hatte (§ 14 ScheckGes.). Bei diesen Schecks ist die Gefahr, daß der vom Aussteller angegebene oder von dritter Seite verfälschte Betrag an Unbefugte ausgezahlt wird, ganz erheblich verringert, weil sich jener Vermerk in der Regel nicht ohne leicht erkennbare Schädigung des Schecktextes entfernen läßt. Gleichwohl kann auch für diese Schecks der einfache Brief jetzt nicht mehr als ein geeignetes Beförderungsmittel gelten, da die Gefahr des Diebstahls an einfachen Postsendungen durch Postbeamte oder Dritte, die sich mit Gewalt zu den Briefkästen und Postwagen Zugang verschaffen, seit dem Kriege und der Umwälzung über alle Maßen gestiegen ist. In dem Scheck, den der Kläger im einfachen Brief abgesandt hat, hat er zudem nicht einmal die bare Auszahlung rechtswirksam verboten. Denn er hat den Vermerk „Zur Verrechnung" nicht auf den Rand des Vordrucks gesetzt, so daß er den Text gar nicht berührte und durch eine Radierung entfernt werden konnte. Da er durch die schuldhafte Vertragsverletzung die Gefahr des Diebstahls und der Verfälschung geschaffen hat,

muß er für den Schaden einstehen, den die Beklagte durch die Einlösung des verfälschten Schecks in Höhe von 1000 Mark erlitten hat. Auf der anderen Seite ist aber auch der Kassierer der Beklagten bei der Prüfung des Schecks nachlässig verfahren. Dabei kann dahinstehen, ob er schon aus dem Grunde hätte Verdacht schöpfen müssen, weil der obere Rand des Schecks mit roter Tinte übermalt war. Jedenfalls hätten ihm, wenn er den Scheck nur mit einiger Sorgfalt geprüft hätte, die beiden ersten Ziffern in 1125 Mark, sowie die erste Silbe in elfhundertfünfundzwanzig auffallen und zu einer telephonischen Rückfrage beim Kläger Anlaß geben müssen. Der Verdacht einer Täuschung lag so nahe, daß in dem Verhalten des Kassierers die überwiegende Ursache für den Schaden gefunden werden muß.

3. In Höhe von 125 Mark kann dem Kläger die Scheckzahlung als solche berechnet werden, da er den Scheck mit diesem Betrage ausgeschrieben und die Barzahlung nicht wirksam verboten hat. Insoweit ist mithin der Kläger dadurch geschädigt, daß der Scheck an einen Dritten ausgezahlt wurde, der nicht das Eigentum am Papier erworben hatte. Der Schaden wäre aber nicht entstanden, wenn der Kassierer Rückfrage gehalten hätte; denn dann wäre die Einlösung des ganzen Schecks unterblieben. Die Schädigung des Klägers ist also zurückzuführen auf ein Verschulden des Kassierers, für das die Beklagte einzustehen hat. Anderseits hat aber hier ein Verschulden des Klägers mitgewirkt, weil er den Scheck in einem einfachen Brief versandt hat. Danach muß auch hier der Schaden in gleicher Weise geteilt werden, wie der Schaden, den die Beklagte erlitten hat. L.

c) **Abrede: „frei Waggon A.", bes. im Holzhandel.**[1]

OLG. Hamburg, 7. ZS. Urteil v. 5. Januar 1921.

Hat der Verkäufer übernommen, „frei Waggon" zu liefern, so muß er die Ware bis an den Bahnwagen liefern. Allerdings besteht ein Handelsbrauch, nach welchem er sich um die Besorgung des Wagens zu bemühen und, wenn er den Wagen bekommt, auch die Verladung zu besorgen hat. Mit seinen Bemühungen besorgt er aber, wie allgemein anerkannt ist, die Geschäfte des Käufers, nicht aber seine Verpflichtungen aus dem Kauf. Hat er sich bemüht, die Wagen zu beschaffen, und ist ihm dies nicht gelungen, so hat er das erfüllt, was ihm nach Handelsbrauch oblag und es bleibt bei der Verpflichtung des Käufers, die Ware abzunehmen und zu bezahlen. Der Sachverständige bestätigt, daß im Holzhandel der Verkäufer den Wagen stelle; damit bestätigt er nichts Weiteres als das, was beim Distanzkauf allgemein Handelsbrauch ist. Ob der Verkäufer damit seine Verpflichtung aus dem Kauf erfüllt und damit nur für den Käufer tätig wird, darüber äußert sich der Sachverständige nicht; das ist auch eine Rechtsfrage, über die das Gericht zu erkennen hat und häufig in dem hier angeführten Sinne erkannt hat. M.

[1] Vgl. Alpt, Gutachten 1907 S. 81. — Die Höchstpreise, die die AusfBestimmungen vom 15. Juli 1917 zur VO. über den Verkehr mit Leim vom 14. Sept. 1916 festgesetzt haben, finden keine Anwendung, wenn ein Ausländer Leim an einen Inländer verkauft und dieser ihn ins Inland einführt (OLG. Düsseldorf, 4. ZS. Urteil v. 4. Nov. 1920).

d) **Einlösung von Zinsscheinen.**

Kammergericht, 21. ZS. Urteil v. 11. März 1921.

Der Kläger, der als Inhaber von Zinsscheinen preußischer Staatsanleihe Zahlung von der Beklagten als Vertreterin des Fiskus verlangt, erachtet die VO. vom 24. Oktober und vom 24. November 1919, die auf Grund des § 7 Ges. gegen die Kapitalflucht vom 8. September 1919 ergangen sind, für ungültig; denn der Reichsfinanzminister habe die Grenzen der ihm erteilten Ermächtigung überschritten und in das BGB. eingegriffen. Unerheblich für die Entscheidung ist jedenfalls, ob der angeordnete Depotzwang den Zwecken jenes Gesetzes entspricht; denn es ist nicht Sache des Richters, die Gültigkeit einer VO. deshalb zu verneinen, weil er sie nicht für geeignet erachtet, ihren Zweck zu erreichen (RG. 60 S. 329). Es genügt, daß diese Maßnahme die Flucht des Kapitals vor dem Steuerfiskus verhindern sollte. Unbedenklich ist übrigens der Depotzwang tatsächlich geeignet, die Kapitalflucht zu hindern.

Richtig ist, daß dem Finanzminister nicht das Recht gegeben werden sollte, zu den angegebenen Zwecken bestehende Gesetze zu ändern. Dies ergibt sich klar aus den Ausführungen des Berichterstatters: „Das Recht, das hiernach dem Minister gegeben werden soll, ist nur ein Verordnungs-, kein offenes oder verschleiertes Gesetzgebungsrecht; er soll also nicht etwa befugt sein, gesetzliche Bestimmungen allgemein oder auch nur im Einzelfall aufzuheben oder abzuändern. Auch hinsichtlich des § 6 BankGes. gilt nichts anderes; vielmehr will der § 9 a unserer Vorlage nur besagen, daß dieser § 6 dahin abgeändert sein soll, daß neben dem Bundesrat künftig auch der Minister und zwar nicht nur in den im § 6 vorgesehenen Fällen, sondern auch sonst zum Zweck des Umtausches Banknoten 2c einziehen darf." Es wäre auch unverständlich gewesen, wenn man dem Minister die Befugnisse eines Gesetzgebers hätte einräumen wollen. Schon die Ermächtigung zu eingreifenden Verordnungen der in Frage stehenden Art erregte im Reichstage und bei dem Ausschuß selbst erhebliche Bedenken. Man überwand sie nur dadurch, daß man dem Minister einen Ausschuß zur Seite stellte, der verlangen durfte, daß zuvor jedesmal die nötigen Sachverständigen gehört wurden. Dagegen kann nicht zugegeben werden, daß der Depotzwang das BGB. §§ 793, 804 abändert. Er berührt das zwischen dem Gläubiger und Schuldner bestehende Verhältnis nicht, sondern schafft nur öffentlich-rechtliche Vorschriften steuerpolitischer Natur, die die Art der Geltendmachung des Anspruchs von gewissen Förmlichkeiten zur Erfassung des steuerpflichtigen Vermögens abhängig machen. Wenn der Inhaber des Zinsscheins die ihm gewährte Befugnis, ein Verzeichnis seiner Wertpapiere einzureichen, ausübt, so erwachsen ihm auch keine Kosten, die etwa mittelbar seinen Zinsanspruch schmälern könnten. Hinzu kommt endlich, daß die VO. jetzt durch § 17 Ges. vom 24. Dezember 1920 gegen die Kapitalflucht aufrecht erhalten ist; dadurch ist nicht nur ihre Geltungsdauer verlängert, sondern sie ist ein Teil des Gesetzes selbst geworden. Dr. P.

e) **Umfang der Bereicherung bei Gegenleistungen.**[1]

Kammergericht, 2. ZS. Urteil v. 20. Februar 1920.

Da die zwischen den Parteien vereinbarte Weiterverpachtung des Gemeindejagdbezirks mangels Genehmigung des Kreisausschusses nach § 22 Nr. 3 der JagdO. vom 15. Juli 1907 nichtig ist, hat der Beklagte nach § 812 die ihm vom Kläger gezahlten 640 Mark herauszugeben, aber nur unter Berücksichtigung der ihm dafür etwa gegebenen Werte; denn ebenso, wie nach § 818[3] die Verpflichtung zur Herausgabe insoweit ausgeschlossen ist, als der Empfänger nicht mehr bereichert ist, ist unter dem nach § 812 herauszugebenden „etwas" nicht ein beliebiger, aus dem Vermögen des einen in das des anderen hinübergeflossener Wert, sondern nur die Gesamtheit des Hinübergelangten unter gleichzeitiger Berücksichtigung der dafür gegebenen Werte zu verstehen, und in einem dahingehenden Vorbringen des Beklagten ein Bestreiten der Höhe des Klaganspruchs zu finden (RG. 54 S. 141). Die Werte, die der Kläger hier erlangte, bestanden in der Möglichkeit, auf dem 2000 Morgen großen Jagdgelände die Jagd auszuüben; dies ist ein Vorteil i. S. des § 812, der einer Wertschätzung zugänglich (RGKomm. § 812[5]) ist. Bei seiner Bewertung ist berücksichtigt worden, daß der jährliche Pachtzins 555 Mark betragen sollte (die Wildschadenvergütung und der Stempel sind außer Betracht geblieben) und daß der Kläger das Jagdrecht vom 15. Oktober bis Ende 1919, also in einer Zeit ausüben konnte, wo fast alle Wildarten erlegt werden durften. Der Umstand, daß er von der ihm gebotenen Möglichkeit der Jagdausübung nur einen verhältnismäßig geringen Gebrauch gemacht und selbst kein Wild erlegt hat, kann nur insoweit berücksichtigt werden, als er geeignet ist, einen geringeren Wert anzunehmen, der in erster Linie in der dem Kläger gewährten Möglichkeit bestand, die Jagd auf einem größeren Jagdgebiete in der günstigsten Jagdzeit auszuüben. Der Wert dieses Vorteils ist jedoch im Hinblick darauf, daß auch der Beklagte gleichzeitig die Jagd ausüben konnte, auf $^1/_4$ des jährlichen Pachtzinses geschätzt worden (ZPO. § 286). Fr.

f) **Haftung des Postfiskus für Nachnahmesendungen.**

Kammergericht, 21. ZS. Urteil v. 15. Februar 1921.

Der Kläger gab zwei Nachnahmebriefe am Postamt W. 40 an X. in Berlin O. 7 auf. Diesem wurden sie von einem Manne, der mit Postmütze, Postarmband und Postbestelltasche versehen war, vorgelegt und auch bezahlt. Die Klage auf Auszahlung der Beträge ist unbegründet. Die Parteien haben

[1] Beauftragt ein Girokunde seine Bank, eine Summe dem Beklagten gegen einen bestimmten Nachweis zu vergüten, und führt sie den Auftrag ohne diesen Nachweis aus, so ist nicht der Kunde, sondern die Bank zum Herausgabeanspruch aktiv legitimiert; denn sie hat ohne entsprechenden Auftrag gehandelt, so daß die Überweisung weder für noch gegen den Kunden wirken konnte (OLG. Kiel, 2. ZS. Urteil v. 6. Juli 1920; SchlHA. S. 202). Dem Anspruch auf Rückzahlung der auf Grundstückskäufe geleisteten Anzahlung steht nicht entgegen, daß der Kaufpreis zur Stempelhinterziehung falsch im Notariatsvertrag angegeben ist; denn die Unsittlichkeit dieses Vergehens berührt nicht den unmittelbaren Leistungszweck der Anzahlung, auf den es nach § 817 ankommt (Urteil desselben ZS. v. 19. Okt. 1920; aO. 1921 S. 46).

einen Beförderungsvertrag geschlossen, der sich als Dienstvertrag über eine Geschäftsbesorgung kennzeichnet. Der Kläger kann sich auf §§ 831, 823 BGB. schon deshalb nicht stützen, weil ein Vertrag zwischen den Parteien geschlossen ist und daher die Ersatzpflicht nur nach den das Vertragsverhältnis beherrschenden Regeln beurteilt werden kann (JW. 1909 S. 173[24]). Die Haftung der Post regelt sich deshalb allein nach dem PostGes. und der PostO., deren Vorschriften nach § 50 PostGes. als Bestandteil des Vertrags der Parteien anzusehen sind (EG. Art. 32). Nach § 19 VIII PostO. v. 8. Juli 1917 haftet aber die Post für einfache Nachnahmesendungen nur dann, wenn die Beträge postordnungsmäßig eingezogen worden sind. Dies tritt noch klarer hervor aus der Fassung der PostO. vom 22. November 1912: „.... so leistet die Postverwaltung dem Absender, aber nur bei Einschreib- und Wertsendungen, sowie gewöhnlichen Paketen mit Nachnahme .... Ersatz." Wenn auch in der Fassung der PostO. v. 28. Juli 1917 § 19 VIII das Wort „nur" fehlt, so hat offenbar der Sinn dieser Vorschrift nicht geändert werden sollen. Postordnungsmäßig ist aber die Einziehung nur dann, wenn der Betrag ordnungsmäßig, dh. durch den zuständigen Briefträger zur Postkasse gelangt, von wo sie dann durch Postanweisung an den Empfänger befördert wird (Staedler in Egers Zeitschrift 29 S. 253). Hier hat sich aber ergeben, daß der zuständige Geldbriefträger des Bestellamtes die Nachnahmebeträge nicht eingezogen hat und daß sie nicht zur Postkasse gelangt sind; es ist sogar wahrscheinlich, daß ein Unbefugter die Sendung bereits auf dem Aufgabepostamt entwendet hat, da dort derartige nicht eingeschriebene Nachnahmesendungen wie gewöhnliche Briefe behandelt werden. Zu Unrecht behauptet der Kläger, daß schon ein gewöhnlicher Nachnahmebrief den Charakter eines eingeschriebenen Briefes trage und ebenso zu behandeln sei wie ein Postauftrag oder wie eine Postanweisung. Wäre dies der Fall, so hätte das Einschreiben eines Nachnahmebriefes überhaupt keinen Sinn. Dr. P.

g) **Verhältnis der Unterlassungs- zur Privatklage.**

OLG. Hamburg, 4. ZS. Urteil v. 14. Juli 1920.

Nachdem der Kläger dem Beklagten, seinem Zuschneider, gekündigt hatte, drohte dieser ihm, er werde zu dem Kunden Z. gehen und ihm sagen, daß der Kläger ihn betrogen habe. Diese Drohung machte Beklagter demnächst gegenüber einem andern Kunden wahr. Dieser teilte die Äußerungen dem Kläger mit, der alsbald ein Schreiben an den Beklagten richtete und zur Vorbereitung einer Privatklage einen Sühnetermin beantragte. In seinem Antwortschreiben hält der Beklagte den Vorwurf des Betrugs aufrecht und fügt hinzu, er könne noch mindestens 60 Fälle anführen und habe bereits Strafanzeige erstattet. Die nunmehr erhobene Unterlassungsklage hat das LG. abgewiesen, weil für den Kläger kein besonderes Rechtsschutzbedürfnis vorliege, zu dessen Wahrung die bereits angestellte Privatklage nicht genüge. Allein die Voraussetzungen der Unterlassungsklage (RG. 82 S. 60) sind hier erfüllt. Die Wiederholung der Angriffe war zu befürchten, da Beklagter die

Aufhetzung eines Kunden angedroht, einen andern tatsächlich aufgehetzt und Betrug in weiteren Fällen behauptet hat. Diese Gefahr besteht auch jetzt noch, da Beklagter den Klaganspruch bestritten, die Verantwortung für seine Beschuldigungen übernommen und den vom Gericht vorgeschlagenen Zwischenvergleich (Unterlassung der Beschuldigungen bis zur Beendigung der Privatklage) abgelehnt hat.

Gegen diese Gefahr bietet die Privatklage keinen ausreichenden Schutz. Der Beklagte hat seine Behauptungen so hartnäckig wiederholt und eine solche Gehässigkeit bewiesen, daß nicht darauf zu rechnen war, er werde die Wiederholung aus Furcht vor den strafrechtlichen Folgen unterlassen, die im Privatklageverfahren regelmäßig nicht so schwer sind und durch die Wiederholung der vermeintlich berechtigten Anschuldigungen nicht so gesteigert werden, daß eine genügende abschreckende Wirkung eintritt. Hinzu kommt, daß die Beendigung jenes Verfahrens erst nach längerer Zeit zu erwarten war. Unterließ der Beklagte aber nicht die weitere Verbreitung seiner Behauptungen, so bestand die Gefahr, daß das Ansehen des Klägers bei seiner Kundschaft einen Schaden erleiden werde, für den ein hinreichender Ersatz weder zu beziffern, noch vom Beklagten zu erlangen sei. Von der zivilen Unterlassungsklage konnte der Kläger erwarten, daß sie dem Beklagten klarmache, daß er durch Wiederholung der Beleidigungen auch schwere zivilrechtliche Folgen auf sich nehme, daß ihm für jeden Fall empfindliche Strafen nach § 890 ZPO. und erhebliche Prozeßkosten drohten. Schon von der Klagezustellung konnte der Kläger in dieser Richtung einen größeren Erfolg als von der Zustellung der Privatklage erwarten.

Die Parteien streiten darüber, ob die Beschuldigungen wahr sind. Allein auch in diesem Falle läge nach § 192 StGB. eine Beleidigung vor und wäre deshalb (vgl. RG. 82 S. 60) die Klage begründet, wenn aus den Umständen die Absicht der Beleidigung hervorgeht. Dies ist der Fall. Beklagter hat die Beleidigungen nicht ausgesprochen und angedroht, um ein eigenes Interesse oder das der Kunden zu wahren, sondern lediglich in der Absicht, aus Rache den Kläger in den Augen seiner Kunden herabzusetzen und dadurch zu schädigen. Das geht daraus hervor, daß er bis zum Streitfall geschwiegen und sogar an der Benachteiligung der Kunden teilgenommen hat. Wollte er diesen nach seiner Entlassung zu ihrem Recht verhelfen, so genügte dazu vollständig die von ihm gegen den Kläger erstattete Strafanzeige. . . . M. M.

b) **2000 Mark-Vertrag zur Vereitelung der Unterhaltspflicht.**

Kammergericht, 8. ZS. Urteil v. 9. Oktober 1920.

Der zwischen B. und seinem mitbeklagten Arbeitgeber geschlossene Vertrag ist so gefaßt, daß dem B. nur 19 Mark monatlich verblieben, während seine Frau den überschießenden Betrag seiner bisherigen Einkünfte erhalten sollte. Daraus ist zu schließen, daß es beiden Beklagten nur darauf ankam, die Bezüge des B. dem Zugriffe der Klägerin zu entziehen. Diese ist aber das erstehelliche minderjährige, infolge seiner Taubstummheit besonders hilflose Kind des B., so daß der Vertrag bezweckt, ihren Unterhaltsanspruch zu vereiteln. Selbst wenn man mit RG. (81 S. 45) einen Rechtsanspruch der Gläubiger darauf, daß ihr Schuldner seine Arbeitskraft zu ihrer Befriedigung verwende, anerkennt, so erscheint dieser Satz hier nicht anwendbar. Denn die Rechtsordnung gewährt den ehelichen Kindern einen solchen Anspruch; das ergibt sich schon aus § 361 Nr. 10 StGB. Wie diese Bestimmung zeigt, widerstrebt den guten Sitten ein Verhalten, das die Erfüllung der Unterhaltspflicht zu vereiteln bestimmt ist. Nun machen die Beklagten freilich geltend, daß B. durch den Zugriff der Klägerin gehindert werde, seine Frau und sein Kind zweiter Ehe zu unterhalten, und daß der Vertrag den berechtigten Zweck verfolge, diesen Unterhalt zu sichern. Es kann zugegeben werden, daß hier ein Widerstreit von Pflichten vorliegt; B. hat jedoch zu dessen Lösung nichts getan. Er hat, obwohl er nach dem Urteile nur 40 Mark monatlich zahlen muß, bisher nichts gezahlt und dadurch bewirkt, daß die hohen Rückstände aufliefen, deren Beitreibung ihm jetzt die Schwierigkeiten verursacht... Daß es dem A. darauf ankam, sich die Arbeitskraft des B. zu erhalten, schließt nicht aus, daß ihm gleichwohl der von B. verfolgte Zweck des Vertrags völlig klar war. Er hat deshalb durch den Vertragsschluß ebenfalls gegen die guten Sitten verstoßen und haftet der Klägerin nach § 826 auf Schadensersatz. B.

i) α) **Haftung des Gerichtsvollziehers für Zustellungen. Ersatzmöglichkeit?**
OLG. Dresden, 5. ZS. Urteil v. 15. April 1920.

Der Beklagte (Gerichtsvollzieher) hat bescheinigt, daß er eine beglaubigte Urteilsabschrift zugestellt habe, tatsächlich war sie aber infolge Versehens des Rechtsanwaltes nicht beglaubigt und die Zustellung ungültig, so daß der Kläger seine Berufung zurücknehmen mußte. Seine Klage auf Ersatz der dadurch entstandenen Kosten ist unbegründet, weil ein Vertragsverhältnis zwischen den Parteien nicht besteht. Im wesentlichen gelten die Grundsätze, aus denen das RG. 82 S. 85 ein Vertragsverhältnis zwischen dem Gerichtsvollzieher und dem Gläubiger bei Ausführung einer Zwangsvollstreckung verneint, auch für die Tätigkeit, bei Zustellungen auf Betreiben einer Partei. So fehlt es schon vor allem auch in diesem Falle an einer für die Annahme eines Vertrags unerläßlichen Voraussetzung: es ist der Partei die Wahl entzogen, mit welchem Gerichtsvollzieher sie einen Vertrag über die Zustellung schließen will. Denn namentlich in einem Lande, wie Sachsen, wird der Auftrag zur Zustellung nicht dem einzelnen Beamten, sondern der als solche eingesetzten und kraft ihres Amtes tätig werdenden Behörde erteilt. Weiterhin kann diese Tätigkeit in Sachsen auch weder als eine entgeltliche noch als eine unentgeltliche im privatrechtlichen Sinne angesehen werden, da die Gerichtsvollziehergebühren für die Staatskasse erhoben und den Gerichtsvollziehern wie allen übrigen Beamten ein festes Gehalt gewährt wird. Dieses Gehalt ist also keine vertragliche Gegenleistung des Gläubigers. Aber auch eine unentgeltliche Tätigkeit, wie sie

§ 662 BGB. voraussetzt, übt der Gerichtsvollzieher nicht aus, vielmehr tut er dies, weil sein Amt ihn dazu verpflichtet und weil er dank der ihm gewährleisteten staatlichen Besoldung diese Verpflichtung erfüllen kann, ohne auf eine Entschädigung dessen, zu dessen Gunsten er tätig wird, angewiesen zu sein. Bei dieser landesgesetzlichen Ordnung unterscheidet sich das Verhältnis des Gerichtsvollziehers auch bei Zustellungen für eine Partei in keinem wesentlichen Punkte von dem anderer festbesoldeten Beamten, wie zB. der Richter, zu denjenigen, in deren Interesse sie amtlich tätig werden. Überdies stellt sich das dem Beklagten vorgeworfene fahrlässige Verhalten als eine Verletzung der ZPO., sowie der GeschäftsO. für die sächs. Justizbehörden dar, somit als Verletzung seiner Amtspflichten. Die Erfüllung dieser kann aber nicht Gegenstand vertraglicher Bindung sein (RG. 85 S. 409). Infolgedessen muß bei der Verletzung von Amtspflichten der Gesichtspunkt der Vertragshaftung grundsätzlich ausscheiden; die Haftung des Beamten kann daher nur aus § 839 hergeleitet werden (Seuff. 71 S. 446). Der Kläger kann aber auf andere Weise Ersatz verlangen — außer von seinem Prozeßbevollmächtigten übrigens auch vom Staat kraft eines sächs. Gewohnheitsrechts (Staudinger § 839[7], verb. mit Kloß, Sächs. Privatrecht § 53). —e—

β) **Klage aus § 839 ist, auch wenn städtische Polizei als Hilfsbeamte der StA. handelten, gegen die Stadt zu richten.**

OLG. Kassel, 2. ZS. Urteil v. 11. Juni 1920.

Es handelt sich um den privatrechtlichen Anspruch aus § 839 gegen eine öffentlich-rechtliche Körperschaft, die nach dem Ges. vom 1. August 1909 als Schuldner an die Stelle des Beamten tritt. Der Rechtsweg ist auch nicht gemäß § 5 das. verb. mit § 6 Ges. vom 11. Mai 1842 ausgeschlossen. Die Verfügung des Polizeikommissars X., die den Kläger schädigte, war keine eigentliche polizeiliche Verfügung zur Aufrechterhaltung der öffentlichen Ruhe (ALR. II 17 § 10), sondern eine strafprozessuale Maßnahme, die X. als Hilfsbeamter der StA. auf Grund der §§ 98, 94 StPO. getroffen hat. Über ihre Rechtmäßigkeit entscheiden nicht die Verwaltungsbehörden, sondern die Gerichte (§ 99² StPO.). Auf derartige Maßnahmen findet also der § 1 (und damit § 6) Ges. vom 11. Mai 1842 keine Anwendung.

Die Klage ist auch mit Recht gegen die Stadt M. gerichtet, die den X. als Polizeikommissar angestellt hat. Die Ausübung der Polizeihoheit ist eine Staatsaufgabe, die den Gemeindebehörden übertragen ist (RG. 73 S. 201). Es kann sich nur fragen, ob X., insoweit er die Geschäfte eines Hilfsbeamten der StA. wahrzunehmen hat, etwa als für den Dienst des Staates angestellt anzusehen ist. Dies ist zu verneinen. Zwar besteht nach § 153 GVG. und § 80 AusfG. dazu eine organische Verbindung zwischen der StA. und ihren Hilfsbeamten (Löwe StPO. N. 1 zu § 153 GVG.). Hieraus ergibt sich aber nicht, daß die Hilfsbeamten — wie etwa die in ähnlicher Lage befindlichen Amtsanwälte — unmittelbare Staatsbeamte wären; dazu wäre ihre persönliche und namentliche Berufung zu solchem Amt und die Erklärung ihres Einverständnisses erforderlich (RGSt. 39 S. 232). Auch der Umstand, daß sie bei einer Aufgabe des Staats, der Strafverfolgung, mitzuwirken haben, ist nach § 4 Ges. vom 1. August 1909 nicht entscheidend. Entscheidend ist vielmehr, für wessen Dienst der Beamte angestellt ist. Nun erlangt jeder städtische Polizeikommissar in Preußen durch seine Anstellung als solcher kraft Gesetzes (§ 153 GVG.) den Charakter als Hilfsbeamter der StA. Die letztere Eigenschaft ist eine notwendige Folge der ersteren, die erstere Voraussetzung der letzteren. Die Mitwirkung bei der Strafverfolgung ist daher — ebenso wie die Ausübung der Polizeihoheit — als eine staatliche Aufgabe anzusehen, die gewissen Gemeindebehörden gesetzlich übertragen worden ist. Auch der Dienst des Polizeikommissars als Hilfsbeamter ist städtischer Dienst, der Kommissar ist auch insoweit „für den Dienst des Kommunalverbandes angestellt", wie dies übrigens für die Bürgermeister der § 67 Nr. 2 StädteO. für Hessen-Nassau ausdrücklich ausspricht... ß.

γ) **Pflicht zu pfleglicher Behandlung beschlagnahmter Gegenstände?**

OLG. Stuttgart, 2. ZS. Urteil v. 17. März 1921.

Aus einer Anfang 1914 nach Hamm aufgegebenen, aber unterwegs beschlagnahmten Sendung von 4 Fässern sind vor deren Freigabe 100 l abhanden gekommen. Die Beschlagnahme erfolgte zunächst durch den Grenzaufseher X., weil das Schweißen eines Fasses den Inhalt als Alkohol erkennen ließ, und wurde aufrecht erhalten durch H., dem die beklagte Stadt die Leitung ihres Lebensmittelamtes übertragen hatte. Für die Schadensersatzklage ist der Rechtsweg zulässig, da der Anspruch, sei es aus Vertrag oder aus unerlaubter Handlung, privatrechtliche Grundlagen hat und sie auch insoweit aufweist, als ein Recht bei Ausübung der Staatsgewalt verletzt wurde. Der Anspruch ist jedoch unbegründet.... Die Beschlagnahme ist ein einseitiger Akt, an deren Ende nach der Aufhebung nur die Rückgabepflicht steht. Selbst wenn (RG. 51 S. 221) ein vertragsähnliches Verhältnis gegeben wäre, könnte es niemals die dem bürgerlich-rechtlichen Verwahrungsvertrag eigentümliche Obhut zum Inhalt haben und die Amtsstelle verpflichten, vorhandene Schäden des Gutes (hier, daß das Holz des Fasses alt und morsch war) zu seiner Erhaltung zu heben oder sonstwie unwirksam zu machen. Eine derartige Aufgabe verträgt sich häufig in keiner Weise mit den anderweitigen und dringlicheren Amtsaufgaben der zu einer Beschlagnahme schreitenden Organe und ist im allgemeinen mit dem Amtsbetrieb unvereinbar. Deshalb ist auch keine Amtspflicht der Beamten in dieser Richtung anzunehmen, jedenfalls nicht gegenüber Dritten, sondern höchstens im inneren Verhältnis zu ihrer vorgesetzten Behörde. Mag auch als eine aus dem Amte selbst folgende Amtspflicht die Unterlassung der Verletzung des Eigentums der Staatsbürger gelten (JW. 1917 S. 30; RG. 99 S. 287), so wird doch durch reines Unterlassen eine solche Verletzung nicht begangen. Es müßte die aus anderen Gründen, Gesetz oder Dienstvorschrift, gegebene Pflicht zum Handeln dazukommen. Daran fehlt es aber hier, wo der Schaden am Faß gar nicht durch den Beschlagnahmeakt herbeigeführt ist.

Die Beschlagnahme des H., die ebenso wie die des X. wegen Schleichhandelsverdachts erfolgte und nicht eine verwaltungsmäßige Bedarfsbefriedigung, sondern die Sicherstellung des Branntweins als Gegenstand der Einziehung bezweckte, hat — betrachtet aus §§ 94 ff. StPO. — nur die Pflicht zur Verwahrung begründet, wie sie den als Hilfsbeamten der StA. bestellten Beamten obliegt und hier nicht verletzt ist. Die Pflicht zur pfleglichen Behandlung der Sachen gehört zu deren Aufgaben weder nach dem Gesetz noch nach einer Dienstvorschrift. Auch dem Gerichtsvollzieher, der nach Stein (ZPO. § 808, III 2²) aus dem Auftrage des Gläubigers und aus dem Amte den Beteiligten für sorgfältige Verwahrung der Pfandstücke haftet, ist in der württ. Dienstanw. vom 22. Juli 1911 §§ 64, 77 — offenbar bedacht und abweichend von der alten preußischen (Gruchot 35 S. 427) — nur die Pflicht zur Verwahrung, nicht auch die zur Erhaltung der Pfandstücke auferlegt. . . . S.

k) **§ 313, wenn ein Dritter eine Forderung auf den Kaufpreis abtritt. Zur Auslegung des § 273.**

OLG. Dresden, 5. ZS. Urteil v. 22. Dezember 1919.

Der Mann der Beklagten, Karl S., kaufte am 1. November 1913 notariell vom Kläger dessen Gasthof für 60000 Mark, die durch Übernahme der darauf lastenden Hypotheken gedeckt wurden, und wurde Ende 1913 als Eigentümer eingetragen. Am 4. November 1913 trat die Beklagte die für sie auf einem andren Grundstück eingetragene Hypothek von 6000 Mark an den Kläger unter Aushändigung des Briefes zur Tilgung einer gleich hohen Schuld des Karl S. ab, über deren Entstehung Streit herrscht. Während die Beklagte die Sache so darstellt, daß am 4. November der Grundstückskaufpreis auf 66000 Mark erhöht worden sei, behauptet der Kläger, er habe damals die Rechte aus seinem mit der Brauerei A. abgeschlossenen Biervertretungsvertrage an Karl S. gegen Gewährung von 6000 Mark abgetreten. Der Klaganspruch, daß die Beklagte ihre schriftliche Abtretungserklärung öffentlich beglaubigen lasse, ist begründet.

Der gerichtlichen (notariellen) Beurkundung bedurfte die Abtretung vom 4. November auch dann nicht, wenn die damit getilgte Schuld als ein Teil des — nachträglich erhöhten — Kaufpreises anzusehen wäre. In diesem Falle stände allerdings im Hinblick auf § 313 die Rechtsbeständigkeit der Verpflichtung des Käufers zur Bezahlung der 6000 Mark in Zweifel, nicht aber auch die Gültigkeit der Abtretung, die die Beklagte zur Erfüllung dieser Schuld erklärte. Denn die Abtretung ist ein für sich selbst bestehender, abstrakter Vertrag, der in seiner Wirksamkeit von dem schuldrechtlichen Grundgeschäft, in dem er seine Veranlassung fand, unabhängig ist. Ebensowenig wie eine Geldzahlung deshalb ohne weiteres rechtsunwirksam ist, weil die Schuld, die dadurch getilgt werden sollte, nichtig ist, ist eine Hypothekenabtretung nichtig, die zur Tilgung einer nichtigen Verbindlichkeit erklärt ist. Der Abtretende ist vielmehr auf die Befugnis beschränkt, das Geleistete nach §§ 812 ff. zurückzufordern. Ein solches Recht steht jedoch der Beklagten schon deshalb nicht zu, weil sie nicht bewiesen hat, daß die 6000 Mark nicht als Gegenleistung für die Übertragung der Biervertretung, sondern als weiterer Kaufpreis versprochen seien. Weiter hat aber auch dadurch, daß der Käufer das Grundstück aufgelassen erhalten hat und als Eigentümer eingetragen worden ist, eine etwaige nachträgliche Heraufsetzung des Kaufpreises nach § 313 S. 2 Gültigkeit erlangt. Das LG. verneint diese Wirkung, weil nach dem Auflassungsprotokolle nur das in der Kaufsurkunde erwähnte Veräußerungsgeschäft der Auflassung zugrunde liegen solle. In Wirklichkeit enthält aber das Protokoll keine derartige Einschränkung, sondern lediglich die im Druckformular vorgesehene Erklärung des Auflassenden, er überreiche die Urkunde über das der Auflassung zugrunde liegende Veräußerungsgeschäft mit der Bitte, sie bei den Grundakten aufzubewahren. Der Tatsache, daß im Anschlusse an die Auflassungsverhandlung die Kaufsurkunde zu den Grundakten überreicht worden ist (vgl. § 9² GBO.), kann nicht bedeuten, daß hinsichtlich solcher Vertragsbestimmungen, die in der Urkunde nicht enthalten sind, die heilende Kraft der Auflassung nicht einträte.

Zu prüfen bleibt, ob der Beklagten die Ansprüche aus unerlaubter Handlung, die ihr der Käufer abgetreten haben soll, zustehen und ob sie deswegen die eingeklagte Leistung zurückhalten kann. Sie werden darauf, daß der Kläger den Käufer bei dem Grundstückskaufe arglistig getäuscht habe, gestützt und beruhen somit nicht auf demselben rechtlichen Verhältnisse, wie der Klaganspruch. Die Verpflichtung der Beklagten, die Abtretungsurkunde öffentlich beglaubigen zu lassen, entspringt dem abstrakten Abtretungsvertrage, den sie mit dem Kläger geschlossen hat, während der Anspruch aus einer unerlaubten Handlung hergeleitet wird, die der Kläger bei Eingehung des Kaufvertrags gegen den Käufer verübt haben soll. Dabei steht keineswegs fest, daß die Abtretung zur Tilgung des Kaufpreises erklärt wäre, so daß auch nicht einmal von einem nur tatsächlichen Zusammenhange zwischen der Abtretung und der unerlaubten Handlung gesprochen werden kann. —e—

8. Sachenrecht.

a) Grundstückserwerb[1]: α) Beschränkung nach EG. Art. 88.

OLG. Hamburg, 1. ZS. Beschluß v. 16. April 1920.

Nach dem (gemäß EG. Art. 86 zulässigen) hamb. Gesetz vom 20. Februar 1920 bedürfen juristische Personen zum Erwerb von Grundstücken im Werte von mehr als 5000 Mark der Genehmigung der Senatskommission für die Justizverwaltung. Es bezweckt, den Grunderwerb der Ausländer zu kon-

[1] Ein gemäß § 144 Pr. BergG. v. 24. Juni 1865 erlassener Beschluß überträgt nicht ohne weiteres das Grundstückseigentum, sondern ersetzt nur die nach § 873 BGB. erforderliche Einigung, die in Verbindung mit der Eintragung der Rechtsänderung den Eigentumserwerb bewirkt. Der Erwerber tritt als Rechtsnachfolger in das schon vorher bestehende Eigentum ein. Der Ansicht des RG. (Z. für Bergr. 51 S. 173), daß bei der bergrechtlichen Enteignung der Eigentumswechsel in Verbindung mit der Zahlung der Entschädigung an den Grundeigentümer das Erlöschen der Reallasten bewirke, kann nicht beigetreten werden (Pr. OVG., 4. S. Urteil v. 22. Dez. 1919; Entsch. 75 S. 130).

trollieren und eventuell zu verhindern, und ist als eine Ergänzung des § 28 des hamb. EG. zum BGB. gedacht, wenn es auch inhaltlich weiter geht und nicht auf Grund Art. 88 EG. zum BGB. beruht. Diese Ergänzung ist erfolgt, weil sich vielfach Ausländer der Form einer hiesigen Gesellschaft bedienen und auf diese Weise den angeführten § 28 umgehen. Daß eine GmbH. als Gegensatz zu einer natürlichen Person im Sinne dieses Gesetzes als juristische Person anzusehen ist, hat die Beschwerde mit Recht nicht bestritten. Nach § 873 BGB. gehört zur Eigentumsübertragung 1. die Einigung über die Rechtsäußerung, 2. deren Eintragung. Diese Eintragung ist bisher nicht erfolgt; das neue Gesetz findet daher auch auf den vorliegend beabsichtigten Erwerb Anwendung. Die vom Amtsgericht gemachte Auflage ist daher zu Recht ergangen; denn der Erwerb darf nicht erfolgen, bevor die Genehmigung erteilt ist.[1] M. M.

β) **Fällt der Erwerb der Geschäftsanteile der Eigentümerin unter § 1 V. v. 15. März 1918. Berichtigung der Firma. Bedeutung des § 24 GEStG.**

Kammergericht, 1. ZS. Beschluß v. 6. Mai 1920.

Die als Eigentümerin eingetragene „Holzhandelsgesellschaft mbH." beantragte, das Grundbuch dahin zu berichtigen, daß die Firma in „Nordische GmbH." umgeändert und der Sitz von Essen nach Berlin verlegt sei. Aus den beigefügten Urkunden ergab sich, daß die bisher 9 Deutschen gehörigen Geschäftsanteile sämtlich auf eine dänische Aktiengesellschaft übertragen worden und daß der Landrat die Genehmigung zur Übertragung des Gutes versagt habe. Die weitere Beschwerde über die Ablehnung der Eintragung ist begründet. Es handelt sich hier nicht um eine Eigentumsänderung; es soll vielmehr nur vermerkt werden, daß dieselbe schon bisher als Eigentümerin eingetragene juristische Person eine andre Firma, dh. einen andren handelsrechtlichen Namen angenommen und einen andern Sitz genommen habe. Es soll also kein dingliches Recht gebucht, sondern nur die nach § 4 AVf. v. 20. Nov. 1899 vorgeschriebene Bezeichnung des berechtigten Eigentümers nach seinem jetzigen Namen und Wohnsitz richtiggestellt werden. Dieses Begehren kann nicht mit irgendwelchen einem Eigentumswechsel entgegenstehenden Hindernissen beanstandet werden. Nur dann könnte sich eine solche Möglichkeit ergeben, wenn etwa die Gesellschaft trotz der handelsgerichtlich eingetragenen Firmenänderung überhaupt zu bestehen aufgehört hätte oder wenn die jetzt beantragten Änderungen nicht wirksam zustande gekommen wären. Allein ein Auflösungsgrund ist nicht ersichtlich, während an der Ernstlichkeit der Übertragung der Geschäftsanteile und an der Zulässigkeit ihrer Erwerbung durch eine ausländische Gesellschaft nicht zu zweifeln ist (Staub GmbHG. § 2[24]).

Änderungen von Sitz und Firma einer GmbH. setzen Abänderungen des Gesellschaftsvertrags voraus und werden rechtswirksam mit der Eintragung, die hier erfolgt ist. Wenn auch das Handelsregister nicht in demselben Sinne

[1] Um eine Kommanditgesellschaft als Eigentümerin eines hamburgischen Grundstücks einzutragen, bedarf es auch für jeden Kommanditisten eines Staatsangehörigkeitsausweises (Beschluß desselben ZS. v. 9. März 1921; HGZ. B. S. 90).

wie das Grundbuch öffentlichen Glauben genießt, so hat doch zweifellos das Grundbuchamt auch die formgerechte Registereintragung über Sitz und Firmenänderung einer GmbH. zunächst als maßgebend und beweisend hinzunehmen (Güthe GBO. § 33[22]). Formelle Mängel bei Zustandekommen dieser Änderungen erscheinen auch nach den allgemeinen Vorschriften über das Handelsregister verb. mit § 54[3] Ges. als durch die Eintragung geheilt. Aber das Grundbuchamt ist nicht gehindert, Eintragungen des Registers, die auf zwingende Vorschriften verletzenden Gesellschafterbeschlüssen beruhen, die Anerkennung zu versagen. Hierfür ist jedoch kein Anhalt gegeben. Allerdings kann die Ersetzung der deutschen Gesellschafter ein gewisses Mißtrauen hervorrufen. Die Beurteilung, ob es begründet ist oder ob vielleicht gleichgewichtige vaterländische Gründe diese Ersetzung durch eine dänische Gesellschaft rechtfertigen, entzieht sich der sicheren Beurteilung des Grundbuchamts. Vorliegend kommt es aber darauf nicht an. Die VO. vom 15. März 1918 ist ausweislich ihres § 1 für die Grundbuchbehörden nur beachtlich, insoweit sie die Auflassung an eine behördliche Genehmigung knüpft. Eine Auflassung steht nicht in Frage. Man könnte versucht sein, die Übertragung der Geschäftsanteile einer GmbH., zu deren Vermögen wie hier ein Gut gehört, als eine Vereinbarung anzusehen, die den Genuß der Erzeugnisse zum Gegenstande hat. Allein dieser Genuß kann günstigsten Falles die Folge, nicht aber der Gegenstand der Anteilsübertragung sein. Selbst wenn man deshalb das Grundbuchamt für befugt ansehen wollte, mit Rücksicht auf § 1 VO. die Wirksamkeit der Registereintragung wegen nicht genehmigter Übertragung der Geschäftsanteile zu bezweifeln, würde ihm hier eine ausreichende rechtliche Grundlage fehlen. Gerade im Falle des § 54[3] GmbHG. entspricht es der Bedeutung der handelsgerichtlichen Eintragung, daß sie auch von andren Gerichtsbehörden bis zum zweifelsfreien Nachweis ihrer Unrichtigkeit anerkannt wird. Erscheint die Registereintragung dem Grundbuchamte bedenklich, so wird es sein Bedenken dem Registergericht mitteilen müssen, um ihm Gelegenheit zur Prüfung und Beseitigung seiner Eintragung zu geben. Vor solcher Beseitigung muß es sie bei einem so zweifelhaften Beanstandungsgrunde wie hier als den Tatsachen entsprechend hinnehmen und beachten...

Ebensowenig ist eine Beanstandung aus § 24 GEStG. begründet, da es sich hier nicht um die Eintragung des Erwerbers eines Grundstücks handelt. Allerdings ist nach § 3 das. auch ein Rechtsvorgang steuerpflichtig, der ohne Eigentumsübertragung die Verfügung über das Grundstück jemandem wie einem Eigentümer ermöglicht. Darunter fallen aber nicht Tatbestände, wie sie das LG. unterstellt, indem es sagt, es werde durch die Veräußerung der Anteile an die dänische Gesellschaft die Veräußerung des Grundstücks an diese verdeckt. Zweifelhafter könnte die Anwendung des § 7 sein. Aber auch er könnte nur die Übertragung der Anteile, nicht die Sitz- und Firmenänderung berühren und die Übertragung lediglich steuerpflichtig machen, nicht aber sie ihrer Wirksamkeit berauben. Unbedenklich anwendbar wäre das Gesetz allerdings nach § 3 auf die Vereinigung aller Anteile einer GmbH. mit Grundvermögen auf einen Teilhaber. Aber in keinem dieser Fälle liegt in der Eintragung der Sitz- und Firmenänderung die „Eintragung eines Erwerbes" i. S. des § 24. In Betracht käme höchstens die selbständige Amtspflicht des Grundbuchrichters, seine Kenntnis steuerpflichtiger Vorgänge im Sinne des § 3 der Steuerbehörde mitzuteilen, falls er glaubt, daß der Vorgang nicht zu ihrer Kenntnis gelangt sei. Hier ist aber die Vereinigung der Anteile auf die dänische Gesellschaft schon vor 1. Oktober 1919 wirksam vollzogen und auch die Sitz- und Firmenänderung ist schon vor diesem Tage eingetragen und nach § 54^3 GmbHG. wirksam geworden.[1] M.

γ) **Unmittelbare Eintragung des weiteren Abkäufers. Widerruf.**[2]
Kammergericht, 1. ZS. Beschluß v. 10. März 1921.

Nachdem A. sein Grundstück an B. und C. notariell verkauft und aufgelassen hatte, verkauften diese es an den Beschwerdeführer M. weiter und ließen es diesem auf. Der Antrag auf unmittelbare Eintragung des M. wurde abgewiesen, weil A. auf Anfrage des Grundbuchamts dem widersprochen hatte, also seine Einwilligung in die beantragte Eintragung (KGJ. 47 S. 158) nicht anzunehmen ist. Die weitere Beschwerde ist begründet. ... Das BGB. trennt das Kausal- vom abstrakten Geschäft. Die Einwilligung ist ein abstraktes Geschäft (Planck § 183 1); bei ihr wie bei der ihr verwandten Vollmacht regelt das Gesetz die Widerruflichkeit in der Art, daß es in erster Linie auf das zugrunde liegende Rechtsverhältnis „verweist" (§§ 183, 168); sofern dieses nichts andres ergibt, sollen Einwilligung oder Vollmacht widerruflich sein. Der Vollmacht pflegt ein Schuldverhältnis wie Auftrag oder Dienstvertrag zugrunde zu liegen. Ob sich bei der Einwilligung in derselben Weise von einem regelmäßig gleichartigen Grundverhältnis sprechen läßt oder ob dieses nicht bei ihr in einzelnen Fällen sehr verschieden ist, mag auf sich beruhen; denn das Gesetz verweist jedenfalls auf Prüfung des Einzelfalls. Hier könnte es nahe liegen, das der ersten Auflassung zugrunde liegende, durch den Kauf begründete Schuldverhältnis als das Grundverhältnis der Ein-

[1] Soll nach Übertragung eines Erbanteils das Grundbuch, in welchem die Erbengemeinschaft als Eigentümerin eingetragen ist, berichtigt werden, so ist § 24 jedenfalls dann nicht anwendbar, wenn die Übertragung nicht dazu geführt hat, daß sämtliche Erbanteile in einer Person vereinigt sind (Beschluß v. 15. April 1920, KGJ. 52 S. 151). Dagegen ist das GEStG. auch bei Versteigerung von Grundstücken anwendbar; das Grundbuchamt ist jedoch nicht zur Beschaffung der Bescheinigung der Steuerstelle verpflichtet, vielmehr erscheint es nicht unbillig, sie dem Versteigerungsrichter zuzumuten (aO. S. 153). Die Bescheinigung ist auch beizubringen, wenn die Witwe des bisherigen Eigentümers bei der Auseinandersetzung den Nachlaß übereignet erhält (Beschluß desselben ZS. v. 7. April 1921) oder wenn der Alleinerbe eingetragen werden soll (OLG. Rostock, 2. ZS. Beschluß v. 7. Mai 1921).

[2] Die Auflassung, dh. die Einigung über den Eigentumsübergang kann, solange nicht die Eintragung erfolgt ist, wie jeder Betrag von den Parteien aufgehoben werden; daß sie nach § 873^2 bindend geworden, hindert nur den einseitigen Rücktritt. Die Aufhebung muß aber die Auflassung, also nicht bloß den Kaufvertrag betreffen; deshalb steht die Abrede, daß der Kauf nicht ausgeführt werden soll, einem neuen Eintragungsantrage des Käufers entgegen (Beschluß desselben ZS. v. 14. April 1921, x 100).

willigung anzusehen. Ob indessen auf Grund eines Kaufvertrags aufgelassen, ob dieser formgültig gewesen ist oder welche Vorgänge sonst zugrunde liegen, ist für die hier in der Auflassung gefundene Einwilligung gleichgültig. Auch ein etwaiger Nichtbestand des schuldrechtlichen Grundgeschäfts ist, solange er nicht auch die Auflassung betrifft, für die Einwilligung unerheblich und würde keine Rückgewährsforderung nach § 812 begründen. Das Rechtsverhältnis kann also nicht das Schuldverhältnis sein, muß vielmehr die Auflassung sein. Ihre Vornahme und ihre Wirkungen bilden die innere Rechtfertigung für die Annahme der Einwilligung, in ihr hat sie deshalb auch ihre Grundlage. Es mag befremden, in der Auflassung, noch dazu einem abstrakten dinglichen Geschäft, die Einwilligung und zugleich das für sie bestimmte Grundverhältnis zu sehen. Zwingende Bedenken stehen aber nicht entgegen, der erwähnte Trennungsgrundsatz des BGB. gilt keineswegs lückenlos, sondern gibt nur die Richtlinie für die Sätze des BGB. und wird im Leben häufig durchbrochen, wie sich zB. beim Handkauf und der Realschenkung Grundverhältnis und Vollzug in einem Vorgang vereinigt finden. Die sich aus §§ 183, 185[1] ergebende Folgerung ist mithin die, daß A., durch die Auflassung gemäß § 873[2] gebunden, seine in ihr liegende Einwilligung nicht mehr widerrufen konnte. . . . M.

δ) **Übertragung des Bergwerks einer altrechtlichen Gewerkschaft.**

Kammergericht, 1. ZS. Beschluß v. 17. Februar 1921.

Auf dem Berggrundbuchblatt stehen die Gewerken mit 128 Kuxen, darunter A. mit 100, eingetragen. In einer von ihm als Repräsentanten der Gewerkschaft U. einberufenen Generalversammlung, in der er allein erschienen war, ist beschlossen worden, den A. zur Verfügung über die Substanz des Bergwerks zu ermächtigen. Darauf hat A. dieses an X. notariell verkauft und aufgelassen. Die Eigentumseintragung wurde abgelehnt. Die weitere Beschwerde ist begründet.

Da U. als altrechtliche Gewerkschaft keine juristische Persönlichkeit hat, steht das Bergwerk im Eigentum der Gewerken; dabei handelt es sich um Bruchteilseigentum. Dies entspricht der ständigen Rechtsprechung des KG. und der herrschenden Meinung der Rechtslehre. . . Der Senat sieht sich durch RG. 98 S. 181 nicht veranlaßt, von seiner bisherigen Rechtsprechung abzugehen. Allerdings ist die altrechtliche Gewerkschaft in der ihr durch das BergGes. zugewiesenen Regelung als eine Gemeinschaft zur gesamten Hand anzusehen. Richtig ist auch im Beschlusse (KGJ. 52 S. 209) anerkannt, daß ein aus dem Bergwerke und dem sonstigen Gewerkschaftsvermögen bestehendes, dem Zugriffe der Gewerkschaftsgläubiger unterliegendes Gesamthandsvermögen (Zweckvermögen) vorhanden ist (§ 227 mit § 99 ABG.). Dadurch wird aber die rechtliche Möglichkeit, daß daneben einzelne Bestandteile jenes Vermögens im Bruchteilseigentum der Gewerken stehen, nicht ausgeschlossen (Klostermann S. 645; Müller-Eßbach S. 287[1]). Auch bei der Erbengemeinschaft wird im Hinblick auf § 2033[2] BGB. vielfach das Bestehen von bruchteilsmäßig bestimmten, wenn auch hier kraft besonderer Vorschrift bis zur Auseinandersetzung stillgelegten Anteilen der Miterben an den einzelnen Nachlaßgegenständen anerkannt (Rsp. 39 S. 3; Staudinger § 2033[1]). Wenn das BergGes. darin noch weiter geht und den Gewerken sogar ein Verfügungsrecht über ihre Anteile am Bergwerke beilegt, so beruht dies auf der eigenartigen selbständigen Ausgestaltung der Kuxe, wie sie auf Grund der geschichtlichen Entwicklung in §§ 230/1 ausgedrückt ist. Dem hat sich auch die für die altrechtlichen Gewerkschaften vorgeschriebene Grundbucheinrichtung angepaßt (§§ 6[3], 17 Pr.GBO., 25 AVf. v. 20. Nov. 1899). Darin ist eine Darstellung des Eigentumsrechts am Bergwerk nur in der Weise vorgesehen, daß in Abt. I die einzelnen Gewerken unter Angabe der Zahl ihrer Kuxe eingetragen werden. Mit diesen Vorschriften wäre es unvereinbar, wenn den Gewerken ein Bruchteilseigentum abgesprochen würde (KGJ. 18 S. 79).

Wenn auch hiernach der Ausgangspunkt der Vorinstanzen richtig ist, so geht doch ihre hieraus gezogene Folgerung fehl, daß es zur Übertragung des Bergwerkseigentums der Auflassung der sämtlichen einzelnen Kuxe bedürfe. Nach §§ 114, 226 ABG. kann die Gewerkenversammlung mit ³/₄ Mehrheit Verfügungen über das Bergwerk beschließen. Demgemäß hat auch das KG. die Zulässigkeit einer Auflassung des Bergwerks auf Grund eines derartigen Beschlusses anerkannt (Z. für Bergr. 34 S. 198, 40 S. 337). Auf die dort erörterte Frage, inwieweit dabei Belastungen von Kuxen hinderlich sind, braucht hier nicht eingegangen zu werden, weil die Kuxe der Gewerkschaft U. sämtlich unbelastet sind... Grundbuchmäßig läßt sich die Eigentumsänderung auf zwei Wegen verwirklichen: 1. durch eine Auflassung des Bergwerks als Ganzen und 2. durch Auflassung aller Kuxen, die in ihrer Gesamtheit gleichfalls das Bergwerk darstellen. Im ersteren Falle bedarf es einer Übertragung des Bergwerks auf ein neues Grundbuchblatt unter Schließung des bisherigen, da die Einrichtung des letzteren für die veränderte Rechtslage nicht mehr paßt (KGJ. 18 S. 79). Im zweiten Fall erscheint dagegen der Fortbestand des bisherigen Blattes angängig, da dort der Erwerber anstelle der früheren Kuxeninhaber eingetragen werden kann. Welcher Weg hier einzuschlagen werden soll, ist hier noch aufzuklären. M.

e) Auflassung oder Berichtigung eines auf Grund des § 9 Ges. v. 31. August 1919 enteigneten Grundstücks?

Kammergericht, 1. ZS. Beschluß v. 20. Januar 1921.

Das Ersuchen des Min. für Landw. das enteignete Gut auf X. umzuschreiben, stützt sich auf § 9 Ges. v. 31. Aug. 1919 (RGBl. 1527): „Wird von der Enteignung ein Gegenstand betroffen, für den von einer deutschen Behörde ein zur Eintragung des Berechtigten bestimmtes Buch ... geführt wird, so ist die Enteignungsbehörde befugt, diese Behörde um die Berichtigung des Buches ... zu ersuchen." Das Grundbuchamt hat daher zu prüfen, ob das Ersuchen hier eine Berichtigung des Grundbuchs zum Gegenstande hat. Die Vorinstanzen haben dies verneint, weil auf Grund der Enteignung nur ein Rechtserwerb für das Reich stattfinde und daher der weitere Rechtserwerb eines Dritten nicht im Wege der Berichtigung zum Ausdrucke gebracht werden könne. Diese Auffassung beruht jedoch auf einer unzutreffenden Anwendung des Gesetzes. Vorliegend kommt die sich aus Art. 297f des Friedensvertr. ergebende Verpflichtung des Reiches in Betracht, dem Staatsangehörigen einer alliierten Macht das ihm auf deutschem Gebiete durch eine Übertragungsanordnung entzogene Gut auf Verlangen zurückzuerstatten. Um allen derartigen Verpflichtungen genügen zu können, ist die Reichsregierung im § 1 Ges. ermächtigt worden, die von ihr zu übertragenden Gegenstände „für das Reich" zu enteignen. Nach § 2² erwirbt „das Reich" den enteigneten Gegenstand. Der Wortlaut legt allerdings die Annahme nahe, daß ein Rechtserwerb nur für das Reich eintreten soll. Diese Annahme wird jedoch dem Sinn und Zweck des Ges. nicht gerecht. Nach der Begründung des § 9 wird die Berichtigung als der Weg angesehen, auf dem am einfachsten und schnellsten die Übertragung enteigneter Gegenstände durchzuführen ist. Da aber diese Übertragung nur in der Weise denkbar ist, wenn der Dritte, dem der Gegenstand zu übertragen ist, durch die Enteignung ein unmittelbares Recht daran erlangt, so läßt die Begründung darauf schließen, daß der Gesetzgeber von der Möglichkeit eines derartigen Erwerbs ausgegangen ist. Dabei wäre der rechtliche Vorgang so aufzufassen, daß zwar das Reich den Gegenstand erwirbt, daß sich aber der Erwerb zugunsten des Dritten mit der Wirkung vollzieht, daß dieser unmittelbar auf Grund der Enteignung Eigentümer wird; es griffe also eine Regelung Platz, die der bei Verträgen zugunsten Dritter ähnlich ist.... Demgemäß erfolgt zwar die Enteignung für das Reich, doch bleibt es der Enteignungsbehörde überlassen, ob es bei diesem Erwerbe verbleiben soll oder ob die Grundstücke schon auf Grund der Enteignung dem Dritten zugewendet werden sollen. Da auch im letzteren Falle von einem Erwerbe durch das Reich insofern gesprochen werden kann, als der Erwerb die Grundlage für die Zuwendung an den Dritten bildet, so ist die Auslegung mit dem Wortlaute der §§ 1, 2 vereinbar (siehe auch Schlegelberger, AG. z. FrV. § 1⁶). M.

b) **Gehört die Bedingung[1] zum Inhalt des Rechts i. S. des § 874?**

OLG. Dresden, 5. ZS. Urteil v. 17. April 1919.

In dem 1894 zwischen dem Kläger und dem Beklagten, Rechtsvorgänger des Käufers, geschlossenen Vertrage ist der Bestellung des Kohlenbergbaurechts eine auflösende Bedingung — wenn das Unterirdische nicht abbauwürdig sein und deshalb der Abbau eingestellt werden sollte — beigefügt worden, deren Eintritt das Recht zum Erlöschen bringt, und denjenigen, dem es angefallen wäre, berechtigen würde, vom eingetragenen Berechtigten die Berichtigung des Grundbuchs gemäß § 894 BGB. zu verlangen. Dieses Verlangen kann jedoch der Kläger nicht gegen den Beklagten erheben,

[1] Mit der herrschenden Meinung ist unter entsprechender Anwendung des § 874 anzunehmen, daß auch bei der Eintragung einer Verfügungsbeschränkung zur näheren Bezeichnung ihres Inhalts auf die Bewilligung oder die sie ersetzende einstw. Verfügung Bezug genommen werden kann (KG. 16. Okt. 1919, 1x 225).

gleichviel ob hier der § 892 S. 1 oder S. 2 anzuwenden ist. Wird nämlich die Bedingung als eine Beschränkung des Berechtigten in der Verfügung über das Recht im Sinne des S. 2 aufgefaßt (RGKomm. § 892[11]; Oberneck[4] GBRecht § 46 IIe; Fuchs GBRecht 1 S. 164 Nr. 12 Bb.; auch RG. 76 S. 91), so ist diese Beschränkung dem Beklagten gegenüber, der sie nicht gekannt hat, nur wirksam, wenn sie aus dem Grundbuch ersichtlich. Lediglich diese Frage ist aber auch zu beantworten, wenn die Bedingung als eine dem Rechte selbst hinzugefügte und absolut wirkende Beschränkung anzusehen ist (Kretzschmar Sachenrecht S. 118 N. 11[2] vor § 13; Manner Sachenrecht S. 32). Auch in diesem Falle mußte nach § 892 S. 1 die Beschränkung, um gegen gutgläubige Dritte zu wirken, und zum Schutze des Eigentümers sowie der nachfolgenden Berechtigten gegenüber dem Glauben des Grundbuchs mit zur Eintragung gelangen (Kretzschmar aO.). Hier ist aber die Beschränkung, sei es des Erwerbers in der Verfügung über das Kohlenbergbaurecht, sei es des Rechts selbst in den Grundbucheinträgen nicht erwähnt, sondern nur auf die zugrunde liegenden Verträge durch Anziehung der Aktenstellen verwiesen. In diesem Hinweise findet das LG. die Eintragung der Bedingung, weil das Sächs. Grundbuchrecht in gleicher Weise, wie § 874 BGB., zur näheren Bezeichnung des Inhalts eines Rechts, die Bezugnahme auf die Eintragsbewilligung gestattet habe. Ob aus §§ 174, 181 der VO. vom 9. Januar 1865 ein dem § 874 BGB. entsprechender Grundsatz herzuleiten ist (vgl. Rspr. 8 S. 124 Anm.), kann dahingestellt bleiben. Denn es handelt sich gegenwärtig gar nicht um den Inhalt des eingetragenen Kohlenbergbaurechts, sondern um eine entweder den Berechtigten in der Verfügung über das Recht oder dessen Dauer beschränkende Vertragsbestimmung, die aus dem Grundbucheintrage selbst erhellen muß, um gegen jedermann zu wirken (RGKomm. § 874[1]; Kretzschmar S. 60 Nr. 5b Abs. 2). Daran fehlt es. —e—

c) **Wirkung der Vorrangseinräumung bei Vorhandensein von Zwischenposten.**

Kammergericht, 1. ZS. Beschluß v. 10. März 1921.

Eingetragen waren in Abt. III: Nr. 1 für A. 12000 Mark, Nr. 2 für B. 15000 Mark, Nr. 3 für C. 6000 Mark, Nr. 4 für D. 3000 Mark, Nr. 5 für E. 3000 Mark, Nr. 4 und 5 zu gleichem Range, schließlich Nr. 6 wieder für A. 3500 Mark. Am 5. September 1920 wurde eingetragen, daß der Nr. 6 der Vorrang vor Nr. 3 und Nr. 4 eingeräumt ist. Anfang 1921 wurde weiter vermerkt, daß der Nr. 6 auch vor der Nr. 2 der Vorrang eingeräumt ist. Gleichzeitig war beantragt, einzutragen, daß die Nr. 3 wiederum den Vorrang vor Nr. 5 und die Nr. 4 gleichen Rang mit der Nr. 5 haben solle. Diese Eintragung wurde abgelehnt, weil dieses Rangverhältnis bestehen geblieben sei. Die Beschwerde ist begründet. Die nachträgliche Rangänderung wirkt derart, daß das vortretende Recht in vollem Umfange vor das zurücktretende tritt und es in seiner Rangstelle zurückdrängt (RG. 64 S. 100; KGJ. 42 S. 265). Da Zwischenrechte von der Rangänderung weder Vorteil noch Nachteil haben dürfen, so tritt das vortretende Recht, soweit es größer ist als die zurücktretende Post, nur bis zu deren Höhe vor das Zwischenrecht; ist umgekehrt die zurücktretende Post größer, so tritt sie nur in Höhe der vorrückenden hinter die Zwischenpost und behält im übrigen — hinter der vorrückenden — den Rang vor ihr. Treten mehrere Rechte gleichzeitig hinter ein anderes, so behalten sie untereinander den bisherigen Rang. Hiernach war nach der Eintragung vom 5. September 1920 die Rangordnung folgende:

A.	Rangstelle der Post Nr. 3	3500 Mark des A. (Nr. 6),
		2500 „ „ C. („ 3),
B.	Rangstelle der Posten 4 u. 5	3000 „ „ E. („ 5),
	und in gleichem Range dazu	3000 „ „ C. („ 3),
C.	Rangstelle der Post Nr. 6	500 „ „ C. („ 3),
		3000 „ „ D. („ 4).

Fraglich kann sein, welche Wirkung die spätere Vorrangseinräumung für die 3500 Mark Nr. 6 vor den 15000 Mark zu Nr. 2 hat, ob nämlich diese in Höhe der vorrückenden 3500 Mark bis auf deren ursprünglichen Rang (Nr. 6) zurückgedrängt werden oder nur bis zu der Rangstelle, die diese 3500 Mark infolge der früheren Vorrangseinräumung einnahmen. Aber der zuletzt zurücktretende Berechtigte will nur dem vorrückenden Recht einen Vorteil verschaffen und selbst nur so weit zurücktreten, als dazu nötig ist; er will sich also nur bis zu der Rangstelle zurückdrängen lassen, die das vorrückende Recht innehatte. Vorliegend ist somit das aus dem Grundbuch ersichtliche Rangverhältnis jetzt:

12000 Mark (Nr. 1) des A., 3500 Mark desselben Gläubigers (Nr. 6), 15000 Mark des B. (Nr. 2), 2500 Mark des C. (Nr. 3), dahinter die übrigen Posten, wie oben dargestellt.

Es sind also tatsächlich die 6000 Mark des C., die früher den 3000 Mark des E. (Nr. 5) vorgingen, in Höhe von 3000 Mark jetzt nur noch gleichstehend und stehen ihnen mit 500 Mark im Range nach, und die früher den 3000 Mark des E. (Nr. 5) gleichstehenden 3000 Mark des D. (Nr. 4), gehen jetzt im Range nach, während das Rangverhältnis der Posten des E. und des D. untereinander unverändert blieb. Dem Antrag würde etwa in folgender Fassung zu entsprechen sein: Den 6000 Mark des C. ist der durch Vorrangseinräumung vom 5. September 1920 verloren gegangene Vorrang vor den 3000 Mark des E. (Nr. 5) wieder eingeräumt. Und ebenso: Den 3000 Mark des D. (Nr. 4) ist der ... gleiche Rang mit den 3000 Mark des E. (Nr. 5) wieder eingeräumt.

Sollte sich übrigens herausstellen, daß die zurücktretenden Posten nicht bestehen, so fiele bei der Zwangsversteigerung der Rangvorteil der Nr. 6 weg und ihr ginge die Nr. 5 wieder vor, da sie sich bei der Vorrangseinräumung nicht beteiligt hat. Z..r

d) **Veräußerungsverbot des § 6 KapAbfG. Anwendung des § 54 GBO.**

Kammergericht, 1. ZS. Beschluß v. 1. April 1920.

... Das KapAbfGes. v. 3. Juli 1916 § 6 spricht ein Verbot bestimmter

Handlungen nicht aus, sondern erklärt eine Verwaltungsbehörde zum Erlaß eines Veräußerungsverbots für zuständig. Es spricht ferner diesem Verbot die Wirksamkeit erst mit der Eintragung ins Grundbuch zu. Demnach liegt ein absolutes Veräußerungsverbot nach § 134 BGB. nicht vor; vielmehr bezweckt das Gesetz eine Einschränkung der Verfügungsmacht desjenigen, der mit der Abfindung ein Grundstück erwarb; es will gewissermaßen während der Anfangsjahre seine Hand über den Erwerber halten. Hiernach sind in Ansehung der allgemeinen Grundsätze der relativen Verfügungsschränkungen den rechtsgeschäftlichen Verfügungen des Berechtigten die im Zwangs- oder Arrestwege erfolgenden Verfügungen gleichzustellen. Indessen läßt sich das Veräußerungsverbot nicht restlos im Sinne der §§ 135/6 verstehen. Der Unterschied liegt in der Verschiedenheit des Zweckes... Ein privatrechtliches Interesse des Fiskus in bezug auf das mit der Abfindung erworbene Grundstück besteht nicht; die etwaige Rückforderung der Abfindung ist durch die Sicherungshypothek gesichert. Es besteht aber ein öffentliches Interesse daran, daß der Kriegsbeschädigte in seiner durch die Abfindung ermöglichten Existenz erhalten wird. Eine gesetzliche Regelung, die eine den Schutzzweck beeinträchtigende Verfügung nur relativ dem Fiskus gegenüber für unwirksam erklärte, wäre unzweckmäßig und führte zu unnützer Prozeßhäufung. Aus diesem Gedanken heraus hat, wie anzunehmen ist, das Gesetz Veräußerungen und Belastungen in ihrer Wirksamkeit ganz allgemein von der Genehmigung der Militärverwaltnng abhängig gemacht. Der § 6 gibt also der Beschränkung der Verfügungsmacht, wie sie durch die §§ 135/6 BGB. geschaffen ist, ein neues und erweitertes Anwendungsgebiet, indem er entgegenstehende Verfügungen schlechthin und allgemein einem Genehmigungszwange zugunsten einer öffentlichen Behörde unterwirft. Die behördliche Anordnung und ihre Eintragung ins Grundbuch führt mithin zugleich eine Sperre des letzteren gegen Eintragungen einer Weiterveräußerung und Belastung herbei. Der Grundbuchrichter kann solche Eintragungen erst vornehmen, wenn ihm die Genehmigung der Militärverwaltung nachgewiesen ist.

Eine unter Verletzung dieser Vorschriften erfolgende Eintragung macht das Grundbuch unrichtig (§ 54 GBO.). Die Militärbehörde muß aber auch befugt sein, die Eintragung mit der Beschwerde auf Löschung zu verfolgen, wenn sie sich ihrem Inhalte nach als unzulässig erweist. Hier ist aber die Zwangshypothek aus diesem Grunde zu löschen (§ 54 S. 2 GBO.). Das zugunsten der unehelichen dreijährigen E. R. gegen den Eigentümer ergangene Urteil auf Unterhaltsgewährung begründete kein neues selbständiges Schuldverhältnis, sondern stellte lediglich das Bestehen eines solchen fest (Stein ZPO. § 322 III). Nur wenn die in der Eintragung enthaltene Bezeichnung des Urteils zugleich als eine Bezugnahme auf die Feststellung der Forderung angesehen werden könnte, würde die Eintragung den zwingenden Erfordernissen des § 1115 BGB. bezüglich der Kennzeichnung der zu sichernden Forderung genügen. Die Betreibung der Vollstreckung wegen dieser Unterhaltsforderung (5500 Mark) verstieß aber auch u. z. in vollem Umfange gegen § 751 ZPO. Bis zum Tage der Eintragung war überdies ein 300 Mark erreichender Gesamtbetrag noch gar nicht fällig geworden. Die Voraussetzungen für die Zwangsvollstreckung hat der mit der Eintragung einer Zwangshypothek befaßte Grundbuchrichter zu prüfen. Die unter Verletzung zwingender Zivilprozeßvorschriften erfolgte Zwangseintragung ist im Sinne des bürgerlichen und des Vollstreckungsrechts nichtig und unzulässig (KGJ. 49 S. 236); vom Standpunkte des Grundbuchrichters kann sie je nach Lage der Erkennbarkeit des Mangels (RG. 88 S. 83) das Grundbuch unrichtig machen (§ 54 S. 1 GBO.) oder ihrem Inhalte nach unzulässig sein (das. S. 2)... Vorliegend ist die Zwangshypothek für eine ausweislich der Eintragung selbst oder des in Bezug genommenen Urteils erst in Zukunft fällig werdende Forderung als eine inhaltlich unstatthafte und daher bedeutungslose Eintragung zu bezeichnen (Rsp. 3 S. 364; KGJ. 26 S. 297); sie ist deshalb zu löschen. M.

e) **Berichtigung des Anteils eines Miterben. Anwendung der §§ 29. 48 GBO. Bedeutung des § 18 GBO.**

Kammergericht, 1. ZS. Beschluß v. 14. Oktober 1920.

1897 wurde eines der 7 als Grundstückseigentümer eingetragenen Geschwister infolge Übertragung seines Anteils am Nachlasse seiner Eltern auf den bereits eingetragenen Bruder August gelöscht. Jetzt beantragt der Sohn und Alleinerbe dieses August, ihn als Rechtsnachfolger in dessen Anteil einzutragen. Der Grundbuchrichter beanstandete gemäß § 18 das Fehlen eines öffentlich beglaubigten Antrags aller Erben und wies nach Ablauf der gestellten Frist den Antrag zurück. Die Beschwerde blieb erfolglos. Die weitere Beschwerde ist begründet.

... Der § 18 besagt, daß entweder der Antrag unter Angabe der Gründe in einem richterlichen Verfügungsakt zurückzuweisen ist oder daß die Bekanntgabe der Verfahrensmängel in einer ihre Beseitigung ermöglichenden Vorentscheidung und bei fruchtlosem Fristablauf lediglich deshalb ohne weitere sachliche Begründung die Zurückweisung zu erfolgen hat. In letzterem Falle sind daher die endgültige Zurückweisung und die ihr vorangegangene Zwischenverfügung als eine zwar zeitlich in 2 je für sich anfechtbare Akte auseinandergezogene, inhaltlich aber auf demselben sachlichen Entscheidungsgrunde beruhende Entscheidung anzusehen. Daraus folgt, daß die Zurückweisung anfechtbar ist, wenn die Zwischenverfügung unrichtig war oder m. a. W. daß ein nach unrichtiger Zwischenverfügung zurückgewiesener Antrag fehlerhaft behandelt ist. Die gegenteilige Ansicht, die die Zurückweisung wegen fruchtlosen Fristablaufs nicht mehr aus sachlichen Gründen für anfechtbar hält, gleichviel ob die Zwischenverfügung richtig oder unrichtig war, gibt der letzteren eine ihr nicht zukommende selbständige formale Bedeutung (Rsp. 10 S. 426). Daraus folgt, daß das LG. mit Recht die sachliche Berechtigung der Zwischenverfügung geprüft hat. Diese Prüfung muß sich aber auch darauf erstrecken, ob eine Verfügung andren Inhalts geboten war. Das allein entspricht dem Zweck des § 18, einen Antrag nicht eher zurückzuweisen, als bis dem Antragsteller Gelegenheit zur Beseitigung der behebbaren Hindernisse gegeben ist.

Den Vorinstanzen ist zunächst darin beizutreten, daß der Antrag der Form des § 29 bedurfte. Für die Eigentumseintragung gibt die GBO. einige besondere Vorschriften. Wie bei rechtsgeschäftlichem Eigentumserwerbe statt der Bewilligung des Betroffenen (§ 19) die Auflassung erfordert wird, so bedarf die Eigentumsberichtigung nach § 22² der Zustimmung des Eigentümers, die wie jene Erklärung gemäß § 29 nachzuweisen ist (Güthe § 22[60]; Predari § 22[12]). Die Grundbuchberichtigung durch Eintragung des Antragstellers anstelle seines Vaters erfordert, da mehrere in bezug auf das Grundeigentum mitberechtigt sind und dieses Verhältnis bisher im Grundbuch nicht nach § 48 GBO. gekennzeichnet ist, nunmehr eine dahingehende Angabe, z. B. Erbengemeinschaft. Da ferner ein solcher Eintrag allein für den Antragsteller nicht denkbar ist (RG. 54 S. 85), so ist mit der Berichtigung des Eigentums des Antragstellers die der ganzen Eigentumseintragung zu verbinden (KGJ. 39 S. 203)... Diese Berichtigung ist aber wiederum ein Anwendungsfall des § 22² GBO. Wenn zuvor gesagt ist, daß eine Eigentumsberichtigung unter allen Umständen die urkundliche Zustimmung des wahren einzutragenden Berechtigten erfordere, so gilt das auch für diejenigen Fälle, in denen ein Eigentümer im Mitberechtigungsverhältnisse mit andren bereits eingetragen ist, aber das eingetragene für die Gemeinschaft maßgebende Rechtsverhältnis oder das Fehlen einer Angabe im Grundbuch darüber berichtigt werden soll (BayObLG. im Recht 1909 Nr. 2837); denn auch in diesen Fällen wird jemand als Eigentümer vermerkt, der in solcher Weise bisher nicht eingetragen war. Irrig ist es dagegen, wenn das LG. Antragstellung durch sämtliche Miteingetragenen fordert. Es handelt sich um eine Berichtigung durch Eintragung des im Erbgang anstelle seines noch eingetragenen Vaters getretenen Antragstellers und durch Eintragung der bisher fehlenden Mitberechtigungsvermerke aus § 48 GBO., die notwendigerweise nur für alle Eingetragenen erfolgen kann. Eine Grundbuchberichtigung erfordert nach § 22¹ die Bewilligung des Betroffenen oder den Unrichtigkeitsnachweis. Für den Erbgang wird letzterer durch den Erbschein geführt, für das Mitberechtigungsverhältnis kommt erstere in Gestalt der von den Mitberechtigten nach § 22² abzugebenden Erklärung in Betracht. Die Berichtigung erfordert sodann freilich wie jede Eintragung nach § 13 einen Antrag. § 13 schreibt aber keineswegs vor, daß jeder, der nach Abs. 2 antragsberechtigt ist, an der Antragstellung beteiligt sein muß; vielmehr ist jeder von mehreren, zu deren Gunsten oder Lasten die Eintragung erfolgen soll, antragsberechtigt (Güthe § 13[46]; Predari § 13[13]). Demnach stand der beantragten Eintragung das Fehlen folgender formgerecht zu beurkundender Erklärungen entgegen: der Zustimmung des Antragstellers zu seiner Eigentumseintragung mit der aus § 48 GBO. folgenden Maßgabe und der Zustimmung der übrigen als Eigentümer Eingetragenen zur Eintragung des Gemeinschaftsverhältnisses. Dieses Hindernis ist leicht behebbar und daher wäre zu seiner Beseitigung nach § 18 Gelegenheit zu geben gewesen... M.

f) α) **Auflassung. Nachträgliche Einwilligung Mitberechtigter.**

Kammergericht, 1. ZS. Beschluß v. 4. November 1920.

... Dadurch, daß im § 7 des Erbteilungsvertrags sämtliche Beteiligte die Eintragung des Beschwerdeführers A. als Grundstückseigentümers bewilligten und beantragten, haben sie deutlich zu erkennen gegeben, daß sie über die Übertragung des Eigentums auf A. einig geworden sind (RG. 54 S. 378; Güthe § 20[37]). Das Grundbuchamt hat denn auch in den Erklärungen eine Auflassung gefunden und diese nur deshalb für unwirksam erachtet, weil sie nicht bei gleichzeitiger Anwesenheit aller Beteiligten vorgenommen worden sei. Das LG. hat dagegen mit Rücksicht auf die jetzige Erklärung des A., daß eine Auflassung nicht beabsichtigt gewesen sei, Zweifel geäußert, die jedoch nicht begründet sind. Wie überhaupt im Rechtsverkehr ist auch für das Grundbuchamt nicht der innere, sondern der nach außen kundgegebene Wille des Erklärenden maßgebend. Eine solche Kundgebung ist hier hinsichtlich der Auflassung in zweifelsfreier Bedeutung im § 7 des Vertrags enthalten; da auch die Form des Ges. v. 13. Mai 1918 gewahrt ist, fragt sich daher lediglich, ob daraus, daß bei der Auflassungsverhandlung v. 1. April der Miterbe S. nicht mitgewirkt hat, ein Bedenken herzuleiten ist. Das LG. hat dies mit Rücksicht darauf, daß die Erklärung des S. in Abwesenheit des A. abgegeben ist, bejaht, dabei aber den Gesichtspunkt des § 185 außer acht gelassen. Verfügen über einen Nachlaßgegenstand dem § 2040 zuwider nicht alle Erben gemeinschaftlich, sondern nur ein Teil von ihnen, so liegt darin eine Verfügung von Nichtberechtigten (KGJ. 36 S. 194). Die Berechtigten sind in diesem Fall alle Berechtigten. Da aber bei der Verfügung eines Teils von ihnen deren Zustimmung bereits vorliegt, so ergibt die Anwendung des § 185, daß die Zustimmung der anderen Erben geeignet ist, jene Verfügung wirksam zu machen u. z. so, daß sie, wenn sie mit Einwilligung der andern Erben erfolgte, von vornherein wirksam ist und daß sie, wenn sie von ihnen genehmigt wird, rückwirkend (§ 184[1]) wirksam wird. Die abweichenden Ausführungen des RG. (93 S. 292) geben dem Senat keinen Anlaß, von seiner bisherigen Auffassung abzugehen. Die bloße Unwirksamkeit der Verfügung der einzelnen Erben kann die Anwendung des § 185 nicht hindern, weil Verfügungen Nichtberechtigter stets unwirksam sind und § 185 gerade eine Heilung der Unwirksamkeit ermöglichen will. Dafür, daß im Falle des § 2040[1] eine unheilbare Nichtigkeit eintreten soll, bietet das Gesetz keinen Anhalt; insbesondere läßt sich dafür die Ausdrucksweise des Gesetzes nicht entscheidend verwerten. Wäre die Verfügung des einzelnen Erben unheilbar nichtig, so müßte die Nichtigkeit auch dann bestehen bleiben, wenn die mehreren Erben ihre zueinander in Beziehung stehenden Verfügungen nicht gleichzeitig, sondern nacheinander treffen. So weit will aber auch das

RG. nicht gehen, vielmehr hält es in diesem Fall die Verfügungen in ihrer Gesamtheit für wirksam. In dem von ihm angezogenen Urteil (JW. 1907 S. 834) ist der Gesichtspunkt des § 185 nicht erörtert. Die Rechtslehre nimmt nahezu einhellig den hier vertretenen Standpunkt ein. Auch für den gleichliegenden Fall der Verfügung einzelner Teilhaber einer Bruchteilsgemeinschaft (§ 747 S. 2) wird allgemein die Anwendbarkeit des § 185 anerkannt. Damit stimmen auch die Motive (2 S. 875 zu I § 763) überein. Wenn es dort heißt: „Einseitige Verfügungen eines Teilhabers über das Ganze stehen der Verfügung über fremdes Vermögen gleich“, so war damit, wie der Zusammenhang mit I §§ 309, 876 ergibt, nichts anderes gemeint, als daß die Verfügungen mit Zustimmung des Berechtigten wirksam sein oder werden sollten. Ein Grund zur Vorlage nach § 79² GBO. ist nicht vorhanden, weil die §§ 185, 2040 nicht das Grundbuchrecht betreffen. M.

β) **Gilt § 925² auch für notarielle Auflassungen?**

Kammergericht, 1. ZS. Beschluß v. 17. Februar 1921.

Der Eigentümer A. hat 1906 sein Grundstück notariell an seinen Sohn verkauft und in der Weise aufgelassen, daß zunächst er die Eintragung des neuen Eigentümers bewilligte und dieser sie beantragte. Daran schließt sich ein neuer Absatz: „Die Eintragung soll erst mit dem Tode des Verkäufers erfolgen.“ Die 1920 beantragte Eintragung des Sohnes ist mit Recht abgelehnt. Die Annahme der Vorinstanzen, daß für die Wirkung der Auflassung ein Anfangstermin bestimmt worden sei, enthält keinen Rechtsirrtum. Die Beifügung einer solchen Zeitbestimmung hat aber die Unwirksamkeit der Auflassung zur Folge. Diese kann auch nicht nachträglich dadurch wirksam werden, daß die Bedingtheit weggefallen oder der Anfangstermin herangekommen ist (Rsp. 5 S. 251, 14 S. 79). Die Beschwerde will dies hier nicht gelten lassen, weil die Auflassung nicht vor dem Grundbuchamt erklärt worden, da dem § 925 der Grundsatz der Einheitlichkeit des aus Auflassung und Eintragung bestehenden Aktes zugrunde liege. Allein abgesehen davon, daß ein derartiger Grundsatz dem geltenden Rechte fremd ist, fehlt es vor allem an einer Vorschrift, die den § 925² von der Anwendung auf die nicht vor dem Grundbuchamt erklärten Auflassungen ausschließt. Da Art. 143 EG. keinen dahingehenden Vorbehalt enthält, muß er auch auf die in ihm vorgesehenen Auflassungen bezogen werden. M.

γ) **Erklärung durch einen bedingt Bevollmächtigten.**

Kammergericht, 1. ZS. Beschluß v. 24. Februar 1921.

... Eine Auflassung, die nach § 925² nicht unter einer Bedingung erfolgen darf, ist, wenn sie durch einen Vertreter erklärt wird, darauf hin zu prüfen, ob er zurzeit der Vornahme Vertretungsmacht hatte. Das letztere ist nicht nur dann, wenn ihm von vornherein unbedingte Macht erteilt war, sondern auch dann der Fall, wenn sie zwar bedingt erteilt, die Bedingung aber vor der Auflassung erfüllt war. Die von A. unbedingt erklärte Auflassung war also auch für die Mündel wirksam, wenn die Bedingung, unter der der Vormund und das VormGericht die Vertretungsmacht begründet hatten (bare Auszahlung des Mündelanteils am Kaufpreise), zurzeit der Auflassung eingetreten war. Dieses Ergebnis kann nicht, aus Gesichtspunkten des Grundbuchverfahrens bezweifelt werden. Dieses erfordert, wie jedes gerichtliche Verfahren, klare, nicht durch Vorbehalte oder Bedingungen eingeschränkte Erklärungen (Anträge, Bewilligungen, Zustimmungen) über das, was man vom Grundbuchamt begehrt (Güthe § 16[3], 19[53]). Dem ist hier genügt, indem A. im Namen der Grundeigentümer die Auflassung erklärt hat und die Erwerber sie entgegengenommen haben. Die Beurteilung der Vertretungsmacht des A. ist eine, dem bürgerlichen Recht angehörige Frage, das Grundbuchverfahren kommt dabei lediglich insofern in Betracht, als § 29 GBO. als Beweismittel nur Urkunden in der dort bestimmten Form zuläßt. ... Für die Führung dieses Nachweises können zB. eine in der Form des § 29 S. 1 erfolgende Erklärung des Vormunds oder ein Zeugnis des Notars gemäß Art. 31, 54 PrFG. (KGJ. 40 S. 186) in Betracht kommen. Aus den beizubringenden Urkunden muß sich aber ergeben, daß der dem Vormund gezahlte Betrag der den Mündeln kraft ordnungsmäßiger Auseinandersetzung gebührende Anteil am Kaufpreis ist. M.

g) **Fund in Lagerräumen durch Angestellte.**[1]

OLG. Breslau, 3. ZS. Urteil v. 27. November 1920.

Anfang 1918 entdeckte die im Gewerbe des Beklagten beschäftigte X. in seinem zum Sichten von Altpapier bestimmten Lagerraum bei Ausübung dieser Tätigkeit unter alten Papieren die Reichsbanknote über 1000 Mark, die sie an sich nahm und dem Beklagten abgab. Dieser zeigte dem Polizeipräsidenten an: „In meiner Papiersortieranstalt hat eine von meinen Arbeitsleuten, Klara X., den 1000 Mark-Schein Nr. ... gefunden. Ich bitte, selbiges bekannt zu machen." Dies geschah. Der Beklagte lieferte der Polizeibehörde den Schein ab und behielt sich den Anspruch auf seine Rückgabe vor. Nunmehr erwirkte der Kläger wegen einer Forderung gegen die X. den dinglichen Arrest und ließ ihre Forderung an das Polizeipräsidium auf Rückgabe der 1000 Mark pfänden. Er verlangt die Einwilligung des Beklagten, daß die 1000 Mark zu einer Streitmasse hinterlegt werden. Der Anspruch ist begründet.

[1] Obiger Entscheidung ist nicht beizutreten. Die Motive (3 S. 387) unterscheiden zwischen dem keiner speziellen Aufsicht unterstellten Gebiete des „gewöhnlichen Friedens" wie Wege oder Plätze und den Privaträumen, wo die dort befindlichen Sachen bereits einer gewissen Detention unterstehen und nicht im Rechtssinne „gefunden" werden können. Vollends ausgeschlossen erscheint es aber, daß ein Angestellter, der zum Sortieren der im Lagerraume befindlichen Sachen bestellt ist, eine dieser Sachen an sich nimmt. Denn ihm sind alle diese Sachen, also auch die Banknote, von seinem Dienstherrn anvertraut, kraft seines Dienstvertrags hat er sie sämtlich zu sortieren und wieder dem Dienstherrn zurückzuliefern. Sollte schon in solchen Fällen die privatrechtliche Verfügungsgewalt des Rauminhabers vor dem Verfügungsrechte der Polizei zurücktreten, so mußte dies erst recht bei Sachen, die in den Geschäftsräumen einer öffentlichen Behörde gefunden wurden, gelten und war für eine Vorschrift wie die des § 978 BGB. kein Bedürfnis. Vgl. hierzu Urteil des Pr.OberVerwGer. v. 30. Nov. 1916 (Entsch. 72 S. 264).

Der Beklagte hat an dem Schein Eigentum nicht durch die Übergabe des alten Papiers, zwischen dem sich der Schein befand, erlangt; denn der Schein war nicht mitverkauft, es fehlte in Hinblick auf ihn die Einigung aus § 929 über den Eigentumsübergang.

Verloren ist eine Sache, die nicht herrenlos, aber besitzlos geworden ist. Daß der Schein ohne den Willen des bisherigen Besitzers aus seinem Besitze gekommen ist, ergibt die Sachlage; er steckte unter verkauftem Altpapier. Der Wille des bisherigen Besitzers, das Eigentum aufzugeben, ist aus demselben Grunde zu verneinen. Der Schein war also, als die X. ihn entdeckte, nicht herrenlos. War er aber damals im Besitze des Beklagten, so war er keine „verlorene" Sache. Bedeutet auch der Besitz nur ein tatsächliches Gewaltverhältnis, so ist er doch ohne einen Beherrschungswillen nicht denkbar. Die „Erlangung" der tatsächlichen Gewalt, durch die nach § 854 der Besitz erworben wird, setzt ein darauf gerichtetes Streben voraus. Liegt nur das vor, daß eine Sache in die von einer Person beherrschten Räume ohne ihr Wissen gelangt ist, so hat diese nicht den Besitz der Sache erworben (RGKomm., Planck zu BGB. § 854). Der Beklagte wußte, als die X. den Schein entdeckte, nichts davon, daß er zwischen dem erworbenen Altpapier steckend in seinen Geschäftsraum gelangt war, er kann sonach in Hinblick auf ihn den Beherrschungswillen in obigem Sinne nicht gehabt haben; der Schein stand daher damals nicht in seinem Besitz. Die X. hat den Schein, eine verlorene Sache, entdeckt; das war keine Rechtshandlung, sondern eine unwillkürliche Tätigkeit, bei der eine rechtliche Vertretung des Beklagten nicht in Frage kam. Zum „Finder" aber wird man erst dadurch, daß man die wahrgenommene verlorene Sache an sich, dh. in Besitz nimmt. Dies ist eine Rechtshandlung und kann daher in Vertretung eines anderen vorgenommen werden. Die Sachlage spricht aber dagegen, daß die X. den Schein an sich nahm mit dem Willen, den Besitz namens des Beklagten und für ihn zu erlangen. Die Note war ein Gegenstand von erheblichem Werte. Daß der Finder, der den Fund nicht verheimlicht, Anwartschaft auf Finderlohn oder auf das Eigentum der Fundsache hat, ist allgemein bekannt. Daher widerspräche es dem natürlichen menschlichen Eigennutze, wenn die X. im Augenblicke des Ansichnehmens den Willen gehabt hätte, den Besitz für ihren Arbeitgeber zu ergreifen. Ob er seinen Arbeitern ein für allemal untersagt hatte, sich Gegenstände, die sie unter den Lumpen und altem Papier finden und noch für gebrauchsfähig halten, ohne seine Erlaubnis anzueignen, gilt gleich. Bei dem 1000 Mark-Schein handelte es sich nicht um einen Gebrauchsgegenstand, bei dem es zweifelhaft sein konnte, ob er noch halbwegs brauchbar sei, oder schon unter den Begriff von Lumpen falle. Da der Tatbestand des Fundes gegenständlich vorlag, ist es unerheblich, ob etwa die X., als sie den Schein an sich nahm, geglaubt hat, er befinde sich im Besitze des Beklagten (Planck § 965 [1b]). Übrigens spricht — falls man dementgegen das Bewußtsein des Finders verlangt, daß es sich um eine verlorene, also besitzlose Sache handele — nichts dafür, daß sie den Beklagten als „Besitzer“ angesehen habe. Der Gedanke, daß ein Schein, der in Lumpen versteckt ist, und von dessen Einbringung in seinen Lagerraum der Erwerber der Lumpen nichts weiß, in dessen „Besitz“ stehen solle, liegt für einen Laien doch gar zu fern. Anzunehmen ist vielmehr, daß die X., als sie den Schein an sich nahm, sich keine Gedanken über einen möglichen Besitz des Beklagten gemacht hat, sondern in der Freude über den Glücksfall nur bestrebt war, dessen Rechtsfolge sich nicht entgehen zu lassen.

Diese Gründe sprechen auch dafür, daß sie, als sie den in Besitz genommenen Schein dem Beklagten übergab, dies nicht getan hat, um ihm die Anwartschaft auf die gesetzlichen Vorteile des Finders zu überlassen, sondern um ihm das Weitere zu übertragen. Sie ging davon aus, daß er als Kaufmann über die weiter zu ergreifenden Maßnahmen besser Bescheid wisse als sie, die Arbeiterin und vertraute darauf, daß er die vorgeschriebene Maßnahme ergreifen werde. Das Dienstverhältnis, in welchem sie zu ihm stand, bot keinen Anhalt für einen abweichenden Willen; es ist nicht erfindlich, warum sie sich für verpflichtet gehalten haben sollte, die gesetzlichen Vorteile des Finders dem Arbeitgeber zuzuwenden.

Ob der Eigentumserwerb davon abhängt, daß der Finder selbst oder durch einen anderen die im § 965² vorgeschriebene Anzeige erstattet hat, stehe dahin; hier ist sie im Auftrage der X. erstattet worden. Dafür spricht ihr Inhalt und die Tatsache, daß die X. den Beklagten mit der Vornahme aller weiteren erforderlichen Maßnahmen beauftragt hatte.

Eigentümerin des Scheins ist hier die X. geworden, es sei denn, daß diese Rechtsfolge dadurch gehindert worden ist, daß der Kläger ihre Forderung an das Polizeipräsidium vor dem Ablaufe der Jahresfrist des § 973 hat pfänden lassen. Die Entscheidung, ob dadurch der Kläger selbst das Eigentum am Schein erworben habe, hängt u. a. davon ab, ob man die Anwartschaft des § 973 als übertragbares und pfändbares Recht ansieht und dieses Recht als durch den Pfändungsbeschluß betroffen erachtet. Die Frage braucht hier nicht entschieden zu werden. Gleichviel ob der Kläger selbst das Eigentum am Schein erworben oder ob es die X. erworben und er nur ein Pfandrecht an ihrem Herausgabeanspruch erlangt hat (ein Recht, das kein Recht an der Sache selbst und daher nach § 373 S. 2 nicht erloschen wäre), in jedem Fall hat er Anspruch auf Rechtsschutz gegenüber dem schlechthin unberechtigten Beklagten. . .[1]) S. e.

h) **Genügt Vorenthaltung des Besitzes den §§ 989 ff.? Auslegung des § 994 S. 2.**

OLG. Cassel, 2. ZS. Urteil v. 4. Juni 1920.

[1] Die Anwendung des § 978 ist nicht auf die Verkehrsanstalten im engeren Sinne, dh. auf Transportanstalten beschränkt (so OLG. Hamm im Urteil v. 14. Oktober 1913), sondern auf Theater, Ausstellungsräume, Gasthäuser u. dgl. auszudehnen; ob dabei nur Unternehmungen größeren Umfangs in Frage kommen, kann dahingestellt bleiben, weil der Gasthof des Klägers zu den größten Betrieben dieser Art in B. gehört (OVerwG. aO.).

Die Kläger verlangen nach § 985 BGB. die Herausgabe ihres Pferdes Der Beklagte macht ein Zurückbehaltungsrecht wegen der auf das Fohlen vom 1. Mai 1915 bis dahin 1917 verwendeten Futter- und Pflegekosten mit der Maßgabe geltend, daß er für die Zeit 1. Mai 1916/17, in der das Fohlen — im vierten Lebensjahre stehend — zur Hälfte eines volleistungsfähigen Pferdes arbeitsfähig gewesen und auch durchschnittlich einen halben Tag zur Arbeit benutzt worden, nur die Hälfte dieser Kosten berechnet. Aus den Gründen:

a) Zunächst ist zu prüfen, ob der § 994 S. 2 auch im Falle des Abs. 2 gilt. Bei streng grammatikalischer Auslegung ließe sich die Ansicht verteidigen, der Gesetzgeber habe dadurch, daß er die Vorschrift des S. 2 dem Abs. 1 einverleibte, ihre Beschränkung auf den Fall des S. 1 ausgedrückt; sonst hätte er sie als selbständigen Abs. 3 hinzugefügt. Die Folge dieser Auslegung wäre, daß im allgemeinen im Fall des § 994[1] die gewöhnlichen Erhaltungskosten gegen die Nutzungen — ohne Rücksicht auf die jeweilige Höhe der einen oder der anderen — gegeneinander wettzuschlagen, im Falle des Abs. 2 aber bezüglich der Nutzungen § 387/8 anzuwenden, die Beträge der Verwendungen und des Nutzungswerts also gegebenenfalls ziffernmäßig genau auseinander zu rechnen wären. Bei solcher Auslegung verblieben zB. dem Besitzer, der die nach der Rechtshängigkeit gezogenen Nutzungen nicht mehr hat, weil sie nicht mehr vorhanden sind oder weil die gezogenen Gebrauchsvorteile überhaupt nicht herausgegeben werden können, die gezogenen Nutzungen ganz, falls ihm nicht etwa ein Verschulden nachgewiesen werden kann (RG. 56 S. 316 und — im Gegensatz zu Enneccerus[2] II 1 § 85 I 1 b — RGKomm. § 987[4] sowie RG. 93 S. 281). Der Prozeßbesitzer wäre also befugt, die Aufwendungen ungekürzt ersetzt zu verlangen, eine Anrechnung der tatsächlich gezogenen Nutzungen fände überhaupt nicht statt. Das führte demnach zu dem widersinnigen Ergebnis, daß bei dem auch hier gegebenen Tatbestande der Besitzer für die Zeit nach der Rechtshängigkeit günstiger gestellt würde, als für die voraufgehende Zeit, während doch das BGB. sowohl im Schuld- als auch im Sachenrecht grundsätzlich den Umfang der Haftung von der Rechtshängigkeit ab verschärft. Außerdem aber würde selbst in dem Fall, daß eine den Wertersatz der Nutzungen erst rechtfertigende Schadenspflicht des Besitzers dargelegt würde, der schlechtgläubige oder verklagte Besitzer vielfach günstiger gestellt, nämlich überall da, wo, wie auch hier, der Wert der — rein rechnerisch und ziffernmäßig abzuziehenden — Nutzungen geringer war als der der gewöhnlichen Erhaltungskosten. Alle diese Erwägungen sprechen dafür, daß § 994 S. 2 auch für den Abs. 2 gilt. Durch ihn sollte der Billigkeit genügt und zugleich die möglichenfalls schwierige, stets aber umständliche Berechnung entbehrlich werden, die sonst dadurch notwendig werden würde, daß der Eigentümer nach § 987 von den Erhaltungskosten den Reinertrag der noch vorhandenen Nutzungen abziehen darf. Der u. a. auf eine Vereinfachung des Prozesses abzielende Zweck des

S. 2 ist im Falle des Abs. 2 genau so gegeben, wie für den Abs. 1; ein Grund, in dieser Hinsicht die beiden Absätze verschieden zu regeln, ist nicht erfindlich. So sieht denn auch Staudinger in dem S. 2 einen allgemeinen, über den Rahmen des § 994 hinaus gültigen Grundsatz (vgl. auch Klein, Gruchot 51 S. 754).

b) S. 2 ist nur anwendbar, wenn die Sache überhaupt Nutzungen abwarf (Enneccerus aO. § 86[6]). Die weitergehende Ansicht Neumanns wird dem Zwecke der Bestimmung nicht gerecht. Ein Fohlen wird aber „nutzbar" erst in dem Lebensalter, wo es anfängt zu arbeiten, nicht schon von einem früheren Alter an, wo es lediglich Dünger sowie Mähnen- und Schweifhaare als Früchte abwirft. Nach der Verkehrsauffassung wird bei einem Arbeitspferd außer der Neugeburt nur die Arbeitskraft als Nutzung gewertet und der Gesetzgeber faßt nur die Nutzungen, die nach der Verkehrssitte als solche erscheinen (§ 157), im § 994 S. 2 ins Auge. Dagegen ist unerheblich das Maß der einmal erlangten Arbeitsfähigkeit und der Umfang der zu ziehenden Nutzung. Demgemäß kann hier der Beklagte Futter- und Pflegekosten vom 1. Mai 1916 ab u. z. auch nach Eintritt der Rechtshängigkeit (Juli 1917), nicht beanspruchen. Dagegen ist der Anspruch für die frühere Zeit begründet, weil das Pferd damals nicht arbeitsfähig war und auch nicht zur Arbeit herangezogen worden ist. . . . ß.

i) **Haftung für Wasserleitungsschäden. Bedeutung des § 251.**

OLG. Stuttgart, 2. ZS. Urteil v. 21. November 1919.

Auf dem Grundstücke des Klägers Parz. Nr. 3, durch das die dem Beklagten (Fiskus) gehörige Röhrenleitung der Landeswasserversorgung geht, strömte infolge eines Rohrbruchs das Wasser aus und schwemmte die Humusschicht weg. Die Klage auf Wiederherstellung des früheren Zustandes ist begründet. Der Beklagte ist im Sinne des § 1004 der Störer, der das Eigentum des Klägers beeinträchtigt hat. Zwar ist der unmittelbare Anlaß der Beeinträchtigung eine zufällige, auf die Naturgewalt des Wassers zurückzuführende Einwirkung gewesen. Aber die Voraussetzung des § 1004, daß der Eingriff auf den Willen des Beklagten zurückgeführt werden kann, trifft hier insofern zu, als er die ganze Anlage errichtet hat, sonach der Wille seiner Vertreter auch für die Störung mindestens mit ursächlich gewesen ist. Dies genügt, um eine Störung durch den Beklagten als gegeben erscheinen zu lassen (RGKomm. N. 4; Planck N. 3 § 1004; Gruchot 48 S. 951; 54 S. 156). Ebenso liegt hier eine Beeinträchtigung ohne Besitzentziehung, wie sie § 1004 verlangt, vor. Zwar ist die Humusschicht weggeschwemmt, also dem Kläger entzogen, aber das Grundstück wurde im ganzen beeinträchtigt und im Wert vermindert und hierfür wird Wiederherstellung gefordert. Weil sich das Grundstück jetzt noch in diesem minderwertigen Zustande befindet, ist auch die Beeinträchtigung eine andauernde. Der Kläger verlangt nun, daß sein Grundstück mit einer neuen Humusschicht bedeckt wird. Da der frühere Humus nicht mehr vorhanden ist, ist die Herstellung in genau den früheren

Zustand, mit denselben Bodenbestandteilen wie früher ausgeschlossen, vielmehr kann nur ein gleichwertiger, ein ähnlicher Zustand wie früher hergestellt werden. Allein die Herstellungspflicht nach § 1004 kann nicht so eng gefaßt werden, daß immer nur ganz der gleiche Zustand hergestellt werden müßte. In vielen Fällen wäre dies nicht mehr möglich; es muß genügen, wenn der wirtschaftlich im wesentlichen gleiche Zustand hergestellt wird. Andererseits darf dies aber vom Beschädigten auch gefordert werden; eine Beschränkung auf die Fälle, in denen ganz der gleiche Zustand wie zuvor hergestellt wird, würde eine ganz erhebliche Einschränkung der Herstellungspflicht und eine weder vom Gesetz gewollte, noch der Natur der Sache nach gerechtfertigte Schädigung der durch solche Eingriffe Bedrohten bedeuten.

Der Beklagte wendet auf Grund des § 251² ein, die Herstellung sei nur mit unverhältnismäßigem Aufwand (3000 Mark) möglich, während das ganze Grundstück nur 700 Mark wert sei. Allein die §§ 249ff. beziehen sich auf die Schadensersatzpflicht im eigentlichen Sinn. Hier aber handelt es sich um den Ausgleich bei einem Eingriff in ein dingliches Recht, das Eigentum. Nach dem Standpunkt des BGB. verlangt die Natur dieses Rechts, daß nach einem Eingriff unter allen Umständen der durch die uneingeschränkte Herrschaftsmacht des Eigentümers bedingte frühere Zustand wieder hergestellt werden muß, und die Schranke liegt hier lediglich in der physischen Unmöglichkeit der Herstellung; deshalb kann die Vergünstigung des § 251² dem Störer bei einem Eigentumseingriff nicht zugute kommen (vgl. RG. 51 S. 408; Rsp. 4 S. 313). Es ist auch nicht zuzugeben, daß im Fall des § 1004 der § 251¹ anzuwenden sei und daß deshalb auch Abs. 2 anwendbar sein müßte. Ist in jenem Falle die Herstellung nicht möglich, so fällt die Herstellungspflicht überhaupt und es kann Geldersatz nur verlangt werden, wenn ein besonderer Verpflichtungsgrund (schuldhafter Eingriff 2c) vorhanden ist (Planck § 1004 N. 4a). Auch wenn die Herstellung zur Entschädigung nicht ausreicht, kann doch nur Herstellung verlangt werden. Unrichtig ist ferner, daß diesfalls der vorsätzliche Beschädiger vor demjenigen bevorzugt würde, der das Eigentum nur zufällig beschädigt, sofern sich zwar der erstere, nicht aber der letztere auf § 251² berufen könnte. Vielmehr haftet der erstere gleichfalls nach § 1004 auf Herstellung; er haftet nur daneben noch nach §§ 823ff. auf Schadensersatz, und soweit der § 1004 zutrifft, kann auch er sich auf § 251² nicht berufen. — Ob Beklagter, wie er behauptet, den Anspruch schon teilweise erfüllt hat, ist erst bei der Zwangsvollstreckung zu prüfen, da in einem Falle wie hier die Herstellungsmaßregeln, wenn sie nicht im Antrag angegeben sind, im Urteil nicht im einzelnen zu bezeichnen sind, dies vielmehr der Zwangsvollstreckung zu überlassen ist (GRGKomm. § 1004⁵).

Wenn schließlich der Beklagte einwendet, ihm sei eine Dienstbarkeit eingeräumt und er hafte wegen schuldhafter Nichtinstandhaltung seiner Wasseranlage, so besagt der § 1020 nicht, daß der Eigentümer für einen durch das Dienstbarkeitsrecht nicht gedeckten Eingriff in das Grundstück nicht soll Herstellung verlangen dürfen. Vielmehr stehen ihm alle vom Gesetz gewährten Befugnisse offen, soweit er nicht nach dem Vertrag über die Bestellung der Dienstbarkeit oder nach dem BGB. darin beschränkt ist. Eine Beschränkung letzterer Art trifft hier nicht zu, und daß der Kläger etwa vertraglich auf das Verlangen nach Herstellung in einem Fall, wie dem vorliegenden, verzichtet habe, ist nicht behauptet. S.

k) α) **Begriff des Erbbaurechts.**[1] **Prüfung des Grundbuchamts. Ist die Bek. v. 5. September 1919 anwendbar?**

Bayer. Oberstes Landesgericht, 1. ZS. Beschluß v. 23. April 1920.

Die Vorinstanzen haben den Erbbauvertrag vom 4. Januar 1920 hauptsächlich deshalb als unvollziehbar zurückgewiesen, weil das darin bestellte Erbbaurecht gegen § 1² der ErbbRV. v. 15. Januar 1919 verstoße und im Grunde kein Erbbaurecht mehr vorliege, vielmehr eine verdinglichte Pacht landwirtschaftlicher Grundstücke. Die weitere Beschwerde ist begründet.

1. Zunächst ist zu prüfen, ob überhaupt der Grundbuchrichter vor der beantragten Eintragung das Vorliegen der gesetzlichen Voraussetzung des Erbbaurechts nachzuprüfen hat. Soweit er aus den ihm vorgelegten Urkunden Anlaß zu der Annahme hat, daß er ein unzulässiges Recht eintragen soll, wird ihm eine Nachprüfung obliegen; eine Prüfungspflicht nach dieser Richtung aber ergibt sich im Grunde nicht gesondert aus § 1² aO., sie folgt vielmehr aus dem allgemeinen Prüfungsrechte des Grundbuchrichters überhaupt (vgl. Oberneck, Grundbuchr. 1 § 20; Bl. f. RA. 72 S. 413). Dies war schon im Rahmen des § 1013 BGB. strittig (für die Nachprüfung besonders Tosetti Bürg.Arch. 37 S. 141; Planck; dagegen Fuchs, Kretzschmar und Staudinger zu § 1013; Güthe GBO. 2 S. 1670; ferner Hirths Ann. 1915 S. 244). Die gleiche Streitfrage bleibt auch zu § 1² bestehen. Man wird hierbei davon ausgehen dürfen, daß sich eine derartige Prüfung im Rahmen des vorliegenden Sachverhalts auf nichts Weiteres zu erstrecken habe als darauf, ob die Beteiligten zu einer Einigung gekommen sind, die sich inhaltlich mit dem gesetzlichen Begriff eines Erbbaurechts deckt und der auch objektiv an sich mögliche Verhältnisse, besonders nach der wirtschaftlichen Seite, zugrunde liegen. Eine weitere Nachprüfung — besonders nach der tatsächlichen Seite — ließe sich auch praktisch schwer durchführen, zumal der Grundbuchrichter die Eintragungsvoraussetzungen doch immer nur an dem vorliegenden Urkundenmaterial prüfen kann (vgl Pesl „Grund und Boden" 1918 S. 263; Glast-Scheidt ErbbRV. § 1³; Kober § 1 III c δ). Eine derartige Folgerung stellt hier das Grundbuchamt auf. Allein nach den Aus-

[1] Der Erbbauberechtigte hat an dem von ihm oder einem Rechtsvorgänger in Ausübung des Rechts errichteten Gebäude Eigentums- und unbeschränktes Verfügungsrecht, das als wesentlicher Bestandteil des Erbbaurechts bei einer Veräußerung auf den Erwerber übergeht (OVG. 10. Nov. 1914, Entsch. 69 S. 1). — Die Begründung von Grunddienstbarkeiten zugunsten eines Erbbaurechts ist nach § 1017 zulässig; daran hat die VO. v. 15. Januar 1919, die nur die eigentümliche Natur jenes Rechts noch schärfer ausgebildet hat, nichts geändert (OLG. Kiel, 1. ZS. Urteil v. 1. Juli 1920; SchlHA. S. 200). — Vgl. die AVf. v. 12. Jan. 1921 über die Eintragung des Inhalts des Erbbaurechts im Erbbaugrundbuche (Pr.JMBl. S. 50).

führungen der Beschwerde beabsichtigt der Erbbaurechtsnehmer auf dem Gelände, das als ein Grundstück im Erbbaugrundbuch eingetragen werden soll, eine Schweinezucht im großen Stil aufzurichten und zu diesem Zweck umfangreiche Stallgebäude nebst Wasserleitungen, Futterplätzen 2c anzulegen. Eine solche Art der Bodenbenutzung kann noch unter den gesetzlichen Begriff des Erbbaurechts überhaupt gebracht werden und hält sich insbes. noch in dem Rahmen des § 1², wonach das Bauwerk wirtschaftlich die Hauptsache bleiben muß. Die durch § 1² ermöglichte Erweiterung des Erbbaurechts ist nicht engherzig auszulegen, da sie doch — neben den anderen Neuerungen — einen wirtschaftlichen Fortschritt im Sinne einer verbreiterten Zulässigkeit des Erbbaurechts bedeuten will und hiernach zu werten ist (vgl. Pesl aO. S. 263; von der Pfordten Bayer.GemZ. 1919 S. 226; Kober § 1 III c β). Jene Anlage setzt aber in ihrer praktischen Ausführung voraus, daß räumlich sehr ausgedehnte Stallungen, bestehend aus einer weitumfassenden Reihe einzelner niedrig gebauter Abteilungen für die verschiedenen Altersklassen und Geschlechter erstellt werden. Solchen Falles müssen aber gerade diese Stallungen zusammen mit den Wirtschaftsgebäuden und den sonstigen Zugehörungen als die wirtschaftliche Hauptsache der gesamten Anlage aufgefaßt werden. Die unbebaut bleibenden Teile des Grundstücks können dann landwirtschaftlich im Sinne einer Bodenkultur überhaupt nicht mehr genutzt werden, sie dienen vielmehr insoweit nur zum Auslaufe der Schweine und werden damit von selbst unbrauchbar für die Zwecke einer besonderen landwirtschaftlichen Nutzung. Der Verdacht, daß sich hierbei im Grunde unter dem Namen des Erbbaurechts nur eine verschleierte Erbpacht verstecke, die das BGB. nicht mehr kennt, entbehrt hiernach der genügenden Begründung. Die Erbpacht setzt ihrem Begriffe nach landwirtschaftlich zu nutzende Grundstücke voraus, denen gegenüber die bestehenden oder noch zu errichtenden Bauwerke an wirtschaftlicher Bedeutung zurücktreten, während hier die noch zu erstellenden Bauwerke in ihrer Gesamtheit die wirtschaftliche Hauptsache bleibend bilden werden. Ein derartiger Verdacht kann auch nicht bestärkt werden durch die Größe des unterstellten Areals, denn hier werden selbstverständlich die Stallgebäulichkeiten in ihrer langen Ausdehnung mit allen ihren Zugehörungen den größeren Teil des Grundstücks für sich allein beanspruchen, während der Rest für den Auslauf der Schweine dienen wird. Wenn, wie die Beschwerdeschrift ausführt, der Erbbaurechtsnehmer weitere Grundstücke in Pacht behalten will, so ist zugleich damit die Annahme gerechtfertigt, daß er nur diese, nicht aber auch das vom Erbbaurecht umfaßte Grundstück zum Anbau von Früchten 2c für die Schweine verwerten will. Bei dieser Sachlage ist daher an sich von der rechtlichen Zulässigkeit des bestellten Erbbaurechts auszugehen. Dabei war besonders auch zu erwägen, daß für den Grundbuchrichter im Falle der Neueintragung eines Erbbaurechts nur maßgebend sein darf, was nach dem entsprechend ausgedrückten Willen der Parteien auf dem Grundstück geschehen soll. Haben sie etwas gewollt und ausgedrückt, was nach dem Gesetze begrifflich als ein Erbbaurecht anzusehen und zugleich objektiv an sich möglich ist, besonders in wirtschaftlicher Hinsicht, so muß es dabei sein Bewenden haben.

2. Ein anderes Bedenken haben dagegen die Vorinstanzen nicht gewürdigt. Nach der Urkunde soll dem A. und seinen Rechtsnachfolgern das Recht zustehen, auf oder unter der Oberfläche des Grundstücks „ein Bauwerk jeder Art" zu haben. Mehr besagt die Urkunde in dieser grundsätzlichen Hinsicht nicht, sie äußert sich also weder über einen näheren Inhalt der Baubenutzungsbefugnis, noch darüber, in welcher Weise die Verwendung der nicht zu überbauenden Teile des Grundstücks gedacht und gewollt ist. Dies kann aber keinesfalls genügen. Die Bestellung eines Erbbaurechts untersteht den sachenrechtlichen Grundsätzen der Einigung und zwar über die Bestellung eines begrenzten Grundstücksrechts (§ 11 ErbbRV. mit § 873 BGB.). Im Hinblick auf § 20 GBO. (mit § 37[1] ErbbRV.) muß zudem die Einigung beider Teile dem Grundbuchrichter nachgewiesen werden, sie untersteht sohin dem vollen materiellen Konsensprinzip. Allerdings fordert solche Einigung keineswegs den Gebrauch solenner Worte, gleichwohl muß sie schon nach allgemeinen Grundsätzen einen bestimmten Inhalt haben, nämlich erkennnen lassen, welches Grundstücksrecht und in welchem Umfang es entstehen soll; in den Fällen, in denen der Parteiwille den Inhalt eines Grundstücksrechts beeinflussen kann, muß auch der von den Parteien näher bestimmte Inhalt der Einigung erklärt sein (Rosenberg, Sachenrecht BGB. § 873 IV 2). Für die Bestellung eines Erbbaurechts kann daher nicht genügen, wenn die Parteien, dem gesetzlichen Wortlaute folgend, lediglich erklären, daß der Berechtigte ein „Bauwerk jeder Art" haben dürfe. Der Inhalt des Erbbaurechts ist nicht in gleicher Weise wie der des Nießbrauchs dergestalt bestimmt, daß die Beteiligten nur über etwaige Einschränkungen des gesetzlichen Inhalts sich zu einigen hätten. Wesentlich bleibt vielmehr das Habendürfen eines bestimmten Bauwerks oder wenigstens bestimmter Art; ganz allgemein kann man das Erbbaurecht an einem Grundstücke nicht erwerben. Die Einigung muß daher auch die eingeräumte Benutzungsbefugnis im einzelnen angeben; der Grundbuchrichter kann sonst gar nicht prüfen, ob nicht die Einigung der erforderlichen Bestimmtheit entbehrt; auch erhält er sonst keine genügenden Unterlagen für die Eintragung im Erbbaugrundbuche (vgl. Motive zum BGB. 3 S. 471[2]; Oberneck 1 S. 608; Güthe 2 S. 504; RGKomm. Bem. 2 zu BGB. § 1015[2]). Auch die Erweiterung des Erbbaurechts hinsichtlich der unbebauten Teile des Grundstücks nach § 1[2] kann grundbuchrechtliche Geltung nur beanspruchen, wenn sie von der Einigung über das Erbbaurecht selbst ausdrücklich mitumfaßt wird. In der Beschwerdeschrift ist allerdings eine nähere Aufklärung nachgeholt worden; sie erweist sich jedoch einstweilen lediglich als einseitige Erklärung des Beschwerdeführers und entbehrt auch völlig der Form des § 29 GBO. Nach Lage der Umstände empfiehlt sich eine Fristsetzung nach § 18 GBO.

3. Das Grundbuchamt hat ferner den vorgelegten Vertrag nach § 2[2]

Bay. Bek. über den Verkehr mit landwirtschaftlichen Grundstücken vom 5. September 1919 für genehmigungspflichtig erklärt. Die danach erforderliche Grundstücksgröße liegt an sich vor und es handelt sich auch um landwirtschaftliche Grundstücke. Es wird aber davon auszugehen sein, daß, wenigstens in Bayern, eine Erbbaurechtsbestellung, auch der vorliegenden Art, nicht in den Kreis der genehmigungspflichtigen Rechtsgeschäfte fällt. Der Meinung bes. von Stillschweig (KGBl. 1919 S. 16 Nr. 3), daß der Auflassung in rechtsähnlicher Anwendung der BRBek. v. 15. März 1918 die Bestellung eines Erbbaurechts gleichzustellen sei, kann nicht beigepflichtet werden. Abgesehen davon, daß schon das Analogon der Auflassungsform hier insoferne nicht mehr besteht, als § 11 der ErbbRV. für die neurechtlichen Erbbaurechte diese Form ausdrücklich aufgegeben hat, ergibt sich der sichere Schluß, daß die BRBek. von sich aus diese Erstreckung nicht beabsichtigt hat, aus ihrem § 8[2] selbst. Hierin wird nämlich angeordnet, daß die Landeszentralbehörden die Vorschriften der Verordnung auf Berechtigungen ausdehnen können, für die die auf Grundstücke sich beziehenden Vorschriften gelten, worunter an sich auch die Erbbaurechte fallen würden. Hätte die BRBek. die allgemeine Erstreckung ohne weiteres gewollt, so hätte sie nicht Veranlassung genommen, sie den Landesbehörden zu überlassen. Die angeführte Bay. Bek. aber enthält keine Ausdehnung auf Erbbaurechte, so daß in Bayern die Bestellung eines Erbbaurechts insoweit nicht der Auflassung eines Grundstücks gleichgestellt ist.

Ebensowenig ist sie als „Bestellung eines dinglichen Rechts zum Genusse der Erzeugnisse" (§ 1 BRBek.) aufzufassen. Das Wesentliche des Erbbaurechts liegt nicht in dem Genusse der Erzeugnisse des belasteten Grundstücks, sondern in seiner Nutzung als Baugrund (§ 1[1] ErbbRV.). Eine abweichende Ansicht kann auch nicht aus Abs. 2 das. abgeleitet werden, denn eine im Rahmen dieser Vorschrift ermöglichte Nutzungsbefugnis trägt keinen selbständigen Rechtscharakter, sie wird vielmehr von dem Erbbaurecht als solchem umfaßt und begrifflich überdeckt (vgl. Kober § 1 III c β). Kn.

β) **Dienstbarkeit**[1]: **Untrennbarkeit der Grundgerechtigkeiten.**

OLG. Königsberg, 2. ZS. Urteil v. 20. März 1919.

X. verkaufte durch notariellen Vertrag das zu seinem Mühlengrundstück gehörige Wasserstaurecht an die Kläger und verzichtete für ewige Zeiten auf Benutzung der Wasserkraft zu Mahlzwecken. Das Staurecht, das auf einem Erbpachtvertrage beruhte, ist im Grundbuch nicht eingetragen; es diente zur Nutzbarmachung des aus dem L.-See abfließenden Wassers, das auch die Mühle des X. betrieb. Das Mühlengrundstück wurde inzwischen dem Beklagten zu-

[1] Für die vor 1900 vereinbarten Dienstbarkeiten bemißt sich ihr Inhalt und Umfang nach dem früheren Rechte; dagegen gelten für die Ausübung von jenem Zeitpunkt ab die Vorschriften des BGB. (Bay. Ob. LG., 1. ZS. Urteil v. 27. Juni 1919; Samml. 19 S. 266). — Nach § 1047 sind der Wehrbeitrag und die Kriegsabgabe als besondere Abgaben für einen außerordentlichen Zweck nicht aus den Erträgen, sondern aus dem Stamm des Vermögens zu entrichten (KG. 20. Februar 1920, 1a x 94).

geschlagen, der das Stauwerk wieder ausübt. Die Unterlassungsklage ist unbegründet. Das Staurecht war mit dem Mühlengrundstück verbunden; es ist eine Grunddienstbarkeit und bedurfte nicht der Eintragung (EEG. § 12²; EG. zum BGB. Art. 187), konnte jedoch nicht von dem Grundstück, zu dessen Nutzen es diente, abgetrennt und selbständig veräußert werden (ALR. I 19 § 22; RGKomm. § 1014³). Sein Verkauf an die Kläger ist also nichtig. Die Kläger deuten allerdings den Vertrag dahin, daß X. sich verpflichtete, das Stauwerk zum Erlöschen zu bringen; dann wäre aber nicht abzusehen, warum der Notar dies nicht ausgedrückt haben sollte. Die Kläger wollten vielmehr anscheinend gerade das Stauwerk für sich erwerben, um darüber zu verfügen, es besonders auch verwerten zu können. Die Verwertung sollte wohl, da sie das Recht für veräußerungsfähig hielten, je nach den Umständen in der mehr oder minder eingeschränkten Weiter- oder Rückveräußerung oder in einem entsprechenden entgeltlichen Verzicht gegenüber den daran beteiligten Seeanliegern bestehen. Selbst wenn jedoch der Vertrag im Sinne der Kläger auszulegen wäre, hätte er ihnen dann nur rein schuldrechtliche Befugnisse verliehen, die sich lediglich gegen den Vertragsgegner X. richteten. Warum der Beklagte von dieser Bindung ergriffen sein sollte, erhellt nicht. Deshalb kann es auch dahingestellt bleiben, ob der Beklagte das Staurecht mit dem Zuschlage des Grundstücks mit erworben hat oder ob es, wie die Kläger behaupten, bereits vorher erloschen war. Th.

γ) Unterlassung bestimmter Geschäftsbetriebe.

Kammergericht, 1. ZS. Beschluß v. 13. November 1919.

A. hat sein Grundstück Nr. 217 in notarieller Verhandlung an M. verkauft und aufgelassen. Dabei hat M. die Eintragung folgender Grunddienstbarkeit zugunsten zweier benachbarter Parzellen des Verkäufers bewilligt und beantragt: „Auf der Kaufparzelle darf während 15 Jahren kein gewerbsmäßiger Handel in Kolonial- und Backwaren geführt werden.“ Diese Eintragung ist mit Recht abgelehnt worden. Nach § 1019 kommt eine Belastung, die nur dem persönlichen, mit der Benutzung des Grundstücks nicht zusammenhängenden Vorteil bestimmter Berechtigter dient, als Grunddienstbarkeit nicht in Betracht; sie kann vielmehr nur den Gegenstand einer beschränkten persönlichen Dienstbarkeit bilden. Auch dadurch, daß eine Belastung des § 1018 den wirtschaftlichen Wert (Verkaufswert) des herrschenden Grundstücks erhöhen würde, wird dem § 1019 noch nicht genügt, da die werterhöhende Eigenschaft nicht notwendig auch für die Benutzung des Grundstücks, dh. für das Bedürfnis des jeweiligen Benutzers von Vorteil ist (PosMSch. 1913 S. 49, 85). Ob die Belastung solchen Vorteil bietet, hängt hauptsächlich von der Lage und Beschaffenheit des herrschenden Grundstücks ab. Wenn auch eine benachbarte Lage nicht mehr erforderlich ist, so wird doch bei Grundstücken, die weit voneinander entfernt liegen, ein Vorteil für das herrschende Grundstück festzustellen sein (Biermann³ § 1019³). Die Beschaffenheit desselben bestimmt sich nicht nur durch die Natur, sondern auch durch den mit dem Grundstück verbundenen menschlichen Zweck (Kohler ZivA. 87 S. 173; Wolff, Sachenrecht[3] § 106 III 1). So kann zB. der Vorteil, den die Grunddienstbarkeit für die Benutzung des herrschenden Grundstücks bietet, auch durch ein auf ihm betriebenes Gewerbe vermittelt werden (RG. 30 S. 205; Gruchot 50 S. 102, 57 S. 188; Rsp. 15 S. 366), jedoch nur dann, wenn dieses durch dauernde Zweckbestimmung zum Grundstück in eine dessen Eigenart bezeichnende Beziehung getreten ist. Dazu wird meist erforderlich sein, daß das herrschende Grundstück, wie dies zB. bei Fabrik-, Mühlen-, Ziegelei- und Gastwirtschaftsgrundstücken der Fall ist, durch besondere, die Gewähr der Dauer in sich tragende Einrichtungen oder Anlagen dem darauf betriebenen Gewerbe angepaßt sind. Unter den gleichen Gesichtspunkten ist für das herrschende Grundstück die Frage zu entscheiden, ob ein gewerbliches Wettbewerbsverbot Inhalt einer Grunddienstbarkeit sein kann... Ob eine solche Verbindung von Grundstück und Gewerbebetrieb vorliegt und ob etwa, auch wenn dies zu bejahen ist, nur ein persönlicher Vorteil gefördert wird, richtet sich nach den Umständen des Falls. Soll durch ein Wettbewerbsverbot ein Gewerbebetrieb geschützt werden, der durch eine besondere Einrichtung auf die Dauer mit dem herrschenden benachbarten Grundstücke verknüpft ist und diesem dadurch seine Eigenart verleiht, so werden der Annahme, daß die Belastung von Vorteil sei, in der Regel Bedenken nicht entgegenstehen. Solche Fälle liegen den Entscheidungen des Bay. Ob.LG. (Samml. aF. 15 S. 339, nF. 4 S. 476) zugrunde. Auch der Beschluß (Rsp. 6 S. 119), soweit sie die Untersagung des Betriebs einer Schokoladenfabrik betrifft, gehört hierher, während der die Untersagung eines Mühlenbetriebes betreffende Teil zu einem andern Ergebnis gelangt, weil wegen der weiten Entfernung der Grundstücke ein Vorteil für das herrschende Grundstück nicht ersichtlich sei. Handelt es sich dagegen um Wettbewerbsverbote zugunsten von Handelsbetrieben, die weder durch dauernde Einrichtungen mit dem berechtigten Grundstücke verbunden noch sonst für dessen Beschaffenheit kennzeichnend sind, so wird es meist an der Voraussetzung des § 1019 fehlen. Immerhin sind auch hierbei Fälle denkbar, die eine gegenteilige Auffassung rechtfertigen könnten, zB. wenn es sich um ein einziges Geschäft seiner Art am kleinen Ort handelt, das seit langer Zeit immer auf demselben Grundstück betrieben worden ist. So haben im Fall einer Spezereihandlung das Bay. Ob. LG. (Samml. aF. 12 S. 542) und Stuttgart (Recht 1908 Nr. 327) die Belastung mit dem Wettbewerbsverbot für geeignet angesehen, dem herrschenden Grundstück Vorteil zu gewähren, während für den Fall eines Pelzwarengeschäfts Stuttgart (Recht 1908 Nr. 326) die gegenteilige Ansicht vertreten hat. Ob Hamburg (Rsp. 10 S. 117) den vorliegenden Darlegungen widerspreche, ist nicht ersichtlich...

Vom Standpunkte des dienenden Grundstücks aus ist ferner zu prüfen, ob die Unterlassung des Wettbewerbs unter die Nichtvornahme von Handlungen i. S. des § 1018 fällt. Darunter sind Handlungen zu verstehen, die sich als Ausfluß des dem Eigentümer zustehenden Benutzungsrechts darstellen.

Dagegen widerstreitet es dem Wesen der Dienstbarkeit, daß sonstige Handlungen, besonders solche, die kraft der persönlichen Freiheit des Eigentümers oder kraft der Freiheit seines Gewerbebetriebes sonst gestattet sind, unterbleiben müssen (KGJ. 36 S. 216; Rsp. 15 S. 371, 18 S. 227). Mit älteren Entscheidungen nehmen Stobbe-Lehmann (Privatr. 2 § 132 Nr. 4) an, daß durch das Wettbewerbsverbot eine Beschränkung nicht des Eigentums, sondern der persönlichen Freiheit begründet würde. Allein seine Hauptwirkung besteht doch darin, daß der Eigentümer in seinem Rechte beschränkt wird, sein Grundstück zum Betrieb eines bestimmten Gewerbes zu benutzen oder benutzen zu lassen. Diese Beschränkung kann aber zum Inhalt einer Grunddienstbarkeit gemacht werden (Seuff. 45 Nr. 168; Turnau-Förster § 1018 I 1 b). Der Annahme, daß diese eine unzulässige Beschränkung der gewerblichen Freiheit zur Folge haben könnte, steht schon die Erwägung entgegen, daß der Eigentümer nicht gehindert ist, außerhalb des Grundstücks das Gewerbe zu betreiben (Seuff. 54 Nr. 171; PosMSch. 1913 S. 84). Für den Grundbuchverkehr ergeben sich allerdings erhebliche Schwierigkeiten aus dem Erfordernisse des § 1018. Da es durch Vereinbarung der Parteien nicht beseitigt werden kann, so hat der Grundbuchrichter von Amtswegen festzustellen, ob die Dienstbarkeit für die Benutzung des herrschenden Grundstücks Vorteil bietet (Rsp. 6 S. 119). Kann er dies nicht ohne weiteres auf Grund dessen gerichtsbekannter Lage und Beschaffenheit feststellen, so muß er den Nachweis, für den die Form des § 29 GBO. gilt, von den Beteiligten verlangen...

Nach den einwandfreien Feststellungen sind die Angaben der Beschwerdeführer nicht geeignet, jene Voraussetzung darzutun. Das LG. führt aus: Daß gerade für den Geschäftsbetrieb, der geschützt werden solle, die Grundstücke des Berechtigten irgendwie dauernd eingerichtet seien, sei nicht anzunehmen. Behauptet werde nur, daß sie mit Geschäftshäusern bebaut seien. Daraus lasse sich nicht mehr entnehmen, als daß sie mit Läden versehen seien, die regelmäßig für alle möglichen Arten von Handelsbetrieben verwendbar seien. Die Verpflichtung des Käufers stelle somit keinen Vorteil für die Benutzung der andren Grundstücke, sondern lediglich einen persönlichen Vorteil des Verkäufers dar. Hierfür spreche auch die Erwägung, daß die Dienstbarkeit in vollem Umfange zugunsten beider Grundstücke bestellt worden ist, obwohl der Verkäufer nach Angabe der Beschwerde auf jedem von ihnen nur eines von den beiden Geschäften betreibt. Wenn die Beschwerdeführer unter Hinweis auf RG. 30 S. 205 für gleichgültig ansehen, ob in den Läden ein andrer Handel betrieben werden könne, so hat das RG. gerade die besondere Einrichtung des herrschenden Grundstücks für erforderlich erachtet und nur unter dieser Voraussetzung eine spätere Veränderung der Verhältnisse als unerheblich bezeichnet. M.

δ) **Wirtschaftlicher Vorteil im Falle des § 1090.**

Kammergericht, 1. ZS. Beschluß v. 10. Juni 1920.

Der Eigentümer des Hausgrundstücks (Nr. 4 des Bestandsverz.) hat die

Eintragung folgender Belastung zugunsten der Stadtgemeinde als der Vorkaufsberechtigten dieses Grundstücks bewilligt und beantragt: „Derjenige Teil dieses Grundstücks, der auf der katasteramtlichen Zeichnung grün angelegt ist, darf nicht bebaut werden.“ Der Antrag ist mit Recht zurückgewiesen. Mit jenem Vorkaufsrechte kann nur das in der Urkunde v. 18. März 1919 bestellte dingliche Vorkaufsrecht gemeint sein. Ein solches Recht ist bisher schon deswegen nicht entstanden, weil es an der nach § 873 dazu erforderlichen Eintragung fehlte. Hieraus wäre ein Hindernis gegen die beantragte Eintragung nur dann herzuleiten, wenn die Stadt lediglich in der Eigenschaft als Vorkaufsberechtigte eingetragen werden sollte. Das LG. hat aber die Bewilligung nicht in diesem Sinne verstanden, sondern weiter geprüft, ob unter anderem Gesichtspunkt ein wirtschaftliches Interesse der Stadt an der Baubeschränkung dargetan sei. Es hat also anscheinend erwogen, daß die Bezeichnung der Stadt als Vorkaufsberechtigten zu dem Zweck übernommen sei, auf das nach der Meinung des Bewilligenden zur Eintragungsfähigkeit der Baubeschränkung erforderliche wirtschaftliche Interesse der Stadt hinzuweisen. Diese Auslegung, die in dem Inhalte der Bewilligung eine hinreichende Grundlage findet, gibt zu rechtlichen Bedenken keinen Anlaß. Es fragt sich hernach nur, ob ohne Rücksicht auf das Bestehen eines dinglichen Vorkaufsrechts die Voraussetzungen einer beschränkten persönlichen Dienstbarkeit gegeben sind. Aus §§ 1090/1 folgt, daß auch Baubeschränkungen zum Gegenstand einer solchen gemacht werden können. Dabei ist jedoch zu beachten, daß, weil das BGB. nur zur Regelung von Privatrechtsverhältnissen bestimmt ist, auch sie nur zum Schutze eines Privatinteresses bestellt werden dürfen (RG. 61 S. 338). Hier handelt es sich jedoch nicht wie aO. darum, daß ein der BauPO. entsprechender Zustand sichergestellt wird, sondern darum, daß dem jeweiligen Grundeigentümer über die BauPO. hinausgehende Beschränkungen auferlegt werden sollen. Darin liegt für den Berechtigten die Wahrnehmung eines Privatinteresses, das dadurch nicht ausgeschlossen wird, daß der Berechtigte eine Stadt ist.

Die Auffassung des LG., daß die beschränkte Dienstbarkeit dem Berechtigten einen wirtschaftlichen Vorteil bieten müsse, trifft in dieser Allgemeinheit nicht zu. Allerdings gehört nach RG. aO. zum Wesen jener Dienstbarkeit, daß das ihren Inhalt bildende Recht dem Berechtigten einen wirtschaftlichen Vorteil biete oder bieten könne. Allein abgesehen davon, daß hiernach die bloße Möglichkeit der Entstehung eines solchen Vorteils genügen würde, ergibt der weitere Inhalt des Urteils, daß lediglich darunter ein Vorteil verstanden werden sollte, an dessen Erreichung der Berechtigte ein privatrechtliches Interesse hat. Das RG. hat also offenbar nur deswegen von einem wirtschaftlichen Vorteil gesprochen, weil auf dessen Erzielung das privatrechtliche Interesse der Regel nach gerichtet sein wird; dagegen hat es nicht ausschließen wollen, daß beschränkte persönliche Dienstbarkeiten auch zur Förderung solcher Privatinteressen begründet werden können, die die Befriedigung

Das LG. geht zutreffend davon aus, daß nach § 8 Ges. v. 11. August 1919 (RGBl. S. 1429) auf das Vorkaufsrecht des § 4 auch der § 1098² anzuwenden ist. Danach hat das gesetzliche, nicht einzutragende Vorkaufsrecht, ebenso wie das rechtsgeschäftliche, Dritten gegenüber die Wirkung einer Vormerkung des durch die Ausübung des Rechts entstehenden Anspruchs auf Übertragung des Eigentums. Eine Vormerkung hindert einen den Anspruch beeinträchtigenden Rechtserwerb nicht, sondern macht ihn nur dem Geschützten gegenüber unwirksam (§§ 883²—888¹). Der Gesetzgeber hat sich mithin auf den Standpunkt gestellt, dem Vorkaufsberechtigten die Mittel zur Durchsetzung seines Rechts zu geben und deren Anwendung seinem Belieben zu überlassen. Für das gesetzliche, nicht eingetragene Vorkaufsrecht des Siedlungsunternehmens hat sich jetzt das Gesetz auf einen andren, allerdings nur unvollkommen ausgedrückten Standpunkt gestellt. Nach § 10 ist das Grundbuchamt angewiesen, den Eigentumsübergang nicht einzutragen, bis ihm die Nichtausübung des Vorkaufsrechts nachgewiesen ist; die Durchsetzung seines Rechts ist also nicht lediglich dem Vorkaufsberechtigten überlassen. Daraus ergibt sich die im Gesetze nicht ausgesprochene Folgerung, daß nach Ausübung des Rechts, die Eintragung des Dritten abzulehnen, also gerade entgegengesetzt wie beim rechtsgeschäftlichen Vorkaufsrecht zu verfahren ist. Hier lag dem Grundbuchamt einerseits die durch Beweismittel gestützte Angabe der Antragsteller, daß das Vorkaufsrecht bis 16. Febr. nicht ausgeübt sei, anderseits die gegenteilige Erklärung der Siedlungsgesellschaft vor. Da die letztere das gemeinnützige provinzielle Siedlungsunternehmen ist (Krause, preuß. Siedlungsges. 1920 S. 121), so konnte das Grundbuchamt die Nichtausübung des Vorkaufsrechts nicht als nachgewiesen ansehen und mußte gemäß § 10 Ges., § 18 GBO. eine Frist zur endgültigen Klärung setzen. Da diese vor dem LG. erfolgt ist, hat es zu dieser Frage mit Recht endgültig Stellung genommen. Es hat deshalb eine Entscheidung für erforderlich erachtet, ob die im § 7 Ges. gegebene dreiwöchige Frist vom Tage der Mitteilung des Kaufvertrags zu rechnen sei oder erst von dem der weiteren Mitteilung, daß der Vertrag die landrätliche Genehmigung erhalten habe. Das LG. hat ersteres angenommen,.. allein seine Unterscheidung, daß der Kaufvertrag an sich gültig sei und die Genehmigung nur die Person des Käufers betreffe, ist künstlich und nicht durchführbar. Die Bek. v. März 1918 unterwirft die von ihr betroffenen Geschäfte in ihrem ganzen Bestand einem behördlichen Genehmigungswege (KGJ. 51 S. 153, 197). Der hier abgeschlossene Vertrag erlangte erst mit der Genehmigung Wirksamkeit. Die Ausübung eines Vorkaufsrechts setzt aber voraus, daß das zwischen dem Vorkaufsverpflichteten und einem Dritten abgeschlossene Geschäft gültig ist (RG. 98 S. 44). Die Gültigkeit des Kaufvertrags war hier nicht nur davon, daß er zwischen den Kaufparteien formgültig abgeschlossen war, sondern auch von der Erteilung der behördlichen Genehmigung abhängig. Die Gegenmeinung vermag für den alsdann möglichen Fall, daß das Vorkaufsrecht ausgeübt wird, während der Vertrag

Das LG. geht zutreffend davon aus, daß nach § 8 Ges. v. 11. August 1919 (RGBl. S. 1429) auf das Vorkaufsrecht des § 4 auch der § 1098² anzuwenden ist. Danach hat das gesetzliche, nicht einzutragende Vorkaufsrecht, ebenso wie das rechtsgeschäftliche, Dritten gegenüber die Wirkung einer Vormerkung des durch die Ausübung des Rechts entstehenden Anspruchs auf Übertragung des Eigentums. Eine Vormerkung hindert einen den Anspruch beeinträchtigenden Rechtserwerb nicht, sondern macht ihn nur dem Geschützten gegenüber unwirksam (§§ 883²—888¹). Der Gesetzgeber hat sich mithin auf den Standpunkt gestellt, dem Vorkaufsberechtigten die Mittel zur Durchsetzung seines Rechts zu geben und deren Anwendung seinem Belieben zu überlassen. Für das gesetzliche, nicht eingetragene Vorkaufsrecht des Siedlungsunternehmens hat sich jetzt das Gesetz auf einen andren, allerdings nur unvollkommen ausgedrückten Standpunkt gestellt. Nach § 10 ist das Grundbuchamt angewiesen, den Eigentumsübergang nicht einzutragen, bis ihm die Nichtausübung des Vorkaufsrechts nachgewiesen ist; die Durchsetzung seines Rechts ist also nicht lediglich dem Vorkaufsberechtigten überlassen. Daraus ergibt sich die im Gesetze nicht ausgesprochene Folgerung, daß nach Ausübung des Rechts, die Eintragung des Dritten abzulehnen, also gerade entgegengesetzt wie beim rechtsgeschäftlichen Vorkaufsrecht zu verfahren ist. Hier lag dem Grundbuchamt einerseits die durch Beweismittel gestützte Angabe der Antragsteller, daß das Vorkaufsrecht bis 16. Febr. nicht ausgeübt sei, anderseits die gegenteilige Erklärung der Siedlungsgesellschaft vor. Da die letztere das gemeinnützige provinzielle Siedlungsunternehmen ist (Krause, preuß. Siedlungsges. 1920 S. 121), so konnte das Grundbuchamt die Nichtausübung des Vorkaufsrechts nicht als nachgewiesen ansehen und mußte gemäß § 10 Ges., § 18 GBO. eine Frist zur endgültigen Klärung setzen. Da diese vor dem LG. erfolgt ist, hat es zu dieser Frage mit Recht endgültig Stellung genommen. Es hat deshalb eine Entscheidung für erforderlich erachtet, ob die im § 7 Ges. gegebene dreiwöchige Frist vom Tage der Mitteilung des Kaufvertrags zu rechnen sei oder erst von dem der weiteren Mitteilung, daß der Vertrag die landrätliche Genehmigung erhalten habe. Das LG. hat ersteres angenommen, .. allein seine Unterscheidung, daß der Kaufvertrag an sich gültig sei und die Genehmigung nur die Person des Käufers betreffe, ist künstlich und nicht durchführbar. Die Bek. v. März 1918 unterwirft die von ihr betroffenen Geschäfte in ihrem ganzen Bestand einem behördlichen Genehmigungswege (KGJ. 51 S. 153, 197). Der hier abgeschlossene Vertrag erlangte erst mit der Genehmigung Wirksamkeit. Die Ausübung eines Vorkaufsrechts setzt aber voraus, daß das zwischen dem Vorkaufsverpflichteten und einem Dritten abgeschlossene Geschäft gültig ist (RG. 98 S. 44). Die Gültigkeit des Kaufvertrags war hier nicht nur davon, daß er zwischen den Kaufparteien formgültig abgeschlossen war, sondern auch von der Erteilung der behördlichen Genehmigung abhängig. Die Gegenmeinung vermag für den alsdann möglichen Fall, daß das Vorkaufsrecht ausgeübt wird, während der Vertrag inzwischen durch Versagen der Genehmigung den Bestand verloren hat, keine ausreichende Erklärung zu geben. Es verhält sich hiermit vorliegend nicht anders als Falle des RG. 98 S. 44. Hiernach hat die Frist zur Ausübung des Vorkaufsrechts erst mit der telephonischen Mitteilung von der landrätlichen Genehmigung (19. Januar) begonnen. Über die Form der Mitteilung gibt weder der § 510 BGB. noch das SiedlungsGes. Vorschriften; sie kann also mündlich oder schriftlich erfolgen; dem § 510[1], der im § 8 Siedlungsges. angezogen ist, ist hier genügt. Durch das Schreiben v. 24. Dez. war der Siedlungsgesellschaft von dem Kauf unter Beifügung einer Abschrift Mitteilung gemacht; bei dieser Sachlage ist nicht zu ersehen, warum die am 19. Januar erfolgte telephonische Mitteilung des X. von der landrätlichen Genehmigung nicht genügen sollte. Der Standpunkt der Siedlungsgesellschaft, daß sie darin keinen ausreichenden Nachweis sehen könne, entspricht unter den obwaltenden Umständen nicht den hier allein maßgeblichen Gepflogenheiten. Die Ausführung, daß diese unter einer Auflage hätte erfolgt sein können (Bek. v. 15. März 1918 § 1), geht fehl, weil X. von einer derartigen Auflage nichts erwähnt hat. Die Vorinstanzen waren auch in der Lage, alle diese Erwägungen anzustellen; denn für den durch § 10 Ges. erforderten Nachweis der Nichtausübung des gesetzlichen Vorkaufsrechts gilt nicht der § 29 GBO... M.

n) **Hypothek[1]:** α) **Bezugnahme auf die Eintragungsbewilligung. Verbindung der Schuldurkunde mit dem Briefe.**

Kammergericht, 1. ZS., Beschluß v. 16. Dezember 1920.

Die Grundstückseigentümer A. und B. sowie der Gläubiger M. der Hypothek Nr. 3 haben neue Zins-, Kündigungs- und Rückzahlungsbedingungen vereinbart und zu diesem Zwecke ihre schuldrechtlichen Erklärungen nebst entsprechenden Eintragungsbewilligungen abgegeben u. z. A. am 22. März, B. am 16. April und M. am 15. Mai 1920. Darauf hat der Grundbuchrichter bei Nr. 3 eingetragen: „Es sind neue Zins- und Zahlungsbedingungen vereinbart. Der Zinssatz beträgt 4 1/4 bis 5 3/8 v. H. jährlich. Eingetragen unter Bezugnahme auf die Eintragungsbewilligung vom 22. März am 7. Juni 1920." In dem Hypothekenbrief ist dieser Vermerk wiederholt und hinzugefügt: „Die neuen Bestimmungen lauten..." Die eingereichten Urkunden sind zu den Grundakten genommen worden. Der Notar hat darauf ersucht, jene 3 Urkunden mit dem zurückgereichten Briefe zu verbinden und den Eintragungsvermerk dahin zu ergänzen, daß auch die Urkunden vom 16. April und 15. Mai in Bezug genommen werden. Die Beschwerde über die Ablehnung wurde zurückgewiesen. Die weitere Beschwerde ist, soweit der Eintragungsvermerk in Frage kommt, begründet.

[1] Die Bestimmung, „das Kapital ist von dem Zeitpunkt, wo dies mit Rücksicht auf meine elterliche Gewalt zulässig sein wird, mit 4% zu verzinsen", enthält keinen zweifelsfrei feststellbaren Anfangstermin des Zinsenlaufs (KG. 11. März 1920, 1 x 46). — An dem Grundsatze, daß die zur Tilgung eines nicht eingetragenen Zuschußdarlehns vereinbarten Jahreszahlungen als Nebenleistungen des Pfandbriefdarlehns eingetragen werden können, ist festzuhalten (KG. 6. Juli 1920, 1 x 176).

Denn der § 1115 Halbsatz 2 kann nur dahin verstanden werden, daß beim Erfordernis mehrerer Eintragungsbewilligungen diese sämtlich anzugeben sind. Zu Unrecht will das LG. die Urkunde vom 15. Mai als Eintragungsbewilligung nicht ansehen. Auch das Recht des Hypothekars erleidet vom Standpunkte des abstrakten Rechtsbegriffs durch die Vereinbarung der neuen Bedingungen einen Verlust, wird daher hiervon im Sinne des § 19 GBO. betroffen (Güthe § 19[38]); es ist somit die Eintragungsbewilligung auch dieses Gläubigers erforderlich. Die Bezugnahme nur auf eine der Urkunden könnte hier zu Zweifeln Veranlassung geben, ob auch die übrigen Beteiligten die Eintragung der abgeänderten Bedingungen bewilligt hätten. Selbst wenn solche Zweifel bei richtiger Auslegung des Eintragungsvermerks unbegründet sind, so ist dennoch zur größeren Klarheit des Grundbucheintrags die Bezugnahme auch der Urkunden vom 16. April und 15. Mai 1920 dem Eintragungsvermerke vom 7. Juni vorzuziehen.

Unbegründet ist dagegen das weitere Verlangen der Beschwerdeführer. Über die Verbindung der Schuldurkunde mit dem Briefe bestimmt der § 58 GBO. das Nähere; er geht auf § 122 PrGBO. zurück. Die Bedeutung einer solchen Verbindung ist indes nach dem geltenden Recht eine andere. Nach preuß. Rechte mußte stets, wenn eine Hypothek bestellt werden sollte, eine Schuldurkunde vorgelegt werden (§ 19 Nr. 1[2] EEG.); die Hypothekeneintragung war von der Schuldurkunde abhängig. Daraus ergab sich von selbst, daß diese mit dem Briefe verbunden werden mußte. Nach geltendem Rechte dagegen besteht zwischen Hypothek und Forderung nur noch ein loser Zusammenhang. Vom Standpunkte des BGB. ist die Vorlegung einer Schuldurkunde und deren Verbindung mit dem Briefe nicht notwendig. Trotzdem ist aus Zweckmäßigkeitsgründen diese Verbindung in § 58 GBO. für den Fall der Errichtung einer Schuldurkunde angeordnet worden. Es soll hierdurch verhindert werden, daß mißbräuchlicherweise, entgegen dem § 1153 BGB., über die Hypothek und über die verbriefte Forderung besondere Verfügung getroffen wird (Hahn Mat. 5 S. 171; Güthe[3] § 58[2]). Diese Erwägung kann nicht Platz greifen, wenn nachträglich bei einer bereits eingetragenen Hypothek ohne Änderung des ursprünglichen Schuldgrundes Abänderungen, zB. wie hier, eingetragen werden sollen. Für nachträgliche Eintragungen bestimmt der § 62 GBO., daß sie auf dem Briefe zu vermerken sind; die Verbindung der schuldrechtlichen Abänderungsurkunde mit dem Brief ist weder hier, noch sonst angeordnet. Entsprechend dem Zwecke des Gesetzes ist also unter der Urkunde, deren Verbindung mit dem Briefe der § 58 vorschreibt, nur diejenige über die Forderung selbst zu verstehen; deshalb ist auch ihre Verbindung nur im Zusammenhange mit der Bildung des Hypothekenbriefes vorgesehen (vgl. auch KGJ. 25 S. 319; a. A. Arnheim, Predari § 58[2]). Ob nach preuß. Recht, trotzdem auch dort der § 129 GBO. bei nachträglichen Veränderungen einer eingetragenen Hypothek die Verbindung der Abänderungsurkunde mit dem Briefe nicht ausdrücklich vorschreibt, eine solche Verbindung mit Recht für erforderlich gehalten worden ist (Turnau GBO.[5] § 122[2]), kann mit Rücksicht auf die verschiedene Bedeutung, die die Schuldurkunde nach früherem Recht für die Hypothek hatte, dahingestellt bleiben.

Ist hiernach der Grundbuchrichter auch nicht verpflichtet, bei nachträglicher Änderung der durch Hypothek gesicherten Forderung die über diese Änderung ausgestellte Urkunde mit dem Briefe zu verbinden, so ist es doch nicht unzulässig, und weder durch § 58, noch durch § 62 GBO. ausgeschlossen, diese Verbindung aus Zweckmäßigkeitsgründen vorzunehmen. Die Verbindung überhebt das Grundbuchamt gemäß dem auch hier anwendbaren § 58[2] GBO. einer Aufnahme des Inhalts der Abänderungen in den Brief. Ihre Zulässigkeit ist deshalb in KGJ. 30 S. 276 mit Recht ausgesprochen. Damals hatte der Grundbuchrichter die neu vereinbarten Zins- und Zahlungsbestimmungen, abgesehen von dem Vermerk, daß der jährliche Zinssatz 4, eventuell 5% beträgt, nicht im einzelnen, sondern, wie bei dem Grundbucheintrag, unter Bezugnahme auf die Bewilligung, die dem Briefe aber nicht beigefügt war, auf den Briefen eingetragen. Mit Recht geht jener Beschluß davon aus, daß dieser Vermerk auf den Briefen nicht genüge. Wenn er dann die Verbindung der Abänderungsurkunde mit den Briefen für gerechtfertigt erklärt, so muß dem mit Rücksicht auf den unvollständigen, aus sich allein nicht verständlichen Vermerk auf den Briefen zugestimmt werden. Die Begründung freilich, die jener Beschluß hierfür unter Bezugnahme auf den § 58[1] gibt, kann ebenso, wie der über den Beschluß gesetzte Leitsatz, der die Verbindung der Abänderungsurkunde mit dem Briefe allgemein zur Pflicht macht, nicht aufrecht erhalten werden. Insoweit ist auch eine Abweichung von dem Beschlusse vom 14. März 1907 (KGJ. 34 B. 22) geboten.

Der jetzige Standpunkt des Senats führt auch zu wesentlichen praktischen Ergebnissen. Er verhindert, daß die Briefe unnötig durch Verbindung mit den jeweiligen Abänderungsurkunden anschwellen und dadurch an Übersichtlichkeit verlieren, erleichtert vielmehr ihren Gebrauch im Verkehrsleben und erspart nutzloses Schreibwerk, das sonst durch Anfertigung beglaubigter Abschriften für die Grundakten und bei etwaiger Herstellung von Teilhypothekenbriefen entstehen würde. Anderseits sind irgendwelche Nachteile für die Beteiligten nicht erkennbar. Gr.

β) **Abbruch baufälliger Gebäude.**

OLG. Rostock, 2. ZS. Urteil v. 22. Oktober 1919.

Der Antragsteller hat sein Hausgrundstück nebst dem darauf betriebenen Geschäft an die beiden Antragsgegner verkauft, die für ihn in Anrechnung auf den Kaufpreis 22000 Mark Grundschulden eintragen ließen. Darauf haben sie ein auf dem Grundstück stehendes altes Brauereigebäude an X. auf Abbruch verkauft. Als X. damit begann und die Baustoffe teilweise abfuhr, verbot das Amtsgericht durch einstweilige Verfügung den Gegnern den Abbruch der Brauerei und die Wegschaffung des Materials. Das LG. hat die

Verfügung aufgehoben, weil es als glaubhaft ansieht, daß sich der Antragsteller beim Vertragschlusse mit dem Abbruch einverstanden erklärt habe. Es kann dahingestellt bleiben, ob dem LG. darin zu folgen ist. Die Grundschuldgläubiger können Unterlassung des Abbruchs und der Abfuhr der Materialien gemäß § 1134 nur begehren, wenn deswegen eine Verschlechterung des Grundstücks zu besorgen ist, die die Sicherheit der Grundschulden gefährdet. Eine Verschlechterung liegt aber nicht vor, wenn der Abbruch eines Gebäudes sich als eine aus Gründen der baulichen Sicherheit notwendige Maßregel darstellt. Hier befand sich das Hintergebäude in derart baufälligem Zustande, daß Personen, die sich in dem daran stoßenden Garten aufhielten, Gefahr liefen, durch herabfallende Dachziegel verletzt zu werden. Der Abbruch ist baupolizeilich offenbar nur deswegen nicht verlangt, weil das Gebäude nicht an der Straße liegt. War der Abbruch danach gerechtfertigt, so können die Grundstücksgläubiger auch nicht dagegen Widerspruch erheben, daß der Eigentümer über das Abbruchsmaterial verfügt. Durch die Trennung ist der Eigentümer in die Lage gebracht, frei über es zu verfügen, wenigstens, wenn wie hier die Wiederverwendung für das Grundstück nicht in Betracht kommt. Dabei ist auch zu berücksichtigen, daß vom Eigentümer nicht verlangt werden kann, daß er den Abbruch auf eigene Kosten vornehmen läßt. Der Verkauf des Gebäudes auf Abbruch ist vielmehr eine wirtschaftlich gebotene Maßnahme, weil der Käufer die Kosten des Abbruchs übernimmt. J.n.

γ) **Abtretung**[1] **und Unterlegung einer anderen Forderung mit Zinsen von einem früheren Tage.**

Kammergericht, 1. ZS. Beschluß v. 18. November 1920.

Für B. stehen unter Nr. 10 und 14 zwei Darlehnshypotheken von 45000 und 13000 Mark eingetragen, die mit Zinsen seit 1. Juli 1920 an das Pfandbriefamt abgetreten sind. Im Vertrage vom 24. Juni 1920 hat sich der Eigentümer, der ein Darlehen von 58000 Mark in Pfandbriefen erhalten hat, verpflichtet, es vom 1. Januar 1920 ab zu verzinsen. Die Vorinstanzen haben die Eintragung der Zinsen vor dem 1. Juli ohne Grund abgelehnt. In den Erklärungen der Beteiligten ist eine Forderungsauswechslung nach § 1180 zu sehen. Der Eigentümer hat anerkannt, ein Pfandbriefdarlehn von 58000 Mark erhalten zu haben, und bewilligt, daß das Grundstück fortan für dieses haften solle. Es ist eine Einigung dafür zustande gekommen, daß die bisher den Hypotheken zugrunde liegenden Darlehen durch

[1] Ob und inwieweit die bedingte Abtretung einer Hypothek eintragungsfähig ist (vgl. gegen KGJ. 49 S. 207 die erwägenswerten Ausführungen von Kretschmar D.NotZ. 1918 S. 17), bedarf keiner Entscheidung; bezüglich des Zinsrechts sind jedenfalls daraus, daß bei Eintragung einer bedingten oder befristeten Abtretung mehrere Sukzessivberechtigte eingetragen werden, Bedenken in der Richtung, daß dadurch unklare Verhältnisse geschaffen werden könnten, nicht herzuleiten, denn es handelt sich hierbei um ständig wiederkehrende Leistungen, die der zeitlichen Verteilung unter mehrere Berechtigte leicht zugänglich sind (KG. 17. Februar 1921, 1 x 34). — Die Abtretung einer Briefhypothek unter Vorbehalt des Zinsrechts für Lebenszeit ist zulässig, bedarf aber, weil dadurch ein Nießbrauch bestellt wird, der Übergabe des Hypothekenbriefes (OLG. Posen, 5. ZS. Urteil v. 17. Dez. 1919).

ein einheitliches Pfandbriefdarlehn, also eine neue Forderung ersetzt werden sollen. Allerdings fehlt ein ausdrücklich auf die Eintragung dieses Wechsels gerichteter Antrag. Da aber beantragt ist, die 58000 Mark „als Darlehen" auf das Pfandbriefamt umzuschreiben, so ist hinreichend erkennbar gemacht, daß nicht etwa nur die Umschreibung der bisherigen Darlehnshypotheken, sondern die Eintragung der Übertragung und der Umwandlung in ein Pfandbriefdarlehn begehrt wird.

Sind hiernach die Voraussetzungen für die Eintragung der Forderungsauswechslung gegeben, so entsteht mit der Eintragung die Wirkung, daß die alte Forderung mit dem Zinsrecht aus der hypothekarischen Sicherung ausscheidet und die neue Forderung in diese eintritt. Die alten Forderungen haben daher, soweit sie nicht bereits erloschen sind, nur noch schuldrechtliche Bedeutung (KGJ. 42 S. 268). Daraus folgt, daß das etwaige Fortbestehen der Forderungen kein Hindernis bildet, daß Zinsen der neuen Forderung für eine Zeit, in der noch Zinsen der früheren Forderungen rückständig sein können, in die hypothekarische Haftung einbezogen werden (KGJ. aO.). Das Grundbuchamt wird unter dem Gesichtspunkt des § 1119[1] zu prüfen haben, ob mit der Möglichkeit zu rechnen ist, daß bis zur Vornahme der Eintragung die Zinsen der beiden Hypotheken für das erste Halbjahr 1920 aus dem Grundstücke bezahlt worden. Bei der Eintragung wird auf eine zweifelsfreie Fassung bezüglich der Forderungsauswechslung Bedacht zu nehmen sein. Z. r.

δ) **Hypothekverpfändung. Angabe der Mitverpfändung der Zinsen?**

Kammergericht, 1. ZS. Beschluß v. 16. Dezember 1920.

Im § 1289 ist anders wie bei der Abtretung eine ausdrückliche Vorschrift über die dem Pfandgläubiger an den Zinsen zustehenden Rechte vorhanden. Gleichwohl hat KGJ. 46 S. 240 die Angabe, ob auch das Zinsrecht mitverpfändet sei, als unentbehrlich bezeichnet, weil es von der Hauptforderung getrennt werden könne. Bei der Buchhypothek ist aber eine solche Möglichkeit nicht vorhanden, da hier anders wie bei der Briefhypothek über die Zinsen — abgesehen von den für das Grundbuch nicht in Betracht kommenden rückständigen — außerhalb des Grundbuchs wirksam nicht verfügt werden kann (RGKomm. § 1158[3]). Ein sonstiger Grund, aus dem eine Angabe über die Mitverpfändung der Zinsen zu fordern wäre, ist nicht ersichtlich. Insbesondere würde sich aus der Erwägung, daß die Beteiligten abweichend von der Regel des § 1289 S. 1 die Zinsen von der Pfandhaft auszuschließen vermögen, eine Notwendigkeit dazu nicht ergeben. Denn diese Ausschließung muß, um beachtlich zu sein, in der Verpfändungserklärung ausgedrückt werden, sonst greift die gesetzliche Bestimmung ein, wonach die Zinsen als mitverpfändet gelten. Einer tatsächlichen Auslegung einer solchen Erklärung bedarf es daher nicht. Auch hier ist, wenn die Verpfändung einer verzinslichen Buchhypothek ohne Vorbehalt eingetragen ist, mit Hilfe des § 1289 zweifelsfrei festzustellen, daß die Zinsen von der Verpfändung mitumfaßt werden.

Für die Angabe des Zeitpunktes, von dem ab die Zinsen mitverpfändet sind, wird in KGJ. aO. geltend gemacht, daß sonst der Beginn der Verpfändung zweifelhaft bliebe... Allein derartige Zweifel müssen durch eine Auslegung des Gesetzes gelöst werden. Dabei wird mit Planck und Biermann (§ 1289) der Zeitpunkt der Wirksamkeit der Verpfändung der Hauptforderung als maßgebend anzusehen sein. Geht man hiervon aus, so können zwar bei der Briefhypothek tatsächliche Zweifel über den Beginn des Zeitpunktes der Verpfändung der Zinsen aufkommen, da zur Verpfändung der Briefhypothek die Übergabe des Briefes erforderlich ist und dieser Zeitpunkt nicht aus dem Grundbuch ersichtlich ist. Dagegen läßt sich bei der Buchhypothek ohne weiteres feststellen, von wann ab die Zinsen mitverpfändet sind, weil hier der Zeitpunkt der Wirksamkeit der Verpfändung mit dem ihrer Eintragung zusammenfällt (§§ 1274, 1153³). Daher ist der Grundsatz des KGJ. aO. für die Abtretung von Hypotheken uneingeschränkt, für ihre Verpfändung und Pfändung dagegen nur in der Einschränkung auf Briefhypotheken aufrecht zu erhalten. M.

s) **Löschung[1] einer dem Eigentümer selbst zur Einziehung überwiesenen Ersatzhypothek.**

Kammergericht, 1. ZS. Beschluß v. 6. Mai 1920.

Auf dem dem Beschwerdeführer A. zugeschlagenen Grundstücke steht unter Nr. 1 eine Sicherungshypothek für die Gemeinde F. und unter Nr. 5 eine Ersatzsicherungshypothek, falls und soweit die Nr. 1 nicht besteht, für die auf diesen Fall gegen den Ersteher übertragene Forderung für X. eingetragen. Die letztere Forderung ist für A. wegen einer die Hypothek übersteigenden Forderung gepfändet und zur Einziehung überwiesen. Die Pfändung ist im Grundbuch eingetragen. A. hat die Löschung bewilligt und beantragt, die Vorinstanzen haben jedoch den Antrag zurückgewiesen, weil noch die Löschungsbewilligung des X. fehle... Dies entspricht dem in der Rechtslehre (Güthe GBO. § 19¹³³, Predari § 19³⁴) gebilligten Grundsatze, den der Senat ständig festgehalten hat (KGJ. 23 S. 147, 34 S. 309; Rsp. 8 S. 209). Der vorliegende Fall ist insofern eigenartig, als die Nr. 5 zugunsten des Eigentümers selbst gepfändet ist. Eine Vereinigung von Forderung und Schuld in einer Person, die gemäß § 1163 S. 2 BGB. einen Übergang der Hypothek auf den Eigentümer zur Folge haben würde, ist jedoch nicht eingetreten, da der Beschwerdeführer ein Gläubigerrecht an der Forderung nicht erlangt hat. Fehl geht auch die weitere Erwägung des Beschwerdeführers, daß angesichts

[1] Der Quittung des polnischen Kreditverbands in Posen, daß ihm der Grundstückseigentümer zwei zugunsten der Posener Landschaft eingetragene Pfandbriefdarlehen zurückgezahlt habe, bietet dem deutschen Richter keine genügende Löschungsgrundlage. Der Verband ist nicht mit der Landschaft identisch. Der mit der Begründung der Landschaft erstrebte und in ihrer Satzung festgelegte Zweck kann infolge der Teilung der Provinz Posen nicht mehr erreicht werden. Solange nicht im Wege des Staatsvertrags das Vermögen der bisherigen Landschaft auseinandergesetzt ist, ist eine Verfügung über jenes Vermögen, die der Anerkennung durch deutsche Behörden bedarf, nicht möglich (KG., 1. ZS. Beschluß v. 7. Mai 1921, Pr.JMBl. S. 354).

der für ihn bestehenden Unmöglichkeit, über eine von ihm an sich selbst zu leistende Zahlung zu quittieren, die bloße Löschungsbewilligung ausreichen müsse. Allerdings ist hier für die Erteilung einer Quittung im gewöhnlichen Sinne kein Raum, weil der Gläubiger nicht von sich selbst eine Zahlung entgegennehmen kann. Das hindert aber nicht, daß er eine andere, der Rechtslage angepaßte, in der rechtlichen Wirkung einer Quittung gleichkommende Erklärung abgibt, etwa dahin, daß er sich im Wege der Verrechnung für befriedigt erachte. Seine Ermächtigung zu solcher Erklärung hält sich im Rahmen seines Einziehungsrechts (Stein ZPO. § 835 Nr. 24). Die abstrakte Löschungsbewilligung genügt auch bei dem hier gegebenen Tatbestande nicht, da keine Gewähr dafür bestehen würde, daß der Beschwerdeführer auf dem bezeichneten Wege Befriedigung gesucht und dadurch die pfandgesicherte Forderung zum Erlöschen gebracht hat.

Ob eine Erklärung des angegebenen Inhalts als ausreichendes Beweismittel gelten kann, konnte hier deswegen zweifelhaft sein, weil nicht feststeht, daß die der Nr. 5 zugrunde liegende Forderung entstanden ist. Die gemäß § 128 ZVG. eingetragene Sicherungshypothek dient zur Sicherung einer Forderung gegen den Ersteher, die dem Gläubiger nach §§ 50, 125 ZVO. übertragen worden ist, falls und soweit die für das geringste Gebot berücksichtigte Nr. 1 nicht besteht. Ob Nr. 1 besteht oder nicht, ist nicht ersichtlich. Eines dahingehenden Nachweises bedarf es jedoch nicht, wenn der Beschwerdeführer seiner Erklärung über die Verrechnung die Einschränkung beifügt: „falls und soweit die zugrunde liegende Forderung entstanden ist“. Damit wäre unter den obwaltenden Umständen eine genügende Unterlage für die Löschung gegeben, wobei dahingestellt bleiben kann, ob durch das Nichtbestehen der Nr. 1 nur die der Nr. 5 zugrunde liegende Forderung (§ 1113² BGB.) oder die Hypothek selbst bedingt ist (vgl. RGKomm. § 1113²; Güthe 1 S. 205¹). Im ersteren Falle würde nämlich, soweit die Hypothek Nr. 1 besteht, in gleichem Umfange bei Nr. 5 eine Hypothekengrundschuld für den Beschwerdeführer entstanden sein; im zweiten Falle wäre im Umfange des Bestandes der Hypothek Nr. 1 die Nr. 5 überhaupt nicht entstanden und insoweit eine Unrichtigkeit des Grundbuchs gegeben. In beiden Fällen würde der Beschwerdeführer als Eigentümer des belasteten Grundstücks berechtigt, die Löschung herbeizuführen; in beiden Fällen würden auch die Rechte des Gläubigers der Nr. 5 durch deren Löschung nicht berührt werden, da er nur insoweit Rechte an der Hypothek hat, als die Nr. 1 nicht besteht. . . M.

ζ) Umwandlung einer Sicherungs- in eine Darlehnshypothek, die schon jetzt in ihrem künftigen Bestand einem Dritten abgetreten wird.

Kammergericht, 1. ZS. Beschluß v. 11. Dezember 1919.

Auf dem Rittergute des A. lastet eine Sicherungshypothek zum Höchstbetrage von 200000 Mark, die für die Frau A. wegen ihres Anspruchs auf Rückzahlung in Aussicht gestellter Darlehen eingetragen ist. In der notariellen Verhandlung v. 1. Juni 1919 haben sodann die Eheleute A. folgendes erklärt: Zunächst hat der Mann bekannt, von der beschwerdeführenden Treuhandbank 200000 Mark erhalten zu haben, und hat hinsichtlich dieses Darlehns weitere Verpflichtungen übernommen. Sodann haben sich die Eheleute verpflichtet, die Sicherungs- in eine Darlehnshypothek unter Briefbildung umzuwandeln. Schließlich hat die Frau mit Genehmigung ihres Mannes erklärt, daß sie schon jetzt die Hypothek in ihrem künftigen Bestand an die Bank abtrete und die Eintragung dieser Abtretung bewillige. Der Antrag, die Sicherungshypothek in eine Darlehnshypothek umzuwandeln und diese auf die Bank umzuschreiben, ist mit Recht zurückgewiesen worden. Der von den Beteiligten erstrebte Erfolg hätte entweder dadurch erreicht werden können, daß die Hypothek der Frau A. gemäß § 1186 mit § 1180[1] in eine gewöhnliche Hypothek für eine ihr zustehende Darlehnsforderung von gleicher Höhe umgewandelt und die so geschaffene Darlehnshypothek an die Bank gemäß § 1154 abgetreten wurde, oder dadurch, daß die Sicherungshypothek gemäß § 1186 mit § 1180[2] sogleich in eine gewöhnliche Hypothek für eine der Bank zustehende Darlehnsforderung umgewandelt wurde (RJA. 11 S. 241). Im letzteren Falle wäre für eine Abtretung der Hypothek an die Bank kein Raum gewesen, da nach § 1153[2] die Hypothek nicht ohne die Forderung abgetreten werden kann, bei dem Tatbestande des § 1180[2] aber die ursprüngliche Forderung nicht auf den neuen Gläubiger übergeht, sondern durch eine andere zugunsten des letzteren begründete Forderung ersetzt werden soll. Welchen dieser Wege die Beteiligten einschlagen wollten, läßt die Urkunde v. 1. Juni nicht klar erkennen. Die Tatsache, daß Frau A. die Sicherungshypothek als Darlehnshypothek abgetreten hat, läßt darauf schließen, daß die Eheleute A. die vorgängige Begründung einer Darlehnshypothek zugunsten der Frau A. vorausgesetzt haben. Anderseits spricht die Erwägung, daß die Eheleute A. ausdrücklich auf die vom Manne A. für die Bank begründete Darlehnsforderung Bezug genommen haben und daß eine Verbindung dieser Forderung mit der Sicherungshypothek nur gemäß §§ 1186, 1180[2] möglich ist, dafür, daß die Beteiligten an einen Rechtsvorgang der letzteren Art gedacht haben.... Angesichts dieser Unklarheit ist die von den Eheleuten A. übernommene Verpflichtung einer doppelten Deutung fähig: Mit der Darlehnsforderung, die der durch die Umwandlung geschaffenen gewöhnlichen Hypothek zugrunde liegen soll, kann sowohl eine der Frau A. als auch eine der Bank gemeint sein. Dem Grundbuchrichter kann nicht zugemutet werden, die Bedeutung derartig zweifelhafter Erklärungen zu ermitteln (KGJ. 29 S. 185).

Im übrigen fehlt es auch für jede der beiden Möglichkeiten an den grundbuchrechtlichen Voraussetzungen. Für die Umwandlung in eine Darlehnshypothek zugunsten der Frau vermißt das Grundbuchamt mit Recht die zur Festellung einer Darlehnsforderung erforderlichen Erklärungen.... Auch liegen die zur Eintragung der Umwandlung erforderlichen Bewilligungen der Eheleute A. (Güthe § 19[43]) nicht vor. Ihre Erklärung, daß sie sich zur Umwandlung verpflichteten, ist nicht geeignet, die Bewilligungen zu ersetzen, da sie nur eine schuldrechtliche Verpflichtung zur Umwandlung darstellt und darauf hindeutet, daß die endgültige Regelung späteren Vereinbarungen vorbehalten werden sollte. Hieran wird auch nichts dadurch geändert, daß Frau A. die Eintragung der Abtretung der Hypothek an die Bank bewilligt hat. Wenn auch die Abtretung als Darlehnshypothek die Umwandlung der Sicherungshypothek voraussetzt, so geht es doch nicht an, im Widerspruch mit der ausdrücklich erklärten Schuldverpflichtung zur Umwandlung diese als bewilligt anzusehen. — Falls dagegen die Beteiligten beabsichtigt haben, die Hypothek der Frau A. in eine gewöhnliche Hypothek für das von der Bank dem A. gewährte Darlehen umzuwandeln, so wäre gleichfalls eine Eintragungsbewilligung der Bank nicht erforderlich; vielmehr würden zur Eintragung der Umwandlung die Bewilligungen des Eigentümers und der früheren Gläubigerin und zur Eintragung der Forderungsauswechslung nach § 1180² die Bewilligung des Eigentümers und die Zustimmung der Frau A. genügen. Aber auch solche Erklärungen liegen hier nicht mit der für den Grundbuchverkehr erforderlichen Deutlichkeit vor. M.

η) **Natur und Umfang der Vertretungsmacht des Treuhänders.**[1]

Bayer. Oberstes Landesgericht, ZS. Beschluß v. 18. Oktober 1920.

Die weitere Beschwerde stützt sich zunächst darauf, daß der nach § 1189 bestellte Vertreter Treuhänder aus eigenem Rechte sei und eine ähnliche Machtbefugnis wie ein Testamentsvollstrecker habe. Der Senat ist jedoch mit dem KG. (Rsp. 36 S. 169) der Anschauung, daß jener Treuhänder nicht gesetzlicher Vertreter der Gläubiger ist, sondern als rechtsgeschäftlich bestellter Vertreter der jeweiligen Hypothekengläubiger anzusehen ist, der allerdings nicht nur im Interesse der Gläubiger, sondern auch in dem des Grundstückseigentümers bestellt wird. Er ist mithin zur Vertretung der Gläubiger nur insoweit berechtigt, als ihm die Vertretungsbefugnis bei der Bestellung eingeräumt worden ist. Im Grundbuch ist nicht nur die Bestellung des Vertreters, sondern auch der Umfang seiner Vertretungsbefugnis, deren Angabe der Bestellung erst ihren Inhalt gibt — wenigstens durch Bezugnahme auf die Eintragungsbewilligung — einzutragen. Deshalb hat der Grundbuchrichter zu prüfen, ob sich im Einzelfalle die Berechtigung des Treuhänders zu der beabsichtigten Verfügung über die Hypothek aus dem Umfang der ihm erteilten Vollmacht ergibt.

Diesen Umfang regelt hier der § 14, dessen Abs. 1 den Treuhänder berechtigt, alle Erklärungen hinsichtlich der Hypothek und der Pfandrechte mit Wirkung für die sämtlichen jeweiligen Gläubiger abzugeben, insbesondere

[1] Die Sicherungshypothek, die zur Sicherung näher bezeichneter Teilschuldverschreibungen „für die Inhaber, auf deren Namen sie lauten oder die sich durch Abtretung als Rechtsnachfolger ausweisen", zur Gesamthaft eingetragen ist, ist inhaltlich unzulässig, weil ein Einzelrechtsnachfolger in das Gläubigerverhältnis nur auf dem Wege seiner Eintragung eintreten kann (§§ 1154³, 873). Da aber bei alleiniger Beseitigung des unzulässigen Zusatzes für zahlreiche in der Eintragung vorausgesetzte Fälle der Berechtigte fortfallen würde, hat die Unzulässigkeit des Teiles zugleich die der ganzen Eintragung zur Folge (KG., 1. ZS. Beschluß v. 13. Januar 1921).

Löschungen, Pfandentlassungen und Abtretungen zu erklären und deren Eintragung zu bewilligen. Nach Abs. 2 ist er jedoch zu Löschungs- und Pfandentlassungserklärungen, sowie zur Aufgabe von Pfandrechten nur insoweit ermächtigt, als

a) der zu löschende Teil der Hypothek bz. ein dem Werte (Verkaufspreise) des freizugebenden Pfandgrundstücks entsprechender Teil derselben, bz. ein dem Nennwert der freizugebenden Hypothek entsprechender Betrag zurückgezahlt oder hinterlegt ist und außerdem nach dem Ermessen des Treuhänders der Rest des Darlehens durch die verbleibenden Pfandrechte voll gesichert bleibt, oder

b) vom Treuhänder für gut gehaltene Hypotheken entsprechenden Wertes zum Ersatz der abgehenden Sicherheit neu verpfändet werden.

Für die Ansicht der Vorinstanzen, dieser Abs. 2 enthalte eine auch nach außen wirksame Einschränkung des Treuhänders, läßt sich geltend machen, daß der Eingang von „ermächtigt" spricht, damit also anzudeuten scheint, so wie die im Abs. 1 verliehene Befugnis habe auch die im Abs. 2 enthaltene Einschränkung für das Innen- und das Außenverhältnis Bedeutung, und daß nach Abs. 2a die Frage, ob die verbliebene Sicherheit ausreicht, sich nach dem Ermessen des Treuhänders bestimmt. Gegen jene Ansicht spricht jedoch vor allem die Tatsache, daß es — wenigstens zum Teil — nahezu ausgeschlossen ist, die Voraussetzungen des Abs. 2 in der Form des § 29 GBO. nachzuweisen. So ist in dieser Form kaum oder nur sehr schwer darzutun, daß ein dem Werte des freizugebenden Pfandgrundstücks entsprechender Teil der Hypothek, oder daß „ein dem Nennwerte der freizugebenden Hypothek entsprechender Betrag" zurückgezahlt oder hinterlegt ist, oder daß „vom Treuhänder für gut gehaltene Hypotheken... neu verpfändet werden". Es kann nicht angenommen werden, daß eine derartige Erschwerung des Rechtsverkehrs zwischen den Gläubigern und dem Hypothekschuldner beabsichtigt war, und es muß daher schon aus diesem Grunde die Auslegung der Vorinstanzen erheblichen Zweifeln begegnen. Diese sind um so berechtigter, als ein wirksamer Schutz der Gläubiger doch nicht erzielt wird. Denn in allen Fällen des Abs. 2a könnte der Treuhänder den Wegfall der Einschränkung durch den Nachweis der Hinterlegung der entsprechenden Barsumme erbringen. Diese Hinterlegung könnte nur für die Gläubigerschaft oder für ihn selbst erfolgen. In beiden Fällen wäre er nicht gehindert, über die hinterlegte Summe zu verfügen, sobald der Zweck der Hinterlegung erreicht ist.

Gegen die Vorinstanzen spricht aber weiter der Umstand, daß, auch wenn sie richtig wäre, die Verfügung über das Hypothekrecht im Grunde genommen doch in allen Fällen in das pflichtgemäße Ermessen des Treuhänders gestellt ist. Nach Abs. 2a ist die Frage, ob durch die verbleibenden Pfandrechte die Gläubiger hinreichend gesichert sind — und das ist ja der Punkt, auf den es schließlich allein ankommt —, ausschließlich in das Ermessen des Treuhänders gestellt. Noch schärfer tritt dies zutage bei der Bestimmung des Abs. 2b. Wenn der Treuhänder nachweist, daß ihm anstelle der aufgegebenen Sicherheit Hypothekforderungen von entsprechendem

Nennwert verpfändet sind, dann ist die Sache erledigt, der Grundbuchrichter müßte sich damit begnügen, ohne daß er die Frage aufwerfen könnte, ob denn durch diese Verpfändung eine Sicherung der Gläubiger erzielt wird... Da sonach in der Hauptsache die Wahrung der Interessen der Hypothekgläubiger doch nur von dem Pflichtbewußtsein und dem guten Willen des Treuhänders abhängt, ist die Annahme gerechtfertigt, daß die ganzen Bestimmungen des Abs. 2 nur Verhaltungsmaßregeln für den Treuhänder, deren Verletzung ihn den Gläubigern gegenüber haftbar machen, darstellen, nicht aber eine Einschränkung der ihm im Abs. 1 verliehenen Vertretungsbefugnis enthalten. Kn.

ϑ) **Höchsthypothek. Quittungserklärung des Gläubigers.**[1]

OLG. Dresden, 6. ZS. Beschluß v. 6. März 1920.

Grundsätzlich bildet auch bei der Höchsthypothek die Quittungserklärung des Gläubigers eine geeignete Grundlage für die Löschung der Hypothek des Grundeigentümers; nur steht eine solche Hypothek hinsichtlich des nicht erfüllten Teiles der Forderung bei einem Wechsel des Grundeigentümers gemäß § 1163 dem Besteller der Hypothek zu. Die Quittung des Gläubigers muß daher, um für sich allein den Löschungsantrag des späteren Eigentümers zu begründen, deutlich ergeben, daß die Forderung in vollem Umfang entstanden war und in diesem Umfange von diesem Eigentümer berichtigt worden ist. M.

o) **Geltung des § 1205 für das Pfändungspfandrecht. Zu § 936[3] BGB.**

Kammergericht, 8. ZS. Urteil v. 6. Oktober 1920.

Auf den vom Kläger erworbenen Sachen ruht ein wirksames Pfandrecht des Beklagten. Zwar war zurzeit der Pfändung nicht der Schuldner Eigentümer der Sachen, sondern X. Dieser hat sich aber ausdrücklich mit der Pfändung, sei es vorher oder nachträglich einverstanden erklärt. Der Ansicht (Stein ZPO. § 804 II 3), daß das Pfandrecht nur entsteht, wenn der gepfändete Gegenstand zum Vermögen des Schuldners gehört, kann nicht gefolgt werden. Das Pfändungspfandrecht steht, soweit sich nichts anderes aus der ZPO. ergibt, unter den Vorschriften des BGB., die für das Vertragspfandrecht gelten (RG. 60 S. 73, 61 S. 333)... Aus ihnen folgt die Lösung der hier zu entscheidenden Frage, über die das RG. aO. nicht erkannt hat. Daraus, daß die Pfändung ein Staatsakt ist und in der Art ihrer Ausübung nicht der Parteiwillkür unterliegt, ist nicht zu folgern, daß eine formell gültige Pfändung, die auch Stein für vorliegend hält, nicht durch Zustimmung des Eigentümers auch materiell gültig werden könne. Die Vorschriften des BGB. gehen davon aus, daß persönlicher Schuldner und Verpfänder nicht personengleich zu sein brauchen. Der Satz, daß die verpfändete Sache zum Vermögen des Schuldners gehören müsse, gilt also für das Recht des BGB. nicht. Nun kann nach § 1205[1] ein Vertragspfand gültig bestellt werden, wenn der

[1] Nicht bloß bei Hypotheken (KGJ. 32 S. 251), sondern auch bei Grundschulden muß die Erklärung des bisherigen Gläubigers, die als grundbuchmäßiger Nachweis für den Übergang der Grundschuld auf den Grundstückseigentümer dienen soll, einen Vorgang zum Inhalte haben, der einen solchen Übergang herbeizuführen geeignet ist; die bloße Löschungsbewilligung genügt deshalb nicht (KG., 11. März 1920, 1 x 25).

Gläubiger die Sache besitzt und mit dem Eigentümer über die Entstehung des Pfandrechts einig ist. Dieser Satz muß entsprechend auch für das Pfändungspfandrecht gelten. Durch die — formell gültige — Pfändung hat der Beklagte den (mittelbaren) Besitz an den Sachen erlangt (RG. 94 S. 341). Ist die Zustimmung des Eigentümers zur Pfändung dieser zeitlich nachgefolgt oder gleichzeitig gegeben, so ist der Fall des § 1205[1] dem klaren Wortlaute nach vorhanden. Aber auch wenn die Einigung zwischen Eigentümer und Gläubiger der Besitzergreifung, dh. hier der Pfändung voranging, ist § 1205[1] anwendbar (Biermann BGB. § 930 N. 1b; RG. 56 S. 54.) Danach ist der Beklagte durch die mit Zustimmung des X. erfolgte Pfändung auch materiell Pfandgläubiger geworden, ohne daß auf die Anwendbarkeit des § 185 eingegangen zu werden braucht. Fraglich könnte nur sein, ob das so entstandene Pfandrecht nicht auch als ein Vertragspfandrecht angesehen werden kann, da es allen Voraussetzungen des § 1205[1] BGB. genügt; jedoch bedarf es der Entscheidung dieser Frage hier nicht...

Der § 936[3] ist zunächst nur für den Fall gegeben, daß der Dritte, gegen den sich der Herausgabeanspruch richtet, zugleich der Berechtigte ist. Er ist aber auszudehnen auf den Fall, in welchem jener Dritte lediglich als unmittelbarer Besitzer den Besitz des Berechtigten vermittelt. Denn in beiden Fällen kann sich der Eigentumsübergang ohne Wissen und Willen des Berechtigten und ohne nach außen hervortretenden Besitzwechsel vollziehen. Die Veranlassung der Vorschrift, den im Besitz befindlichen Berechtigten gegenüber dem ohne körperliche Übergabe Erwerbenden zu schützen, ist in beiden Fällen die gleiche. B.

p) **Ansprüche des Pfändungsgläubigers wegen Entziehung der Sache.**

OLG. Stuttgart, 1. ZS. Urteil v. 18. Mai 1921.

Der Kläger ließ am 4. September 1916 gegen X. auf dessen Lagerplatz Bretter pfänden. Dabei erkärte der Beklagte R., daß er am 1. Juni 1915 die Bretter käuflich von X. erworben und am 2. August 1916 dem Mitbeklagten B. weiterverkauft habe. Später hat B. im Einverständnis des R. die Pfandstücke abgeführt. Die Klage auf ihre Herausgabe läßt sich zwar nicht damit erledigen, daß der Kläger den Fortbesitz der Beklagten nicht dargetan habe. Wird der Anspruch als der dingliche Pfandschutz des § 1227 mit § 985 angesehen, so trifft den Beklagten die Beweislast dafür, daß der Kläger den an der Pfandsache einmal erlangten Besitz verloren habe. Es steht aber dem Pfändungsgläubiger nicht bloß der Anspruch aus §§ 985, 1007 zum Schutze seines Pfandrechts zu, sondern auch eine Klage aus § 861, aus § 812 und aus § 823[1]; bei diesen Ansprüchen kann sich der Beklagte nicht damit decken, daß er die Pfandsache nicht mehr besitze (RG. 57 S. 325). Hier scheidet die Klage aus § 861 aus, weil B. noch im Herbst 1916 die gepfändeten Sachen hat wegschaffen lassen, somit die einjährige Frist des § 864 verstrichen war, als Anfang 1919 geklagt wurde. Eine Bereicherung des R. läßt sich nicht feststellen, solange nicht der Schuldschein des X. vom

18. Aug. 1914 über ein Darlehen von 3000 Mark widerlegt ist, gegen das R. die Bretter verrechnet haben will. Auch bei B. läßt sich angesichts des Kaufvertrags mit R. und der Quittungen über die Bezahlung des Kaufpreises keine Bereicherung feststellen. Dagegen bleibt neben dem dinglichen Anspruch ein Schadensanspruch wegen schuldhafter Verletzung des Pfandrechts übrig, das gerade wie das Eigentum durch Entziehung des Besitzes nicht untergeht, aber verletzt wird. Diesen Schutz genießt auch das Pfändungspfandrecht und der § 823[1] läßt sich nicht damit ausschließen, daß er nur den formellen Bestand des Pfandrechts schütze. Allerdings schützt das Strafrecht nur die äußere Tatsache einer formell gültigen Pfändung; der privatrechtliche Anspruch findet daher kein Schutzgesetz i. S. des § 823[2] vor. Dagegen bildet die Verletzung eines materiell gültigen Pfändungspfandrechts eine unerlaubte Handlung i. S. des § 823[1]. Auch dieser Anspruch erledigt sich nicht mit der Behauptung der Beklagten, die entzogenen Sachen nicht mehr zu besitzen. Sie haben vielmehr nach § 249 die Sachen zu beschaffen; ob ihnen das möglich ist, wird dem Verfahren des § 283 überlassen.

Materiell gültig war das Pfandrecht des Klägers nur, wenn die Sachen bei der Pfändung dem X. noch gehörten. Dieser hat mit R. nicht den Besitzübergang vereinbart; auch bei dem Verkauf an B. war die gleiche Sachlage, so daß B. den Besitz vor der Pfändung nicht erlangt hatte. Der Kläger hat demnach ein gültiges Pfandrecht durch die Pfändung erworben. Es fragt sich aber, ob es bei der nachträglichen Abführung gemäß § 936 untergegangen ist. Damit hängt die Frage zusammen, ob die Beklagten es durch Beiseiteschaffung der Pfandsachen und Wegschaffung der Pfandplakate schuldhaft verletzt haben (§ 823). Vorsatz und Fahrlässigkeit fehlten ihnen, wenn sie annehmen durften, daß B. vor der Pfändung Eigentum an den Sachen erworben oder daß der Kläger die Sachen freigegeben habe... Auch läßt sich dem B. wie dem R. nicht vorwerfen, daß sie der Ansicht waren, das Eigentum gehe schon mit dem Abschluß des Kaufvertrags auf den Käufer über. Es liegt hierin ein entschuldbarer Rechtsirrtum, da die Bestimmungen über dingliche Verträge und Wirkungen im Unterschied von den schuldrechtlichen Geschäften dem Volksbewußtsein fremd und jedenfalls mithin unbekannt sind.[1] Ein entschuldbarer Irrtum solcher Art steht dem gutgläubigen Erwerb

[1] Obige Erwägungen sind nicht zu billigen. Sie laufen darauf hinaus, daß die Annahme, eine Sache erworben zu haben, den Käufer berechtigt, in die Räume des wirklichen Eigentümers einzudringen und die Sache an sich zu bringen. So liegt hier die Sache. Die Beklagten sahen bei der Abführung vom Lagerplatz des X. die Pfandsiegel und wußten, daß die Sachen gepfändet und noch nicht freigegeben waren. Daß man Pfandzeichen, Pfandstücke rc nicht eigenmächtig entfernen darf, ist allgemein bekannt. Bei dieser Sachlage hatten die Beklagten allen Anlaß, bei dem Gerichtsvollzieher oder einem Rechtsverständigen sich Rat zu holen, wie dies gerade in dem Falle des RG. geschehen war. Unterließen sie es, so handelten sie auf eigene Gefahr. Deshalb fällt jedem Käufer, der eine in der Wohnung des Verkäufers befindliche eingebrachte Sache erwirbt, ohne sich wegen des Vermieterpfandrechts näher zu erkundigen, grobes Verschulden zur Last (JW. 1907 S. 672, 1909 S. 424, Warn. 6 S. 423; Niendorff Mietr.[10] § 55 S. 408). D. H.

nicht entgegen (RG. 74 S. 356). Die Beklagten durften daher, obwohl sie die Pfändung erfuhren, sich auf ihre Kaufverträge verlassen und annehmen, daß die Pfändung ungültig sei... Sie durften ferner annehmen, daß das Pfand durch Hinterlegung von 500 Mark freigeworden sei... Dagegen ist R. an sich gemäß § 816 dem Kläger zur Herausgabe des durch den Verkauf der Pfandsachen von B. Erlangten verpflichtet. S.

q) **Begriff des Rentenguts. Eintragung der Versicherungspflicht.**

Kammergericht, 1. ZS. Beschluß v. 18. September 1919.

... Liegt kein Rentengutsvertrag vor, so kann auch die Eintragungsfähigkeit der Versicherungspflicht nicht aus dem für Rentengüter geltenden Sonderrechte hergeleitet werden. Die bisherige Rechtsprechung des Senats in Verbindung mit der hier vereinbarten geringen Rente wird den Vorinstanzen Anlaß geben müssen, die Frage, ob der Vertrag vom 3. Juni 1918 zur Begründung eines Rentenguts geeignet ist, rechtlich und tatsächlich zu würdigen. Ein Rentengut ist ein Grundstück, das gegen Übernahme einer festen Rente zum Eigentum übertragen wird. Die Rente braucht grundsätzlich nicht in einem bestimmten Verhältnis zum Wert des Grundstücks zu stehen; vielmehr kann eine feste, wenn auch nur ganz geringe Rente als Gegenleistung — auch neben einer größeren Kapitalanzahlung — vereinbart werden, wie der Senat dies am 13. April 1908 (Rsp. 18 S. 154) anerkannt hat. Der Senat hat jedoch am 8. Januar 1912 (x 464/11) ausgeführt:

„Aus diesen im Beschlusse von 1908 näher entwickelten Grundsätzen folgt, daß, sofern die Beteiligten die Begründung eines Rentenguts ernstlich wollen, die Vereinbarung einer Jahresrente von 1 Mark als Gegenleistung zur Verwirklichung jener Absicht dienen kann. Dies kann namentlich dann zutreffen, wenn, wie in den durch jenen Beschluß entschiedenen Fällen, der Staat (Ansiedlungskomm. für Westpreußen und Posen) das Rentengut verleiht. Die im § 2 AnsiedlGes. instruktionell vorgeschriebene angemessene Schadloshaltung des Staates bezieht sich nicht auf den Grundstückswert, sondern auf den für den Staat mit der Begründung des Rentengutes verbundenen Aufwand, so daß, wenn der Staat das Grundstück ohne wesentliches Entgelt erwirbt, die Rente an sich und im Verhältnisse zum Grundstückswerte geringfügig sein kann. Vorliegend besteht nach der Feststellung des LG. kein Anlaß, daran zu zweifeln, daß die Beteiligten die Belastung mit der auf 1 Mark jährlich festgesetzten Rente ernstlich wollten. Die Ernstlichkeit dieses Willens wird nicht dadurch in Frage gestellt, daß durch jene Belastung offenbar nur die rechtliche Vorbedingung für die weiter vereinbarte Belastung des Grundstücks mit dem Wiederkaufsrecht und dem Veräußerungsverbote geschaffen werden solle. Etwas andres ist es aber, ob die angegebene Rente als ernstlich gemeinte Gegenleistung für die Grundstüllsübereignung anzusehen ist. Die Bejahung dieser in der Vorentscheidung nicht erörterten Frage wird durch die Umstände des Falles ausgeschlossen. Die Gegenleistung besteht hier nicht, wie es bei der Begründung eines Ansiedlungsrentenguts möglich ist, in einer bloßen Aufwandsentschädigung, sondern in der Abgeltung des Wertes des Grundstücks. Auf dieser Grundlage ist von den Beteiligten ein Kaufpreis von 81 000 Mark vereinbart. Gegenüber dieser Summe und gegenüber jedem dieser durch Übernahme einer Hypothek, durch Bezahlung und durch Bestellung einer Restkaufgeldhypothek belegten 3 Fälle erscheint der auf 25 Mark anzunehmende Kapitalbetrag der Rente so verschwindend klein, daß die Rente sich schon objektiv nicht als ein Teil des Entgelts für die Grundstücksübertragung darstellt (folgen Erörterungen, die dies noch aus den Besonderheiten des Falles ergeben)."

Das Grundbuchamt wird deshalb zu prüfen haben, ob etwa aus dem

Verhältnis des Rentenbetrags zum Kapitalbetrage oder aus sonstigen Umständen Bedenken dagegen zu entnehmen sind, daß die Parteien die Rente als eine Gegenleistung für die Grundstücksübertragung gewollt haben. Hierbei ist zu berücksichtigen, warum ein Anfangstermin für die Rentenzahlung nicht bestimmt, die erste Rente vielmehr nach Nr. 1 des Vertrags vom Veräußerer einseitig und allein festgesetzt werden sollte.... M.

r) **Das Recht zum Flößen und zum Lagern von Flößholz nach Pr.WasserG. §§ 9, 25.**

Kammergericht, 1. ZS. Urteil v. 9. Januar 1920.

Durch Vertrag von 1841 hat der Domänenfiskus den Grund und Boden des Wellener Sees nebst der Fischerei, Rohr-, Gras- und Streubenutzung an G. verkauft, dabei aber im § 5 „das Recht der Schiffahrt und der Flößerei, insoweit die Schiffahrt nicht zur Ausübung der Fischerei erforderlich und mithin auch dem Käufer gestattet ist", sich und den anderweit dazu Berechtigten vorbehalten. In diesem Umfange hat der Käufer auf jede Entschädigung für die durch Schiffahrt oder Flößerei und durch die Aufbewahrung von Flößholz veranlaßte Störung der Fischerei verzichtet. Die Rechtsnachfolger des G. haben 1912 an den Nebenintervenienten N. und dieser 1913 den See an den Kläger verpachtet. Der Beklagte hat als Eigentümer der am See gelegenen Schneidemühle Holz über den See flößen lassen und dadurch sowie durch das Lagern von Flößholz den Kläger in seinem Pachtrecht gestört. Das LG. hat die Unterlassungsklage abgewiesen. Demnächst ist am 1. Mai 1914 das WasserG. vom 7. April 1913 in Kraft getreten, nach dessen Bestimmungen der Klaganspruch zu beurteilen ist, soweit er die Unterlassung der Flößerei und des Holzlagers für die Zukunft verlangt. Nach der Anlage zu jenem Gesetz ist der Mellener See ein Wasserlauf erster Ordnung und kann nach § 26 von jedermann für den öffentlichen Verkehr, namentlich zur Schiffahrt und zur Flößerei mit verbundenen Hölzern benutzt werden. Der Kläger meint, daß § 26 nicht zugunsten des Beklagten herangezogen werden könne, weil nach § 9, insoweit wie hier am 1. Mai 1914 das Eigentum an solchen Wasserläufen einem anderen als dem Staate zusteht, es mit seinem bisherigen Inhalt aufrecht erhalten bleibt. Allein diese erst durch das Herrenhaus zugefügte Bestimmung ist dahin zu verstehen, daß die dem früheren Eigentume gegenüber dem vollen Eigentume anhaftenden Beschränkungen aufrecht erhalten bleiben, nicht aber dahin, daß dem Eigentümer die Befugnisse belassen bleiben, die ihm nach früherem Rechte über die dem Eigentümer durch das Gesetz allgemein beigelegten Befugnisse hinaus zugestanden haben. Auch wer nach § 9[1] Eigentümer eines Wasserlaufs erster Ordnung geblieben ist, ist an die Bestimmungen der §§ 25ff. über den Gemeingebrauch gebunden (Holtz-Kreutz Wassergeſ. 1 S. 67[3]). Auch aus der Übergangsvorschrift des § 382 läßt sich ein Untersagungsrecht nicht herleiten. Denn bei ihr handelt es sich nicht um das Eigentum an den Wasserläufen, das im § 9 behandelt ist, sondern nur um die § 382 S. 2 hervorgehobenen wohlerworbenen, auf besonderem Titel beruhenden Rechte wie Fährgerechtigkeiten, sowie Nutzungsrechte, die den Anliegern oder anderen zustehen, auch wenn sie nicht Eigentümer des Wasserlaufs sind, besonders das Recht, die Fischerei auszuüben und den im Wasserlauf stehenden Pflanzenwuchs zu nutzen, das Recht auf Entnahme von Eis, Mineralien aus dem Flußbette, ferner auf Einrichtungen, die der Anlieger künftig im Wege des Zwangsrechts nach §§ 331, 333 erwerben könne. Bei dem Kläger handelt es sich aber um die dem Eigentümer kraft seines Eigentums zustehenden Benutzungsrechte, die ihm nur für die Dauer des Pachtvertrags übertragen sind. Auf diese findet § 9 Anwendung. Danach ist der Beklagte jedenfalls seit 1. Mai 1914 zur Flößerei mit verbundenen Hölzern berechtigt. Daß er die Flößerei in anderer Weise, insbesondere wilde Flößerei getrieben hat, ist nicht behauptet. . . .

Aus dem Recht zum Flößen nach § 26 folgt aber noch nicht die Berechtigung, das Holz, soweit es nicht zum ordnungsmäßigen Betriebe der Flößerei erforderlich ist, im See zu *lagern*. Nach § 9 ist an sich das Eigentum auch an Wasserläufen erster Ordnung, soweit es nicht durch die §§ 25 ff. eingeschränkt ist, mit seinem bisherigen Inhalt aufrecht erhalten. Der Eigentümer und, soweit der Pachtbesitz betroffen wird, dessen Pächter sind deshalb berechtigt, Eingriffe in das Eigentum (Pachtbesitz) zu untersagen, sofern wie hier deren Wiederholung zu befürchten ist. Auch der Pachtbesitz des Klägers wird dadurch beeinträchtigt, da er auf den über das zulässige Maß hinaus mit Holz bedeckten Seeflächen nicht fischen kann. Die Behauptung, daß der Mellensee von jeher im gemeinen Eigentum des Staates gestanden habe, wird durch das Urteil des RG. (Gruchot 44 S. 722) widerlegt. Daß der *Fiskus* den See selbst nicht als dem Verkehr entzogen angesehen hat, ergibt sich daraus, daß er ihn 1841 an G. verkauft hat, dessen Rechtsnachfolger auch jetzt noch eingetragene Eigentümer des Sees sind. Der Beklagte stützt sich weiter auf den Vertrag von 1841 § 5. Dabei handelt es sich aber um einen rein *privatrechtlichen* Vertrag, auf Grund dessen der Beklagte nur dann Rechte geltend machen kann, wenn sie ihm vom Fiskus übertragen worden sind; solches vermag er aber nicht nachzuweisen. Allerdings hat der Staat den Mellensee unter strompolizeiliche Aufsicht gestellt und ihn in das Verzeichnis der Wasserstraßen erster Ordnung eingereiht. Allein ersteres ist ein Staatshoheitsakt, letzteres ein Akt der Gesetzgebung, die mit dem Fiskus als Träger von Privatrechten nichts zu tun hat. . . . Fr.

---

9. Handelsrecht.

a) Eingetragener Verein als Kaufmann im Sinne des § 1 HGB.[1]

OLG. Kiel, 2. ZS. Urteil v. 15. Juni 1920.

Der nach den Behauptungen des Klägers zwischen den Parteien ab-

[1] Ein „Baugeschäft" nebst dazu gehöriger Sägemühle bildet, da nur bewegliche Sachen als „Waren" i. S. des § 1 gelten, ein Handelsgewerbe nur dann, wenn sein Inhaber Handel mit Baustoffen betreibt (RG., 4. StrS. Urteil v. 31. Januar 1919; RGSt. 52 S. 293).

geschlossene Kaufvertrag ist ein Handelskauf im Sinne des § 377 HGB. und zwar für beide Teile. Der Kläger ist ein eingetragener Verein, also an sich ein Verein, dessen Zweck nicht auf einen wirtschaftlichen Geschäftsbetrieb gerichtet ist; denn sonst hätte er nicht in das Vereinsregister eingetragen werden dürfen. Durch die Eintragung wird allerdings das Vorhandensein der sämtlichen gesetzlichen Vorbedingungen maßgebend bis zur Löschung der Eintragung festgestellt, aber eben nur, insoweit die Wirksamkeit der Eintragung in Frage steht (RG. 81 S. 206). Es kann also zB. nicht die Rechtsfähigkeit eines Vereins deshalb beanstandet werden, weil er tatsächlich einen wirtschaftlichen Zweck verfolgt. Anderseits schließt aber die Eintragung nicht aus, daß ein Verein Kaufmann im Sinne des § 1 ist, wenn er, wie hier der Kläger, zur Erreichung seines Vereinszweckes nebenbei zu Erwerbszwecken einen wirtschaftlichen Geschäftsbetrieb unterhält, indem er im Interesse seiner Mitglieder Waren einkauft, um sie an diese wieder abzusetzen (Staub § 33[3]). Aber auch, wenn der Kläger deshalb nicht Kaufmann sein sollte, weil er sein Geschäft nicht gewerbsmäßig, dh. in der Absicht, daraus einen fortlaufenden Gewinn für sich selbst zu ziehen, betriebe, so ist er doch zugunsten seines Vertragsgegners, des Beklagten, als Kaufmann zu behandeln, weil sowohl der Umfang des hier streitigen Geschäfts als auch das Verhalten des Vorstandes des Klägers gegenüber dem Beklagten die Annahme rechtfertigt, daß der Kläger jedenfalls als Kaufmann aufgetreten ist (Staub § 377[2], RG. 65 S. 413). SchlHA.

b) **Firma:** α) **Anwendung des § 18[1] bei Geschäftsverlegung.**

Kammergericht, ZS. 1a. Beschluß v. 20. Februar 1920.

Der Beschwerdeführer verlegte sein in A. unter der Firma „Theo. Müller“ seit 1916 betriebenes Geschäft nach B. und beantragte, ins Handelsregister daselbst einzutragen, daß er sein Geschäft unter der Firma „Theo. Müller“ betreibe. Der Antrag ist mit Recht zurückgewiesen. Der Beschwerdeführer führt die Vornamen Theodor Richard; „Theo.“ ist also eine Abkürzung. Der einzige Vorname, den die beantragte Firma enthält, ist nicht ausgeschrieben, diese also nach § 18 unzulässig.[1] Unerheblich ist, daß die Firma in A. eingetragen war; das LG. nimmt mit Recht an, daß gemäß § 142 FGG. gegen sie hätte eingeschritten werden können, und daß sie dem Beschwerdeführer kein Recht gab, sie fortzuführen. Wird eine Niederlassung an einen anderen Ort verlegt, so erlischt die Firma nicht, sie ist beim Gericht der neuen Niederlassung anzumelden und darf fortgeführt werden, wenn sie rechtmäßig bestand, aber nicht, wenn sie wie hier, zu Unrecht eingetragen war (Staub § 31[1]). Nur dann wäre der Beschwerdeführer berechtigt, die Firma „Theo. Müller“, obwohl sie dem jetzt geltenden HGB. nicht entspricht, fortzuführen, wenn sie am 1. Januar 1900 eingetragen gewesen wäre (EG. Art. 22). K. L.

β) **Wesentlicher oder unwesentlicher Zusatz.**

OLG. Jena, 2. ZS. Beschluß v. 12. November 1920.

[1] Demgemäß ist die Übertragung der Firma auf den Käufer des Geschäfts von vornherein unmöglich (OLG. Kiel, 3. ZS. Urteil v. 21. Februar 1920; SchlHA. S. 76).

Mit Recht prüft das LG., ob das Wort „Papierfabrik" in der Firma des Antragstellers ein wesentlicher oder nur nebensächlicher Zusatz ist. Unzutreffend aber ist, wenn es das Wort deshalb für wesentlich hält, weil es den einzigen die Art des Geschäftsbetriebs andeutenden Hinweis enthält. Wesentlich an der Firma des Antragstellers sind sein Name und der auf ein Gesellschaftsverhältnis (nach § 22 zulässigerweise) hindeutende Zusatz. Das den Geschäftsbetrieb bezeichnende Wort kann wegbleiben, ohne daß die Firma in ihrem Wesen beeinträchtigt würde. Dazu kommt, daß der Zusatz den tatsächlichen Verhältnissen nicht mehr entspricht, also eine zur Täuschung geeignete Bezeichnung ist, da der Antragsteller zurzeit keine Papierfabrik mehr, sondern nur eine Papierwarengroßhandlung betreibt. Auch deshalb ist die Weglassung des Wortes wenn nicht geboten, so doch jedenfalls zulässig. M.l.

γ) **Firmenlöschung wegen Verstoßes gegen die Firmenwahrheit.**

Stuttgart, 1. ZS. Beschluß v. 9. April 1920.

Anfang 1919 ist im Handelsregister die Firma „Porzellanmanufaktur Alt-Ludwigsburg, GmbH. in Ludwigsburg" eingetragen worden; ihr Gegenstand sind die Herstellung und der Vertrieb von Porzellanwaren (Marken Alt-Ludwigsburg und Ludwigsburg) und sonstiger keramischer Erzeugnisse. Demnächst hat das Amtsgericht gemäß § 142^2 FGG. die Firma benachrichtigt, daß es beabsichtige, das Wort „Alt" von Amtswegen zu löschen. Der Widerspruch der Firma und ihre sofortige Beschwerde wurden zurückgewiesen, weil das Wort Alt-Ludwigsburg seit Jahrzehnten für die alten Originale der bis 1824 in Ludwigsburg betriebenen „Herzoglich ächten Porcellain-Fabrik" gebraucht werde. Die weitere Beschwerde ist unbegründet. Der § 18^2 gilt für alle Firmen, auch für die einer GmbH. Die Beschwerdeführerin selbst hat vorgetragen, daß rechtliche und geschichtliche Beziehungen zu der früheren Manufaktur nicht bestehen. Sie stellt hauptsächlich darauf ab, daß sie mit zureichenden und künstlerischen Mitteln in Anlehnung an die Vorbilder der erloschenen Firma deren Traditionen hochhalte und versuche, in gleich künstlerischer Weise zu arbeiten. Allein das LG. hat ohne Rechtsirrtum festgestellt, daß der nicht sachverständige Teil des Publikums wegen des Firmenzusatzes „Alt"-Ludwigsburg Beziehungen zu der früheren Fabrik zu vermuten geneigt ist. Danach liegt hier keine bloße, jedem Unbefangenen als solche erkennbare Reklame vor; vielmehr kann beim Publikum in seiner Allgemeinheit leicht der irrige Glaube erweckt werden, daß Beziehungen zur früheren Firma bestehen. Das LG. hat daher mit Recht angenommen, daß der Zusatz geeignet ist, eine Täuschung über die Art des Geschäfts herbeizuführen, — gleichgültig, ob die Firmeninhaber dies auch beabsichtigten. Der Umstand, daß die Firma das alte echte, im Handel mit „Alt-Ludwigsburg" bezeichnete Porzellan nachmacht, steht nicht entgegen. Wie sich aus dem Zusammenhang ergibt, geht das LG. zutreffend davon aus, daß das nicht sachverständige Publikum in seiner Allgemeinheit beim Lesen oder Hören der Firma gerade daran nicht denkt, daß es sich um eine selbständige Neugründung zum Nachmachen alter Ludwigsburger Porzellane handle. Weitere Sachverständige zu hören hat das LG. ohne Rechtsirrtum für überflüssig erachtet, da es an der Hand der Gutachten und aus eigener Kenntnis und Lebenserfahrung in der Lage war, den Sachverhalt als völlig aufgeklärt anzusehen und sich ein eigenes Urteil zu bilden (FGG. § 12). S.

δ) **„Name" im § 19¹ bedeutet auch Doppelnamen.**

Kammergericht, 3S. 1a. Beschluß v. 10. Juni 1921.

Die Kaufleute G.-H. (Doppelname) und A. vereinbarten die Gründung einer offenen HG., die die Firma „A. & H." führen soll. Die Anmeldung wurde zurückgewiesen, weil der Familienname des einen Gesellschafters G.-H. laute. Die weitere Beschwerde ist unbegründet. Die Beschwerdeführer wollen ein neues Geschäft gründen; daher kommen die Grundsätze, die gelten, wenn eine neue Firma gebildet wird, zur Anwendung. Nach § 19¹ muß die ursprüngliche Firma einer offenen HG. den Namen eines Gesellschafters mit einem Zusatz, der die Gesellschaft andeutet, oder die Namen aller Gesellschafter enthalten. Dagegen dürfen andere Namen nicht aufgenommen werden (Abs. 4). „Name" bedeutet hier ebenso wie im § 18 den Familiennamen, also den Namen, den der Gesellschafter nach den Bestimmungen des bürgerlichen Rechts führen darf (Staub § 18⁴). Hiernach ist die Firma „A. & H." nur zulässig, wenn der eine Gesellschafter den Familiennamen „H." hat. Unerheblich ist, ob es sich um einen deutschen oder um einen nichtdeutschen Namen handelt. Wer mit Recht einen Familiennamen fremder Sprache trägt, kann diesen ebenso zum Bestandteil einer Firma machen, wie der, welcher einen deutschen Namen führt (Rsp. 5 S. 273; Staub aO.; Ritter § 18¹ᵃ). Hier ist nach den Angaben der Beschwerdeführer nicht zweifelhaft, daß der eine Gesellschafter „G.-H." heißt; in dieser Form gibt er nach den vorliegenden Urkunden seine Unterschrift ab. Er führt mithin einen Doppelnamen. Wo das aber der Fall ist, bilden die beiden verbundenen Namen den Familiennamen. Wird die Verbindung wieder aufgehoben, so wird nicht der Familienname gebraucht, sondern in einer Weise geändert, die nur mit Ermächtigung des Justizministers zulässig ist (KGJ. 27 S. 64; Keidel in Bl. für RA. 70 S. 11; VO. betr. die Änderungen von Familiennamen vom 3. Nov. 1919). Ist aber der Name „H." nicht der Familienname des einen Gesellschafters und kann er diesen Namen nicht willkürlich zu seinem Familiennamen machen, so soll nach dem Antrage der Beschwerdeführer ein anderer Name, als der eines Gesellschafters in die Firma aufgenommen werden, das ist aber nach § 19 verboten. Der Name „H." darf auch nicht als Zusatz, der das Gesellschaftsverhältnis andeutet, in der Firma stehen. Die neue Firma „A. & H." faßt der Verkehr dahin auf, „H." sei Teil des Firmenkerns, nämlich der Familienname eines Gesellschafters. Als Zusatz ist das Wort „H." also zur Täuschung geeignet und deshalb unzulässig (RJA. 14 S. 47). — Ob G.-H. unter der Bezeichnung „H." bekannt ist, ist unerheblich; damit ändert sich noch nicht der Familienname, der allein für Abs. 1, 4 in Betracht kommt. . . H. r.

ε) **Die Aktiengesellschaft darf immer nur eine Firma führen.**

Kammergericht, 1. FerienZS. Beschluß v. 23. August 1920.

Die „N.er Tabakfabriken, Aktiengesellschaft" in N. hat vom 1. Juni 1920 an eine Anzahl dortiger Tabakfabriken mit der Berechtigung zur Weiterführung der Firma auf 50 Jahre gepachtet. Ihr Vorstand hat zum Handelsregister angemeldet, daß die Gesellschaft diese Firmen mit dem Zusatz „Zweig der N.er Tabakfabriken, Aktiengesellschaft" weiterführen werde. Der Antrag ist mit Recht zurückgewiesen. Nach § 22 kann zwar, wer ein Handelsgeschäft erwirbt, für das Geschäft die bisherige Firma fortführen, wenn der bisherige Geschäftsinhaber einverstanden ist; es ist auch die Übernahme eines Geschäfts durch Pacht als Erwerb im Sinne des § 22 anzusehen. Zulässig ist auch, daß eine Aktiengesellschaft die Firma eines Einzelkaufmanns oder einer offenen HG. erwirbt und fortführt. Nicht zulässig ist aber, daß sie neben ihrer bisherigen die neu erworbene Firma führt (Staub § 22[12]); denn sie darf immer nur eine Firma haben, da durch den Gesellschaftsvertrag der Sitz nach § 182[2] Nr. 1 zu bestimmen ist, dieser als Hauptniederlassung gilt und die Aktiengesellschaft nur einen Sitz hat (KGJ. 12 S. 22, 20 S. 39). Die Beschwerdeführerin beansprucht tatsächlich das Recht, an demselben Orte mehrere Firmen zu führen; dies ist unzulässig. H.n.

ζ) **Firmenführung des Pächters.**[1] **Prüfungspflicht des Gerichts.**

OLG. Rostock, 2. ZS. Beschluß v. 16. Februar 1921.

Nachdem die Inhaber des Geschäfts „Julius C." dieses auf 10 Jahre dem Beschwerdeführer B. verpachtet hatten und auf gemeinsamen Antrag diese Änderung der Firma in „Julius C., Inhaber Otto B." eingetragen worden war, hat auf Antrag des B. das Amtsgericht am 4. Oktober 1920 in das Handelsregister eingetragen, daß die Firma in „Otto B." geändert sei, und auf den Antrag der Verpächter diese Firma von Amtswegen zu löschen und die frühere Eintragung wiederherzustellen, die Entscheidung ausgesetzt und den Verpächtern aufgegeben, gegen den Pächter Feststellungsklage dahin zu erheben, daß er zur Führung der früheren Firma verpflichtet sei. Auf die Beschwerde der Verpächter hat das LG. den B. benachrichtigt, daß es beabsichtige, die Löschung der Firma zu verfügen, und seinen Widerspruch demnächst zurückgewiesen. Die sofortige Beschwerde ist begründet.

Daß das LG. als Gericht erster Instanz entschieden hat, entspricht dem § 143[1] FGG. Der Umstand, daß die Sache zu seiner Kenntnis im Be-

[1] Der Pächter der vor 1900 begründeten AktienGes.: „R.Gesellschaft" kann diese Firma unverändert fortführen; Irrtümer des Publikums können daraus nicht entstehen, wenn es das tut, was bei der starken Durchbrechung, die der Grundsatz der Firmenwahrheit im heutigen Recht erfuhr, unbedingt erforderlich ist, nämlich Einsicht des Handelsregisters. — Die Verpächterin hat sich dagegen des Rechts auf die alte Firma entäußert und ist für die Pachtdauer nicht befugt, ihre Firma fortzuführen. Indessen ist sie nicht genötigt, eine dem § 20 GHB. genügende Firma neu anzunehmen; sie muß sich nur eines Firmengebrauchs enthalten, der Verwechslungen mit der Firma des Pächters befürchten läßt. Dazu genügt, daß sie der Firma das Wort „Verpächterin" zusetzt, das, wie § 22 ergibt, zulässig ist und der Wahrheit entspricht (OLG. Karlsruhe, 1. ZS. Beschluß v. 25. Januar 1921; Rpr. S. 26).

schwerdewege gelangte, konnte ihm gerade Veranlassung geben, die Sache an sich zu ziehen (RJA. 5 S. 171). Die Folge ist, daß hier die Vorschriften über die erste, nicht die über die weitere Beschwerde gelten (vgl. Schlegelberger, FGG. § 143 III 1a N. 3). Damit eine handelsregisterliche Eintragung von Amtswegen gelöscht werden kann, wird in § 142[1] FGG. vorausgesetzt, daß die Eintragung wegen Mangels einer wesentlichen Voraussetzung unzulässig gewesen ist, d. h wegen Fehlens gesetzlicher Voraussetzungen, deren Mangel die Beseitigung der Eintragung im öffentlichen oder im Interesse Beteiligter geboten erscheinen läßt (RJA. 12 S. 60). Es ist also zu prüfen, ob die Eintragung vom 4. Oktober 1920 fehlerhaft gewesen ist.

Dem B. steht nach dem Pachtvertrage das Recht zu, die Firma „Julius C., Inhaber Otto B.", während des Pachtvertrags zu führen. Ob er dazu auch verpflichtet ist, ist zwischen ihm und dem Verpächter streitig. Aber auch wenn eine solche Pflicht für ihn besteht, kommt sie im jetzigen Verfahren nicht in Betracht. Inwieweit im allgemeinen der Registerrichter zur Prüfung der Richtigkeit und Gesetzmäßigkeit der beantragten Eintragungen berufen ist, ist nicht unstreitig. Jedenfalls hat er nicht zu prüfen, ob obligatorische Rechte Dritter entgegenstehen (RJA. 6 S. 190, 11 S. 216). Der Erwerber einer handelsgerichtlichen Firma kann nun zwar obligatorisch verpflichtet sein, sie in bestimmter Form weiter zu führen. Eine öffentlich-rechtliche Pflicht dazu liegt ihm aber niemals ob, und auch hier hat der Registerrichter nicht zu prüfen, ob eine solche Pflicht für den Pächter oder sonstigen Erwerber des Geschäfts besteht (vgl. Lehmann, HGB. § 22 Nr. 8c; Staub, HGB. § 22 Bem. 2a). Ob man nun dem Verpächter mit Opet (Z für HR. 49 S. 121) nur eine Schadensklage, oder ob man ihm eine Klage auf Vertragserfüllung gibt, kann hier dahingestellt bleiben. Jedenfalls sind hier die Verpächter auf den Weg des Zivilprozesses beschränkt. Für den Registerrichter genügt, daß der gegenwärtige Inhaber B. die Änderung der Firma beantragt hat; ein weiteres hat ersterer nicht zu prüfen. Die nämlichen Grundsätze hat das KG. (RJA. 10 S. 207) ausgesprochen. Wenn es die Einwilligung des früheren Firmeninhabers für den Antrag des Pächters, ihn als Firmeninhaber zu löschen, für nötig erachtet hat, so ist dafür der Grund angegeben, daß untrennbar mit der Löschung des Pächters die Wiedereintragung des Verpächters als Firmeninhaber verbunden ist, beide also als Beteiligte anzusehen sind. Vorliegend handelte es sich aber nicht um eine Löschung des Firmeninhabers, sondern um eine Änderung der Firma durch ihn als verbleibenden Inhaber; die Verpächter waren nicht als Inhaber wieder einzutragen, sie sind also bei dem Akt vom 4. Okt. 1920 nicht im Sinne des KG. beteiligt gewesen. Da somit diese Eintragung nicht wegen Mangels wesentlicher Voraussetzungen unzulässig war, so kann auch jetzt nicht aus § 142 FGG. die Löschung begehrt werden. Das etwaige obligatorische Recht der Verpächter rechtfertigt auch nicht ein Einschreiten aus § 142. Es wäre, wie Rudorff (Gruchot 41 S. 71) richtig bemerkt, widersinnig, vor einer Eintragung dem Registerrichter eine Prüfung über deren Zulässigkeit zu verwehren, nach der Eintragung ihm aber Einschreiten wegen ihrer Unzulässigkeit aufzugeben. Dr. Br.

η) **Anmeldung der Auflösung einer Gesellschaft.**

Kammergericht. ZS. 1a. Beschluß v. 27. Mai 1921.

A. und B., die Gesellschafter der offenen HG. A. & B. meldeten zum Handelsregister an, daß B. am 5. Februar 1921 aus der Gesellschaft ausgeschieden sei, und daß A. die Firma als Einzelkaufmann mit Einwilligung des B. allein fortführe. Die Anmeldung wurde zurückgewiesen, weil nicht angemeldet worden sei, daß die Gesellschaft aufgelöst, und weil die Firma nicht gezeichnet worden sei. Allein weder im § 143 noch sonst ist vorgeschrieben, daß die Anmeldung zum Handelsregister einen bestimmten Wortlaut haben, daß sie etwa gerade das Wort „Auflösung" enthalten müsse. Es genügt vielmehr, daß sich aus der Anmeldung zweifelsfrei ergibt, die offene HG. bestehe nicht mehr, und daß der Registerrichter in der Lage ist, die entsprechende Eintragung zu verfügen (Ehrenberg, Handbuch, 1 S. 552; Z. des Not. Vereins 1912 S. 721[1]). Diesen Anforderungen genügt die eingereichte Anmeldung. Denn aus ihr ergibt sich, daß die Gesellschafter die Auflösung der Gesellschaft beschlossen haben (§ 131 Nr. 2), und daß B. das Geschäft mit der Firma als Einzelkaufmann fortführt (§ 24, KGJ. 13 S. 31). Die Vorinstanzen haben dagegen mit Recht verlangt, daß B. die Firma zeichne (§§ 31, 29; RJA. 3 S. 83). Jedoch darf die Eintragung der Veränderung nicht davon, daß B. als nunmehr alleiniger Inhaber der Firma diese zeichne, abhängig gemacht werden. Anmeldung und Zeichnung erfolgen zwar in der Regel gleichzeitig, auch die Zeichnung geschieht also regelmäßig, bevor die Firma eingetragen wird. Das ist aber nicht gesetzlich vorgeschrieben; vielmehr kann die Zeichnung nachgeholt und nötigenfalls gemäß §§ 14 HGB., 132 FGG. erzwungen werden (Rsp. 19 S. 309, Staub § 12[2], Ritter HGB. § 29[1]). H.

ϑ) **Zur Auslegung des § 28 HGB.**

OLG Königsberg, 1. ZS. Urteil v. 21. September 1920.

Der Kläger, der in das Geschäft des B. als stiller Gesellschafter eingetreten war, ist im April 1919, als B. mit D. und F. eine offene HG. begründete, ausgeschieden und verlangt von dieser seine Einlage nebst den ihm von B. versprochenen 2700 Mark Zinsgewinn. Der Anspruch ist begründet, da die Voraussetzungen des § 28 gegeben sind. Zunächst handelt es sich zweifellos bei der Einlage um eine im Betriebe des Geschäfts entstandene Verbindlichkeit des B. Dasselbe muß aber auch von den weiter geforderten 2700 Mark gelten. Diese waren dem Kläger, wie er behauptet, als Entgelt dafür versprochen, weil er bisher nichts aus dem Geschäft gezogen habe, nach der Behauptung der Beklagten aber als Abfindung für sein Ausscheiden aus dem Geschäfte. Mag man das eine oder das andere annehmen, jedenfalls handelt es sich auch hier um eine Geschäftsschuld; denn auch die Abfindung, die der Geschäftsinhaber einem früheren Gesellschafter versprochen hat, gehört zu den im § 28 bezeichneten Verbindlichkeiten (vgl. RG. in Holdh. MSchr. 16 S. 377). Die Beklagte will dies nicht anerkennen, weil diese Verbindlichkeit erst nach Beendigung des Geschäftsbetriebs entstanden sei. Entstanden war sie jedoch schon bei Auflösung der stillen Gesellschaft; selbst wenn sie erst später ziffermäßig festgestellt wäre, so wäre sie immer im Betriebe jenes Geschäfts entstanden. Tatsächlich ist dieses Versprechen vor dem Ausscheiden des Klägers erfolgt. Hiernach haftet die Beklagte nach § 28 für die Schuld, gleichviel ob dies im Gesellschaftsvertrag ausbedungen ist oder nicht. Es kommt daher auch nicht darauf an, ob dort die Haftung auf die in die Bücher eingetragenen Verbindlichkeiten beschränkt ist und ob im Innenverhältnis der Gesellschaft etwas anderes vereinbart ist, zumal die Haftung aus § 28 nur nach außen gilt. Allerdings behauptet die Beklagte, B. habe den Kläger noch vor dem Vertragschluß mitgeteilt, daß der Übergang der Schuld auf die neugegründete Gesellschaft ausgeschlossen sei. Allein vor Abschluß des Gesellschaftsvertrags bestand noch keine offene HG.; B. war also damals noch gar nicht Gesellschafter. Die Mitteilung ging mithin nicht von einem Gesellschafter aus, wie § 28² voraussetzt. Es kann sich dabei nur um eine Vorbesprechung gehandelt haben, die aber den B. noch nicht zum Gesellschafter machte und um so weniger in Betracht kommen kann, als schließlich im endgültigen Vertrage noch etwas anderes verabredet werden konnte. Eine Mitteilung aber etwa in dem Sinne, daß der Ausschluß der Haftung in Aussicht genommen sei, genügt nicht, weil § 28² eine endgültige Vereinbarung voraussetzt und klare Verhältnisse schaffen will. Th.

c) **Verwechslungsgefahr, wenn nur die Vornamen verschieden sind.**[1]

Kammergericht, 7. ZS. Urteil v. 27. Februar 1920.

Beide Parteien betrieben in P. Klempnereien und den Verkauf von Eisen-, Blechwaren ꝛc. Die Klägerin, eine offene HG., führt seit langen Jahren die Firma „H. Hahn & Söhne“. Die Beklagten haben ihr Geschäft erst 1918 eingerichtet und es unter folgenden Bezeichnungen gemeinsam betrieben: „Julius Hahn & Sohn“, „J. Hahn & Sohn“, „Hahn & Sohn“. Diese Bezeichnungen hat ihnen das LG. mit Recht verboten. Der Klaganspruch wird auf § 37² HGB. und § 16¹ UWG. gestützt. Während § 37² einen unbefugten Firmengebrauch voraussetzt, genügt nach § 16, daß der Gebrauch — gleichgültig ob nach § 37 befugt oder unbefugt — geeignet ist, Verwechslungen hervorzurufen. Daß zunächst die durch die Beklagten benutzten Bezeichnungen durchweg Firmencharakter tragen und nicht etwa bloß den bürgerlichen Namen ausdrücken, ergibt sich aus dem stets beigefügten Zusatz („Sohn“), der ein Gesellschaftsverhältnis andeutet, und aus dem Gebrauche des kaufmännischen Zeichens &. Das letztere ist ein bezeichnendes Merkmal für das Bestehen einer Handelsgesellschaft und allgemein wird im

[1] Die Firma der Zweigniederlassung braucht — abgesehen vom § 50³ — nicht nur keinen die Zweigniederlassung andeutenden Zusatz zu haben, sondern sie kann auch sonst völlig von der Firma der Hauptniederlassung abweichen (OLG., 8. S. Urteil v. 15. Januar 1918; Entsch. 73 S. 186).

Handelsverkehr angenommen, daß der gebrauchte gemeinschaftliche Geschäftsname die Firma der Handelsgesellschaft ist (Rsp. 11 S. 380f., Staub § 37[4]).

Die Verwechslungsgefahr rechtfertigt sich schon rein objektiv aus der Gegenüberstellung der klägerischen Firma mit den Firmenbezeichnungen der Beklagten. Beiderseits bilden der Familienname Hahn und der beigefügte, auf die Teilhaberschaft der Söhne oder des Sohnes hinweisende Zusatz die hauptsächlich hervortretenden Bestandteile der Firma. Daß die Beklagten den Zusatz „Sohn" statt „Söhne" führen und einen andern Vornamen oder dessen Abkürzung oder gar keinen Vornamen dem Familiennamen voransetzen, fällt daher nicht bestimmend ins Gewicht. Es kommt auf den Gesamteindruck an, den die Firmenbezeichnungen auf das Publikum machen. Es ist nicht zu verlangen, daß die Kunden sämtliche, auch die unwesentlichen Bestandteile einer Firma in ihr Wahrnehmungsvermögen aufnehmen; vielmehr entscheidet die Anschauung der im Verkehr mit der üblichen Sorgfalt verfahrenden Verbraucher (RG. 95 S. 293). Hinzu kommt die unverkennbare Ähnlichkeit der beiderseitigen Geschäftszweige. L. n.

c) α) **Rechnungslegung über die entgegen dem § 60 gemachten Geschäfte.**[1]

Kammergericht, 8. ZS. Urteil v. 19. Januar 1921.

Der Beklagte ist als Handlungsgehilfe bei der Klägerin tätig gewesen, so daß die §§ 60, 61 auf sein Verhalten zutreffen. Es kann auch nicht zweifelhaft sein, daß er über die unter Verstoß gegen § 60 gemachten Geschäfte Rechnung zu legen hat (vgl. Staub, § 61[5]). Er gibt selbst einen Holzkauf zu, den er zwischen M. und N. als Vermittler oder nach Art eines Kommissionärs zustande gebracht hat. Er ist also vom Vorderrichter mit Recht verurteilt worden, darüber Rechnung zu legen. Wenn er jetzt erklärt, der Holzkauf sei rückgängig gemacht worden und von einer Provision sei nicht gesprochen worden, so ist das keine Rechnungslegung und ist auch nicht geeignet, den erwachsenen Anspruch darauf wieder in Fortfall zu bringen. Er wird vielmehr klarlegen müssen, einen Kauf welchen Inhalts er zustande gebracht, welches seine Stellung dabei gewesen, und was ihm im Ergebnis aus dem Geschäfte zugekommen ist, selbst wenn es wieder aufgehoben ist. Auch wann und in welcher Weise letzteres geschah, muß er darlegen, da möglichenfalls ein Schadensanspruch der Klägerin, die in der Klage das Geschäft als für ihre Rechnung eingegangen gelten lassen will, in Betracht kommt. —

Anders liegt es dagegen hinsichtlich des Geschäfts mit S. hier hat der Beklagte jede Beteiligung an dem Kaufe verneint und damit dem Verlangen auf Auskunft darüber entsprochen. Ob diese zutrifft, ist hier nicht zu prüfen. Sie mag der Klägerin unter Umständen ein Recht auf den Offenbarungseid geben (BGB. § 259), oder sie kann die Unrichtigkeit seiner Auskunft dartun und entsprechende Leistungen von ihm fordern.

Hinfällig ist schließlich der allgemeine, zudem nicht einmal auf Geschäfte

[1] Der gewinnberechtigte Gehilfe kann zur Prüfung der Bilanz nicht nur das Haupt-, Merk- und Kassabuch, sondern auch die Unterlagen der Bücher, nämlich die Geschäftspapiere und Inventuren einsehen (KG., 7. ZS. Urteil v. 2. Juli 1920).

in ihrem Handelszweige beschränkte Rechnungslegungsanspruch der Klägerin. Die von ihr angeführten Entscheidungen geben ihn nur hinsichtlich der vom Handlungsgehilfen geschlossenen Geschäfte, und diesen Abschluß in dem Sinne, daß es sich keinesfalls um Geschäfte des Prinzipals handelt, muß dieser eben erst dartun. Ein einzelnes Geschäft kann einen weitergehenden Anspruch auf Rechenschaft nur begründen, wenn es zu einem wirtschaftlichen Inbegriffe von Geschäften gehört, zB. bei einheitlicher Betätigung in einem fremden Handelsgewerbe, ähnlich wie bei Benutzung fremder Urheber- und Erfinderrechte. Hier löst die Feststellung einer bezüglichen Handlung die Rechnungslegungs- und Auskunftspflicht hinsichtlich sämtlicher in gleicher Richtung liegender Geschäfte aus (vgl. RG. 70 S. 249; Rsp. 40 S. 109). Dagegen gibt es eine solche allgemeine Pflicht bloß wegen des rechtswidrigen Handelns gegen den Dienstvertrag nicht (vgl. Gruchot 51 S. 897; RG. 90 S. 139; Recht 1918 Beil. 345). Der Anspruch auf Unterlassung, falls weitere vertragswidrige Geschäfte zu besorgen sind, hat damit nichts zu tun. B.

β) **Wichtiger Grund zur Entlassung eines Angestellten.**

Kammergericht, 8. ZS. Urteil v. 12. Januar 1921.

Der Kläger hat mit der Buchhalterin B., während sie im Geschäfte der Beklagten seine Untergebene war, geschlechtlich verkehrt. Er macht geltend, daß der Verkehr nur einmal stattgefunden, und daß ein eigentliches Liebesverhältnis nicht bestanden habe. Es liegt aber in der Natur der Sache, daß sich, bevor es zu einem Geschlechtsverkehr kam, Beziehungen zwischen ihr und ihm entwickelten, die mit seiner Vorgesetztenstellung nicht verträglich waren, und daß seine Autorität ihr gegenüber erheblich litt, nachdem er mit ihr in Geschlechtsverkehr getreten war. Er untergrub durch sein Verhalten seine Autorität als Vorgesetzter mindestens ihr gegenüber, auch wenn die Beklagte vor seiner Entlassung nichts von diesem Verkehr erfahren haben sollte. Er hat aber auch seine Stellung dem anderen Personal des Geschäfts gegenüber durch seine Beziehungen zur B. erschüttert, mag auch sein Geschlechtsverkehr mit ihr bis zum Tage seiner Entlassung noch nicht bekannt gewesen, sondern nur vermutet worden sein; denn jedenfalls ist ein Gerede darüber entstanden. Daß hierzu der Kläger durch sein Benehmen gegen die B. Anlaß gegeben hat, ist nach seinem Benehmen den weiblichen Angestellten gegenüber anzunehmen.... B.

Dazu: OLG. Hamburg, 6. ZS. Urteil v. 31. Januar 1920.

Der Kläger hat am 21. Nov. 1918 während und nach der Dienstzeit innerhalb des Fabrikgeländes im Betriebsbüro in Gegenwart anderer, ihm zum Teil im Dienst untergebener Personen Spirituosen zu sich genommen, und zwar in dem Maße, daß er selbst zugibt, „etwas über den Durst" getrunken zu haben, und daß er es, um keinem der Arbeiter ein schlechtes Beispiel zu geben, für richtig hielt, bis zu seiner vollkommenen Ernüchterung im selben Raume zu verbleiben.... Bei ihm handelte es sich um einen Betriebsleiter, der einen Teil des Betriebs zu leiten und eine große Zahl von Arbeitern zu beaufsichtigen hatte, also um einen Angestellten in gehobener

Stellung, wie denn auch seine erheblichen Gesamtbezüge auf eine wichtige, besonderes Vertrauen voraussetzende Stellung deuten. Bei einer solchen Stellung, die es u. a. mit sich brachte, daß er Verstöße gegen die Betriebsordnung bei den Untergebenen zu rügen, nötigenfalls der Bestrafung zuzuführen hatte, mußte von ihm selbst eine besonders peinliche Beobachtung aller Vorschriften und die äußerste Zuverlässigkeit im Dienste erwartet werden sowie die Vermeidung von Allem, was geeignet war, die Autorität, die gerade in den der Revolution folgenden Wochen, zumal bei der erregten Arbeiterschaft der Sprengstoffabriken, stark erschüttert war, noch weiter zu gefährden. Bei Berücksichtigung dieser besonderen Anforderungen seiner Stellung sowie des für das Fabrikgelände erlassenen Alkoholverbots, dessen Überschreitung mindestens in ihrer mittelbaren Folge, dem bösen Beispiele für die Arbeiterschaft, bei der Gefährlichkeit der Fabrik, auf deren Gelände sich noch immer eine große Menge Sprengstoff befand, verhängnisvoll wirken konnte, erscheint die Entlassung nach § 70 gerechtfertigt. Ob die Arbeiterschaft den Vorfall tatsächlich erfahren hat, kann dahingestellt bleiben; denn der Raum ist auch während der Zecherei von Dritten betreten worden.... M. M.

d) **Haftung des Warenmaklers für Auskünfte seines Angestellten.**

OLG. Hamburg, 5. ZS. Urteil v. 26. Januar 1921.

Die Erteilung von Auskünften über die Leistungs- und Zahlungsfähigkeit einer Person, mit der ein Geschäft vermittelt werden soll, gehört zweifellos zu den Obliegenheiten des Maklers. Erteilt er sie fahrlässig, so haftet er wegen Vertragsverletzung, mag man seine Tätigkeit als Werk- oder als Dienstvertrag auffassen. Daß er nur dann die Vergütung erhält, wenn es infolge seiner Tätigkeit zum Abschluß kommt, kann hieran nichts ändern, seine vertragliche Tätigkeit beginnt schon bei Anbahnung des Geschäfts, und gerade die vor dem Abschluß liegende vermittelnde Tätigkeit, zu der auch die Auskunfterteilung gehört, ist die vertragliche Leistung des Maklers. Wollte man dem nicht folgen, so gehört unter allen Umständen die fahrlässige Auskunfterteilung zur culpa in contrahendo (RG. 95 S. 60), für die gleichfalls vertraglich zu haften ist. Beim Maklervertrag gilt ganz besonders der Satz, daß der Vertragsabschluß und die Erfüllung ein einheitliches Ganzes bilden. Hätte also der Beklagte selbst die Auskunft erteilt, daß er schon mehrfach mit dem Verkäufer X. Geschäfte gemacht habe, die in Ordnung gegangen seien, so würde er haften; denn sie war tatsächlich unrichtig und zum mindesten fahrlässig erteilt. Ein Geschäft „geht in Ordnung" heißt: es wird ausgeführt; diese Ausdrucksweise ist im kaufmännischen Leben geläufig und bedeutet keinenfalls, der Beklagte habe die Maklerprovision richtig erhalten....

Nun hat aber nicht der Beklagte selbst die Auskunft erteilt, sondern während seiner mehrtägigen Abwesenheit sein Angestellter E., dem er nicht ausdrücklich seine Vertretung übertragen hatte. Aber es kann nicht so gewesen sein, daß während des mehrtägigen Fernbleibens seine geschäftliche Tätigkeit ruhen sollte. E. hat sich durchaus als bevollmächtigter Vertreter des Beklagten benommen: in das Gespräch, das zwischen dem Kläger und Frl. A. über das Geschäft mit X. begonnen war, greift er ein und übernimmt die Fortsetzung und Beendigung, er erteilt Auskunft und schließt Geschäfte ab, und zwar nicht nur mit dem Kläger, sondern auch mit M., und zwar meldet er sich auf dessen Bitte, der Beklagte möge persönlich an den Fernsprecher kommen, mit den Worten: „hier Beklagter", und benimmt sich, als ob dieser selbst verhandele. Er hat also tatsächlich allgemein als Vertreter und dann also auch als Erfüllungsgehilfe des Beklagten gehandelt, und es erscheint sehr naheliegend und deshalb nicht zweifelhaft, daß der Beklagte damit, daß E. ihn während des Fernbleibens vom Geschäft vertrat, von vornherein stillschweigend einverstanden gewesen ist. Damit stimmt zusammen, daß die von E. während dieser Zeit geschlossenen Geschäfte ohne weiteres als für den Beklagten geschlossen galten. Dann war also E. Erfüllungsgehilfe im Sinne des § 278 BGB. Aber selbst, wenn man die Vertretungsmacht nicht als vorhanden annehmen will, so hat doch der Beklagte den Abschluß genehmigt. Die Genehmigung ersetzt die fehlende Vollmacht mit der Wirkung, daß sie als von vornherein erteilt gilt; das genehmigte Handeln muß dann aber in vollem Umfang als genehmigt gelten; unmöglich kann das Ergebnis gerechtfertigt werden, daß der Geschäftsherr die Vorteile eines für ihn abgeschlossenen und genehmigten Geschäftes genießen, dagegen die durch den Vertreter verschuldeten Nachteile für die andere Vertragspartei von sich weisen dürfe (RG. 63 S. 152). . . . M M.

e) **Offene HG.:** α) **Eintritt neuer und Ausscheiden bisheriger Gesellschafter.**[1]

OLG. Karlsruhe, 1. ZS. Beschluß v. 30. Januar 1920.

Die Inhaber der Firma A. & Co., A. und B., schlossen mit M. und N. einen Vertrag, wonach diese in die Gesellschaft eintreten und nach ihrem Eintritt die bisherigen Teilhaber ausscheiden sollten. Tatsächlich traten M. und N. am 1. Mai ein, A. und B. aber erst 8. Mai 1919 aus. Als am 9. Mai die neuen Gesellschafter namens der offenen HG. die Eintragung einer Hypothek auf dem Gesellschaftsgrundstücke beantragten, verlangte das Grundbuchamt, daß dieses Grundstück zunächst auf die neue Gesellschaft umgeschrieben werde. Nach kostenpflichtiger Zurückweisung der Beschwerde ließen A. und B. das Grundstück an die A. & Co. auf, worauf die Hypothek eingetragen wurde. Nunmehr hat die Firma weitere Beschwerde eingelegt mit dem Antrage, den Beschwerdebeschluß aufzuheben und dem Grundbuchamt aufzugeben, die Hypothek einzutragen; denn der mit der Zwischenverfügung beanstandete Antrag sei formell nicht erledigt, die Hypothek sei vielmehr auf Grund des anläßlich der Auflassung erneut gestellten Antrags eingetragen

[1] HGB. § 107, wonach der Eintritt eines neuen Gesellschafters zum Handelsregister von sämtlichen Gesellschaftern anzumelden ist, gilt auch bei Fortsetzung der Gesellschaft zwischen den Erben eines Gesellschafters mit den übrigen Gesellschaftern. Eine entgegen dieser Vorschrift erfolgte Eintragung ist trotzdem gültig, wenn sie den Bestimmungen des Gesellschaftsvertrags und den erbrechtlichen Verhältnissen entspricht (Bay. Ob. LG. 14. August 1919; Samml. 19 S. 309).

worden. Dieser zweite Antrag ist jedoch lediglich eine Wiederholung des ersten; sonst müßten die Beteiligten gewollt haben, daß zwei Hypotheken eingetragen werden, was nicht der Fall war. Dem Grundbuchamte lag also derselbe Antrag zweimal vor und beide Anträge wurden dadurch erledigt, wenn auch nur einem Antrag entsprochen wurde. Sonach ist die Beschwerde in der Hauptsache für gegenstandslos zu erklären und nur im Kostenpunkte sachlich zu prüfen. Zunächst widerspricht dem klaren Wortlaute des Vertrags die Annahme des LG., daß der Eintritt der neuen und der Austritt der alten Gesellschafter zusammenfallen sollten.... Wäre dies aber auch anzunehmen, dann ist die Lage nicht anders, als wenn aus einer zweiköpfigen offenen HG. ein Gesellschafter ausscheidet und gleichzeitig ein andrer eintritt. Dann ist im Zweifel davon auszugehen, daß die Gesellschaft fortbesteht. Der abweichenden Ansicht des LG. steht die Erwägung entgegen, daß die Auflösung für die Beteiligten erheblich größere Kosten und Umständlichkeiten zur Folge hat, wie die Fortsetzung der Gesellschaft mit gleichzeitigem Personenwechsel, weshalb der erstere Weg grundsätzlich nicht gewählt wird. Die Beteiligten haben es ganz in der Hand, ob sie den Austritt der alten Gesellschafter unmittelbar vor oder nach Eintritt der neuen sich vollziehen lassen wollen, m. a. W.: es hängt einzig von der Bestimmung der Beteiligten ab, ob Auflösung oder Fortsetzung eintritt. Im Zweifel ist das letztere anzunehmen und hier besteht kein Anhalt für eine Abweichung. Rpr.

β) **Kürzung des Gewinnanteils eines an der Mitarbeit behinderten Gesellschafters?**

OLG. Hamburg, 2. ZS. Urteil v. 13. Juli 1920.

Soweit der Gesellschaftsvertrag unmittelbar Rechte und Pflichten unter den Gesellschaftern, besonders zur Leistung der Beiträge begründet, sind auf ihn auch die §§ 320 fg. BGB. anwendbar. Der Anspruch des Gesellschafters auf seinen Gewinnanteil stellt sich indessen nicht als eine ihm für seine Mitarbeit geschuldete „Gegenleistung" dar, auch dann nicht, wenn wie hier die Arbeit für die gemeinsamen Zwecke der Gesellschaft eine sehr wesentliche Verpflichtung der Gesellschafter bildet. Ist nichts Gegenteiliges bestimmt, so sind die Gesellschafter am Gewinn und Verlust zu gleichen Teilen beteiligt (§ 722 BGB., § 121³ HGB.) ohne Rücksicht darauf, ob und in welchem Umfange sie für die Gesellschaft tätig gewesen sind; diese Beteiligung ist vielmehr lediglich bedingt durch das Gesellschaftsverhältnis überhaupt (vgl. RG. 76 S. 276, 78 S. 305, JW. 1911 S. 808). Daher kann dem Teilhaber, der aus einem von ihm nicht zu vertretenden Grund an der vertragsmäßig vorgesehenen Mitarbeit verhindert wird, auch nicht nach § 323¹ BGB. sein Gewinnanteil entzogen oder gekürzt werden; vielmehr steht dem anderen Gesellschafter nur das Recht auf vorzeitige Auflösung der Gesellschaft nach § 133 HGB. zu. Solange diese besteht, sind eben die Gesellschafter auf Gedeih und Verderb miteinander verbunden. Ebenso wie besonders glückliche geschäftliche Erfolge des einen allen anderen zugute kommen, müssen sie es tragen, wenn einer von ihnen ohne sein Verschulden an gewinnbringender

Arbeit für die Gesellschaft zeitweilig gehindert ist. Nicht aus einer besonderen Verkehrssitte, sondern aus dem innern Wesen der offenen HG. folgt also, daß dem Gesellschafter, der für längere Zeit, zB. durch Krankheit, schuldlos an der Führung der Geschäfte verhindert ist, daraus keine Nachteile den anderen Gesellschaftern gegenüber erwachsen dürfen. Beklagter wäre daher auch dann nicht berechtigt, den Kläger auf Kapital- oder Privatkonto für die während des Krieges beschäftigten Hilfskräfte zu belasten, wenn diese wirklich nur wegen der Behinderung des Klägers herangezogen worden wären. M. M.

γ) **Bestellung eines Liquidators für eine nicht eingetragene offene HG.**[1]
Kammergericht, ZS 1a Beschluß v. 1. April 1920.

Daß die Vorschriften des HGB. über das Liquidationsverfahren auch auf eine offene HG. anzuwenden sind, die nicht im Handelsregister eingetragen war, hat schon das ROHG. (23 S. 227) angenommen; die Frage ist auch heute zu bejahen (Staub[10] § 148[1], Ritter § 143[2], § 106[1]). Weiter hat das KG. (RJA. 11 S. 277) bereits entschieden, daß ein Liquidator erst dann ernannt werden dürfe, wenn eingetragen worden sei, die Gesellschaft sei aufgelöst. Mit Recht haben die Vorinstanzen darauf hingewiesen, daß sonst dem § 148[2], wonach die bestellten Liquidatoren von Amts wegen einzutragen sind, gar nicht genügt werden könne. Endlich hat das ROHG. aO. ausgesprochen, daß wer sich den Vorteil aus der Löschung einer Eintragung verschaffen wolle, zunächst die Eintragung selbst nachträglich noch veranlassen müsse. Demnach können Rechtsvorgänge, die durch spätere Ereignisse schon wieder beseitigt sind, nachträglich noch zum Handelsregister angemeldet werden; unter Umständen müssen sie noch angemeldet werden. Nach alledem ist die Ansicht der Vorinstanzen, es müsse die offene HG. und zugleich, daß sie aufgelöst sei, eingetragen werden, erst dann könnten Liquidatoren ernannt werden, gerechtfertigt (so auch Staub § 148[1], Ritter § 15[6], § 143[2], § 106[1], Cohn[3] Handels- und GenRegister S. 208). Diese Auffassung ergibt sich aber auch aus folgender Erwägung. Das Liquidationsverfahren tritt nur da ein, wo es durch eine gesetzliche Bestimmung vorgeschrieben oder zugelassen ist; wo sie fehlt, haben die Beteiligten sich nach allgemeinen Grundsätzen auseinanderzusetzen (KGJ. 49 S. 136). Kraft gesetzlicher Vorschrift ist es zugelassen bei der offenen HG., nicht aber bei der Gesellschaft des BGB. Wäre der Gewerbebetrieb über den Umfang des Kleingewerbes nicht hinausgegangen, so wären die Rechtsverhältnisse der Gesellschafter nach §§ 705 ff. BGB. und nicht nach §§ 105 ff. HGB. zu beurteilen (Staub § 4[26], Ritter § 4[5]). Art und Umfang des Geschäftsbetriebes sind aber bei der Anmeldung zum Handelsregister zu prüfen (Cohn S. 193). Erst wenn die offene HG. angemeldet und eingetragen ist, ist die Grundlage dafür geschaffen, daß ein Liquidator bestellt

[1] Ein Anspruch auf Rechnungslegung steht dem einen Liquidator gegen frühere Gesellschafter nicht zu; denn er ist weder Rechtsnachfolger eines Gesellschafters noch für sich allein zur Vertretung der Liquidationsgesellschaft berufen (OLG. Hamburg, 1. ZS. Beschluß v. 8. Juli 1918). M. M.

werden darf. Aber auch wenn der Gewerbebetrieb über den Umfang des Kleingewerbes hinausging, ist das Liquidationsverfahren nur möglich, wenn die offene HG. zu Recht bestanden hat, nicht aber, wenn sie von vornherein nichtig war (KG. RJA. 11 S 277, ROHG. 22 S. 201). Ob der Gesellschaftsvertrag formell rechtsgültig geschlossen ist, hat der Registerrichter ebenfalls bei der Anmeldung der Gesellschaft zu prüfen (Staub § 106⁶, KGJ. 22 S. 280, 23 S. 89).[1] H. r.

f) **Aktiengesellschaft**[2]: *a)* **Anspruch gegen ein Vorstandsmitglied wegen Auskehrung zu hoher Dividenden infolge unrichtiger Buchung und Bilanz.**

OLG. Rostock, 2. ZS. Urteil v. 26 November 1919.

Die Klägerin hat den Beklagten als früheres Mitglied ihres Vorstandes auf Schadensersatz belangt, weil für 1910 eine zu hohe Dividende verteilt sei auf Grund einer unrichtigen Buchung von M. 500000 mit 40 % eingezahlter Aktien der Hypothekenbank, die zu 130 % erworben waren, aber Ende 1910 nur einen Kurs von 111 % hatten. Die Klägerin hatte nämlich Anfang 1910 mit X. die Lieferung von 150000 M. jener Aktien dahin vereinbart, daß 1/3 zu 130 % bis Ende 1910, ein weiteres 1/3 zum gleichen Kurse bis 1. August und der Rest zu 124 % bis Ende 1911 zu liefern und abzunehmen waren. Sie hatte auch Ende 1910 an X. für die 500000 Mark Aktien den ihr fakturierten Betrag von rund 360000 M. überwiesen. Geliefert wurden aber die Stücke erst im Januar 1911. In den Büchern der Klägerin ist das Lieferungsgeschäft für das Geschäftsjahr 1910 überhaupt nicht gebucht. Gebucht sind vor Ende 1910 nur die an X. gezahlten 360000 Mark, aber auch nicht auf ein Konto dieser Firma, sondern auf ein Separatkonto zu Lasten des Kaufmanns Wolff, den die Klägerin zur Entgegennahme der Aktien bevollmächtigt hatte.

Die Klage läßt sich zunächst nicht auf § 241³ Nr. 3 stützen. Denn er trifft nur die Fälle, in denen im HGB. die Zahlung von Zinsen oder Gewinnanteilen verboten ist, nicht aber die Verteilung von bilanzmäßig aus-

[1] Nach der Eintragung der Auflösung einer Kommanditgesellschaft kann die Löschung einer für diese eingetragenen Hypothek nur von den Liquidatoren bewilligt werden; die Bewilligung eines Gesellschafters, die vorher abgegeben, aber erst nach jener Eintragung beglaubigt und eingereicht wird, ist ungenügend (Bay. Ob. LG. 23. August 1919; Samml. 19 S. 314).

[2] a) Der Vorschrift des § 195 (284) Abs. 3 S. 1 genügt die bloße rechtliche Möglichkeit der Verfügung über eine Geldsumme nicht; vielmehr muß der Vorstand die gegenwärtige freie Verfügung über das eingezahlte Geld haben u. z. nicht nur in rechtlicher, sondern auch in tatsächlicher Hinsicht. Soweit nicht nach S. 2 das. der Ausgabepreis der Aktien bar zu zahlen ist, kann die Einlageverpflichtung durch vereinbarte und durchgeführte Aufrechnung getilgt werden, wenn und soweit die Gegenforderung fällig und vollwertig ist (RG., 3. StrS. Urteil v. 25 Nov. 1918; RGStr. 53 S. 150).

b) Wenn die Gründer ihre Haftung aus § 202 in einer Nachtragsurkunde näher umschreiben, daß sie das Vorhandensein bestimmter Werte zu einem bestimmten Mindestbetrag für einen bestimmten Tag zusichern, so haben sie damit keine neue selbständige Abmachung, sondern nur die im ursprünglichen Vertrag abgegebene Erklärung ergänzt; die Nachtragsurkunde erfordert daher keinen besonderen Stempel; vgl. TarifSt. 1A mit § 7 RStempG. (Bay. ObLG., 2. ZS. Beschluß v. 7. Okt. 1918; Samml. 19 B. 14).

gewiesenem Reingewinn, solange nicht durch Bilanzverschleierung der gesetzlich zu bildende Reservefonds oder das Grundkapital zur Dividendenzahlung herangezogen ist. Dadurch aber, daß die Buchung des ganzen schwebenden Lieferungsgeschäfts unterlassen wurde, sind die Vorschriften über die Bilanzaufstellung nicht verletzt worden. Im allgemeinen werden schwebende Geschäfte nicht in die Handelsbücher eingetragen, der aus ihnen etwa zu erwartende Verlust kommt im Geschäftsjahr des Abschlusses ebensowenig in den Büchern zur Erscheinung, wie ein zu erwartender Gewinn. Die Aktien, die Ende 1910 zu liefern waren, konnten demgemäß auf dem Effektenkonto nicht gebucht werden. Richtig hätte die Forderung als solche auf Lieferung der Aktien unter entsprechender Bewertung eingestellt werden müssen und wäre dann gegen X in die Erscheinung getreten. Warum davon abgesehen und das Separatkonto Wolff belastet ist, wird dadurch, daß die Klägerin das Eigentum an diesen Aktien dem Wolff abtreten *wollte*, damit dieser gegen deren Hinterlegung ein Darlehn aufnehme, nicht aufgeklärt. Der Punkt, *wer* als Schuldner gebucht ist, ist aber, mag auch eine Verschleierung des ganzen Geschäfts damit beabsichtigt gewesen sein, nicht wesentlich für die allein entscheidende Frage der richtigen *Bewertung*. Zwar konnte die Forderung auf Lieferung nicht höher bewertet werden, als der Kurswert der Aktien selbst am Schlusse 1910, für den die Bilanz aufzustellen war, betrug; der höhere Anschaffungspreis war nicht zu berücksichtigen. Es war aber andererseits in Betracht zu ziehen, daß die Klägerin mit dem Ankaufe der Aktien eine *dauernde Beteiligung* an der HypBank beabsichtigte. Das ist im Geschäftsbericht für 1911, den der Beklagte nicht mehr unterzeichnet hat, deutlich gesagt. Mögen immerhin sowohl dieser als auch der damalige Vorsitzende des Aufsichtsrats sich durch Sitze im Aufsichtsrat der Bank Vermögensvorteile haben verschaffen wollen, so wird doch damit nicht die Absicht dauernder Beteiligung ausgeschlossen, sondern nur der Beweggrund für diese Absicht in ein anderes Licht gesetzt, der beabsichtigte Zweck sollte eben durch die dauernde Beteiligung der Klägerin an der Bank erreicht werden. Nach § 261 Nr. 3 gehören nun unter die sonstigen Gegenstände, die nicht zur Weiterveräußerung bestimmt sind, an sich auch Wertpapiere, wenn sie zur dauernden Beteiligung an einem andern Unternehmen dienen (Staub N. 37, Lehmann N. 11, Makower N. IXa 1 zu § 261). Zweifel erweckt nur, daß bei ihnen von einer Abnutzung nicht gesprochen werden kann. Daraus könnte man einerseits schließen, daß die Bestimmung doch unanwendbar sei, weil die Einschränkung nicht passe (so Staub N. 35) oder aber, daß die Einschränkung auf Wertminderungen entsprechend angewendet werden müsse. Dann würde aber die Bestimmung, daß nicht der Kurswert zurzeit der Bilanzaufstellung, sondern der Anschaffungspreis maßgebend sein solle, praktisch bedeutungslos sein. Es erscheint danach auch die Auffassung haltbar, daß Wertpapiere zum Anschaffungspreis ohne Rücksicht auf Wertminderung eingestellt werden dürfen, wenn sie zu einer dauernden Beteiligung an einem andern Unternehmen bestimmt sind. Daß diese Auffassung in geschäftlichen Kreisen vertreten ist, erhellt aus dem Geschäftsberichte der Klägerin für 1911, wonach eine Abschreibung auf die fraglichen Aktien und eine Rückstellung für den weiter drohenden Verlust gemacht sei, „obwohl über die Notwendigkeit dieser Maßregeln die Meinungen geteilt sein mögen", die Leitung der Bank habe sich aber der „strengeren" Auffassung angeschlossen. Daraus geht hervor, daß eine weniger strenge Auffassung die Einstellung zum Anschaffungspreise für zulässig hält. Ist diese Auffassung aber haltbar und in geschäftlichen Kreisen vertreten, so hat der Beklagte dadurch, daß er sie für 1910 befolgte, nicht gegen seine Obliegenheiten als Vorstandsmitglied bewußt oder fahrlässig verstoßen. Ebensowenig kann daraus, daß der für die Anschaffung der 50000 Mark Aktien ausgegebene Betrag auf das Separatkonto Wolff statt auf Konto X. gebucht ist, die Absicht, die Wertminderung zu verschleiern, gegenüber der Möglichkeit der Anwendung des § 261 Nr. 3 entnommen werden....

Aber auch wenn man eine Verletzung der Pflichten des Beklagten annehmen wollte, so wäre schon fraglich, ob durch die Verteilung einer zu hohen Dividende das Vermögen der Klägerin und nicht vielmehr nur die Aktionäre geschädigt wären, da diese für 1911 wegen der nunmehrigen Berücksichtigung des gesamten Kursverlustes an den Aktien eine herabgeminderte Dividende bezogen haben. Jedenfalls ist die Behauptung, es wäre schon für 1910 eine entsprechend niedrigere Dividende verteilt worden, wenn der Kursverlust bekannt gewesen, unerweislich. Über die Gewinnverteilung bestimmt § 28 der Satzung, daß nach Bildung des gesetzlichen Reservefonds zunächst 4% Dividende abzusetzen sind, „der Rest wird nach Beschluß der Generalversammlung als Superdividende an die Aktionäre verteilt, auf neue Rechnung vorgetragen oder in sonstiger Weise verwendet". Ein Zwang, bei Minderung des Gewinnes um 95000 Mark die Dividende herabzumindern, bestand nicht. Die Generalversammlung war in der Lage, wenn der Gewinn durch die Bilanz um 95000 Mark niedriger ausgewiesen wurde, von der — beschlossenen — Einstellung von 100000 Mark in den Reservefonds II abzusehen. Die Klägerin müßte also beweisen, daß diese Einstellung bei einem um 95000 Mark niedrigerem Gewinne, für die eine gesetzliche oder statutarische Notwendigkeit nicht bestand, doch erfolgt und die Dividende entsprechend gekürzt wäre. Dabei ist zu berücksichtigen, daß für 1908 und 1909 bei Einstellung von 50000 bz. 15000 Mark in jenen Fonds II jedesmal 7% verteilt waren. Im Interesse des Kursstandes der Bankaktien war es, die Dividende auf der gleichen Höhe, wie in den Vorjahren, zu erhalten und lieber die Zuweisung zum Reservefonds II herabzumindern. Daß nicht nur die Bank ein Interesse daran hatte, sondern auch Bankleitung und Aufsichtsrat eifrigst bemüht waren, den Kurs der Aktien zu halten, zeigt sich darin, daß sich 1910 aus Mitgliedern des Vorstandes und des Aufsichtsrats ein Konsortium gebildet hatte, um zur Regelung des Börsenkurses der Bankaktien solche zu kaufen. Der Beweis, daß die Dividende geringer bemessen wäre, läßt sich jetzt auch nicht mehr durch die Vernehmung der Mitglieder des Aufsichtsrats erbringen, die nicht mehr imstande sind, objektiv darüber auszusagen, was geschehen wäre, wenn der Verlust von 95000 Mark an den Aktien bei Aufstellung der Bilanz für 1910 zu berücksichtigen gewesen wäre. Es würde sich hier nicht um Tatsachen handeln, sondern um eine nachträgliche Beurteilung dessen, was geschehen wäre, deren Richtigkeit wegen der inzwischen erfolgten Entwicklung der ganzen Verhältnisse von vornherein in Zweifel gezogen werden müßte.... J.n.

β) **Erfordernisse des Antrags aus HGB. § 254. Tragweite des Verfahrens des FGG.**

OLG. Hamburg, 1. ZS. Beschluß v. 19. Juli 1920.

1. Für die Streitfrage, ob die Minderheit die Berufung einer Generalversammlung bei der Aktiengesellschaft beantragen darf (so Staub, Esser), oder aber einen gesonderten Antrag a) an den Vorstand, b) an den Aufsichtsrat richten muß (so Makower, Ring), ist aus der Denkschrift ein entscheidender Anhalt nicht zu gewinnen. Der Wortlaut und Sinn des Gesetzes spricht aber für die Ansicht von Staub. Der § 254 enthält einen Schutz der Minderheit; hätte der Gesetzgeber ein besonderes vorheriges Angehen a) des Vorstandes, b) des Aufsichtsrats als Mußvorschrift gewollt, so hätte er es auch gesagt; wie in Abs. 1 als Mußvorschrift neben Angabe des Zwecks und der Gründe die erforderliche Mindestzahl an Aktien der Minderheit festgesetzt ist, so wäre nichts einfacher gewesen, als in § 254³ vorzuschreiben, daß der Antrag beim Vorstand und beim Aufsichtsrat einzureichen sei. Es erscheint auch richtiger, wenn der Vorstand, der die Gesellschaft vertritt, den Antrag — falls er ihm keine Folge geben will — nicht an den Aufsichtsrat weiter gibt, wozu er nach seiner Stellung vor dem Gesetz verpflichtet ist, hierunter die Gesellschaft und nicht die Minderheit der Aktionäre leiden zu lassen. In vielen Fällen wird auch der praktische Gesichtspunkt hinzukommen, daß der Aufsichtsrat nur periodisch zusammentritt — oft genug wohnen die Aufsichtsratsmitglieder nicht alle am Sitze der Gesellschaft, so daß der Aufsichtsrat kein besonderes Kontor, sondern höchstens im Gebäude oder Kontor der Gesellschaft ein Zimmer hat und hier diejenigen Sachen vorfindet, die der Vorstand ihm vorlegt. Es wäre eine leere Förmlichkeit, wenn die Minderheit denselben Antrag in 2 Exemplaren, eins mit der Anschrift an den Vorstand und eins mit der Anschrift an den Aufsichtsrat in demselben Kontor zuzustellen hätte. Ohne Not soll man solche Schwierigkeiten nicht in das Gesetz hineininterpretieren. Wendet sich die Minderheit an die Gesellschaft, so genügt sie dem Gesetz, und nunmehr ist es Sache der berufenen Gesellschaftsorgane, tätig zu werden. Sollte wirklich der Vorstand die Angelegenheit pflichtwidrig nicht dem Aufsichtsrat vorgelegt haben, so hat hierunter die Gesellschaft zu leiden.

2 Die tatsächliche Feststellung des LG., daß die Beschwerdeführerin nicht behauptet habe, der Antragsteller habe die hinterlegten 50 Aktien in bösem Glauben erworben, ist aktenwidrig.... In diesem Falle muß aber das LG.

darlegen, aus welchen Erwägungen heraus es zu seiner Feststellung gekommen ist; anderenfalls liegt ein Verstoß gegen § 29 FGG. vor. Dieser Fall ist auch hier gegeben. Der Beschluß wäre daher aufzuheben, wenn er auf dieser Feststellung beruht, dh. wenn es rechtlich erforderlich wäre, im Rahmen des Antragsverfahrens des § 254 HGB. einen Streit über rechtmäßigen Besitz von Aktien auszutragen. Das Verfahren der freiw. Gerichtsbarkeit ist aber für die Austragung eines solchen Streites nicht nur völlig ungeeignet, es ist auch dazu nicht berufen. Der Antragsteller ist durch den Besitz der Aktien zunächst aktiv legitimiert, und es genügt nicht, wenn die Gesellschaft bestreitet, daß er rechtmäßiger Besitzer ist; noch weniger könnte die Vernehmung auswärtiger Zeugen als Gegenbeweis in Frage kommen. Das Eingehen auf derartige Anträge würde das Recht der Minderheit, das ihr der § 254 gewährt, in vielen Fällen vereiteln. In dieser Beziehung ist rechtlich der Standpunkt des Amtsgerichts richtig und für den Senat auch in tatsächlicher Beziehung benutzbar, weil das LG. auf den Beschluß des Amtsgerichts Bezug nimmt. M. M.

γ) **Auslegung und Anwendung des § 254³ HGB.**

Kammergericht, 7. ZS. Urteil v. 8. Februar 1921.

Der § 254³ bestimmt nichts darüber, ob die Ermächtigung dann, wenn die zunächst einberufene Versammlung aus einem förmlichen Grunde, zB. wegen nicht gehöriger Einladung, keine rechtsgültigen Beschlüsse fassen kann, auch die Einberufung einer neuen Generalversammlung umfaßt. Die Frage wird aus der nach Lage des Falles zu deutenden Willensmeinung des Gerichtsbeschlusses zu entscheiden sein. Vorliegend war eine Beschleunigung des Zusammentritts einer Generalversammlung geboten und eine Veränderung der für die Ermächtigung maßgebend gewesenen Umstände nicht zu erwarten. Es ist daher anzunehmen, daß das Registergericht zur ordnungsmäßigen Einberufung einer b e s c h l u ß f ä h i g e n Versammlung ermächtigen wollte und daß die Ermächtigung durch eine nicht beschlußfähige Versammlung nicht erschöpft ist. Es ist auch nicht zu befürchten, daß die Ermächtigung für eine unbestimmt lange Zeitdauer ausgenutzt werden könnte, da der Zweck der Einberufung eine besondere Beschleunigung erforderte. L. n.

g) **Genossenschaft. Nachprüfung der Beitrittserklärungen.**

Kammergericht, ZS. 1a. Beschluß v. 6. Mai 1921.

Der Vorstand einer EGmbG. überreichte zur Eintragung in die Liste der Genossen 24 Beitrittserklärungen und außerdem Erklärungen von 27 Genossen, die mit weiteren Geschäftsanteilen beteiligt sein wollten. Die Vorinstanzen lehnten die Eintragung ab, weil die Erklärungen zum größten Teil nicht von den Genossen herrührten. Allein nach der Bek. des Reichskanzlers v. 1. Juli 1899 ist eine Ablehnung aus solchen Gründen „nicht ausgeschlossen, falls die Unwirksamkeit der Beitrittserklärung, ohne daß es weitere Ermittelungen bedarf, aus den, dem Gericht bekannten Tatsachen sich als zweifellos ergibt“. Nun ist hier die Unwirksamkeit der Erklärungen keineswegs zweifellos. Es ist anerkannt, daß die §§ 15, 137 GenGes. vorgeschriebenen

Erklärungen von einem Bevollmächtigten abgegeben werden können, daß eine mündliche Vollmacht genügt, und daß der Vertreter mit dem Namen des Vertretenen, also dessen, der Genosse werden, oder weitere Geschäftsanteile übernehmen will, unterschreiben darf (KGJ. 24 S. 74; RG. 50 S. 51; JW. 1906 S. 39). Ist aber die Unwirksamkeit der Erklärungen nicht zweifellos, so bleibt es dabei, daß der Registerrichter nur prüfen darf, ob die Erklärungen den Namen des Genossen tragen, unbedingt und vom Vorstand vorschriftsmäßig eingereicht sind. Demnach darf alsdann, wenn der Genosse seinen Namen nicht selbst geschrieben hat, die Vollmacht dessen, der unterschrieben hat, nicht nachgeprüft werden (KGJ. 28 S. 241; 34 S. 189; Rsp. 2 S. 90; Colmar DJZ. 1902 S. 324). Da hier sämtliche Erklärungen den ausgeschriebenen Vornamen der Genossen tragen, durfte die Anmeldung auch aus diesem Grunde nicht zurückgewiesen werden, und es braucht nicht geprüft zu werden, ob der Vorname beigefügt und ausgeschrieben werden muß (vgl. KGJ. 41 S. 147). H. r.

b) **Gesellschaft mbH.: α) Anmeldung. Beschwerderecht.**[1]

Kammergericht, 1. ZS. 1a. Beschluß v. 27. Mai 1921.

Die Gründung einer GmbH. wurde 1921 vereinbart. Gesellschafter sind die „UBaugesellschaft auf Aktien" und Direktor A. § 9 des Gesellschaftsvertrages lautet: „Eine Erhöhung des Stammkapitals darf nur mit Zustimmung der Baugesellschaft beschlossen werden, auch wenn diese nicht mehr Gesellschafterin ist. . . ." Das Amtsgericht beanstandete den § 9, weil Abänderungsbeschlüsse nicht von der Zustimmung eines Dritten abhängig gemacht werden könnten. Die Beschwerde des Z., der neben T. zum Geschäftsführer gewählt worden ist, wurde zurückgewiesen. Die weitere Beschwerde des Z. ist unbegründet. Eine GmbH. kann in das Handelsregister nur auf Anmeldung, dh. auf Antrag, eingetragen werden (§ 7 GmbHG), und zwar müssen die beiden Personen, die zu Geschäftsführern gewählt worden sind, also sowohl T. als auch Z. anmelden (§ 78); die Anmeldung durch einen von ihnen genügt nicht, obwohl nach § 6 des Gesellschaftsvertrages jeder von ihnen für sich zur Vertretung berechtigt sein solle (Staub-Hachenburg § 78¹, § 7⁷). Weist das Amtsgericht die Anmeldung zurück, so steht die Beschwerde nach § 20² FGG. nur beiden Geschäftsführern, nicht einem von ihnen allein, zu (RJA. 14 S. 45). Der § 20² gewährt die Beschwerde dem Antragsteller, „soweit" der Antrag zurückgewiesen worden ist. Er gilt mithin auch, wenn die Anmeldung teilweise zurückgewiesen worden ist; das liegt aber schon dann vor, wenn dem Antrage nicht entsprochen, wenn er vielmehr, wie hier, durch Zwischenverfügung beanstandet worden ist (Schlegelberger § 20²⁷). Dem Z. steht hiernach ein Beschwerderecht nicht zu; die Beschwerde hätte schon aus diesem Grunde zurückgewiesen werden müssen, dadurch, daß das LG. das

[1] Bestimmt die Satzung, daß die GmbH. „durch 2 Geschäftsführer oder durch 1 Geschäftsführer und 1 Prokuristen oder durch 2 Prokuristen" vertreten wird, so kann die Eintragung der Worte „durch 2 Prokuristen" als irreführend abgelehnt werden (Beschluß desselben ZS. v. 11. Juli 1919; KGJ. 52 S. 98).

Beschwerderecht bejaht und die Beschwerde aus sachlichen Gründen zurückgewiesen hat, ist der Beschwerdeführer nicht beschwert (ZBl. FG. 1920 S. 201).[1] H. r.

β) **Haftung der Gründergesellschaft für ihren vor Eintrag der GmbH. handelnden Geschäftsführer.**

OLG. Dresden, 3. ZS. Urteil v. 16. April 1919.

Auf den Übergang eines Handelsgeschäftes durch Pachtvertrag ist an sich der § 25 entsprechend anzuwenden. Hier sollte nach dem Pachtvertrage vom 2. Januar 1918 das Handelsgeschäft des X. mit der Firma auf die am selben Tage errichtete GmbH. pachtweise übergehen. Von einem Erwerbe des Geschäfts und seiner Fortführung kann aber nach § 11[1] GmbHG. erst nach der Eintragung der GmbH. die Rede sein. Hier sind aber am 21. Februar die GmbH. und am 22. nicht nur der pachtweise Übergang des Handelsgeschäftes auf sie sowie der Ausschluß der Schuldenhaftung eingetragen worden, sondern auch das Ersuchen um Veröffentlichung der letztgenannten Einträge an die Zeitungen abgegangen, die Veröffentlichung selbst aber, wie anzunehmen, ist im geordneten Geschäftsgange am 6. März in den Blättern, also innerhalb einer auf den Geschäftserwerb folgenden angemessenen Frist erfolgt (vgl. RG. 75 S. 139).

Der Versuch des Klägers, aus dem Verhalten der Gründer vor Eintragung der Beklagten deren Schuldenhaftung herzuleiten, geht fehl.... Zweck der Gründergesellschaft war hier die Errichtung und Eintragung einer GmbH., die die Pachtung und den pachtweisen Betrieb des X.schen Handelsgeschäfts zum Gegenstande hatte. Notwendig hierfür war der Abschluß des Pachtvertrags und die Fortführung des Betriebs, dagegen nicht das Unterbleiben der rechtzeitigen Bekanntmachung der ausgeschlossenen Schuldenhaftung. Dieses Unterbleiben hatte mit einer ordnungsmäßigen Fortführung des Betriebes nichts zu tun und steht rechtlich der ausdrücklichen Übernahme der Schuldenhaftung gleich. Eine solche wäre aber, wenn sie nach vorausgegangener Übernahme des von der GmbH. unter Ausschluß der Haftung fortzuführenden Geschäfts nachträglich erklärt worden wäre, nicht für die Entstehung der Gesellschaft notwendig gewesen, könnte vielmehr den geplanten ordnungsmäßigen Weiterbetrieb des erworbenen Geschäfts und damit den Zweck der GmbH. nur gefährden. Daß etwa der Gesellschaftsvertrag auf einen Weiterbetrieb unter Übernahme einer solchen Haftung gerichtet gewesen sei, ist nicht behauptet. Deshalb könnte, wenn der Geschäftsführer der bürgerlichen Gesellschaft das gepachtete Handelsgeschäft unter der alten Firma weiter geführt hätte, ohne den Haftungsausschluß alsbald rechtzeitig bekannt zu machen, daraus doch keinesfalls eine Haftung der GmbH. für die im Betriebe des Geschäfts begründeten Verbindlichkeiten des früheren Inhabers hergeleitet werden. Insoweit aus der Fortführung des Geschäfts und der Unterlassung

[1] In ständiger Rechtsprechung nimmt das KG. in Sachen des FGG. an, daß die Sachprüfung mit der Prüfung des Beschwerderechts beginnt und daß, wenn dieses fehlt, die Beschwerde zurückzuweisen, nicht als unzulässig zu verwerfen ist. Vgl. hierzu Rsp. 40 S. 12.

der rechtzeitigen Bekanntgabe des Haftungsausschlusses an den Dritten überhaupt. Verbindlichkeiten der bürgerlichen Gesellschaft entstanden sein sollten, wären diese nicht auf die GmbH. übergegangen; vielmehr hafteten insoweit lediglich die im Namen der bürgerlichen Gesellschaft Handelnden persönlich und solidarisch. —e—

Dazu: Kammergericht, 7. ZS. Urteil v. 6. Februar 1920.

Während der Aktiengesellschaft in § 202 HGB. ein Ersatzanspruch gegen die Gründer wegen ihrer Gründungstätigkeit beigelegt ist, fehlt es an einer gleichen Bestimmung im GmbHG. Nach § 11 das. können vielmehr in dem vor der Eintragung liegenden Zeitraum der Gründung für die werdende, aber noch nicht entstandene Gesellschaft mangels einer besondern Vorschrift Rechte nicht entstehen. Hieran wird auch dadurch nichts geändert, daß § 46 Nr. 8 Ges. von den Ersatzansprüchen der Gesellschaft aus der Gründung spricht, da im Gesetz selbst solche Klagen nicht behandelt sind. Wohl kann in der rechtswidrigen Handlungsweise der Gründer einer Pflichtverletzung den andern Gesellschaftern gegenüber liegen, so daß diesen ein Ersatzanspruch gegen jene zusteht. L.n.

γ) **Umwandlung von Nachschüssen in Darlehen. Beweislast. Schriftlichkeit von Gesellschaftsbeschlüssen.**

OLG. Düsseldorf, 4. ZS. Urteil v. 20. November 1919.

Die Gesellschafter der beklagten GmbH. haben im Verhältnis der volleingezahlten Stammeinlagen weitere Einzahlungen geleistet, die bald als „Zuschüsse" und „Zubußen", bald als „Darlehen" bezeichnet wurden. Der Kläger hat dieses Guthaben gekündigt und auf Rückzahlung erfolgreich geklagt. Das RG. hat jedoch am 13. Februar 1917 aufgehoben und die Sache zurückverwiesen. Nach diesem Urteil können die Gesellschafter selbst dann, wenn wie hier die Satzung über Nachschüsse nichts enthält, ihrer notleidenden Gesellschaft durch Nachschüsse helfen, indem sie aus freien Stücken Gelder ohne einen Anspruch auf Rückerstattung nachzahlen. Es sind dies, wie die Rechtslehre ausführt, keine Nachschüsse im Sinne der §§ 26/28 GmbHG., so daß die §§ 30, 31 darauf keine Anwendung finden. Dies ist hier schon deshalb nicht der Fall, weil der Beschluß über die Nachzahlungen nicht gerichtlich (notariell) beurkundet worden ist und daher keine Änderung der Satzungen in sich schließen kann (RG. 81 S. 371). Vielmehr kann es sich hier nur um gegenseitige schuldrechtliche Beziehungen der Gesellschafter untereinander handeln, aus denen aber auch der Gesellschaft selbst ein Anspruch nach § 328 BGB. erwachsen kann (vgl. RG. 82 S. 303, 83 S. 218/19). Alsdann ist aber auch die Rückzahlung solcher freiwilligen Nachschüsse auf Grund einer Einigung aller Gesellschafter und somit ebenfalls ihre Umwandlung in Darlehen jederzeit und ohne die für gesetzliche Nachschüsse bestehenden Beschränkungen zulässig. Dem Kläger liegt nur der Beweis ob, daß die streitigen Gelder ursprünglich der Gesellschaft als Darlehn gegeben (belassen) worden sind, oder daß nachträglich ihre Umwandlung in Darlehen einstimmig von allen Gesellschaftern vereinbart worden ist. In der jetzt hilfsweise aufgestellten Behauptung einer solchen Umwandlung liegt keine Klageänderung, sondern nur eine Ergänzung des früheren Vorbringens, da es nur darauf ankommt, ob die Gelder zurzeit der Klagerhebung Darlehn waren und ob der Kläger sie auf Grund seiner Kündigung zurückfordern kann. Der Kläger ist für die Umwandlung der Nachschüsse, der Zinsen und Gewinnanteile in Darlehen beweispflichtig; dagegen liegt der Beklagten der Beweis ob, daß diese Umwandlung nur zum Schein, der Besteuerung halber, geschehen sei, dagegen für die Gesellschafter selbst und ihre Beziehungen zur Gesellschaft ohne Bedeutung sein solle (JW. 1909 S. 662; Planck BGB. vor § 116[7]; Tuhr Allgem. Teil II 1 S. 558[23]; Betzinger, Beweislast[3] S. 157).... Der Mangel, der in § 8 des Gesellschaftsvertrages festgesetzten Schriftlichkeit von Gesellschaftsbeschlüssen steht dem Klaganspruche nicht entgegen, da die Gesellschafter, wenn sie einen Beschluß der hier gedachten Art nur mündlich fassen und durch die Umbuchungen ausführen, zugleich ihren Willen kundgeben, von der genannten Bestimmung für diesen Fall abzusehen.[1]... J. n.

δ) **Zeitpunkt der Verlegung des Sitzes.**

OLG. Stuttgart, 1. ZS. Beschluß v. 25. Juni 1920.

Im Handelsregister B des Amtsgerichts Berlin Mitte wurde auf Anmeldung des einzigen Geschäftsführers (und Gesellschafters) A. Ende 1919 die Verlegung des Sitzes der GmbH. von Berlin nach Stuttgart eingetragen. Die Registerakten wurden dorthin abgegeben; ehe aber die Anmeldung zum dortigen Register herbeigeführt worden, meldete der Geschäftsführer an, daß § 1 des Gesellschaftsvertrags wieder laute: „Der Sitz der Gesellschaft ist Berlin." Wegen dieser Rückverlegung beantragte er zugleich, die Eintragung in Stuttgart zu unterlassen und die Akten nach Berlin zurückzugeben. Dies geschah, weil „eine Sitzverlegung nach Stuttgart nicht erfolgt ist", sofern A. lediglich kaufmännischer Angesteller sei. Das Amtsgericht Berlin erklärte sich für unzuständig, weil mit der in seinem Register erfolgten Eintragung das Amtsgericht Stuttgart Registergericht geworden sei. Das nach § 5 FGG. angerufene KG. hat die Sache an OLG. Stuttgart abgegeben. Dieses erklärte das Amtsgericht Stuttgart für zuständig. Gründe: Sitz der Gesellschaft ist (§ 3 Nr. 1 GmbHG. verglichen mit § 24 BGB.) der Ort, den der Gesellschaftsvertrag als solchen bestimmt, gleichgültig, ob die Verwaltung sich dort befindet. Folgerichtig geschieht die Verlegung des Sitzes in den Formen der Abänderung des Gesellschaftsvertrags. Für die Eintragung der Verlegung sind demnach die Vorschriften über Satzungsänderungen (§ 54) maßgebend. Die Verlegung des Sitzes wurde hier durch die Eintragung in das Berliner Handelsregister rechtsgültig; seitdem hat die Gesellschaft ihren Sitz in Stuttgart und ist die Zuständigkeit des Amtsgerichts Berlin als Registergericht (§ 7) erloschen. Die Gültigkeit des Verlegungsbeschlusses ist nicht abhängig von der an sich zu fordernden Eintragung im hiesigen Register. Der rechtliche Bestand der Gesellschaft ist nicht in Frage gestellt, obgleich sie zur-

[1] Die Revision ist am 1. Juni 1920 (II 550/19) zurückgewiesen.

zeit nirgends in einem Register eingetragen ist. Will jetzt durch neue Änderung des Gesellschaftsvertrags der Sitz der Gesellschaft wieder nach Berlin verlegt werden, so ist die Eintragung der Änderung im Register des gegenwärtigen Sitzes (Stuttgart) nötig (§ 54[3]). Dies erfordert, daß zunächst auf Grund einer Anmeldung des Geschäftsführers die Gesellschaft in jenes Register eingetragen wird. S.

i) **Bedeutung der Klausel**[1]: α) **Rüge nur innerhalb 8 Tagen.**

OLG. Celle, 4. ZS. Urteil v. 5. Februar 1921.

Die Klägerin hat auf die Rechnung geschrieben, daß Ausstellungen nur innerhalb 8 Tagen nach Empfang der Ware berücksichtigt würden, und innerhalb 8 Tagen ist gerügt. Trotzdem hält der Kläger die Rüge für verspätet, weil die Fristbestimmung bedeute, daß die Beklagte nach 8 Tagen nicht mehr und innerhalb 8 Tagen nur unverzüglich rügen könne. Gesagt aber ist statt dessen, daß Ausstellungen nur innerhalb 8 Tagen berücksichtigt würden, also: nach 8 Tagen **nicht** und innerhalb 8 Tagen wohl. Schon das einfache Sprachgefühl deutet darauf hin, daß in der Partikel „nur" der Begriff der Beschränkung steckt, also der Vereinigung der Positive (Zulassung der Rüge innerhalb 8 Tagen) und der Negative (spätere Nichtzulassung). Wenn die Beklagte danach die ihr gewährte Rügefrist gewahrt hat, so hat sie sich eben an das gehalten, was ihr mit deutlichen Worten der Kläger zugesichert hatte. Dieser hält es für zweifellos, daß er sich durch die Fristsetzung eine bessere Positive habe verschaffen wollen; deshalb habe die Beklagte die Fristgewährung dahin auslegen müssen, daß die Wahrung der Frist nur je nach Umständen (bei unverzüglicher Rüge) genügen solle. Wäre beides wirklich zweifellos, so käme es freilich nicht darauf an, daß sich die Klägerin falsch ausgedrückt hätte. Doch ist weder das eine noch das andere zweifellos. Vielmehr kann ebenso gut gemeint sein, daß anstatt der notwendig fließenden Abgrenzung der Rügefrist durch das Gesetz (unverzüglich), die notorisch eine Quelle von Streitigkeiten ist, hier eine beiden Teilen dienliche feste Grenze gezogen werden sollte. Jedenfalls aber mußte die Beklagte nicht wissen, daß die Fristbestimmung nur auf den Vorteil des Klägers gemünzt sei und etwas anderes bedeuten sollte, als was gesagt war. Die Auslegung des Klägers

[1] Die während des Krieges entstandene Klausel „Lieferungsmöglichkeit vorbehalten" hatte ihren Grund in den damals und auch jetzt noch bestehenden Lieferungsschwierigkeiten und ist deshalb dahin auszulegen, daß der Schuldner schon dann zur Lieferung verpflichtet sein soll, wenn er die zu liefernde Ware auf die übliche Weise, ohne besonders große Opfer zu bringen und ohne ihm ganz fern liegende Lieferer heranziehen zu müssen, sich verschaffen kann (OLG. Karlsruhe, 2. ZS. Urteil v. 26. Okt. 1920; Rpr. S. 121). Die Kaufklausel „ab Station" bedeutet im Getreide-, Kartoffel-, Kleie-, Malz- und Sämereihandel nichts anderes, als daß der Käufer die Versendungsgefahr zu tragen hat (OLG. Karlsruhe, 1. ZS. Urteil v. 24. März 1920; Rpr. S. 109). Bei dem Verkauf eines Holzbestandes auf dem Stamme galt bisher nach der Verkehrssitte das Wurzelholz als nicht mitverkauft, weil die Kosten des Ausrodens den Wert des Holzes überstiegen; erst seit Herbst 1918 ist der Preis des Brennholzes so gestiegen, daß eine Veränderung der Verkehrssitte eingetreten ist (OLG. Kiel, 2. ZS. Urteil v. 9. Nov. 1920; SchlHA. 1921 S. 52).

machte die Klausel auch für den sorgsamen Kaufmann zu einem rechten Fallstrick, wenn er nicht zufällig mit der Gefahr der Umdeutung im Wege der Auslegung bekannt ist, und begünstigt den, der deutlicher hätte werden sollen, wenn es zunächst überhaupt wahr sein sollte, daß sich seine Absicht mit der geforderten Auslegung deckte. L. dt.

β) **Bestätigung eines mündlich abgeschlossenen Vertrags „unter allem derzeitigen Vorbehalt".**

OLG. Rostock, 2. ZS. Urteil v. 26. Mai 1920.

Die Parteien haben Ende 1919 mündlich einen festen Kaufvertrag über vier Torfstechmaschinen abgeschlossen, ohne irgendeinen Vorbehalt, etwa für den Fall einer Preissteigerung zu machen. Dabei ist zur Sprache gekommen, daß die Beklagte das Geschäft schriftlich „der Ordnung halber" bestätigen sollte; der Vertrag selbst war bereits mündlich bindend zustande gekommen. Hiernach bedeuteten Absendung und Annahme des Bestätigungsschreibens nicht, daß dadurch erst ein Vertrag geschlossen wurde, sondern nur die der Schaffung eines Beweismittels. Es beginnt: „Hiermit bestätigen wir den uns erteilten Auftrag unter allem derzeitigen Vorbehalt zur Lieferung im Februar 1920. . . ." Dem Wortlaute nach bedeutet es nicht, daß ein unter Vorbehalt erteilter Auftrag bestätigt werde, sondern daß ein schlechthin erteilter Auftrag unter Vorbehalt bestätigt werde; der Vorbehalt ist danach nicht schon bei dem Auftrag gemacht, sondern wird erst nachträglich hinzugefügt. Nun ist allerdings im Handelsverkehr üblich, daß der eine Teil dem andern einen mündlich vereinbarten Vertrag bestätigt, um ihn wissen zu lassen, wie er diesen auffaßt, und ihn zu einer Prüfung zu veranlassen, ob diese Auffassung mit der seinigen übereinstimmt; läßt der Empfänger ein solches Schriftstück unbeantwortet, so kann diesem Schweigen bedeuten, daß er als zustimmend zu gelten hat, und zwar auch zu solchen Bestimmungen, die mündlich nicht vereinbart waren. Voraussetzung hierfür ist aber, daß für den Empfänger erkennbar ist, der Absender bezwecke, den Inhalt des mündlichen Vertrags endgültig in dem Inhalt des Schreibens festzustellen. Hier aber konnte der Kläger nach der mündlichen Beredung annehmen, daß das Schreiben nur ein Beweismittel bilde, und als solches bewies es eben nicht die jetzige Behauptung der Beklagten. Ferner werden durch die Bestätigung entweder nur solche mündlich nicht besprochene Bestimmungen anerkannt, die sich auf ergänzende, insbesondere übliche oder nebensächliche Bedingungen beziehen, oder es wird, wenn die mündliche Beredung verschiedene Auslegungen zuläßt, die Auffassung des Absenders als maßgebend festgelegt. Hier war der Vorbehalt (im Sinne der Beklagten) eine neue und außerordentliche Bedingung von größter Tragweite; deshalb traf nicht den Empfänger die Pflicht zum Widerspruch. Endlich waren die Worte „unter allem derzeitigen Vorbehalt" für den Kläger unverständlich und jedenfalls nicht ohne weiteres dahin zu verstehen, daß die Beklagte sich für den Fall der Preissteigerung den Rücktritt offenhalten wolle. Die Beklagte meint allerdings, daß diese Klausel ausdrücklich besage, der Verkauf erfolge im Hinblick auf die zu erwartende Preissteigerung freibleibend und ein Kaufmann könne sie gar nicht anders verstehen. Allein diese Erklärung ist schon selbst insofern nicht recht verständlich, als das Wort „freibleibend" zwar bei Vertragsanträgen eine bestimmte Bedeutung hat, aber seine Auslegung bei Vertragsschlüssen mindestens nicht zweifelsfrei in dem Sinne ist, den ihm die Beklagte hier geben will. Sollte aber auch im Handelsverkehr die Klausel in diesem Sinn aufgefaßt werden, so hätte sie doch in der vorliegenden Fassung nicht für den Kläger unbedingte Klarheit gebracht. Gerade weil bei den Beredungen kein Vorbehalt gemacht war und weil die Beklagte dabei gesagt hatte, daß sie das Material hereinbekommen oder doch zugesagt erhalten habe, war nach Treu und Glauben zu verlangen, daß sie einen nachträglichen Vorbehalt in ganz bestimmter Form ausdrücke, nur dann könnte aus dem Schreiben etwas gegen den Kläger hergeleitet werden. J.n.

γ) **Bedeutung des Stillschweigens. Lieferung gefälschter Geldscheine.**

OLG. Hamburg, 3. ZS. Urteil v. 12. Oktober 1920.

Es handelt sich um einen Kauf ausländischer Valuta zwischen 2 Kaufleuten. Deutsche Valuta im Ausland und ausländische Valuta in Deutschland haben lediglich den Charakter einer Handelsware, die als solche Gegenstand des Handelsverkehrs sein kann. War das dem Kläger in Erfüllung des Kaufs gelieferte Papiergeld gefälscht, so ist eine andere Ware geliefert und es finden die Schlußworte des § 378 Anwendung, weil der Verkäufer die Genehmigung des Käufers als ausgeschlossen erachten mußte. Alsdann ist überhaupt nicht erfüllt, so daß der Kläger nur den Anspruch auf Erfüllung oder die Rechte aus § 326 BGB, nicht aber die Gewährleistungsansprüche hat. Allerdings erklärt er, er mache keinen Rücktritt geltend, sondern könne wandeln. Die vorgetragenen Tatsachen, verbunden mit dem auf Rückerstattung des Kaufpreises gerichteten Klagantrag, lassen sich jedoch unter den Gesichtspunkt des § 326 BGB. bringen, wenn nicht des Rücktritts, so doch des Ersatzanspruchs wegen Nichterfüllung. Die Klagbeantwortung läßt deutlich den Willen des Beklagten ersehen, unter keinen Umständen nochmals, also echte Scheine, liefern zu wollen; der Fristsetzung bedurfte es daher nicht....

Auf den für die Unechtheit der Noten angebotenen Beweis kommt es jedoch nicht an, weil die Mitteilung (Anl. 2): „Ihrem Wunsche gemäß bestätige ich, daß ich für die heute gelieferten und weiter zu liefernden Tschechischen Noten einen zehntägigen Regreß übernehme, wie dies den Gebräuchen an der Hamburger Börse entspricht", unbestritten geschwiegen hat. Er meint zwar, daß der Beklagte dort den Willen, im Rahmen der hiesigen Börsengebräuche für die Echtheit der Noten zu haften, ausgedrückt und nur die unrichtige Meinung hinzugefügt habe, diese Gebräuche hätten die Haftung auf 10 Tage beschränkt. Allein Sinn und Wortlaut der Mitteilung ergeben klar den Willen des Beklagten, unter allen Umständen nur 10 Tage lang für die Echtheit der Noten einzustehen, unter Hinzufügung der subjektiven, möglicher- aber unerheblicherweise irrigen Ansicht, es bestehe auch ein dahingehender Börsengebrauch. Daß übrigens ein derartiger Brauch nicht ungewöhnlich ist, lehrt das Gutachten der Berliner Handelskammer („Mitteilungen" 1920 S. 210). Der Zusatz: „wie dies ..." ist also lediglich als bedeutungsloser Beweggrund anzusehen. Rechtlich fällt das Stillschweigen des Klägers als Unterlassung unter § 346 HGB. und als Willenserklärung unter § 157 BGB. Einen allgemeinen Handelsbrauch, daß Stillschweigen als Zustimmung gelte, gibt es nicht; es kommt auf die Umstände des einzelnen Falls an. Hier handelt es sich um Gewerbetreibende, von denen jedenfalls der Kläger dem Gericht als gewiegter Kaufmann bekannt ist. Selbst ein mit dem Handelsverkehr nicht vertrauter Käufer mußte, daß er der Echtheit dieser als Ware erstandenen fremden Valuta besondere Aufmerksamkeit zu widmen habe. Der Kauf über die ersten 100000 Kronen war bereits, wie zu unterstellen, ausgeführt. Es handelte sich indessen nicht um eine dem Vertrag widersprechende, sondern um eine seine Rechtswirkungen in wichtiger Richtung einschränkende Mitteilung. Der Kläger kann daher nicht verkannt haben, daß der Beklagte einen Willen ausdrückte, seine Haftung, wie nach Sachlage begreiflich, zeitlich zu beschränken, und zwar für das bereits geschlossene wie für noch zu schließende Kaufgeschäft. Er kann nicht verkannt haben, daß nach Treu und Glauben mit Rücksicht auf die Verkehrssitte und die Gebräuche des Handels sein Schweigen dahin aufgefaßt werden werde und müsse, daß er mit dem Inhalt der Anlage einverstanden sei. Unterließ es daher der Kläger eine Erwiderung, so muß er sich gefallen lassen, als zustimmend angesehen und behandelt zu werden. Er hat aber die zehntägige Frist verstreichen lassen. M. M.

δ) **Stillschweigen als Annahme einer Warenbestellung.**

OLG. Rostock, 1. ZS. Urteil v. 27. Oktober 1919.

Der Kläger fordert unter der Behauptung, im März 1919 von der Beklagten 100 kg Radix sapon. zu je 8 Mark gekauft zu haben, 1050 Mark Schadensersatz wegen Nichtlieferung. Allerdings stellt das Schreiben der Beklagten vom 4. März noch keinen Antrag dar, durch dessen Annahme es ohne weiteres zum Vertragsschluß kam; denn der Brief sagte nichts über die Menge, die von der Ware zur Verfügung gestellt werden könne. Er enthielt auch nicht die Erklärung, daß mindestens 100 kg abgegeben werden könnten. Denn wenn auch der Ausdruck „für 100 kg 800 Mark" dafür spricht, daß der Verkäufer mehr als 100 kg abzugeben habe, so bleibt doch auch die Möglichkeit, daß er die Menge von 100 kg nur als Einheit bei der Preisberechnung gewählt hatte, obwohl er nicht einmal die als Einheit angegebene Menge besaß. Ein bestimmter Antrag liegt erst in dem Briefe vom 6. März vor, in welchem der Kläger 100 kg und, falls mehr abgegeben werden könnten, die ganze verfügbare Menge bestellt. Die Beklagte hat zwar dieses Angebot ausdrücklich nicht angenommen; ihr Stillschweigen muß aber mit Rücksicht auf die vorausgegangenen Verhandlungen als Zustimmungserklärung gedeutet werden. Sie hatte am 6. März schriftlich erklärt, daß sie die vom

Kläger gesuchte Ware besitze, sie zu verkaufen bereit sei und um umgehende Nachricht wegen der gewünschten Menge bitte. Wenn darauf der Kläger nicht bloß telegraphisch sich die Ware zu sichern suchte, sondern auch schriftlich am selben Tag eine bestimmte Bestellung folgen ließ, so forderten Treu und Glauben, daß Beklagte hierauf sofort antwortete, wenn sie ihre Lieferungsbereitschaft nicht mehr aufrecht erhielt. Sie hätte zwar das Angebot noch ablehnen können, da sie rechtlich noch nicht gebunden war; im Hinblick auf ihre voraufgegangene Erklärung und namentlich auf ihre eigene Aufforderung, umgehend zu bestellen hatte sie aber hierzu nur eine kurze Frist, die bis zum 13. März jedenfalls längst abgelaufen war. Schwieg sie innerhalb dieser Frist, so mußte sie sich sagen, daß der Besteller hierin nach dem Voraufgegangenen nur eine Annahme des Antrags erblicken könne. Ihr Schweigen muß um so mehr als Zustimmung gelten, als es nach ihrer eigenen Erklärung im Brief vom 17. März darauf beruhte, daß sie in der Erwartung, die Ware noch beschaffen zu können, den Kläger hinhalten, also zu einer ihr nachteiligen Untätigkeit verleiten wollte (Staub § 346[16]). J.n.

ε) **„Beifolgende" Geschäftsbedingungen, die jedoch nicht beilagen.**

Kammergericht, 7. ZS. Urteil v. 5. Februar 1921.

Die bloße Kenntnis des Klägers, daß bei der Beklagten allgemeine Geschäftsbedingungen bestanden, genügt nicht, um diese als Teil des zustande gekommenen Vertrags anzusehn. Dazu wäre erforderlich, daß sie durch Zusendung von Geschäftsanpreisungen, Preislisten ꝛc dem Kläger mitgeteilt oder ihm etwa bei früheren Abschlüssen oder durch öffentliche Bekanntmachung als Grundlage aller Verträge der Beklagten zur Kenntnis gebracht wären. Allein hier bestätigte die Beklagte ausdrücklich, „aufgrund beifolgender Verkaufsbedingungen verkauft zu haben." Lagen diese nicht bei, so durfte der Kläger, der Wert auf ihre Kenntnis legte, nicht schweigen; er mußte vielmehr widersprechen und die „Anlage" einfordern. Das entspricht den im Handelsverkehr üblichen Gewohnheiten und Gebräuchen. Tat er das nicht, so war daraus zu schließen, daß er sich den Bedingungen unterwerfen wollte, weil sie ihm bekannt waren oder weil er, ohne Kenntnis vom Inhalt zu nehmen, damit zufrieden war, da er etwas daran ändern zu können doch keine Aussicht hatte. L.n.

ζ) **Unterschrift einer „Schlußquittung" ohne Durchlesen.**

OLG. Rostock, 1. ZS. Urteil v. 3. März 1921.

. . . Unterschreibt jemand ein Schriftstück, ohne es genau durchzulesen, so erklärt er sich mit dessen Inhalt einverstanden und eignet sich die in ihm enthaltene Willenserklärung seinerseits an. Der Beklagte muß deshalb, um mit seinem Einwand durchzudringen, dartun, daß er eine positiv unrichtige Vorstellung von dem Inhalt der von ihm unterzeichneten Quittung gehabt und nicht verstanden habe, was das Wort „Schlußquittung" bedeute. Diesen Nachweis hat er nicht erbracht. Er als Geschäftsmann ist an sich, wie ohne weiteres anzunehmen, darüber klar gewesen, daß er durch die Unterzeichnung einer Schlußquittung anerkenne, die Klägerin habe alle ihre Verpflichtungen ihm gegenüber erfüllt. Aber auch sein Verhalten vor und nach der Unterschrift läßt in keiner Weise unzweideutig das Bestehen eines Irrtums erkennen. Denn wenn er zunächst bei den Verhandlungen die Annahme der 1000 Mark abgelehnt und demnächst einige Tage nach Empfang des Schecks diesen wieder zurückgesandt hat, so hat er dies möglicherweise getan, weil er inzwischen erkannt hatte, daß er, obwohl irrtümlich angenommen hatte, daß nur eine Abschlagszahlung geleistet sei, doch eine Schlußquittung unterschrieben habe. Es ist daher ebenso gut möglich, daß er, obwohl er zunächst mehr als 1000 Mark für seine Arbeiten verlangt hatte, doch mit der Zahlung von 1000 Mark sich für völlig befriedigt erklärt, dann aber, sei es infolge eigener Willensänderung, infolge Einflüsse anderer Personen, seinen Entschluß nachträglich bereut und nunmehr den Scheck zurückgesandt hat.... Dr. Br.

η) **Klausel im Ölhandel, daß nur Rücknahme der Ware, nicht Schadensersatz gefordert werden könne.**

OLG. Hamburg, Hilfssenat. Urteil v. 18. Februar 1921.

Die Beklagte hat 1920 dem Kläger 10000 kg Maschinenöldestillat verkauft und im § 9 der Bedingungen ausgemacht: „Bei nicht richtigem Beschaffenheitsausfall verpflichten wir uns zur Rücknahme der Ware, ohne aber zu einer Ersatzlieferung verpflichtet zu sein, und ohne daß irgendwelche Schadensersatzansprüche an uns gestellt werden können." Aufgrund dieser Klausel hat die Kammer für HS. die Minderungsklage abgewiesen, indem sie feststellt, daß nach den im Handelsverkehr herrschenden Anschauungen zwischen Minderung und Schadensersatz nicht scharf unterschieden wird; der Kläger mußte daher aus § 9 entnehmen, daß die Beklagte „zur Rücknahme der Ware", dh. zur Wandlung verpflichtet sein wollte, also weder zu einer Ersatzlieferung, oder einem Schadensersatz, noch zur Minderung. Diese Auslegung hält die Beklagte für widersinnig, weil der Verkäufer, der die Minderung ausschließt, bei streitiger Mangelhaftigkeit der Lieferung das Konjunkturrisiko auf sich nehme, während er sonst nur das Qualitätsrisiko laufe. Aus solchen Erwägungen wird allerdings vielfach das Wahlrecht des Käufers durch Ausschluß der Wandlung beschränkt. Hier ist diese ausdrücklich gewährt; auch nach dem Standpunkt des Klägers hatte er die Wahl zwischen Wandlung und Minderung. Nach dem Standpunkte beider Parteien lief also Beklagte die Gefahr der Konjunktur, wenn es dem Kläger paßte, zu wandeln und die Vertragsmäßigkeit der Lieferung streitig war. Wenn die Übernahme jener Gefahr für solchen Fall widersinnig wäre, so hätte das auch für die Auslegung des Klägers zu gelten, da auch er aus § 9 nicht den Ausschluß der Wandlung ableiten will. Der Verkäufer kann aber namentlich bei der Warenknappheit, wie sie im Kriege und nachher geherrscht hat, die Marktlage so beurteilen, daß er lieber die Gefahr der Rücknahme der Ware auf sich nehmen, als mit dem Käufer noch über eine Vergütung streiten und ihm so bei steigender Konjunktur Gelegenheit geben will, die Ware mit erheblichem Nutzen weiter zu verkaufen und außerdem bei dem Verkäufer noch eine Vergütung zu erzielen. Das gilt besonders bei einer

Ware wie Maschinenöl, bei der wie gerichtsbekannt mehrere auch ordnungsmäßige Analysen erheblich abweichende Ergebnisse liefern. Der Beklagten stand es aber immer frei, in einem ihr geeignet erscheinenden Falle die Minderung zuzugestehen. Der grundsätzliche Ausschluß der Minderung kann also auf verständigen geschäftlichen Erwägungen beruhen. . . . M. M.

k) **Wiederholte Ausstellung eines Lieferscheins.**

OLG. Hamburg, 7. ZS. Urteil v. 5. Mai 1920.

Der Aussteller der Anlage hat die Beklagten angewiesen, den Sekt an X. oder dessen Order auszuliefern. Sie haben den Schein mit ihrem Stempel versehen und unterschrieben, dadurch aber die Anweisung angenommen. Die Anlage ist nun kein Lagerschein, sie enthält keine Erklärung der Beklagten als Lagerhalter, sondern stellt sich als eine von dem Einlagerer gegebene Anweisung dar. Sie ist aber keine Anweisung des § 783 BGB. oder des § 363 HGB., denn die Ware, über die sie lautet, war nicht eine der Gattung nach bestimmte Menge Wein, sondern eine ganz bestimmte Partie, also spezialisiert; eine Spezies ist aber ihrem Wesen nach nicht vertretbar. Die auf der Anlage befindlichen Übertragungsvermerke sind deshalb nicht, wie sie sich äußerlich darstellen, Indossamente, sondern haben nur die Bedeutung einer Abtretung. Das Recht auf Auslieferung ist auf X. und von ihm weiter auf seine Rechtsnachfolger, in erster Linie also auf Sch. übertragen, der es behielt, bis er es weiter übertrug. Als Berechtigter konnte er aber mit den Beklagten vereinbaren, daß er auf die Ansprüche aus der Anlage verzichtete und statt dessen einen neuen Schein ausstellen, auf den der Wein an A. ausgeliefert werden sollte. Es mag sein, daß die Beklagten sich hätten weigern können, ohne Rückgabe der — demnächst von Sch. an den Kläger übertragenen — Anlage auszuliefern. Wohl war die Anlage, da sie an Order lautete, zur Weiterbegebung bestimmt. Aber nicht jede Bescheinigung über Waren, in der ausgedrückt ist, daß sie weiter gegeben werden soll, verpflichtet den Aufbewahrer, die Ware nur gegen den Schein auszuliefern. In dem Falle (HansGZ. 1912 Nr. 65) lag eine Bescheinigung des Lagerhalters, daß er gewisse Waren auf Lager habe, vor und sie war auf den Inhaber ausgestellt. Mit Recht ist daraus die Verpflichtung gefolgert, die Ware für den jeweiligen Inhaber auf Lager zu haben und nur gegen Rückgabe des Scheins auszuliefern. Hier liegt aber nur ein Schreiben vor, in dem der Lagerhalter vom Eigentümer der Ware angewiesen wurde, die Ware an ihn oder seinen Rechtsnachfolger auszuliefern. Aus der Urkunde ging zugleich die Absicht des Anweisenden hervor, den Anspruch auf Auslieferung an andere zu übertragen. Aber es ist nicht erkennbar, daß die Beklagten eine weitergehende Verpflichtung haben sollten als die, dem als berechtigt Ausgewiesenen die Ware auszuliefern. Das haben sie getan. Die Klage kann hiernach weder auf eine Verletzung des Eigentums, das der Kläger nie erworben hat, noch auf eine Verletzung irgendwelcher Vertragspflicht gestützt werden. Den Schein hat der Kläger auf seine Gefahr erworden und es war seine Sache, sich darüber zu vergewissern, ob gegen den Schein auch die Ware geliefert wurde. Er will sich durch Fernsprecher danach, ob der Lagerschein „in Ordnung gehe", erkundigt und eine bejahende Antwort erhalten haben. Allein die Beklagten konnten die unbestimmte Anfrage nicht anders verstehen, als dahin, ob die gegen den Lieferschein herauszugebende Ware vorhanden war. Die Frage konnten sie bis zu der Auslieferung an A. bejahen. Auf den Gedanken, daß Sch. arglistig zwei Lagerscheine in Umlauf gesetzt hätten, konnten sie nicht verfallen. Sie brauchten sich auch nicht abhalten zu lassen, an A. zu liefern, denn die Anfrage besagte nichts darüber, daß der Kläger irgendwelche Rechte auf die Auslieferung tatsächlich hatte. M. M.

l) **Handelskauf: α) Untersuchung. Zuziehung von Sachverständigen.**

OLG. Rostock, 1. ZS Urteil v. 14. Oktober 1920.

Kainit sowohl wie Kali sind Kalisalze zur landwirtschaftlichen Verwendung. Sie unterscheiden sich wesentlich durch den Prozentsatz des in ihnen enthaltenen Kalis. Danach ist Kainit gegenüber dem Kali nicht eine andere Ware, sondern eine geringere Qualität derselben Ware. Nach den Bedingungen des Kalisyndikats wird Kalisalz mit einem Kaligehalt von 12 bis 15 % als Kainit und mit 20—42 % als Kali gehandelt und der Preis nach den Prozentsätzen bestimmt. Auf das streitige von Kaufmann zu Kaufmann beiderseits im Betriebe ihres Handelsgewerbes geschlossene Rechtsgeschäft ist also der § 377 anzuwenden. Danach besteht aber eine Verpflichtung zur unverzüglichen Untersuchung jedenfalls insoweit, als sie ohne erheblichen Zeit- und Kostenaufwand beschafft werden kann. Das ließ sich hier in der Weise bewirken, daß der Sendung eine Probe entnommen und diese einer geeigneten landwirtschaftlichen Anstalt zur Untersuchung auf Kaligehalt übersandt wurde. Dann konnte, wie dies später geschehen, der Mindergehalt in wenigen Tagen mit geringen Kosten festgestellt werden. Daß der Käufer die Untersuchung nicht selbst vornehmen konnte, ist belanglos, wenn und soweit die Zuziehung von Sachverständigen ordnungsmäßigem Geschäftsgang entspricht. Das aber ist unter Kaufleuten der Fall bei größeren Abschlüssen in Waren, deren Wert durch ihre chemische Zusammensetzung bestimmt wird. Hingegen kann das Gutachten der hiesigen Handelskammer nicht verwendet werden, da es nicht erkennen läßt, ob es auch den Fall im Auge hat, daß, wie hier, von Kaufmann zu Kaufmann größere Mengen Kali abgeschlossen werden, und nicht vielmehr nur eine allgemeine, auch den Kleinhandel und den Verkehr zwischen Kaufmann und Verbraucher umfassende Üblichkeit verneinen will. Einer Ergänzung des Erachtens bedurfte es indes nicht, da sich aus den obigen Ausführungen die Verpflichtung zur sofortigen Untersuchung nach Ablieferung zwingend ergibt. Die am 3. Juni erfolgte Rüge der am 3. Mai abgelieferten Ware ist verspätet. Dr. Br.

β) **Bezahlung der nicht gerügten Mindermenge.**

OLG. Königsberg, 1. ZS. Urteil v. 21 Oktober 1919.

Unterläßt der Käufer die Anzeige, daß zu wenig geliefert ist, so gilt die

Ware als genehmigt, dh. der Käufer kann ebensowenig wegen fehlender Menge oder fehlenden Gewichts irgendwelche Rechte herleiten, wie er es wegen Mängel der Ware könnte; er muß vielmehr die Ware mit ihrer Fehlmenge oder ihrem Fehlgewicht als vertragsmäßig hinnehmen. Zu diesem Ergebnis führt auch der gesetzgeberische Gedanke, der der Einfügung des § 378 zugrunde liegt. Wie die Denkschrift hervorhebt, sollte eine Unterscheidung hinsichtlich des Erfordernisses einer Bemängelung bei Qualitäts- oder Quantitätsmängeln als der sachlichen Begründung entbehrend beseitigt werden. Man wollte den Zweckgedanken des § 377, daß der Verkäufer nicht ungebührlich darüber im Unklaren gelassen werden solle, ob seine Lieferung als vertragsmäßig angenommen werde, auf die Fälle ausdehnen, in denen es sich um Quantitätsmängel handelt. Bei unterlassener rechtzeitiger Mängelanzeige muß demnach im Fall des § 378 ebenso wie in dem des § 377 der Käufer, obgleich nicht die vertragsmäßige Beschaffenheit (= Menge oder Gewicht) geliefert ist, dennoch bezahlen, wie wenn vertragsmäßig geliefert würde. Die gegenteilige Auffassung würde dazu führen, daß Beanstandungen des Käufers wegen Fehlgewichts an der Ware noch nach Ablauf von Jahrzehnten berücksichtigt werden müßten und dies würde eine scharfe Beeinträchtigung des Handelsverkehrs bedeuten, die der Gesetzgeber nicht gewollt haben kann und nicht gewollt hat.... Th.

γ) **Lieferung einer anderen Ware. Schadenspflicht.**

OLG. Jena, 2. ZS. Urteil v. 22. Oktober 1920.

Der Kläger, der auf Bestellung als Saatgut Sommerweizen erhalten und bezahlt hatte, fordert Ersatz unter der Behauptung, statt Sommersaat Wintersaat erhalten zu haben. Der Anspruch ist jedoch nicht begründet. Allerdings hat der Sachverständige auf Grund verschiedener Anbauversuche dargelegt, daß der gelieferte Weizen zu 48 % aus Winterweizen bestand. Danach hat der Kläger nicht eine bloß mangelhafte, sondern eine ganz andere Ware erhalten. Bestellt war Sommerweizen als Saatgut, also Weizen, der sich zur Aussaat im Frühjahr eignete; Winterweizen ist aber dazu gänzlich unbrauchbar. Mit Recht gelten deshalb beide Weizenarten auch im Verkehr als so völlig verschiedene Waren, daß, wer Sommerweizen zu Saatzwecken verkauft, nicht damit rechnen kann, daß der Käufer Winterweizen genehmigen werde. Der Beklagten mußte das klar sein, da der Kläger selbst Händler ist und den Sommerweizen zu Saatzwecken weiterverkaufen wollte. Auch war die beigemischte Menge so groß, daß sich mit dem gelieferten Saatgut der Vertragszweck überhaupt nicht mehr erreichen ließ (vgl. Staub § 378[3,4]). Allein die bloße Lieferung einer anderen Ware begründet noch keine Ersatzpflicht. Eine Fahrlässigkeit der Beklagten ist jedoch nicht dargetan. Sie hat den Weizen nicht selbst gebaut, sondern von B. bezogen, von dem sie schon seit Jahren ihre Sämereien kauft und stets gewissenhaft bedient worden ist; sie durfte sich auf seine Angaben verlassen. Im vorliegenden Fall scheint B. allerdings nicht die genügende Sorgfalt angewandt zu haben, denn er hat den Weizen vom Domänenpächter H. nicht als Saat-, sondern als Mahlgut gekauft. Das kann aber der Beklagten ebensowenig nachteilig sein, wie wenn bei H. eine Verwechslung oder sonstige Nachlässigkeit vorgekommen wäre. Denn beide sind keine Erfüllungsgehilfen der Beklagten. H. steht zu ihr überhaupt in keiner Beziehung. B. aber ist weiter nichts als ihr Lieferant und kann höchstens insoweit als ihr Erfüllungsgehilfe in Frage kommen, als er übernommen hat, den Weizen unmittelbar dem Kläger zuzusenden; hierbei hat er jedoch nicht schuldhaft gehandelt. Ebensowenig hätte die Beklagte, bevor sie den Weizen weiterverkaufte, ihn auf seine Vertragsmäßigkeit untersuchen müssen. Grundsätzlich braucht der Verkäufer die Ware nicht im Interesse des Käufers zu untersuchen. Eine solche Pflicht ist nur ausnahmsweise da anzunehmen, wo besondere Umstände sie nach der Verkehrsanschauung und nach den Grundsätzen über Treu und Glauben als Vertragspflicht erscheinen lassen. Ist auch im Saatguthandel vom Verkäufer eine erhöhte Aufmerksamkeit zu verlangen, so wird man auch ihm die Untersuchung der verkauften Ware nicht ansinnen können, wenn er selbst sie von einem leistungsfähigen Hause bezogen hat und sie an eine Firma weiterveräußert, die selbst Samenhandel treibt und ganz in derselben Weise, wie er selbst die Ware fachmännisch zu untersuchen imstande ist (Staub § 377[100]). Dazu kommt, daß Gewißheit nur durch Anbauversuche zu erlangen war. Solche war nicht mehr möglich; denn bestellt hat der Kläger erst am 8. Januar, die Lieferung sollte sofort erfolgen; die Saat war fürs Frühjahr 1915 bestimmt. Endlich ist ein Garantieversprechen noch nicht a s der bloßen Bezeichnung „Sommerweizen als Saatgut" zu schließen (Warn. Nr. 279). Daß der Käufer den gekauften und nicht einen anderen Gegenstand geliefert haben will, trifft bei jedem Kaufe zu. M. l.

m) **Stellung der Bank bezüglich gezeichneter Wertpapiere. Anwendung des DepotGes.? Pfandverkauf.**

OLG. Breslau, 2. ZS. Urteil v. 18. November 1920.

Die Beklagte stellte 1917 zwei „Feldzeichnungsscheine" über 5000 Mark Kriegsanleihe aus und übergab sie der Ersatzabteilung, bei der damals ihr Mann stand. Von dort gelangten sie an den klagenden Bankier. Dieser berücksichtigte sie bei seinen der Reichsbank abgegebenen Gesamtzeichnungserklärungen und führte ihr den Gegenwert ab. Da jedoch die Beklagte nichts bezahlte, verwertete er 1919 die Papiere und fordert den Kursunterschied. Der Anspruch ist begründet.

Ein Vertragsverhältnis ist zwischen den Parteien zustande gekommen. Die Beklagte mußte ohne weiteres damit rechnen, daß der Truppenteil, der sich nicht auf die vollständige Abwicklung eines auf längere Zeit hinaus angelegten Wertpapiergeschäfts einlassen konnte, die Zeichnungsscheine nach Gutdünken weitergeben würde, und sie hat ihr Einverständnis hiermit schon dadurch erklärt, daß sie die Scheine bei einem Truppenteil abgab und diesem das weitere überließ.... Zustande gekommen ist ein Kommissionsvertrag. Allerdings ist der Kläger nur dadurch zu einer Vergütung gelangt, daß er den Zeichnungspreis nicht voll an die Reichsbank abzuführen braucht, ohne den Preisunterschied an den Komittenten herausgeben zu müssen. Aber diese Abweichung berührt nicht das Wesen der Sache (RG 96 S. 4, 94 S 282). Als Kommissionär hat der Kläger gemäß §§ 396² HGB, 675, 670 BGB. den Anspruch auf Erstattung des verausgabten Zeichnungspreises gegen die Zeichnerin erworben. Die Entstehung und Fälligkeit dieses Anspruchs setzt nicht voraus, daß der Kläger schon bestimmte Stücke für die Beklagte ausgesondert und in ihr Eigentum durch Einlegung in ein besonderes Depot gebracht hätte. Entscheidend ist vielmehr, daß er die Aufwendung gemacht hat; dies ist durch Abführung des Gegenwerts an die Reichsbank geschehen. Die Beklagte kann nicht deshalb, weil für ihre Rechnung später die Papiere verwertet worden, es ablehnen, das vom Kläger ausgeführte Geschäft für ihre Rechnung gelten zu lassen (§ 385 HGB). Denn dazu war er berechtigt, weil er das Pfandrecht des Kommissionärs besaß und die Voraussetzungen für seine Befriedigung aus den Wertpapieren eingetreten waren. Ob er dabei die regelmäßige, gesetzlich vorgeschriebene Form eines Pfandverkaufs beobachtet hat, kann dahingestellt bleiben. Denn selbst wenn die Verwertung mangels Beobachtung der Formvorschriften der §§ 1235, 1221 BGB. kein rechtmäßiger Pfandverkauf gewesen wäre, so würde diese nicht in den Voraussetzungen, sondern nur in der Durchführungsform begründete Unrechtmäßigkeit des Verkaufs kein auftragswidriges Verhalten im Sinne des § 395 HGB. darstellen, sondern nur eine Rechtswidrigkeit, für deren Folgen der Kläger Schadensersatz zu leisten hätte. Die Beklagte hat aber durch die unstreitige Gutschrift des vollen Kurswertes der Wertpapiere alles erhalten, was durch einen formgerechten Pfandverkauf im Wege der Veräußerung durch einen Kursmakler an der Börse zu erzielen gewesen wäre. Außerdem durfte der Kläger auch schon deshalb die Wertpapiere aus dem Depot zurücknehmen und formfrei bestmöglich verwerten, weil die Beklagte selbst die Wertpapiere zurückgewiesen und sich überhaupt von dem ganzen Kommissionsgeschäft losgesagt hat, was gemäß § 627 BGB. möglich war (JW 1905 S. 2017), aber nur vorbehaltlich des vom Kläger schon erworbenen Anspruchs auf Erstattung der Aufwendungen.

Die Beklagte weist endlich darauf hin, daß der Kläger ihr kein Stückverzeichnis (§ 3 Depotges.) zugesandt hat. Allein es ist nicht unbedenklich, ob er in der Stellung als Vermittlungsstelle für Zeichnung neu auszugebender Wertpapiere überhaupt einem Einkaufskommissionär im Sinne jenes § 3 gleichgestellt werden kann. Aber auch wenn man dies für richtig hält, so war doch die Hauptleistung des Klägers die Vermittlung der Zeichnung, die Empfangnahme und spätere Weitergabe der zugeteilten Wertpapiere und die Übertragung des Eigentums an ihnen auf den Zeichner. Dieses Eigentum kann auch ohne Zusendung eines Stückverzeichnisses schon dadurch übertragen werden, daß der Bankier die Papiere für den Zeichner ins Depot nimmt (RG. 52 S. 130). Jene Übersendung ist daher nur eine Nebenverpflichtung des Einkaufskommissionärs, um den Übergang des Eigentums am Kommissionsgut auf den Kommittenten in Verbindung mit § 7 Ges. zu beschleunigen und das Eigentum durch Schaffung eines Beweismittels zu sichern. Die Verletzung dieser Nebenpflicht kann nicht die weittragenden Folgen haben, wie eine vollständige Nichterfüllung des Vertrags. Vielmehr sind diese Folgen erschöpfend geregelt (JW. 1904 S. 496[26]). Der Beklagte hat aber erst im Rechtsstreit die Unterlassung der Zusendung bemängelt. Dies konnte aber die Aufforderung des Kommittenten zur nachträglichen Absendung nicht ersetzen. Denn die Prozeßbevollmächtigten haben zur Abgabe und Entgegennahme dieser mit der Prozeßführung nicht zusammenhängenden Aufforderung keine Vollmacht (RG. 65 S. 183). Außerdem war die Zusendung mit dem Augenblick sinnlos geworden, in welchem durch die Verwertung der Papiere das Eigentumsrecht der Beklagten an den angeblich im Depot gewesenen Stücken zerstört wurde oder aber, falls sie noch nicht ausgesondert gewesen sein sollten, die Aussicht wegfiel, daß die Beklagte jemals das Eigentum an der gezeichneten Kriegsanleihe erwerben würde, zumal sie auch noch selbst geschrieben hatte, das Eigentum nicht erwerben zu wollen (vgl. RG. 81 S. 437). . . . Schn.

n) **Lagergeschäft. Bewachung des Lagerhauses.**

OLG. Hamburg, 7. ZS. Urteil v. 1. Juni 1920.

Während das Hauptlager der Beklagten in der Allee Nr. 10 mit dem Kontor verbunden war und am Tage ständig von dort aus beobachtet werden konnte, fehlte diese Sicherung bei dem für die Sachen der Kläger benutzten Lager Finkenau Nr. 2. Sie wurde keineswegs dadurch ersetzt, daß im Hause ein „Vize" wohnte. Dieser war nicht mit der Beaufsichtigung des Lagers beauftragt; er hatte, wenn sich wie hier jemand zur Tageszeit in äußerlich unverdächtiger Weise Zutritt zu den Lagerräumen verschaffte, keinen Anlaß, sich zu vergewissern, ob jener berechtigt war, das Lager zu betreten und Sachen abzuholen. Anderseits bestand gerade am Tage die Gefahr der Entwendung, weil der Geschäftsbetrieb der Beklagten das Fortschaffen von Sachen aus diesem Lager mit sich brachte, die Abholung durch Unberechtigte daher gerade am Tage ohne Erregung von Aufsehen geschehen konnte. Diese Gefährdung wurde durch die allgemeine Unsicherheit, die auch schon im Februar 1918 bestand, noch gesteigert. Unter diesen Umständen erforderte die Verpflichtung der Beklagten, das Lagergut mit der Sorgfalt eines ordentlichen Lagerhalters vor Nachteilen zu schützen, eine Bewachung des Lagers in der Finkenau. Daß der Mitinhaber X. sich täglich davon überzeugte, ob die Eingangstür des Lagers ordnungsmäßig verschlossen war, genügte nicht. Allerdings haben die Kläger gewußt, daß ihre Sachen in den Räumen Nr. 2 lagerten. Sie haben aber nicht gewußt, daß dieses Lager ohne Aufsicht war. Auch aus der Höhe der Lagermiete oder daraus, daß das Formular des Lagerscheins eine Versicherung gegen Einbruch vorsieht, folgt keine Befreiung der Beklagten von der Bewachungspflicht. M. M.

o) **Haftung der Eisenbahn**[1]: α) **Kostbarkeit. Einheitliche Feststellung für das ganze Frachtstück.**[2]

OLG. Celle, 2. ZS. Urteil v. 6. Juli 1920.

Der Koffer des Klägers ist in der Zeit zwischen der Annahme zur Beförderung und der Ablieferung beraubt worden. Für die Feststellung, ob ein Stück Frachtgut als Kostbarkeit anzusehen sei, darf die Bahn nicht einzelne Stücke des Inhalts herausgreifen, die man für sich allein etwa als Kostbarkeiten betrachten könnte; vielmehr muß geprüft werden, ob das ganze Frachtstück mit Rücksicht auf Umfang und Schwere von außerordentlichem Werte war. Häufig wird die darin enthaltene Kostbarkeit den Gesamtwert des Stücks derart beeinflussen, daß es zum Nachteil des Versenders mit seinem gesamten Inhalt als Kostbarkeit behandelt werden muß. Diejenigen Einzelstücke, die nach Verhältnis von Umfang und Gewicht zum Wert allein versandt verkehrsrechtlich Kostbarkeiten wären, können aber diese Eigenschaft verlieren, wenn sie mit anderen geringwertigen Gegenständen zu einem Gepäckstück vereinigt sind und dadurch an dem erhöhten natürlichen Schutz gegen Verlust und Beschädigung, den Umfang und Gewicht bieten, gegen eine dem Gesamtrisiko entsprechende Fracht teilnehmen. Der Koffer war an sich verhältnismäßig klein, nämlich 70 × 40 × 20 cm groß. Sein Gewicht betrug 11 kg. Sein Inhalt war zutreffend als Umzugsgut bezeichnet und bestand im wesentlichen aus Garderobe. Bei Bewertung eines solchen Inhalts ist davon auszugehen, daß in der kritischen Zeit der Versendung bereits eine Preissteigerung derartiger Artikel eingesetzt hatte, die das Zehn- und Zwanzigfache des Vorkriegspreises und noch mehr ausmachte. Es ist in jedem einzelnen Falle zu prüfen, ob mit Rücksicht auf die veränderten Verhältnisse ein Frachtstück als Kostbarkeit im Sinne des Verkehrs anzusehen ist oder nicht. Das gewöhnliche Umzugsgut des Publikums kann durch den plötzlichen Umschwung im Wirtschaftsleben, der ja auch den Vergleichsmaßstab betroffen hat, nicht ohne weiteres zur Kostbarkeit gestempelt werden, für die sich der Frachtführer seiner Ersatzpflicht entschlagen könnte, sondern nur dann, wenn es von diesem Umschwung **außer Verhältnis** zu anderen nach Umfang und Gewicht gleichstehenden Gütern im Werte betroffen wurde. Die Bahn hatte schon damals im allgemeinen mit gewaltig gesteigerten Wertsätzen zu rechnen. Der Beklagte

---

[1] Zeigen der Frachtbrief und dessen Doppel den Kläger zugleich als Absender und Empfänger, so hat er schon bei Entgegennahme des Doppels von der Bahn dieses vom Absender erhalten. Er oder sein Vertreter haben es in beiden Eigenschaften im Besitz und der von der Regel der Verschiedenheit beider Personen entnommene Satz des § 455 HGB., „welchem der Absender die Urkunde übergeben hat“, hat in diesem Ausnahmefalle keine Bedeutung. Beklagte haftet daher dem Kläger erstens, weil sie ohne Zustimmung des Absenders den Waggon anders versandte, und zweitens deshalb, weil sie der Verfügung des Versenders ohne Rückgabe des Doppels entsprach (OLG. Hamburg, 5. ZS. Urteil v. 18. Okt. 1920).

[2] Sind die Vorschriften für die Beförderung von Kostbarkeiten nicht beobachtet, so ist die Bahn nach § 96 EVO. von der Haftung für den **ganzen** Inhalt des Gepäckstückes befreit (Urteil des OLG. Cassel v. 29. Juni 1920). Ebenso RG. 94 S. 115, aA. Staub HGB. § 485[5], Eger EVO. § 96.

hat zunächst auf Grund der Angaben des Klägers einen Durchschnittskilogrammwert von 150 M. erreicht. Demnächst hat er behauptet, daß der photographische Apparat nicht mit 350, sondern mit 1000 M., der seidene Schlafanzug nicht mit 100, sondern mit 500 M. anzusetzen seien. Die Höherbewertung des Anzugs scheidet jedoch überhaupt aus, da sein für den Wert entscheidender Zustand nicht mehr feststellbar ist. Übrigens ergibt der neu vom Beklagten behauptete Wert allerdings eine beträchtliche Steigerung des Gesamtwertes des Kofferinhalts, nämlich um 650 M. und steigert den Kilogrammdurchschnittswert von etwa 60 M. auf 190 M. aus.[1] Allein bei Umzugsgut, besonders wenn Garderobe dabei ist, mußte die Bahn unter den Verhältnissen im Dezember 1918 schon mit einem derartigen Durchschnittswert rechnen. Demgemäß gehörte das Frachtstück nicht zu den nur bedingungsweise zugelassenen Gütern, und der Kläger brauchte die auf Grund des § 54 EVO. erlassenen Vorschriften nicht zu beachten. Gr.

β) **Bezeichnung des Frachtgutes.**[2] **Schuldner der Frachtnachforderung. Verjährung.**

OLG. Bamberg, 1. ZS. Urteil v. 6. Februar 1920.

Die Rückstände der Trauben- und Obstkelterung, die Trester, waren im Frieden hauptsächlich als Viehfutter verwendet worden und wurden zu den für Futtermittel geltenden ermäßigten Frachtsätzen befördert. Im Weltkrieg aber wurden sie auch zu anderen Zwecken (zB. Branntwein, Marmelade) verwendet und dafür gemahlen, gedämpft, gekocht oder gereinigt; diese Verwendung wurde durch besondere Vorschriften geregelt; die Tarifsätze für Trester wurden jedoch nicht geändert. Der Beklagte ließ 1917 eine Wagenladung Obsttrester zur Verwendung bei der Marmeladenherstellung versenden und im Frachtbrief den Inhalt der Sendung als gem. (= gemahlene) Obsttrester bezeichnen. Die Fracht wurde nach dem Satze für Futtermittel berechnet und bezahlt. Nachträglich erklärte der klagende Fiskus die Bezeichnung der Ware für unrichtig und forderte deshalb Nachzahlung des Frachtunterschiedes und Zuschläge wegen unrichtiger Bezeichnung.

1. Die Fracht hätte vorschriftsgemäß nach dem allgemeinen Satze berechnet werden müssen; denn der Inhalt der Sendung fiel unter keine der Bestimmungen der EVO. oder der zugehörigen Tarife, die einen besonderen ermäßigten Frachtsatz rechtfertigen würden; besonders gilt die Stelle, in der für Trester in Wagenladungen ein ermäßigter Tarif vorgesehen ist, nur wenn sie als Futtermittel verwendet werden. Nach dem allgemeinen Tarif aber betrug die Fracht mehr als bezahlt ist. Für den Mehrbetrag haftet aber der Beklagte. Allerdings hatte der Empfänger die Fracht vertraglich übernommen

[1] Bei Ermittlung dieses Wertes ist nicht etwa das Eigengewicht des Koffers abzuziehen, da auch die Verpackung selbst einen Bestandteil der eigentlichen Sendung bildet (Urteil desselben ZS. v. 8. Juli 1920).

[2] Bei Verlust (Beschädigung) kann sich die Bahn nicht darauf berufen, daß das Gut im Frachtbrief falsch bezeichnet war, wenn dies nur deshalb geschah, um das Gut vor Beraubung zu schützen (OLG. Hamburg, 6. ZS. Urteil v. 3. Febr. 1921, HGZ. 119).

und das Gut nebst Frachtbrief angenommen. Allein weder in der EVO. noch sonst ist bestimmt, daß die Bahn ihrer Rechte aus dem mit dem Absender geschlossenen Frachtvertrag allgemein verlustig geht oder darauf verzichtet; im Falle des § 436 HGB. und des § 76⁴ EVO., also durch die Annahme von Gut und Frachtbrief, tritt der Empfänger weder neben dem Absender noch an dessen Stelle in den Frachtvertrag ein; er haftet vielmehr lediglich kraft Gesetzes, aber wieder nicht für alle Verbindlichkeiten des Absenders, sondern lediglich nach dem Frachtbriefe (RG. 95 S. 123, Rsp. 2 S. 24). Was der Beklagte und seine Abnehmer vereinbart haben, ist für das Verhältnis der Parteien nach der EVO. an sich bedeutungslos; diese Vereinbarung findet zwar in der Regel im Frachtbrief dadurch ihren Ausdruck, daß der Vermerk „frei" wegbleibt; dadurch ändern sich aber nicht die Pflichten des Absenders.

Auch der Einwand der Verjährung ist hinfällig. Allerdings hat diese nach § 71¹ EVO. am 25. Januar 1917 begonnen. Allein nach der VO. v. 22. November 1917 war die Verjährung der unter § 196 Nr. 3 BGB. fallenden Nachforderung der Bahn bis Ende 1918, also bis zur Zustellung des Zahlungsbefehls gehemmt. Daran können auch die Urteile (RG. 95 S. 34, Rsp. 37 S. 49) nichts ändern, denn sie beziehen sich ausschließlich auf das JÜ. und nehmen auf die Befugnisse der Vertragstaaten besondere Rücksicht; sie berücksichtigen überdies nicht, daß die BRVO. selbst weder durch Verweisung auf § 200 BGB., noch sonst ersehen lassen, daß sie sich lediglich auf die zum Jahresschlusse verjährenden Forderungen beziehen, ferner daß die Bek. vom 22. Dezember 1914 nach ihrer Begründung nicht nur die Häufung des Zahlungsbefehls am Jahresschlusse verhüten, sondern auch dem Rechtsverkehre größere Sicherheit geben will. Endlich ist gerade die EVO. eine der reichsgesetzlichen Vorschriften, die die Verjährungsfrist der Ansprüche nach §§ 196, 197 BGB. anders als diese Vorschriften selbst regeln. Unerheblich ist, daß sich der Kläger nicht auf unrichtige Anwendung der Tarife, sondern auf eine falsche Bezeichnung des Inhalts der Sendung stützt. Wäre nämlich eine solche Begründung des Anspruchs richtig, so würde die Verjährungsfrist für die Fracht nicht nach der EVO., sondern nach den allgemeinen Bestimmungen (§§ 196, 197, 201 BGB.) 2 Jahre betragen und die Frachtforderung auch nicht in diesem Falle verjährt sein.

2. Anders verhält es sich mit den Frachtzuschlägen. Der Beklagte gibt zu, daß die versendete Ware Obsttrester waren, die durch Kochen oder Dämpfen von Schalen und Kernen oberflächlich gereinigt und gemahlen, sowie zur Marmeladenstreckung bestimmt waren. Für eine solche Ware findet sich jedoch in den Tarifen und in der Güterklassifikation überhaupt keine besondere Bezeichnung; der Beklagte mußte daher vorschriftsgemäß zunächst die handelsgebräuchliche Benennung anwenden. Eine solche hatte sich nach dem Gutachten zurzeit der Versendung noch nicht gebildet. Der Beklagte mußte und durfte also eine Benennung wählen, die den Inhalt der Ware genau bezeich-

nete und nach der allgemeinen Verkehrsanschauung wahr war; eine ungenaue oder unvollständige Benennung wäre noch nicht unrichtig im Sinne von § 60 EVO. gewesen, da diese (§ 57) zwischen unrichtig, ungenau und ungenügend unterscheidet (Staub § 426[16]). Den hiernach zu stellenden Anforderungen entsprach die gewählte Benennung. Die Trester waren auch nach dem Dämpfen und Mahlen noch Obsttrester geblieben; durch die ihnen mittels Kochens, Dämpfens, Reinigens, Trocknens, Mahlens vorgenommene Bearbeitung sind sie nicht wesentlich geändert worden; daß eine Bearbeitung stattgefunden hatte, bezeichnete der Zusatz „gem." deutlich und genügend.... Insbesondere war es unmöglich, eine richtigere zu finden. Der Kläger bezeichnet die Sendung als gekochte Obstrückstände; diese Bezeichnung läßt jedoch ebenfalls nicht alle Arten der Bearbeitung und die vorausgegangene Kelterung ersehen. Auch die Benennung als Zwischenerzeugnis enthält eine Beschreibung, eine Beurteilung, nicht aber eine Bezeichnung der Ware. Die Namen Preßmark, Obstmark, Pülpe bezeichnen nach der täglichen Erfahrung und dem Gutachten eine ganz andere, viel bessere und wertvollere Ware als die hier fragliche. Überdies kann es für eine Ware, die noch keinen feststehenden Namen hat, mehrere richtige Benennungen geben.

Der Kläger legt übrigens anscheinend das Hauptgewicht darauf, daß die Bezeichnung irreführend sei. Dies trifft jedoch nicht zu. Ist nämlich wie hier die vorgeschriebene Bezeichnung nicht gewählt, so darf der Beamte den Spezialtarif nicht anwenden, die Begünstigung nicht gewähren; er handelt pflichtwidrig, wenn er trotz unrichtiger Bezeichnung einen ermäßigten Tarif anwendet.... M.r.

γ) **„Offene" oder „offen gebaute" Wagen.**

OLG. München, 1. ZS. Urteil v. 16. Januar 1920.

Im Januar 1918 sendete der Kläger nach A. einen Wagen Pappstanzabfälle, der mit einer Plane bedeckt war und von der Güterstation unbeanstandet abgenommen wurde. Bei seiner Ankunft in A. war die Plane fast ganz verschwunden. Gegen die Klage auf Ersatz ihres Wertes wendet der beklagte Fiskus ein, daß der Schaden durch höhere Gewalt, nämlich Schneestürme, verursacht worden sei. Ob Schneestürme von besonderer Heftigkeit als „höhere Gewalt" anzusehen sind und ob der Verlust der Plandecke durch Schneesturm verursacht worden ist, kann dahingestellt bleiben, da die Haftung des Beklagten unter allen Umständen gemäß § 86 Nr. 1 EVO. ausgeschlossen ist. Das HGB. spricht in § 459 Nr. 1 von der Beförderung in „offen gebauten Wagen". Damit sollte klar ausgedrückt werden, daß die Haftungsbeschränkung sich auch auf vorübergehend bedeckte, dh. mit Decken versehene, aber offen gebaute Wagen bezieht, im Gegensatz zu solchen Wagen, die gedeckt gebaut, dh. mit einer dauernden Bedachung niet- und nagelfest verbunden sind. Die abweichende Fassung des § 86 EVO. bedeutet keine sachliche Änderung; unter „offenen" Wagen im Sinne dieser Vorschrift sind daher „offen gebaute" im Sinne des HGB. zu verstehen. Ein offener Wagen verliert diese seine Eigenschaft auch nicht dadurch, daß er vorübergehend mit Decken versehen wird (Eger[3] EVO. S. 477). Der Umstand, daß die Plandecke nicht im Wagen lag, sondern als Schutz des eigentlichen Frachtguts über den Wagen gespannt war, ist bedeutungslos; auch in diesem Fall ist die Decke „im offenen Wagen" befördert. — Auch die weitere Voraussetzung, Vereinbarung mit dem Absender, ist gegeben. Der Beisatz des Frachtbriefs: „mit einer Briefotdecke N HG. 559" bildet (gleich dem Vermerk „zwei Wagendecken") eine genügend deutliche Anweisung zur Beförderung in offenem Wagen (JW. 1906 S. 12). Wodurch hier die Decke abgerissen und beschädigt wurde, ist nicht sicher festgestellt worden. Während die mit der Befestigung der Decke betrauten Arbeiter für ausgeschlossen erachten, daß die Decke durch Stürme vom Wagen gerissen worden sei, meinen die mit der Tatbestandsaufnahme befaßt gewesenen Bahnbeamten, daß die Decke infolge nicht genügender Befestigung durch den Sturm vom Wagen gelöst wurde. Welche dieser Meinungen den Vorzug verdient, braucht nicht erörtert zu werden. Denn der Umstand, daß die Decke in offenem Wagen befördert wurde, hat in beiden Fällen die Verlustgefahr begründet; zu den Gefahren, die mit dieser Beförderungsart zusammenhängen, gehört nicht nur die Einwirkung von Witterungseinflüssen, sondern auch das Abhandenkommen infolge Diebstahls (Eger S. 479; aA. Senckpiehl aO.). Eine Widerlegung der Vermutung des § 68[2] EVO. hat der Kläger gar nicht versucht.

Die Haftung des Beklagten ist auch nicht deshalb bestehen geblieben, weil die Unterausnahme des § 86[3] gegeben sei. Unter „Verlust" ist dort nicht die gänzliche oder teilweise Vernichtung des Gutes durch eine bekannte Tatsache (zB. Feuer), sondern nur das Abhandenkommen, Fehlen des Gutes ohne Kenntnis der Ursache zu verstehen (RG. 70 S. 175; Eger S. 480). Vorliegend ist allerdings der größte Teil der Decke am Bestimmungsort nicht angekommen, am Wagen war aber auf beiden Seiten noch der zwei Finger breite Saum vorhanden, mit dem die Decke an den Ösen festgebunden war. Bei dieser Sachlage kann von einem „Verlust des ganzen Stückes" nicht gesprochen werden. H.n.

δ) **Besonders verladene „ganze" Stücke.**

OLG. Kiel, 1. ZS. Urteil v. 29. März 1920.

Zu den Gefahren der Beladung auf offenen Wagen ist allerdings auch die Diebstahlsgefahr zu rechnen. Allein hier handelt es sich um den Verlust eines ganzen Stückes. Der Beklagte will freilich als ganze Stücke nur solche ansehen, die nach Zahl, Nummer und Zeichen auf dem Frachtbrief als besondere Stücke gekennzeichnet seien. Dies haben auch das RG. am 6. Mai 1916 und der erkennende Senat angenommen. In beiden Fällen handelte es sich um die Verladung je eines Kraftwagens, von dem im letzteren die an ihm befindlichen Reifen abmontiert und gestohlen, im ersteren Falle zwei auf ihn aufgeschnallte Ersatzreifen entwendet worden waren. In beiden Fällen konnten die Reifen nicht als besonders verladene ganze Stücke angesehen werden, weil sie lediglich Zubehörstücke des Kraftwagens waren. Wenn dort jenes Kennzeichen für den Begriff „ganzer Stücke“ aufgestellt ist, so ist damit nicht gesagt, daß sie alle in jedem Einzelfall vorhanden sein müssen, sondern es hat ausgesprochen werden sollen, daß die Stücke auf dem Frachtbrief als besondere Stücke gekennzeichnet sein müßten und dies durch Zahl, Nummer oder Zeichen zu erfolgen habe. Diesen Anforderungen ist auch vorliegend genügt. Denn auf dem Frachtbrief sind deutlich 16 Fässer als verladen bezeichnet. Da die Fässer offenbar sämtlich nach Form und Inhalt übereinstimmten, sind sie nicht noch besonders durch Nummern oder Zeichen bezeichnet worden, es genügte hier aber auch die Zahl der Angabe, um die Fässer als ganze Stücke im Sinne des § 86 EVO. erscheinen zu lassen, auch wenn sie zusammen verladen sind und nur ein Gesamtgewicht für die Ladung festgestellt ist. SchlHA.

ε) **Korbflaschen als zerbrechliches Eisenbahngut.** –

OLG. Hamburg, 5. ZS. Urteil v. 14. Juli 1920.

Korbflaschen sind auch in guter Verpackung als ein Gut anzusehen, das vermöge seiner eigentümlichen natürlichen Beschaffenheit der besonderen Gefahr ausgesetzt ist, Bruch zu erleiden. Dem Kläger steht nur der Nachweis offen, daß der Schaden durch Verschulden der Bahn entstanden sei. An diesen Beweis sind strenge Anforderungen zu stellen. In erster Linie ist offenbar an einen bestimmten, fest umrissenen Verschuldensvorgang zu denken, den der Beschädigte zu beweisen hätte. Dies wird nur in seltenen Fällen möglich sein. Das RG. (64 S. 169) hat denn auch mit Recht den erleichterten Beweis zugelassen, daß Umstände wirksam gewesen seien, die auch andere als leicht verletzbare Güter erheblich gefährdet hätten; und zwar ist dies nicht in dem Sinne zugelassen, als ob damit das Verschulden der Bahn aus Anzeichen erweislich wäre, sondern weil durch diesen Beweis, auch wenn er durch Anzeichen geführt werde, die Vermutung, daß der Schaden aus der besonderen Gefahr entstanden sei, widerlegt werde [so auch JW. 1921 S. 681[4]]. Das LG. folgert aber schon aus der außergewöhnlich hohen Zahl der trotz guter Verpackung zerbrochenen Flaschen eine Fahrlässigkeit der Bahn und erfordert nunmehr von der Bahn den Beweis, daß der Bruch nicht auf Verschulden ihrer Angestellten beruhe. Dies laufe darauf hinaus, daß bei nachgewiesener guter Verpackung und außergewöhnlich hohem Bruch die Vermutung des § 86[2] wegfiele. Auf diese Weise kann jedoch ein Verschulden der Bahn nicht bewiesen werden, es fehlt an den konkreten Tatsachen, in denen das Verschulden zu finden ist. Es ist vielmehr, abgesehen von der Verschuldungsfrage, zu erweisen, daß auch andere Güter gefährdet gewesen wären. So hat der Senat (Urteil vom 7. Mai 1919) festgestellt, daß mit Glas gefüllte Kisten derart ineinander gedrückt und geschoben waren, daß nach dem Befunde hier Umstände wirksam gewesen sein müßten, die auch andere als leicht verletzbare Güter erheblich gefährdet hätten. Hier aber standen, gegen Verschub nicht befestigt, in der Mitte des Wagens 126 Kisten mit Flaschen von je 28 oder

44 kg in geschlossener Masse und war zu beiden Seiten, also vorn und hinten, der Raum des Wagens mit den Korbflaschen ausgefüllt. Schon hieraus ergibt sich, daß bei den Korbflaschen die besondere Gefahr ihrer Zerbrechlichkeit ursächlich gewesen ist, da die weniger zerbrechlichen Kisten unbeschädigt geblieben sind. Aber es liegt auch auf der Hand, daß die geschlossene Masse der schweren Kisten in der Mitte des Wagens schon bei geringem Verschub einen erheblichen Druck auf die zu ihren Seiten befindlichen Korbflaschen ausüben mußten, so daß sich der Bruch zahlreicher Flaschen auch positiv hierdurch erklärt. M. M.

ζ) **bei Beförderung durch mehrere Bahnen, wenn das JÜ. nicht anwendbar ist.**

OLG. Dresden, 5. ZS. Urteil v. 30. Juni 1920.

1917 ist in Dresden aus Konstantinopel eine Wagenladung Tabak eingetroffen, die bei der Ankunft nur 138 Ballen enthalten hat, während in Konstantinopel 142 Ballen eingeladen worden waren. Das LG. hat mit Recht für diesen Verlust, der während der Beförderung auf einer außerdeutschen Strecke eingetreten sein muß, Haftung des Beklagten verneint, auch wenn er die Sendung mit durchgehendem Frachtbrief übernommen haben sollte. Der § 27 JÜ. greift nicht Platz, denn nach § 1 ist es nur anwendbar, wenn die Sendung aus dem Gebiete eines der vertragschließenden Staaten in das eines andern befördert wird, die Türkei ist aber dem Übereinkommen nicht beigetreten. Das vorliegende Geschäft muß daher nach den Landesrechten beurteilt werden, die nach den Grundsätzen des intern. Privatrechts maßgebend sind. Da es sich hier um einen Vertrag mit einer Eisenbahn handelt, die in der Türkei ihren Sitz und Betrieb hat, dort ferner der Vertrag abgeschlossen und das Frachtgut angenommen worden ist, muß davon ausgegangen werden, daß sich nach dem Willen der Bahnverwaltung das Vertragsverhältnis nach türkischem Rechte richten sollte, und daß auch der Absender, mag er selbst kein türkischer Staatsangehöriger sein, sich jenem Rechte hat unterwerfen wollen. Dies entspricht auch der im Auslande herrschenden Ansicht; denn danach wird das Frachtgeschäft, falls der Transport zu Lande erfolgen soll, nach dem Gesetze des Ortes beurteilt, wo der Frachtführer sein Gewerbe betreibt und das Frachtgut annimmt (Ehrenberg, Handbuch 1 S. 407). Ob das türkische Recht Vorschriften enthält wie die §§ 432, 453f. HGB. braucht nicht aufgeklärt zu werden, denn es kann nur auf das Verhältnis der türkischen Bahn und des Absenders Anwendung finden, während für die Verpflichtungen der Bahnen, die außerdem noch an der Beförderung des Tabaks beteiligt gewesen sind, lediglich das Recht des Staates, in dem sich ihr Sitz und ihr Betrieb befindet, maßgebend ist. Der abweichenden Ansicht v. Bar (aO. S. 411) vermag sich der Senat nicht anzuschließen, besonders nicht der Tatsache, daß die einem andern Rechtsgebiet angehörige nachfolgende Bahn das Gut mit dem ursprünglichen Frachtbrief übernimmt, die Bedeutung beizulegen, daß sie sich damit dem Recht unterwirft, nach dem das Vertragsverhältnis zwischen dem Absender und der ersten Bahn zu beurteilen ist. Ist aber für den Beklagten das deutsche Recht maßgebend, so würde er nach §§ 429, 456 HGB. nur haften, wenn der Verlust in der Zeit von der Übernahme der Sendung durch den Beklagten bis zur Ablieferung an den Empfänger eingetreten wäre, was nicht der Fall ist. Auch die §§ 432, 469 HGB. stehen dem Kläger nicht zur Seite; denn sie setzen die Anwendbarkeit des § 432[3] voraus und sind daher auf Fälle der vorliegenden Art, wo an der Beförderung auch fremde, dem deutschen Gesetze nicht unterworfene Bahnen beteiligt sind, nicht auszudehnen. Sonst würde unter Umständen die deutsche Bahn für Verluste und Schäden, die auf außerdeutschen Strecken eingetreten sind, aufkommen müssen, ohne einen Erstattungsanspruch zu haben. Die gleichen Erwägungen müssen dazu führen, auch die Anwendbarkeit des § 100 EVO. zu verneinen. —e—

η) **Bedeutung des Art. 8[4] des JÜ. v. 14. Oktober 1890.**

OLG. Rostock, 1. ZS. Urteil v. 29. März 1920.

Der Art. 8[4] ist, da der Absender die Verladung von Gütern in Wagenladungen besorgt, hier maßgebend, nicht, wie die Beklagte annimmt, die §§ 23, 29 des dänischen Tarifges., das nur für den inneren dänischen Verkehr bestimmt ist. Dem dänischen Staate steht eine Regelung dieses Punktes auch nicht zu. Denn um die in Art. 7[3] JÜ. den einzelnen Staaten vorbehaltene Regelung des Rechts und der Verpflichtung, das Gewicht oder die Stückzahl des Gutes zu ermitteln oder zu kontrollieren, handelt es sich hier nicht. Hier steht die Bedeutung und Beweiskraft des Frachtbriefs in Frage, die im JÜ. selbst ausschließlich geregelt ist. Im übrigen würde man auch bei Anwendung des § 23 bei Wagenladungen die Angaben des Frachtbriefs über Stückzahl und Gewicht gegen die Eisenbahn nur dann beweisen, wenn eine amtliche Feststellung erfolgt ist. Da es daran fehlt, hat der Kläger die von der Beklagten bestrittene Richtigkeit des Inhalts des Frachtbriefs darzutun.... Dr. Br.

ρ) **„Eigenes Verschulden" nach § 25 Pr.Ges. vom 3. November 1838.**

OLG. Kiel, 1. ZS. Urteil v. 30. Juni 1920.

Mit dem RG. (63 S 270) ist die hilfsweise Anwendung des BGB. besonders der §§ 254, 278 bei der Regelung von Sachschäden aus § 25 Pr.EBG. zu verneinen.... Ein eigenes Verschulden des Beschädigten ist aber nicht festzustellen. Dieser mußte und durfte sich darauf verlassen, daß sein Knecht den Befehl, den mit Heu beladenen Wagen zum Güterbahnhof Fr. zu fahren und dort zu entladen, ordnungsmäßig ausführen werde. Einer besonderen Anweisung, wie er hierbei zu verfahren habe, namentlich daß er nicht das leicht feuerfangende Heu mitsamt dem Wagen in der Nähe des Bahngleises unbewacht stehen lassen dürfe, bedurfte es nicht. Die Erledigung eines solchen Geschäfts ist in landwirtschaftlichen Kreisen, besonders im Betrieb einer größeren Gutswirtschaft wie der des Klägers etwas derartig Alltägliches, daß der Dienstherr der sachgemäßen Ausführung durch seinen Knecht unter normalen Verhältnissen sicher sein durfte. Etwas anderes wäre es, wenn der Knecht eine pflichtvergessene oder ihrer Stellung nicht gewachsene Persönlichkeit gewesen wäre, was nicht behauptet ist. Auf die sachdienliche Ausführung des hier in Frage stehenden, sehr einfachen und wenig Nachdenken beanspruchenden Auftrags durch einen normal veranlagten Knecht mußte und durfte sich der Geschädigte ohne weiteres verlassen. Ebenso würde es aber auch eine dem allgemein üblichen Geschäftsgang in einem größeren landwirtschaftlichen Betriebe widersprechende Überspannung der Sorgfalts- und Überwachungspflicht des Dienstherrn bedeuten, wenn man von ihm nach der Erledigung des hier fraglichen, an sich sehr einfachen Dienstbefehls verlangen würde, nun selber festzustellen, ob wirklich auch der von ihm erteilte Dienstbefehl sachgemäß ausgeführt worden sei. Nach dem oben Angeführten mußte und durfte sich der Geschädigte darauf verlassen, daß sein Knecht den mit Heu beladenen Wagen an einer geeigneten Stelle außerhalb der Feuerzone der Bahn aufgestellt habe, zumal am Bahnhofe die bahnpolizeiliche Bekanntmachung, wonach leicht entzündliche Gegenstände nur in einer Entfernung von 38 Metern von der nächsten Bahnschiene gelagert oder aufgestellt werden dürfen, an der Ecke des Empfangsgebäudes an dem Eingang zur Ladestraße und am Schalter der Abfertigungsstelle angebracht war und dieses Verbot streng gehandhabt und den Verladern wie auch den Fuhrwerksbesitzern immer wieder von neuem in die Erinnerung zurückgerufen wird. Dr. B.y.

q) **Anwendung des § 54 auf Handelsvollmachten der Städte.**

Bayer. Oberstes Landesgericht, ZS. Urteil v. 18. Juni 1921.

Die Frage, ob das Betriebsamt der beklagten Stadt eine bei dem städtischen Elektrizitätswerk entbehrlich gewordene Sauggasanlage zum Altpreise dem Kläger bindend anbieten durfte, ist zu bejahen. Wer allerdings mit einem angeblichen gesetzlichen oder bevollmächtigten Vertreter abschließt, ohne sich über das wirkliche Zustehen der Vertretungsmacht (§ 164 BGB) zu vergewissern, trägt die daraus entspringende Gefahr besonders hinsichtlich der schwebenden Unwirksamkeit nach § 177 BGB. Die Haftung nach § 179 BGB. trifft nur den unberufenen Vertreter selbst, nicht den Geschäftsherrn. Das gilt bei der gesetzlichen Vertretung juristischer Personen des öffentlichen Rechts ausnahmslos und ohne Rücksicht auf angebliche Entschuldbarkeit eines Irrtums. Anders ist dagegen die Rechtslage hinsichtlich des Umfangs einer Vollmacht, deren sich auch eine Gemeinde zu ihren Rechtsgeschäften bedienen kann; hier greifen reichsrechtliche Vermutungen zugunsten des Vertragsgegners ein. Insbesondere gewährt für den Handelsverkehr der § 54 HGB. eine Erleichterung dahin, daß der zum Betrieb eines Handelsgewerbes Ermächtigte kraft Gesetzes nach außen als bevollmächtigt gilt, alle Geschäfte und Rechtshandlungen vorzunehmen, die der Betrieb „eines" derartigen Handelsgewerbes gewöhnlich mit sich bringt. Ausgenommen sind nur Veräußerungen und Belastungen von Grundstücken, Wechselverbindlichkeiten, Darlehensaufnahmen und Prozeßführung. Sonstige Beschränkungen dieser „Handelsvollmacht" braucht ein Dritter nicht gegen sich gelten zu lassen, außer wenn er sie kannte oder kennen mußte. Der § 54 HGB. gilt auch gegenüber Gemeinden, wenn sie ein Handelsgewerbe, zB. ein Elektrizitätswerk, zur Gewinnerzielung für die Gemeindekasse betreiben (Staub HGB. § 36[10]). Daß der Betriebsleiter und die Angestellten eines solchen Werks nicht Handlungsgehilfen, sondern Gemeindebeamte sind (Staub § 36[11]), ist hierher belanglos; denn § 54 befaßt sich nicht mit der Natur des Dienstvertrags nach innen (vgl. besonders §§ 59ff.), sondern mit der Vertretungsmacht des Handelsbevollmächtigten nach außen. Handelsvollmacht aber besitzen auch solche beamtete Betriebsleiter. Daß die dem § 54 ähnliche Vorschrift des § 30 BGB. ausweislich des § 89 BGB. auf Gemeinden nicht anwendbar ist, beeinträchtigt die Anwendbarkeit des § 54 nicht, weil letzterer eine Sondernorm des Handelsrechts darstellt (§ 2 EG. zum HGB.). Als reichsrechtliche Vorschrift geht sie dem Landesrecht, also auch der bayer. GemeindeO. insofern vor, als nur die Betriebsführung als solche der Zustimmung der gesetzlichen Vertreter (Stadtmagistrat) bedarf; wenn diese aber wie hier vorliegt, für die Einzelgeschäfte § 54 HGB. von selbst eingreift. Ferner ist jedenfalls bei den Werkbetrieben größerer Städte der Verkauf entbehrlicher Maschinen zum Altpreis von 10000 Mark kein ungewöhnliches oder seltenes Betriebsgeschäft, da zufolge Anwachsens der Stadt und ihrer Bedürfnisse nicht selten leistungsfähigere Maschinen benötigt werden. Auch die Auswechslung gegen solche neuerer Bauart mit höherem Nutzwert ist bei der Kapitalkraft der Stadtgemeinden vor dem Kriege nichts Seltenes gewesen, weil sie im Endziel der Sparsamkeit diente....

Das Schreiben des Betriebsamts konnte aber verkehrsüblich für nichts anderes als wie für ein Sonderangebot an den Kläger im Sinne des § 145 BGB. angesehen werden, gleichgültig, ob es gleichzeitig und gleichlautend auch an andere Interessenten hinausgegangen ist. Der Wortlaut steht nicht entgegen; es ist kein rechtserheblicher Unterschied, ob es heißt: Wir „würden" oder Wir „werden" liefern. Entscheidend ist, daß der Kläger im unmittelbar vorangegangenen Schreiben ausdrücklich verlangt hatte, das Betriebsamt solle ihm die Anlage billigst offerieren. Er erwartete also eine „Offerte", nicht bloß eine unverbindliche Beschreibung und Preismitteilung. Er durfte ferner erwarten, daß das Betriebsamt in der Antwort unzweideutig, zB. durch „freibleibend" ausdrückte, wenn es trotzdem nicht im rechtlichen und technischen Sinn „offerieren" wollte. Da das nicht geschah, muß das Betriebsamt und damit die Stadt als dessen Vollmachtgeberin gemäß § 54 das Schreiben mindestens dem Kläger gegenüber als die geforderte Offerte gelten lassen. Daß auch andere Firmen in derartig bestimmter Form eine „Offerte" gefordert hatten, hat die Beklagte selbst nicht behauptet.... Kn.

r) **Freie Wahl der Aufsichtsratsmitglieder.**

Bayer. Oberstes Landesgericht, ZS. Beschluß v. 7. Februar 1921.

In der Mitgliederversammlung der Genossenschaftsbank wurde der § 14 der Satzung dahin geändert: „Der Aufsichtsrat besteht aus 5 bis 15 Mitgliedern, diese werden in der Mitgliederversammlung nach Stimmenmehrheit in einem Wahlgang gewählt. Unter den Gewählten soll $^1/_3$ aus Mitgliedern der Handelsvereinigung „Franken" bestehen, die vom Ausschuß dieser Vereinigung vorgeschlagen werden." Die Eintragung des 2. Satzes ist mit Recht abgelehnt worden. Sowohl nach § 36 GenGes. als auch nach § 243 HGB. besteht der Aufsichtsrat, „sofern nicht die Satzung eine höhere Zahl festsetzt, aus drei von der Generalversammlung zu wählenden Mitgliedern". Bei der Auslegung der beiden Gesetze ist übereinstimmend als das Wesentliche zu erachten, daß die Versammlung in der Lage sein muß, den Aufsichtsrat in freier, unbeeinflußter Wahlhandlung wirklich zu wählen, dh. aus einer nicht ganz unerheblichen Anzahl von Personen, die der Genossenschaft angehören müssen (§ 9 S. 1 GenGes.), die für die Stellung des Aufsichtsrats Tauglichen herauszuheben und zu Aufsichtsratsmitgliedern zu berufen. Es besteht daher Einstimmigkeit darüber, daß die Mitglieder des Aufsichtsrats nur durch die Wahl der Generalversammlung zu ihrem Amte gelangen können (Goldmann HGB. § 243[7]). Diese Wahl fordert hier auch die Satzung. Wenn aber dann $^1/_3$ Aufsichtsräte nach einem Vorschlage der Handelsvereinigung „gewählt" werden soll, so liegt hier tatsächlich eine Wahl im Sinne des Gesetzes nicht vor, sondern die Generalversammlung soll hier überhaupt nicht auswählen, sondern einem fremden, außer ihr befindlichen Willen folgen. Wäre das als Wahl zu erachten, so könnte in einem anderen Falle beansprucht werden, daß sämtliche Mitglieder des Aufsichtsrats in dieser Weise „gewählt" werden sollten. Der einmal aufgestellten Behauptung, daß nur die Mindestzahl der 3 Mitglieder von der Generalversammlung zu wählen sei, ist nach Wortlaut und Sinn des Gesetzes mit Recht entgegengetreten worden, da die Satzung nur die Zahl der zu wählenden Mitglieder erhöhen kann (Staub HGB. § 243[1]; RG. 65 S. 92). Es muß daher der ganze Aufsichtsrat durch Wahl der Versammlung bestellt werden. Mit Recht ist es für ebenso unzulässig erachtet worden, Aufsichtsratsmitglieder durch Zustimmung der Generalversammlung zu einer durch Kooptation des Aufsichtsrats erfolgenden Bestellung zu wählen (JW. 1886 S. 416), als den Aufsichtsrat dadurch zu bilden, daß von anderer Seite vorgeschlagene Mitglieder gewählt werden müssen (Fischer in Ehrenbergs Handbuch 3 S. 240; KGJ. 29 S. 101 u. 32 S. 136; RJA. 7 S. 204) oder daß die Wahl anderen Personen übertragen wird (LZ. 1917 S. 1156). Die Frage ist in den letzten Jahren besonders auch dahin gestellt worden, ob bei gemischt-wirtschaftlichen Unternehmungen Vertreter des Staates oder öffentlicher Körperschaften in den Aufsichtsrat übernommen werden sollten; auch das wurde abgelehnt, weil die sämtlichen Mitglieder des Aufsichtsrats nur durch freie, uneingeschränkte Wahl der Generalversammlung zu bestimmen sind (KG. ZBlFG. 7 S. 434; Full BayZ. 1914 S. 17 166). In allen diesen Fällen wird das Gesetz verletzt, wenn der Versammlung, die wählen soll, eine bestimmte Person oder gar eine Liste von Personen als zu wählende benannt wird. Ob dabei die Fassung lautet, daß die Betreffenden gewählt werden müssen oder, daß sie gewählt werden sollen, ist gegenüber dem Eingriffe, der in der Bindung an einen Vorschlag beruht, gleichgültig.

Dagegen ist noch zu prüfen, ob die Beanstandung der Satzungsänderung Sache des Registerrichters ist oder ob etwa die Aufhebung des Generalversammlungsbeschlusses abzuwarten ist. Die erste Frage ist zu bejahen, die weitere zu verneinen. Der Registerrichter muß die Änderung beanstanden, wenn aus der Anmeldung hervorgeht, daß gegen das Gesetz oder Statut verstoßen wurde (Samml. 11 S. 644, 12 S. 411, 15 S. 366). Die Bestimmung über die Wahl des Aufsichtsrats enthält zwingendes Recht (Junk in LZ. 1914 S. 1642), die Änderung verletzt es in einer in die Zukunft reichenden, bei jeder Aufsichtsratswahl zu verwirklichenden Weise. Es handelt sich daher nicht um die Verletzung verzichtbarer Ansprüche der gegenwärtigen Genossen, sondern eines zwingenden gesetzlichen Befehls (RG. 83 S. 382). Kn.

s) **§ 378 bei Verschiedenheit der chemischen Zusammensetzung.**

Kammergericht, 7. ZS. Urteil v. 29. April 1921.

Der Beklagte hat „garantiert chemisch reines Bittermandelöl" verkauft, aber eine Flüssigkeit geliefert, die nur Wasser mit wenigen Hundertteilen Weingeist und einem unbedeutenden Anteile Benzoldehyd enthält. Das ist nicht etwa nur eine mangelhafte, immerhin aber noch als echtes Bittermandelöl zu bezeichnende Ware, sondern eine andere als die bedungene Ware im Sinne des § 378. Denn es liegt ein chemisch völlig anders zusammengesetztes Erzeugnis vor, insbesondere ist das Benzoldehyd, das den wesentlichsten Bestandteil darstellt, in der gelieferten Ware nur in ganz wenigen Teilen vorhanden. L.n.

10. Zivilprozeßordnung.

a) **Zuständigkeit der Gerichte: α) für die Klage auf Erfüllung der Sprüche des Schlichtungsausschusses aus §§ 87 ff. BetriebsräteGes.** [1]

Kammergericht, 8. ZS. Urteil v. 8. Dezember 1920.

Der Schlichtungsausschuß hat auf Grund des § 87 des BetriebsräteGes. vom 4. Februar 1920 den Einspruch derjenigen Arbeiter des Beklagten, auf die sich sein Spruch bezieht und zu denen sich die Kläger rechnen, gegen die Kündigung des Beklagten als gerechtfertigt angesehen und deshalb entschieden, daß der Beklagte diese Arbeiter wieder einzustellen und bis dahin zu entschädigen habe. Die Entscheidung ist nicht vollstreckbar; vielmehr muß, um zu einem vollstreckbaren Schuldtitel zu kommen, geklagt werden. Welches Gericht für diese Klage zuständig ist, bestimmt sich nach den allgemeinen Vorschriften über die Zuständigkeit, wie sie sich im GVG. und in den

[1] Die Schlichtungsausschüsse sind nicht für alle Streitigkeiten aus der Anwendung der VO. v. 12. Febr. 1920 ausschließlich zuständig; ebensowenig ist diese Zuständigkeit über den Kreis der im § 22 S. 1 das. einzeln aufgeführten Streitigkeiten auszudehnen. Deshalb können die Ersatzansprüche des Bezirks gegen den Arbeitgeber aus gezahlter Erwerbslosenunterstützung (§ 15 S. 1 Abs. 2) sowohl im Schlichtungsausschuß, als auch im ordentlichen Rechtswege verfolgt werden; in letzterem ist auch über die Vorfrage (zB. ob der Arbeiter dem § 10 VO. zuwider vorzeitig entlassen wurde) zu entscheiden (BayKompetenzGH. 26. Febr. 1921; JW. S. 1149).

Gewerbe (Kaufm.)gerichtsgesetzen finden. Danach ist aber hier das Gewerbegericht zuständig.

Unstreitig sind die Kläger gewerbliche Arbeiter und der Beklagte ein Gewerbeunternehmer. Zwischen ihnen hat bis zur Kündigung ein Arbeitsverhältnis bestanden, auf das die GewerbeO. Anwendung fand. Die Kläger halten aber eine gewerbliche „Streitigkeit" im Sinne des § 1 GewGG. nicht für vorliegend, weil die Entscheidung des Ausschusses endgültig und rechtskräftig sei. Allein dieser hat nur die Verpflichtung des Beklagten zur Wiedereinstellung der Arbeiter und zu ihrer Entschädigung festgestellt und die Grundsätze aufgestellt, nach denen diese Entschädigung zu bemessen ist. Er hat höchstens über den Grund des Anspruchs entschieden, in keinem Falle aber über die Höhe. Auch nach dem Spruche bleibt noch eine Reihe von Möglichkeiten übrig, die zu einem Streite der Parteien führen können. Es kann streitig werden, ob und wann die Arbeiter in andere Arbeit getreten sind, und wie hoch sich ihr Lohnausfall beläuft, ob der Beklagte abgelehnt hat, die übrigen Arbeiter einzustellen, wie lange die Beschäftigung bei dem Beklagten gedauert hat, von der die Höhe der Entschädigung abhängt. Abgesehen hiervon liegt aber eine „Streitigkeit" des § 1 GewGG. auch schon dann vor, wenn der Arbeiter oder Arbeitgeber seine Verpflichtung zur Leistung zwar zugesteht, sie aber böswillig oder aus anderen Gründen, zB. weil er nicht dazu imstande ist, nicht erfüllt und deshalb gerichtliche Hülfe angerufen werden muß. Übrigens würde auch die Verneinung des Vorliegens einer „Streitigkeit" nicht zu dem Schlusse zwingen, daß die ordentlichen Gerichte zuständig sein müßten, denn auch diese haben nach §§ 23, 70 GVG. nur über „Streitigkeiten", „bürgerliche Rechtsstreitigkeiten" zu entscheiden. Eine Streitigkeit liegt also vor, und es kann sich nur fragen, ob es sich um eine „gewerbliche" Streitigkeit handelt.

In dieser Richtung führen die Kläger aus, daß ihre Ansprüche nicht aus dem Arbeitsverhältnisse entspringen, sondern allein aus der Entscheidung des Schlichtungsausschusses. Es kann nun dahingestellt bleiben, ob die fristlose Kündigung des Beklagten vom 5. Mai 1920 das Arbeitsverhältnis überhaupt nicht gelöst und ob daher der Ersatz des Lohnausfalls und die Entschädigung schon deshalb Leistungen des § 4 Nr. 2 oder Schadensersatz des § 4 Nr. 4 GewGG. sind. Denn auch wenn die Kündigung nur auf Grund des § 84 BetriebsräteGes. vom Schlichtungsausschusse beanstandet wird, sonst nach dem Gesetz aber berechtigt ist und das Arbeitsverhältnis beendigt hat, so daß besonders die Entschädigung wegen Ablehnung der Wiedereinstellung nur deshalb gezahlt werden muß, weil der Arbeitgeber sich weigert, einen neuen Arbeitsvertrag abzuschließen, dann haben die Ansprüche, mögen sie sich vielleicht in der zugesprochenen Form und dem zugesprochenen Umfange nicht unmittelbar aus dem seitherigen Arbeitsvertrag ergeben, doch ihren letzten Grund in dem alten Arbeitsverhältnisse. Das ist klar für den Lohnanspruch aus § 88 Ges. in dem Falle, daß der Arbeitgeber der Verpflichtung zur Weiterbeschäftigung nachkommt, weil es dann so anzusehen ist, als ob das alte Arbeitsverhältnis niemals unterbrochen sei, gilt aber auch für die übrigen Fälle. Namentlich ist die Entschädigung wegen Nichtwiedereinstellung deshalb zu zahlen, weil der Arbeitgeber den Vertragsschluß mit seinem früheren Arbeitnehmer ablehnt, dem er nach dem Gesetze mit Recht gekündigt hat, dem gegenüber er aber nach der Meinung des Ausschusses das Kündigungsrecht nicht hätte ausüben sollen; nur wegen dieses vielleicht gesetzlich zulässigen, aber sonst nicht zu billigenden Verhaltens in bezug auf das frühere Arbeitsverhältnis hat der Ausschuß den Arbeitgeber zur Entschädigung verurteilt; auch sie hat deshalb ihre eigentliche Wurzel in dem früheren Arbeitsverhältnisse. Hiernach ist das Gewerbegericht zuständig. V.

Dazu: **Auslegung und Anwendung der VO. v. 24. Januar 1919.**

Kammergericht, 13. ZS. Urteil v. 9. Mai 1921.

Der Kläger (Bureauvorsteher) stützt seinen Anspruch lediglich auf den für verbindlich erklärten Schiedsspruch v. 25. Juni 1919, durch den gemäß § 17³ VO. v. 24. Januar 1919 sein Dienstvertrag zwischen ihm und seinem Anwalt als abgeschlossen gälte, wie er dem Schiedsspruch entspreche. Darüber, ob und in welchem Umfange die ordentlichen Gerichte die Sprüche der Schlichtungsausschüsse nachprüfen, ist nicht ausdrücklich bestimmt. Daß aber die Gerichte überhaupt in Tätigkeit treten müssen, wenn die Parteien nicht freiwillig das erfüllen, was der Ausschuß als ihre Verpflichtungen festlegt, ist unbestritten. Denn sein Spruch ist nicht vollstreckbar, er ist überhaupt kein Urteil (JW. 1919 S. 901). Er ist nicht einmal ein Schiedsspruch, da die Tätigkeit der Schlichtungsausschüsse nicht auf dem Privatwillen der Parteien, sondern auf gesetzlicher Vorschrift beruht (aO. S. 627); deshalb ist die hier erhobene Klage auch nicht die Vollstreckungsklage nach § 1042 ZPO. Es erscheint jedoch angebracht, hier die Grundsätze über die Zulässigkeit jener Klage sinngemäß anzuwenden. Danach hat zwar das Gericht nicht den Spruch materiell nachzuprüfen, wohl aber zu untersuchen, ob die Voraussetzungen für das Schlichtungsverfahren gegeben und dessen wesentliche Vorschriften innegehalten sind.

Hier leitet der Ausschuß selbst seine Zuständigkeit aus dem Tarifvertrage vom 12. Juni 1919 in Verbindung mit der VO. v. 23. Dez. 1918 her. Nun ist ohne weiteres zuzugeben, daß sich der Tarifvertrag nicht nur auf solche Arbeitsverträge bezieht, die nach Inkrafttreten, sondern auch auf solche, die schon vorher abgeschlossen sind. Voraussetzung für die letzteren ist aber, daß sie beim Inkrafttreten des Tarifvertrags noch bestanden. Dieser erzeugt nicht unmittelbar für und gegen den einzelnen Arbeitgeber und Arbeitnehmer Rechte und Pflichten, sondern gibt nur dem Arbeitsvertrag einen bestimmten Inhalt. Er setzt also das Bestehen eines bestimmten Arbeitsvertrags voraus und ist unverwendbar, wenn ein Arbeitsvertrag nicht besteht. . . .

Auch aus der VO. v. 24. Januar 1919 kann der Schlichtungsausschuß seine Zuständigkeit nicht herleiten. Selbst wenn im § 15 das. unter Streitigkeiten über Weiterbeschäftigung auch solche über die Verpflichtung von Lohnzahlung wegen unzulässiger Nichtweiterbeschäftigung i. S. des § 8³ zu verstehen sind (vgl. hierüber JW. 1919 S. 47²; 1920 S. 361), so liegt auch eine solche hier nicht vor; denn nach §§ 7, 8 kommt überhaupt nur eine Weiterbeschäftigung bis zum 28. Febr. 1919 in Frage. Bis dahin ist aber der Kläger beschäftigt gewesen. G.

β) **für die Klage auf Schadensersatz wegen Nichträumung von Pachtland.**[1]

OLG. Hamburg, 3. ZS. Urteil v. 8. Juli 1920.

Der Kläger verlangt Schadensersatz, weil er einen Pachtvertrag auf ein Jahr bis 1. Okt. 1919 geschlossen und der Beklagte das Land nicht geräumt habe. Der Beklagte behauptet, daß der Vertrag auf unbestimmte Zeit geschlossen und nicht gekündigt sei. Das LG. sieht in dieser Behauptung zugleich ein Verlangen des Beklagten, den Pachtvertrag über den 1. Oktober 1919 zu verlängern, und weist die Klage ab, weil der Ersatzanspruch voraussetze, daß der Streit über die Fortdauer des Vertrags von der zuständigen Behörde entschieden sei. Das geht fehl. Nach § 3 der VO. v. 31. Juli 1919 (RGBl. S. 1371) ist ein auf bestimmte Zeit geschlossener Pachtvertrag auf Verlangen des Pächters zu erneuern. Der Pächter kann das Verlangen an den Verpächter stellen. Einigt er sich mit ihm, so erledigt sich damit die Sache. Einigt er sich nicht, so kann er sich gemäß § 4 an die zuständige Behörde wenden. Diese hat aber nicht über die Räumung, sondern nur über die Verlängerung des Vertrags zu entscheiden. Von dieser Entscheidung kann die des Gerichts abhängen; Voraussetzung der Klage ist sie aber nicht. Wendet sich der Pächter nicht um die Verlängerung des Vertrags an die Behörde, so tritt diese nicht in Tätigkeit; daher ist kein Grund ersichtlich, weshalb das ordentliche Gericht nicht über eine Räumungsklage oder über einen Ersatzanspruch wegen Nichträumung entscheiden sollte. Die Meinung des LG. würde den Verpächter rechtlos stellen. Ihm ist nicht nachgelassen, sich wegen der Verlängerung eines abgelaufenen Vertrags an die Behörden zu wenden, und er könnte, wenn der Pächter solches nicht tut, überhaupt kein Recht finden... M. M.

b) **Streitwert; α) Ausländische Geldforderungen. Kursberechnung.**

OLG. Naumburg, 1. ZS. Beschluß v. 11. November 1920.

Der Streitwert der Klage auf Zahlung von 216 holl. Gulden bemißt sich entsprechend dem Kurswerte des Guldens zurzeit der Klagezustellung (9. Februar 1920) auf 8722 Mark. Tatsächlich hat die Beklagte zur Tilgung der Klageforderung im September 1920 nur 3379 Mark aufzuwenden gehabt, da sich inzwischen der Kursstand der Mark zum Gulden gebessert hatte. Trotzdem hat das LG. mit Recht den Kursstand der Klageerhebung zugrunde gelegt. Es wird dies positiv durch § 4 ZPO. vorgeschrieben. Bleibt wie

[1] Auch wenn das MEAmt die Kündigung für wirkungslos erklärt hat, kann der Vermieter auf Feststellung, daß der Mietvertrag durch die Kündigung aufgelöst sei, dann klagen, wenn er dadurch beim MEAmt eher erreichen wird, daß die Beklagte beim Nachweis andrer Räume zum Ausziehen verpflichtet würde (OLG. Cöln, 2. ZS. Urteil v. 22. Oktober 1920; JW. 1921 S. 476).

hier der Streitgegenstand selbst unverändert und ändert sich nur der gemeine Wert, so ist solche Änderung nicht zu berücksichtigen, mag der Wert an deutschem Gelde gemessen sich gemehrt oder gemindert haben (RG. 67 S. 82). Es liegt die Sache, wo es sich hier um ausländisches Geld handelt, nicht anders als bei irgendeinem Kaufgegenstande, der gerade in jetziger Zeit vielfach sprunghafte Wertveränderungen erleidet und wo eben durch § 4 ein für die Prozeßkostenberechnung maßgebender fester Stand erreicht wird. E.g.

Dazu: Kammergericht, 21. ZS. Beschluß v. 3. Dezember 1920.

Die Klage auf Zahlung von 25 836 Schweizer Franken oder der Summe, die am Tage der Zahlung oder Beitreibung diesem Betrag in deutscher Währung entspreche, ist am 11. Februar 1920 zugestellt. Das LG. hat auf Grund einer Auskunft der Postbehörde, wonach an jenem Tage für 100 Franken 1950 Mark zu zahlen waren, den Streitwert auf 503 802 Mark festgesetzt. Die Beschwerde, die die Herabsetzung auf 150 000 Mark begehrt, ist teilweise begründet. Hätte der Kläger nur Zahlung von Franken verlangt, so müßte nach § 4 ihr Kurswert am 11. Februar 1920 maßgebend sein. Er hat aber seinen Antrag dahin ausgedehnt, daß er statt des Schweizer Geldes die Summe in deutscher Währung fordert, die am Tage der Zahlung oder Beitreibung dem erwähnten Betrage entspricht. Demnach kann für den Streitwert nicht der Kurs der Franken am Tage der Klagezustellung maßgebend sein, sondern der Kurs am Zahlungs- oder Beitreibungstage. Das Gericht geht davon aus, daß bei Erhebung der Klage die Zahlung oder Beitreibung der Klageforderung in 6 Monaten erwartet werden konnte, also am 11. August 1920. An diesem Tage waren nach Auskunft des Börsenvorstandes für 25836 Schweizer Franken 198628 Mark zu zahlen. Auf diesen Betrag war der Streitwert festzusetzen. Dr. P.

β) **bei versehentlich zu hoher Angabe des Anspruchs.**

OLG. Breslau, ZS. 6a. Beschluß v. 22. Juni 1921.

Gebühr und Pauschsatz sind nach dem Werte des Streitgegenstandes zu berechnen, wie er sich für den einzelnen gebührenpflichtigen Akt darstellt. Für die Prozeßgebühr des Anwalts war der Antrag maßgebend. Der Streitwert ist in der Klageschrift nicht angegeben. Nach dem Wortlaut der Klageschrift werden 90 Mark für den Monat Unterhalt für jeden der beiden Kläger gefordert. Diese Forderung beruhte jedoch auf einem offensichtlichen Schreibfehler. Nach dem Armenrechtsgesuch sollte wegen 30 Mark monatlich geklagt werden. Auch haben die Kläger, nachdem sie im ersten Termine „für heute nur 30 Mark" gefordert hatten, später den Satz von 90 Mark monatlich als auf einem Schreibfehler beruhend bezeichnet. Daß für die Berechnung der Prozeßgebühr nicht der Satz von 90 Mark, sondern von 30 Mark monatlich zugrunde zu legen ist, folgt zwar nicht aus § 14² GKG.; denn er betrifft nur die Berichtigung der Wertangabe, die nach § 14¹ in den Fällen zu machen ist, wo der Wert nicht in einer bestimmten Geldsumme besteht oder aus früheren Anträgen erhellt (Rittmann GKG. § 14⁵). An sich ist die Partei, wenn sie den Klagantrag ermäßigen will, auf den in der

ZPO. gegebenen Behelf der Klagerücknahme angewiesen, gleichgültig ob der Grund hierfür geänderte Sachlage oder besseres Besinnen oder auch Erkenntnis eines Irrtums ist. Eine Anfechtung eines prozessualen Akts wegen Irrtums mit der Wirkung, daß er dadurch unwirksam werde, ist nicht möglich (Stein V 4 und 6 vor § 128). Wenn jedoch wie hier die Angabe des Klagantrags auf einem offensichtlichen Schreibfehler beruhte, muß es der Partei gestattet sein, sie ohne nachteilige Folgen zu berichtigen, ähnlich wie wegen Schreibfehler auch ein Urteil berichtigt werden kann (§ 319 ZPO). G.e.

γ) **der einstw. Verfügung wegen eines Rückbehaltungsrechts.**

OLG. Braunschweig, 1. ZS. Beschluß v. 5. November 1920.

Der Steitwert einstweiliger Verfügungen ist nicht nach § 6, sondern nach § 3 festzusetzen (Stein § 3[88]). Da der Widerspruch nicht als Rechtsmittel gilt, ist ferner nicht, wie bei Rechtsmitteln, das Interesse der Widerspruchserhebenden an der Beseitigung der Verfügung bestimmend, sondern dasjenige des Antragstellers. Mithin ist nicht der Wert der Hauptsache maßgebend, sondern das Interesse des Antragstellers an der Schutzmaßregel. Hier will der Antragsteller an den ausgebauten Materialien nur ein Zurückbehaltungsrecht gegenüber der Beklagten geltend machen, bis er wegen seiner Ersatzansprüche von 295000 Mark befriedigt ist. Dieses Druckmittel würde ihm ohne die einstweilige Verfügung nicht unmöglich gemacht, sondern nur erschwert sein. Sein Interesse ist deshalb weit geringer wie der Wert der Hauptsache. Für diese ist zu berücksichtigen, daß der Antragsteller den Wert dei ausgebauten Materialien auf 130000 Mark, den der darauf verwandten Arbeiten auf 62754 Mark angegeben hat. Danach ist der Streitwert auf 100000 Mark festzusetzen. W.n.

δ) **der Klagen auf Lieferung.**

OLG. Königsberg, 3. ZS. Beschluß v. 15. März 1921.

Der Kläger, der Lieferung eines Wagens gegen Zahlung von 800 Mark verlangt hatte, hat sich dahin verglichen, daß ihm der Wagen gegen Zahlung von 1800 Mark geliefert wird. Für die Bemessung des Streitwerts kommt es nicht darauf an, welchen Preis der Kläger für den von ihm verlangten Gegenstand zahlen will, sondern nur darauf, welchen Wert dieser hat; dieser Wert gilt nach § 6 auch bei lediglich obligatorischen Klagen, durch die die Erfüllung eines auf Besitzübertragung gerichteten Anspruchs angestrebt wird, und zwar ist gemäß § 4 für den Zeitpunkt der Klagerhebung entscheidend (JW. 1920 S. 1042, 1043). Daß zu dieser Zeit der Wagen einen geringeren Wert hatte, als zurzeit des Vergleichs, ist nicht anzunehmen. H.g.

Dazu: **der Feststellung der Lieferpflicht eines Genossen.**

OLG. Rostock, FerienZS. Beschluß v 31. Juli 1920.

Geklagt ist auf die Feststellung, daß der Beklagte als Genosse verpflichtet sei, der klagenden Genossenschaft seine sämtliche auf seiner Erbpachthufe gewonnene Milch zu liefern. Da Beklagter im Durchschnitt 5 Kühe hält, ist auf Grund des § 1 der GeschäftsO. von einer Jahreslieferung von 2000 kg Milch von jeder Kuh auszugehen. Für das Interesse der Klägerin an dieser

Lieferung ist bedeutungslos, daß ein Genosse, der weniger als 2000 kg für Jahr und Kuh liefert, für jede Kuh 2 Pf. an die Genossenschaft zu zahlen hat; diese Bestimmung bezieht sich nur auf den Fall, daß ein Genosse trotz Ablieferung aller erzeugter Milch weniger als die angegebene Menge geliefert hat. Durch die Zahlung des sich so ergebenden Betrags kann sich ein Genosse nicht von seiner Verpflichtung ganz frei machen; die Genossenschaft kann stets die Milchlieferung selbst verlangen und erzwingen. Dagegen ist von Bedeutung, daß es sich um eine Verpflichtung der Genossen gegenüber der Genossenschaft handelt. Würde es sich um die Lieferpflicht eines beliebigen Kuhhalters gegenüber einem ihm sonst fremden Molkereiunternehmer handeln, so würde der Wert der zu liefernden Milch in Frage kommen. Die Genossenschaft arbeitet aber für das Interesse der Genossen und ist im wesentlichen daran interessiert, durch Vergrößerung des Betriebes die Last der Generalunkosten für die beteiligten Genossen zu mindern und dadurch deren Gewinn zu steigern. Dies Interesse läßt sich nicht nach dem Preise bemessen, der schließlich jedem Genossen für die Milch bezahlt wird, die er geliefert hat. Es muß vielmehr nach freiem Ermessen geschätzt werden. Nach den ganzen geschäftlichen Verhältnissen, wie sie sich aus der Satzung und der GeschäftsO., aus dem Vorbringen beider Parteien sowie aus der allgemeinen Lage des Verkehrs mit Molkereierzeugnissen ergeben, scheint es angemessen, das Interesse der Klägerin auf 5 Pf. für jedes kg Milch zu schätzen. Allerdings ist die Feststellung der Verpflichtung des Beklagten ohne zeitliche Beschränkung beantragt. Nach § 6 der Satzung hat aber jeder Genosse das Recht, mit zweijähriger Frist seinen Austritt aus der Genossenschaft zum Schlusse des Geschäftsjahres zu erklären; der Beklagte konnte also zu Ende 1921 ausscheiden. Diese Möglichkeit ist zu berücksichtigen; bei Erhebung der Klage konnte die Klägerin nur erwarten, daß ein ihr günstiges Urteil Bedeutung für die Zeit vom 1. August 1919, zu welcher Zeit der Beklagte die Milchlieferung eingestellt hatte, bis Ende 1921 haben würde. Der Streitwert ist also nach dem Interesse der Klägerin an der Milchlieferung für 2 Jahre 5 Monate zu berechnen. J.n.

*б) **Auflassung bei Streit über Gegenleistungen.***

OLG. Rostock, FerienZS. Beschluß v. 6. September 1920.

... Der Klaganspruch geht zwar auf Auflassung; er ist aber an sich nicht bestritten, vielmehr hat Beklagter nur die Erfüllung von der vorherigen Bezahlung eines angeblichen Kaufgeldrechtes von 1500 Mark abhängig gemacht. Bei Klagen auf Erteilung der Auflassung gilt nun in der Regel der § 6, wenn aber nur gewisse Gegenleistungen streitig sind, ist nicht der Wert des Grundstücks, sondern nur der Betrag jener Gegenleistungen maßgebend (Meckl. Z. 37 S. 170). Denn der Streitwert bestimmt sich nicht immer nach dem Klagantrag; es muß vielmehr berücksichtigt werden, warum sich die Parteien in Wirklichkeit streiten (vgl. Warn. 6 Nr. 116). Wenigstens dann, wenn sich wie hier der eigentliche Gegenstand des Streites aus dem sonstigen Klaginhalte ergibt (Skonietzki-Gelpcke, ZPO. § 3[1], Rittmann, Wert des Streitgegenstandes S. 1 ff., 138 ff. § 62). Bei einer einstweiligen Verfügung ist freilich für den Streitwert nicht schlechthin der Wert des Gegenstandes des Hauptstreits, sondern das Interesse des Antragstellers an der erstrebten Sicherheitsmaßregel bestimmend. Jedoch stellt die Hauptsache **regelmäßig** die Höchstgrenze für den Streitwert der Verfügung dar (RG. 15 S. 434, 16 S. 333).

Nun sichert freilich die vom Kläger beantragte und erlangte Vormerkung seinen Anspruch auf Auflassung schlechthin und nicht bloß gegenüber einem unberechtigten Zurückhalten der Auflassung wegen eines angeblichen Gegenanspruchs, gegen das sich die Klage richtet. Dessenungeachtet bildet den Streitgegenstand bei der Verfügung nur die Sicherung des Hauptanspruchs in der Beschränkung, wie sie sich aus dem Inhalte der Klageschrift und dem gesamten Streitstoffe ergibt. Demnach kann auch das Interesse des Klägers an der Verfügung keinenfalls höher bewertet werden als sein Streitinteresse in der Hauptsache, deren Vollstreckung durch diese Verfügung gesichert werden soll. Daher war ihr Streitwert auf 1500 Mark festzusetzen. Dr. Br.

ζ) **der Widerklage auf Verneinung der Lieferpflicht gegenüber der Klage auf Schadensersatz wegen Nichterfüllung.**

OLG. Rostock, 2. ZS. Beschluß v. 14. Juli 1920.

Der Kläger will 250000 kg Stacheldraht zu 24 Mark für 100 kg gekauft haben und meint, er habe es jederzeit zum Preise von je 29 Mark verkaufen können; danach würde ihm durch die Nichtlieferung ein Gewinn von 12500 Mark entgangen sein. Er hat jedoch zunächst nur 1000 Mark, später 4500 Mark Schadensersatz eingeklagt. Die Beklagte hat nicht nur Abweisung der Klage, sondern widerklagend die Feststellung begehrt, daß eine Lieferungspflicht für sie nicht bestehe. Hiermit wird allerdings nicht bloß der klägerische Anspruch verneint. Aber der Kläger hatte gar keine Lieferung verlangt, er vertrat selbst den Standpunkt, daß er Vertragserfüllung nicht mehr beanspruchen wolle und könne. Somit hat die Beklagte ihren Antrag nicht zur Abwendung eines von der Gegenseite nicht gewollten Erfüllungsbegehrens gestellt, sondern es hat sich für sie nur darum gehandelt, daß sie nicht schadenspflichtig sei. Wie sie in ihrem Schriftsatze sagt, steht dem Kläger der erhobene Ersatzanspruch nicht zu, weil ein bindender Vertrag nicht zustande gekommen sei, und um dies mit Erfolg auszuführen, hat sie die Feststellung des Nichtbestehens einer Lieferungspflicht beantragt. Für den Wert der Widerklage kommt also nur das Interesse der Beklagten an dem Nichtbestehen des Ersatzanspruchs des Klägers in Betracht, aber nicht nur in Höhe der Klageforderung, sondern in Höhe des ganzen nach Behauptung des Klägers durch die Nichtlieferung entstandenen Schadens. Der sich so ergebende Streitwert von 12500 Mark umfaßt Klage und Widerklage zusammen, da die eingeklagte Summe nur einen Teil des angeblichen Schadens ausmacht und zu diesem Betrage also Identität des Streitgegenstandes im Sinne des § 11 GKG. vorliegt (JW. 1892 S. 213[2]; Rspr. 15 S. 254). J. n.

γ) **zukünftiger Auszugsleistungen an Butter ꝛc.**

OLG. Breslau, 3. ZS. Beschluß v. 12. März 1921.

Der Wert des Rechts auf die wiederkehrenden Leistungen an Butter und Milch wäre allerdings nach § 9 auf den $12\frac{1}{2}$fachen Betrag des Wertes des einjährigen Bezugs zu berechnen, wenn es sich um Leistungen handelte, deren Wert im wesentlichen gleichbleibend ist, wenn also voraussichtlich der zurzeit der Klaganstellung (Februar 1920) bestehende Wert der Butter und der Milch in Zukunft im wesentlichen gleich bleiben wird. Es ist aber nicht anzunehmen, daß jener Preis, der den Preis normaler Verhältnisse infolge ganz ungewöhnlicher Verhältnisse um ein Vielfaches übersteigt, bestehen bleiben wird. Es kann deshalb nicht mit dem LG. ein Wert der Jahresleistung von 921 Mark zugrunde gelegt werden, während nach den Preisen vor Beginn des Krieges der Jahreswert etwa 70 Mark betragen würde. Mit Rücksicht darauf, daß ein gleichbleibender Jahreswert für den langen Zeitraum von $12\frac{1}{2}$ Jahren ausgeschlossen ist, vielmehr sehr erhebliche Unterschiede für die einzelnen Jahre, aber auch ein starkes Fallen der Preise zu erwarten sind, ist deshalb hier der Streitwert auf den $12\frac{1}{2}$fachen Betrag eines frei zu schätzenden durchschnittlichen Jahreswertes und demgemäß auf 4000 Mark festzusetzen. S.e.

c) **Gerichtsstand des § 23. Inländisches Vermögen.**

OLG. München, 4. ZS. Urteil v. 20. Januar 1921.

Nach dem Vertrag vom 10. Januar 1919 hat der Kläger das alleinige Herstellungs- und Vertriebsrecht auch an allen sich ergebenden Verbesserungen und Neuheiten zu dem von ihm erfundenen „Senoskop" dem Beklagten (Ausländer) übertragen. Dieser erwarb dadurch einen Anspruch auf deren Bekanntgabe und Überlassung, der allein schon ein beachtliches, geldwertes Vermögensstück jedenfalls insoweit ist, als nach verständiger Erwägung noch solche zur geschäftlichen Verwertung geeignete Verbesserungen oder Neuheiten zu erwarten sind. Daß mit solchen ernstlich gerechnet werden darf, ergibt das Schreiben des Vertreters des Beklagten, worin die Ausgestaltung beweglicher Bilder behauptet und deren Überlassung vertragsgemäß beansprucht ist. Es bedarf für den Kläger nicht erst des Beweises, daß schon Verbesserungen gemacht worden sind. Es ist auch gleichgültig, wie hoch der Geldwert jenes Anspruchs ist und ob er zurzeit überhaupt ziffermäßig bestimmbar ist (vgl. RG. 75 S. 152, 418; JW. 1897 S. 457[1]). Es bildet auch kein Hindernis, daß der Anspruch des Beklagten aus demselben Vertrage herrührt wie die Klageforderung selbst (JW. 1898 S. 474[3]). Der Einwand des Beklagten, daß er den Vertrag nicht mehr zu halten brauche, ist nicht dahin, als ob er die Auflösung des Vertrages behaupte — dafür wäre der Beklagte auch beweispflichtig —, sondern so zu verstehen, daß er wegen Nichterfüllung durch den Kläger auch seinerseits mit dem Vollzug des Vertrags zurückhalte. Der Einwand berührt aber nicht die Feststellung, daß dem Beklagten auf Grund eben dieses Vertrags ein Anspruch von Geldwert zusteht; ob er ihn geltend macht, ist hierbei gleichgültig. H.n.

d) **Gerichtsstand des Erfüllungsorts: α) bei Ladenkäufen.**

OLG. Stuttgart, 1. ZS. Urteil v. 18. Mai 1921.

Bei Ladenkäufen wird allgemein Barzahlung erwartet, auch wenn es sich um Gegenstände von größerem Werte handelt. Auch in Juwelierläden werden die Waren regelmäßig nur Zugumzug gegen sofortige Zahlung des Kaufpreises im Laden ausgefolgt. Dies gilt ausnahmslos dann, wenn wie hier der Käufer unbekannt ist und der verkaufte Gegenstand einen hohen Wert hat. Die hier ansässige Klägerin hat daher zweifellos, als sie sich mit dem Beklagten auf Kaufunterhandlungen einließ, für den Fall eines Kaufs sofortige Bezahlung in ihrem Laden erwartet. Es haben auch die Zeugen bekundet, bei der Klägerin herrsche „die Übung," „die Regel," daß der Käufer den Kaufpreis bar im Laden bezahle. Daher liegt der Fall des § 269[1] BGB. vor: aus den Umständen ergibt sich, daß der Beklagte den Kaufpreis bar im Laden zahlen sollte. Seine Verpflichtung ist daher in Stuttgart zu erfüllen. Daran ändert der Umstand nichts, daß sich die Klägerin darauf eingelassen hat, das Service für den Beklagten, der im Laden erklärt hatte, das bare Geld zur Zahlung (84300 Mark) nicht bei sich zu haben und den Kaufpreis von seinem Wohnsitz aus überweisen zu wollen, bis dahin zurückzustellen. Damit wollte sie aber von ihrem Verlangen der Zahlung in Stuttgart nicht abgehen. S.

β) **Regelung der Zahlungsweise oder des Zahlungsorts?**[1]

OLG. Dresden, 4. ZS. Urteil v. 30. Dezember 1919.

Der Kläger leitet die Zuständigkeit des LG. Ch. aus dem Bestätigungsbriefe her, wonach die Beklagte den Kaufpreis durch „Akkreditivstellung bei der Dresdner Bank, Filiale Ch., auszahlbar gegen Aushändigung eines Duplikatfrachtbriefs und Rechnungskopien" zu entrichten hat. Allein hierin liegt nur eine den gesetzlichen Erfüllungsort nicht berührende Regelung der Zahlungsweise. Bestimmt wird nur, wie die Beklagte den Kaufpreis zu übermitteln und daß sie ihn vorzuleisten, nämlich vor Absendung der Ware an sie zu zahlen hat. Ist das Zahlungsgeschäft danach erst mit der Aushändigung des an die Bank des Klägers in Ch. überwiesenen Betrags Zugumzug gegen Aushändigung von Duplikatfrachtbrief und Rechnungskopie, also gegen den Nachweis der Versandbereitschaft vollendet, so wird dadurch allein, daß sich dieser Akt in Ch. vollzieht, nicht Ch. als Erfüllungsort für die Zahlung bestimmt, ebensowenig wie dadurch, daß der Käufer den Kaufpreis durch die Post übersendet und diese den Betrag dem Verkäufer am Bestimmungsort auszahlt. . . . —e—

γ) **durch Vordrucke in Geschäftspapieren.**

OLG. München, 1. ZS. Urteil v. 3. Dezember 1920.

Der Vordruck „Erfüllungsort München" steht auf der Kommissionskopie an nicht übersehbarer Stelle in gleicher Linie mit zwei weiteren Vordrucken

[1] Ebenso wird durch die Vereinbarung: „Zahlung des Kaufpreises bei Wiener Bankverein bei Fakturenerhalt zugunsten des Chemnitzer Bankvereins für Ihre Rechnung" nur die Zahlungsweise, nicht der Zahlungsort geregelt (Urteil desselben ZS. v. 18. Dez. 1919).

„lieferbar“ und „Kondition“, die durch handschriftlichen Zusatz „14 Tage“ und „rein netto Kasse“ ausgefüllt sind. Der Beklagte, der persönlich das Geschäft abschloß und jene Abschrift entgegennahm, hat als erfahrener Kaufmann diese Abschrift und ihre für den Vertragsabschluß maßgebenden Bestimmungen gelesen und damit auch den Vordruck. Da er gegen ihn nichts einwendete, gilt er und damit auch die Gerichtsstandklausel als genehmigt. H.n.

δ) **der Wandlungsklage bei vereinbartem Leistungsorte.**

OLG. München, 2. ZS. Urteil v. 28. Januar 1921.

Bei Zugumzugleistungen (BGB. § 348) ist der Erfüllungsort ein gemeinsamer; als solcher muß nach der Natur des Geschäfts regelmäßig derjenige Ort gelten, an dem sich die Sache zurzeit der Wandelung befindet, sofern die Sache an diesem Ort nicht rein willkürlich, außer jedem Zusammenhang mit dem Vertrage verbracht worden ist. An diesem Grundsatz wird durch nichts geändert, daß bei Eingehung des Kaufvertrags entsprechend einer Gepflogenheit des Beklagten Köln als Erfüllungsort vereinbart sein sollte. Diese seine Gepflogenheit bei Kaufabschlüssen und die Bezugnahme auf seine Fakturenvordrucke ergibt, daß sich jene Vereinbarung, wie dies regelmäßig der Fall sein wird, nur auf die Vertragspflichten der Parteien — Lieferung und Eigentumsbeschaffung, Abnahme und Zahlung des Kaufpreises — bezogen hat. Der Erfüllungsort für die Wandelung fällt aber mit dem für die ursprüngliche Verpflichtung des Verkäufers aus dem Kaufvertrage nicht zusammen; es ist zwischen den vertraglichen Leistungen aus dem Vertrage und den gesetzlichen aus § 462 BGB. unmittelbar sich ergebenden Ansprüchen zu unterscheiden. Dafür, daß hier die Vereinbarung ausnahmsweise auch für die Ansprüche gelten sollte, die aus der Nichterfüllung des Kaufvertrags erhoben werden, ergibt die Behauptung des Beklagten nichts. H.n.

Dazu: **wenn unbestellte Ware mitgeschickt wurde und der Nachnahmebetrag zurückgefordert wird.**

OLG. Dresden, 7. ZS. Urteil v. 19. Dezember 1919.

Der hiesige Kläger, der hier auf Zahlung von 9000 Mark geklagt hat, begründet den Anspruch damit, daß er Wolle für 7500 Mark bestellt und 4000 Mark darauf eingezahlt, die in Berlin ansässige Beklagte aber ihm darauf Ware von anderer Art und in größerer Menge, als bestellt, unter Nachnahme weiterer 5000 Mark geschickt, er aber Zurücknahme der Ware verlangt habe. Soweit der als Kaufpreis gezahlte Betrag zurückgefordert wird, ist der Anspruch auf Wandelung des Kaufs gerichtet; diese Verpflichtung der Beklagten ist daher, wenn sie infolge der Wandelung begründet sein sollte, am hiesigen Niederlassungsorte des Klägers zu erfüllen, wo sich die zurückzunehmende Ware bei Erhebung der Klage nach ihrer Begründung befand.... Dagegen ist der durch Einlösung der Nachnahme gezahlte Mehrbetrag (5000 Mark) nicht aufgrund des vorher abgeschlossenen Kaufes gezahlt; seine Rückforderung wäre deshalb kein aus der Wandelung jenes Kaufs fließender bloßer Nebenanspruch, auf der sich der Erfüllungsort des Hauptanspruchs erstreckte.... Allein das Rechtsverhältnis, das durch die Übersendung einer größeren Warenmenge unter Nachnahme und durch die Einlösung dieser Sendung entstanden ist, erschöpft sich nicht darin, daß die Beklagte einen neuen Vertragsantrag gestellt, der Kläger ihn abgelehnt habe und daß lediglich die dabei entstandene Bereicherung auszugleichen sei. Denn für beide Parteien war es klar, daß der Kläger sich über die Annahme des neuen Antrages nicht schlüssig machen konnte, bevor er die Nachnahme eingelöst und die Ware nach Menge und Beschaffenheit geprüft habe. Daher muß im Verhalten der Beklagten noch ein besonderer Vertragsantrag dahin gefunden werden, daß zunächst der Kläger die Nachnahme in voller Höhe einlöst, die übersandte unbestellte Warenmenge einstweilen aufbewahrt und prüft, und daß bei einer Ablehnung des neuen Kaufsangebots die Beklagte nicht nur den nachgenommenen Mehrbetrag zurückerstatten, sondern auch die unbestellte Ware wieder zurücknehmen sollte. Diesen, ihm namentlich durch die Höhe des nachgenommenen Betrags erkennbaren Antrag hat der Kläger durch die Einlösung der Nachnahme angenommen, wodurch ein besonderes, nur die Abwicklung des neuen Kaufangebots betreffendes Schuldverhältnis zwischen den Parteien entstanden ist. Da dies zunächst nur im Interesse der Beklagten geschah, entsprach es dem Willen beider Teile, daß der Kläger zu etwas Weiterem nicht verpflichtet, insbesondere daß er nicht außerhalb seiner Handelsniederlassung für die Beklagte tätig werden sollte. Aus der Natur dieses Schuldverhältnisses ist daher zu entnehmen, daß die sich daraus ergebenden beiderseitigen Leistungen am Niederlassungsorte des Klägers ausgewechselt werden sollten (§ 269 BGB.). —e—

β) für Stellung eines Seglers. Frachtführer oder Spediteur?

OLG. Hamburg, 6. ZS. Urteil v. 13. Juli 1920.

Der Kläger fordert Schadensersatz für Nichterfüllung eines Frachtvertrags. Die Einrede der Unzuständigkeit des Hamburger Gerichts ist unbegründet. Wenn der Kläger, die vorgängige Besprechung bestätigend, schreibt, daß er einen Segler für eine Ladung Torf in Durchfracht von Fehndorf nach Hamburg/Harburg für 40 Mark die Schwerguttonne und 12 % für Verkehrssteuer, Vermittlung zc mit 2 freien Lade- und Löschtagen, Überliegegeld 40 Pfennige für Tag und Tonne „beim" Beklagten „angenommen" habe, so kann diese Vereinbarung nur dahin verstanden werden, daß Beklagter selbst das Schiff stellen und die Beförderung übernehmen, und nicht bloß, daß er für Annahme eines Frachtführers sorgen wollte. Daß der Beklagte außer der festen Fracht von 40 Mark die Tonne noch ganz nebenher — unter den 12 % Nebenkosten ohne jede nähere Angabe — für „Vermittlung" etwas ansetzt, so ist das zu undeutlich, um eine andere Auffassung des Gegners zu ermöglichen. Der Beklagte mag sich sonst nur mit Speditionsgeschäften befassen und auch diese Vereinbarung anders gemeint haben. Das ist aber für die Kläger nicht genügend hervorgetreten. Als Frachtführer hatte aber der Beklagte die Erfüllung des Vertrags am Bestimmungsorte, wo er abliefern mußte, zu vollenden. Dieser war daher der Ort seiner Erfüllung im Sinn des § 29. Aber auch wenn Beklagter erkennbar als Spediteur gehandelt hätte, so hat er sich doch über einen bestimmten Satz der Beförderungskosten geeinigt. Dann hatte er auch, obwohl er als Spediteur auftrat, nach § 413 HGB. ausschließlich die Rechte und Pflichten eines Frachtführers, also auch dessen Pflicht, die Güter am Bestimmungsort abzuliefern, also dort zu erfüllen. Daß mit der Einigung über einen bestimmten Satz der Beförderungskosten im Sinn des § 413 die Abrede einer Vermittlungsgebühr sehr wohl vereinbar ist, ergibt der Satz 2 des § 413. Das Urteil (JW. 1901 S. 396), auf das sich der Beklagte beruft, hat den Art. 384 des früheren HGB. im Auge.

Bestimmungsort war nach dem Vertrage Hamburg/Harburg, also nach des Versenders Wahl Hamburg oder Harburg, so daß der Kläger Erfüllung auch in Hamburg hätte verlangen können. Der § 29 ZPO. ist aber dahin zu verstehen, daß auf Entschädigung wegen Nichterfüllung da geklagt werden kann, wo die Erfüllung hätte verlangt werden können. M. M.

e) **Vereinbarte Zuständigkeit der Gerichte:** α) **in Gewerbegerichtssachen.**

OLG. Stuttgart, 2. ZS. Urteil v. 9. Dezember 1920.

Die Beklagte hatte dem bei ihr als Arbeiter beschäftigten Kläger gekündigt und obwohl die Kündigung durch den — für verbindlich erklärten — Schiedsspruch des Schlichtungsausschusses Heilbronn aufgehoben worden, die Wiedereinstellung verweigert. Der Bevollmächtigte des Klägers, Rechtsanwalt M. in Heilbronn, schrieb deshalb am 8. April 1920 an die bevollmächtigten Anwälte der Beklagten: „... letztmals frage ich an, ob Ihre Partei bereit ist, meinen Mandanten weiter zu beschäftigen... Falls gerichtliche Schritte notwendig werden, gehe ich davon aus, daß Sie auf die hiesigen Gerichte prorogieren." Da hierauf keine Antwort erfolgte, klagte der Kläger beim LG. Heilbronn auf 1467 Mark fälligen Lohn. Auf die Einrede, daß auf das Gewerbegericht Heilbronn prorogiert sei, wies das LG. ab. Die Berufung ist hinsichtlich des Antrags, den Rechtsstreit an das Amtsgericht Heilbronn zu verweisen, begründet.

Nach dem Klagevorbringen liegt eine gewerbliche Streitkgkeit des § 4 GGG. vor, die während des zufolge der Aufhebung der Kündigung als fortbestehend anzusehenden Arbeitsverhältnisses entstanden ist. Da in K., wo beide Parteien ihren Wohnsitz haben und die streitige Verpflichtung zu erfüllen ist, kein Gewerbegericht besteht, war nach § 23 Nr. 2 GVG. ohne Rücksicht auf den Streitwert an sich das Amtsgericht K. zuständig. Mit Recht nehmen aber die Parteien an, daß durch das Schreiben vom 8. April und dessen stillschweigende Annahme gemäß § 38 ZPO. die örtliche Zuständigkeit der Heilbronner Gerichte begründet worden ist. Zu diesen Gerichten im weiteren Sinn gehört allerdings auch das Gewerbegericht. Ob eine Vereinbarung auf dieses als ein Sondergericht überhaupt zulässig gewesen wäre, kann dahingestellt bleiben. Denn jedenfalls weist der Umstand, daß die Vereinbarung zwischen den bereits in der Sache bestellten Anwälten geschlossen wurde, eine solche

Vertretung aber nach § 31 GGG. ausgeschlossen gewesen wäre, zwingend darauf hin, daß eine Vereinbarung auf das Gewerbegericht nicht gewollt war. Die Frage ist daher nur, welches der beiden ordentlichen Heilbronner Gerichte als erste Instanz bestimmt werden sollte. Für die Annahme, daß dazu abweichend von der Regel des § 23 Nr. 2 GVG. das LG. habe bestimmt werden sollen, fehlt es an jedem Anhalt. Der Ausdruck „Heilbronner Gerichte" (Mehrzahl) spricht vielmehr dafür, daß es für die sachliche Zuständigkeit bei der gesetzlichen Regel belassen, für zuständig also das Amtsgericht und als Berufungsgericht das LG. erklärt werden sollte. S.

β) **Vereinbarung ausschließlichen Gerichtsstandes in Posen.**

Kammergericht, 23. ZS. Urteil v. 23. Dezember 1920.

Der Kläger war früher in Posen ansässig und hatte ein Konto bei der dortigen Bankfiliale, deren Geschäftsbedingungen Amts- bzw. Landgericht Posen als ausschließlichen Gerichtsstand bestimmten. Gegen die beim LG. Berlin erhobene Klage hat die Bank örtliche Unzuständigkeit eingewendet. Allein mit dem Ausdruck „Amts- bzw. LG." ist ein preußisches Gericht gemeint. Der Kläger ist Deutscher und die Bank (Zweigstelle Posen) besaß damals als juristische Person die deutsche Staatsangehörigkeit. Unter diesen Umständen ist anzunehmen, daß beide Teile nur vor einem preußischen (deutschen) Gericht Recht nehmen wollten. Ein solches besteht in Posen nicht mehr, die Vereinbarung ist hinfällig geworden. Z.e.

f) **Ablehnung eines Richters[1] wegen Mitwirkung in anderen Verfahren.**

α) Kammergericht, 21. ZS. Beschluß v. 11. Juni 1920.

Der Kaufmann S., der auf Zahlung von 20000 Mark verklagt ist, hat den Vorsitzenden der Kammer wegen Besorgnis der Befangenheit abgelehnt, weil er in dem Strafverfahren gegen S. mitgewirkt habe und schon damals aus gleichem Grunde abgelehnt worden sei. Das LG. hat das Gesuch zurückgewiesen. Die Beschwerde beruft sich auf verschiedene Aufsätze in Zeitschriften, wonach S. das Opfer eines Justizirrtums geworden und das Strafverfahren gegen ihn mit vorgefaßter Meinung der Justizbeamten geführt worden; da der abgelehnte Richter in diesem Strafverfahren beteiligt gewesen, liege die Gefahr vor, daß er auch im jetzigen Rechtsstreit mit einer vorgefaßten Meinung über die Persönlichkeit des Beklagten an die Beurteilung des Geschäfts herantreten werde. Das Rechtsmittel ist nicht begründet. Nur das Vorhandensein eines sachlichen, die Besorgnis der Befangenheit des Richters rechtfertigenden Grundes kann ein Gesuch der Partei auf § 42² stützen. Die Tatsache, daß der Richter an einem Strafverfahren gegen jene Partei teilgenommen hat, reicht dazu keinesfalls hin. Die Unparteilichkeit eines Richters wird nicht dadurch in Frage gestellt, daß von ihm eine der Partei ungünstige Entscheidung deshalb zu erwarten ist, weil er im früheren Strafverfahren in einem ihr ungünstigen Sinne geurteilt hat (Skonietzki § 42²). Mit Recht hat ferner der 16. ZS. (in Sachen P. gegen S.) darauf hin-

[1] Ablehnung des Richters, der die Leistung des Eides auf die Reichsverfassung verweigert: RGSt. 55 S. 56.

gewiesen, daß die in der Beschwerdeschrift enthaltene allgemeine Bezugnahme auf Strafakten, Abhandlungen und Erklärungen der Verteidiger ohne Bezugnahme auf die einzelnen in Betracht kommenden Punkte dem § 44 um so weniger genügt, als das Ablehnungsgesuch des S. gegenüber dem Vorsitzenden bereits im Strafverfahren zurückgewiesen worden ist. Selbst wenn aber dort der genannte Richter wirklich befangen gewesen wäre, so könnte daraus mangels Angabe weiterer Tatsachen noch nicht als glaubhaft angesehen werden, daß ein Grund zum Mißtrauen in die Unparteilichkeit des Richters auch bei der Beurteilung des vorliegenden bürgerlichen Rechtsstreits vorhanden sei. Der Richter selbst hat sich in seiner dienstlichen Äußerung für nicht befangen erklärt. Dr. P.

β) OLG. Breslau, FerienZS. Beschluß v. 31. August 1921.

Die Beklagte hat den Amtsgerichtsrat S. als Richter abgelehnt, weil er in dem Streite der Parteien vor dem MietEA. als Vorsitzender mitgewirkt und sowohl bei der Verhandlung wie bei der Entscheidung des Amtes einen für die Beklagte ungünstigen Standpunkt eingenommen habe. Allein ein Fall des § 41 Nr. 6, bei dem der § 42 der Partei ein Recht auf Ablehnung des Richters gibt, liegt nicht vor. Die Bestimmung kann hier auch nicht sinngemäß angewendet werden, da hier nicht die Entscheidung des MietEA., die unanfechtbar ist, angegriffen wird, sondern nur darüber zu entscheiden ist, ob das Räumungsurteil zu erlassen ist. — Die Entscheidung des Amtes selbst, besonders die Art ihrer Begründung, lassen nicht erkennen, daß S. durch Voreingenommenheit einen der Beklagten ungünstigen Standpunkt gehabt hat. Da das Amt nach Billigkeitsgründen zu entscheiden hat, sind auch die Behauptungen der Beklagten nicht geeignet, nachzuweisen, daß den S. andere als diese Gründe zu seiner Entscheidung bestimmt haben. G.e.

g) **Prüfung der Aktivlegitimation von Amtswegen.**

OLG. Königsberg, 4. ZS. Urteil v. 5. Februar 1920.

Unstreitig ist die Klageforderung **vor** Klagerhebung an den Nebenintervenienten N. abgetreten und damit aus dem Vermögen des Klägers ausgeschieden, so daß er keinerlei Recht mehr hatte, sie gegen den Beklagten geltend zu machen. Wenn der neue Gläubiger dem Rechtsstreit beigetreten ist und sich dem Antrage des Klägers angeschlossen hat, so kann dies an dem Mangel der Aktivlegitimation ebensowenig etwas ändern, wie die Erklärung des Beklagten, daß er aus der Abtretung keine Rechte für sich herleiten wolle. Eine materiell-rechtliche Verfügung des N. zugunsten des Klägers enthält sein Verhalten im Prozeß nicht, und die Erklärung des Beklagten entband den Richter nicht von der Prüfung der Aktivlegitimation, die als eine Prozeßvoraussetzung von Amtswegen zu prüfen war.

Allerdings hat das RG. dem Gläubiger, dem eine gepfändete Forderung zur Einziehung überwiesen ist, das Recht zugesprochen, auf Zahlung an den Pfandgläubiger zu klagen. Bei der Überweisung bleibt aber der Pfandschuldner noch Gläubiger der Forderung, er ist nur insoweit in der Verfügung beschränkt, als er, solange der Pfändungsgläubiger nicht befriedigt ist, nur Zahlung an diesen verlangen kann. Bei der Abtretung dagegen scheidet die Forderung aus seinem Vermögen endgültig aus; er kann sie deshalb auch nicht mehr einklagen, selbst wenn er wie hier nur Zahlung an den neuen Gläubiger verlangt. Durch diese Prozeßführung und durch eine Entscheidung zwischen diesen Parteien wurden die Rechte des neuen Gläubigers, selbst wenn er als Nebenintervenient am Prozeß teilgenommen hat, nicht berührt. Deshalb war die Klage von vornherein abzuweisen. H. g.

h) **Streitverkündung der einen und Nebenintervention zugunsten der anderen Partei.**

Kammergericht, 9. ZS. Beschluß v. 3. Januar 1921.

Die Beschwerde des Beklagten über die Zulassung der Nebenintervention ist unbegründet. Die ZPO. stellt für die Streithilfe (Nebenintervention) keine verschiedenen Vorschriften auf, je nachdem sie anläßlich einer Streitverkündung oder „selbständig" gewährt wird. Nur ergibt sich schon aus der Natur der Sache, daß die den Streit verkündende Partei nicht dem zu ihren Gunsten erfolgten Beitritt widersprechen darf (Stein § 71[14]) und daß eine Streitverkündung mit ernstlich gemeinter Rückgriffsandrohung ohne weiteres ein „rechtliches Interesse" des Dritten am Obsiege des Streitverkünders begründet (Stein § 74[5]). Auch wird solchenfalls eine nähere Darlegung des Beitrittsgrundes nicht nötig sein. Grundsätzlich aber besteht kein Unterschied zwischen „selbständigem" und dem durch Streitverkündung veranlaßten Beitritt. Darum kann die derselben Partei geleistete Streithilfe nach der Streitverkündung nicht etwas anderes darstellen als vorher. Die Wiederholung des Beitritts, wie sie die Beschwerde fordert, wäre eine leere Förmlichkeit. Anders, wenn der Beitritt zunächst nicht formgerecht erfolgte und dieser Verstoß gerügt wird; dann ist er bisher nicht wirksam geschehen und muß erst formgerecht erklärt werden. Hier lagen zwar Formverstöße vor; diese sind aber nicht gerügt und daher geheilt. Wenn somit nur ein Fehlen der sachlichen Berechtigung der Streithilfe in Frage bleibt, so hat sich dies Bedenken durch die nachträgliche Streitverkündung des Klägers erledigt. Der Beklagte hätte also, auch wenn sein ursprünglicher Widerspruch gegen den Beitritt der Streitgehilfin berechtigt gewesen wäre, nunmehr die Beschwerde in der Hauptsache für erledigt erklären müssen. Das Beschwerdegericht hat nicht darüber zu befinden, ob seinerzeit der Beitritt sachlich berechtigt gewesen, sondern ob die Streitgehilfin jetzt berufen ist, dem Kläger ihre Unterstützung im Rechtsstreit zu gewähren. [RG. 102 S. 277.]

Der Beitritt ist aber auch von Anfang an sachlich gerechtfertigt gewesen. Die Parteien streiten darüber, ob der beklagte Verkäufer dem klagenden Käufer Ersatz für die unterwegs abhanden gekommene Ware zu leisten, ob er nämlich bei der Versendung schuldhaft gehandelt hat. Beklagter verteidigt sich damit, daß die Schuld nicht ihn, sondern die Streitgehilfin als den von ihm beauftragten Spediteur treffe. Er haftet nicht etwa für Verschulden des Spediteurs nach § 278 BGB., vielmehr nur für die Auswahl, die hier nicht bemängelt wird. Die Streitgehilfin muß daher das Obsiegen des

Klägers, nicht das des Beklagten erstreben, d. i. die Feststellung, daß nicht sie, sondern den Beklagten die Schuld treffe. Wenn dagegen jene Verteidigung des Beklagten durchdränge, so hätte sie den Rückgriff des Klägers zu besorgen. Mag sie auch zu diesem in keinem Vertragsverhältnis stehen, so würde doch der Kläger vom Beklagten als seinem Beauftragten die Abtretung der Ersatzansprüche gegen die Streitgehilfin fordern, der Beklagte den seinem Abkäufer entstandenen Schaden gegen den Spediteur geltend machen können (RG. 62 S. 335). K.

i) **Ist der Konkursverwalter als Gläubigervertreter „Gegner" i. S. des § 80 ZPO.?**

Kammergericht, 3. FerienZS. Beschluß v. 31. Juli 1920.

Es handelt sich hier nicht um die Frage, ob der Konkursverwalter K. in einer Gläubigerversammlung, in der er amtlich als Verwalter tätig ist, kraft besonderer Vollmacht die Interessen und Stimmrechte einzelner Gläubiger wahrnehmen kann, sondern ob der dort gestellte Antrag des Beschwerdeführers, dem Gläubigervertreter K. aufzugeben, die Vollmacht des Justizrats X. zu der Forderung (Tabelle 135) beglaubigen zu lassen, rechtlich begründet war. Zutreffend geht das LG. davon aus, daß verschiedene Konkursgläubiger zwar hinsichtlich der Wahl eines neuen Gläubigerausschusses in ihren Meinungen und Interessen voneinander abweichen können, deswegen aber noch nicht als Gegner im Sinne des § 80² ZPO., der nach § 72 KO. auf das Konkursverfahren entsprechende Anwendung findet, anzusehen sind. Grundsätzlich besteht im Konkursverfahren eine Gegnerschaft nur zwischen der Gesamtheit der Gläubiger und dem Gemeinschuldner. Eine Gegnerschaft zwischen den einzelnen Gläubigern entsteht, wie das KG. bereits am 27. Juli 1916 (22 W 2065) ausgesprochen hat, erst, wenn ein Gläubiger die Forderung des andern im Feststellungsverfahren bestritten hat. Wollte man dagegen schon in jedem Falle verschiedener Abstimmung in Gläubigerversammlungen die Beteiligten als „Gegner" anerkennen, so hätte es der einzelne Gläubiger in der Hand, willkürlich durch den Antrag auf Vorlegung beglaubigter Vollmachten das Verfahren aufzuhalten und das Zustandekommen wichtiger Entschließungen gegen die Interessen der Mehrheit der Gläubiger zu verzögern. Meinte der Beschwerdeführer hier, daß der Verwalter wegen dieser seiner Eigenschaft als Gläubigervertreter überhaupt nicht zuzulassen sei, so mußte er hierauf seinen Widerspruch gründen und eine Entscheidung des Konkursgerichts herbeiführen, die tatsächlich ergangen und vom Beschwerdeführer besonders angefochten worden ist. Dagegen kann der prozessuale Antrag, eine Vollmacht beglaubigen zu lassen, nicht damit begründet werden, daß die Vollmacht der sachlichen Wirksamkeit entbehre, da er diese Gültigkeit vielmehr zur selbstverständlichen Voraussetzung hat. Dr. P.

k) **Kosten des Rechtsstreits: α) bei Wegfall des Klagegrundes.**

OLG. München, 2. ZS. Urteil v. 23. Februar 1921.

Die Ehe der Parteien ist aus Verschulden der Beklagten geschieden. Das aus der Ehe hervorgegangene Kind durfte vereinbarungsgemäß zunächst bei der Mutter weiter bleiben, sollte aber am 1. Mai 1920 dem Kläger herausgegeben werden. Das LG. hat am 19. Juni 1920 die Beklagte zur Herausgabe des Kindes und zur Kostentragung verurteilt. Am 25. Juni hat jedoch auf den Antrag der Beklagten, dem Kläger die Sorge für die Person des Kindes zu entziehen und sie ihr zu übertragen, das VormGericht angeordnet, daß das Kind bis auf weiteres und bis zur Verbescheidung des Antrags bei seiner Mutter zu verbleiben hat. Nunmehr legte die Beklagte Berufung gegen das Urteil v. 19. Juni ein. Demnächst wurde der Beschluß des VormGerichts von den Beschwerdeinstanzen gebilligt, worauf die Parteien beantragten, die Hauptsache für erledigt zu erklären und die gesamten Kosten dem Gegner aufzuerlegen. Die Kosten waren der Beklagten aufzuerlegen. Hätte diese den Antrag auf Abweisung der Klage aufrecht erhalten, so wäre die Klage abzuweisen gewesen, da ohne weiteres durch den Beschluß des VormGerichts die Vorenthaltung des Kindes den Charakter der Widerrechtlichkeit verloren hat und dadurch die wesentliche Voraussetzung des § 1632 BGB. weggefallen ist. Wenn so die Beklagte in der Hauptsache obsiegte, so lag aber der Grund hierfür nicht etwa darin, daß das angefochtene Urteil durch die tatsächlichen und rechtlichen Feststellungen nicht getragen wäre, sondern allein darin, daß durch einen erst nach der Verkündung des Urteils eingetretenen neuen Tatumstand die Rechtslage verändert wurde. Das Verlangen des Klägers war keineswegs von Anfang an unbegründet; der Senat billigt die Gründe des LG., besonders auch dessen Standpunkt, daß bei den Verhältnissen des Vaters, sozialen wie finanziellen, die jenen der Beklagten nicht nachstehen, aus der gesundheitlichen Verfassung des Kindes ein Mißbrauch des väterlichen Rechts sich nicht herleiten läßt. Mögen auch die Umstände in der Person des Kindes, die der VormRichter zur Grundlage seines Beschlusses machte, schon zurzeit der Klagerhebung, jedenfalls im Zeitpunkte der Schlußverhandlung vorgelegen haben, so vermochten sie doch nicht, auch in dieser Instanz nicht, die Feststellung zu rechtfertigen, daß bei Erlassung des Urteils das Herausgabeverlangen des Vaters dem Wohle des Kindes zuwiderlaufe. Das Gericht kann sich dem KG. (JW. 1921 S. 175[4]) nicht anschließen und lehnt die Auffassung ab, daß durch die Entscheidung des VormRichters festgestellt sei, daß die Klage von Anfang an unbegründet war. Hier hat der Anspruch des Vaters vielmehr seine Begründung erst durch den amtsgerichtlichen Beschluß verloren, der selbständig vom Standpunkt der freiwilligen Gerichtsbarkeit aus und ohne Rechtsverbindlichkeit für den Prozeßrichter jene in der Person des Kindes vorliegenden Umstände würdigte und zwar anders, als sie das Prozeßgericht erster Instanz gewürdigt hat und das Berufungsgericht würdigen würde, wenn es in der Hauptsache entscheiden müßte, verloren also lediglich durch die Tatsache des Vorliegens des Beschlusses, die erst nach der Verkündung des Urteils aufgetreten ist. Wäre also auch die Berufung in der Hauptsache von Erfolg begleitet, so ist trotzdem der § 91 ZPO. hier nicht anwendbar, vielmehr erscheint entsprechend dem Standpunkt des RG. (Seuff. 49 Nr. 200) geboten, der Beklagten die Kosten der ersten Instanz aufzuerlegen, eben weil sie erst jetzt infolge eines neu eingetretenen Tatumstandes obgesiegt haben. H.n.

β) Erstattung der Schreibgebühren für mehrere Urteilsausfertigungen.

Kammergericht, 21. ZS. Beschluß v. 28. Mai 1920.

Dem Anwalt wurden auf Antrag außer einer vollständigen noch zwei abgekürzte Urteilsausfertigungen erteilt, für die an Schreibgebühren 2 Mark von ihm eingezogen wurden. Die Festsetzung dieses Betrags ist mit Recht abgelehnt worden. Es kann dahingestellt bleiben, ob die Parteien Anspruch darauf haben, daß ihnen mehr als eine Urteilsausfertigung kostenlos erteilt werde. Hier ist lediglich zu prüfen, ob der gestrichene Kostenbetrag notwendig war; diese lebhaft umstrittene Frage ist zu verneinen. Bedarf der Prozeßbevollmächtigte mehr als eine Urteilsausfertigung, so steht in seiner Wahl, ob er sie selbst herstellen oder vom Gericht erbitten will. Wählt er den ersten Weg, so entstehen dadurch keine besonderen Kosten. Für die Herstellung des Schreibwerks erhält der Anwalt nur den ohnehin nach § 76 GebO. ihm zustehenden Pauschsatz. Der Ausnahmefall des § 76[6] scheidet hier aus. Welchen Weg der Prozeßbevollmächtigte einschlagen will, steht zwar in seinem Ermessen. Wenn aber durch seine Wahl, besonders durch die Angehung des Gerichts, Kosten entstehen, während solche nicht entstanden wären, wenn er die Ausfertigungen selbst hätte herstellen lassen, so sind diese Kosten zur zweckentsprechenden Rechtsverfolgung regelmäßig nicht notwendig, es sei denn, daß im Einzelfalle besondere Gründe für die Annahme des Gegenteils geltend gemacht werden können. Solche Gründe sind hier weder geltend gemacht noch ersichtlich. Dr. P.

γ) der Kosten eines vom Arrestbeklagten eingeholten Rechtsgutachtens.

OLG. München, 1. ZS. Beschluß v. 6. April 1921.

In der mündlichen Verhandlung im Arrestverfahren müssen die Parteien auf alle in Betracht kommenden rechtlichen und tatsächlichen Fragen vorbereitet sein, auch wenn nicht vorauszusehen ist, welche Gesichtspunkte das Gericht seiner Entscheidung zugrunde zu legen beabsichtigt. Der Arrestbeklagte hatte daher Anlaß, auch zu den im Gutachten des Prof. X. behandelten Fragen sich vorzubereiten, deren Unerheblichkeit infolge Beschränkung der richterlichen Prüfung auf andere Seiten der Arrestfrage nicht vorausgesehen werden konnte. Ganz abgesehen davon, daß der Anschauung eines Staatsrechtslehrers auf seinem Spezialgebiete gegenüber der Auffassung eines diesem Gebiete naturgemäß fernerstehenden Prozeßbevollmächtigten erhöhte Bedeutung zukommt, muß namentlich bei der eiligen Behandlung, die ein Arrestverfahren verlangt, der Partei gestattet sein, die Äußerung in einer Spezialfrage dann zu erholen, wenn die Beurteilung einer Frage Spezialkenntnisse erforderlich macht, deren Besitz bei der Partei und ihrem Anwalt nicht ohne weiteres vorausgesetzt werden kann. Den Ansatz der Kosten des Gutachtens kann daher der Arrestbeklagte verlangen. Dr. G.dt.

δ) **Umfaßt das Urteil der Hauptsache die Arrestkosten?**

OLG. Naumburg, 1. ZS. Beschluß v. 20. September 1920.

Mitzuberücksichtigen bei der Kostenfestsetzung waren die durch den Arrest entstandenen Kosten. Da der Arrestbeschluß, der keine Kostenentscheidung enthält, in denselben Akten erlassen ist wie das Urteil im Hauptprozeß und also dem Gericht bei Erlaß dieses Urteils vorlag, so ist als hinreichend ausgedrückter Wille des Gerichts bei Erlaß des Urteils vom 7. Juni 1920 anzunehmen, daß dessen Kostenentscheidung auch die Arrestkosten mitumfassen sollte. Es wäre höchst unzweckmäßig, den Kläger in solchem Fall auf eine besondere Klage zu verweisen (Rsp. 39 S. 39). Zu den Kosten des Rechtsstreits im Sinne des § 91 gehören allerdings nicht die Kosten der Arrestvollstreckung. Aber diese Kosten haben die Beklagten nach § 788 zu tragen. Da sie noch nicht beigetrieben sind, so waren sie, da Festsetzung beantragt ist, bei diesem Verfahren mitzuberücksichtigen. Epp.

l) **Veranlassung zur Klage. Sofortiges Anerkenntnis.**

α) OLG Königsberg, 2. ZS. Urteil v. 7. Oktober 1920.

Nachdem der Kläger Ende 1919 die bis dahin ungemahnten Beklagten in Verzug gesetzt hatte, mußte er ihnen auch noch eine angemessene Frist zur Erfüllung lassen. Bis zur Einreichung der Klageschrift (15. Januar 1920) konnten sie die zur Löschung der Grundschuld erforderlichen Erklärungen des Gläubigers und des Grundstückeigentümers nicht beigebracht haben. Aus der noch vor der Klagezustellung ihm zugegangenen Mitteilung, daß der Gläubiger befriedigt sei und die Löschung demnächst erfolgen werde, ersah der Kläger, daß sich die Beklagten um die Löschung bemüht und die wichtigste Voraussetzung bereits durch die Überweisung des Geldes an die Bank geschaffen hatten. Er hatte keinen Grund, die Richtigkeit dieser Mitteilung zu bezweifeln. Die Klage ist sonach vorzeitig erhoben. H.g.

β) Kammergericht, 7. ZS. Urteil v. 19. Oktober 1920.

Durch Zahlungsbefehl ist die Zahlung von 888 Mark der Frau des Beklagten und diesem selbst die Duldung der Vollstreckung in das Eingebrachte aufgegeben. Nur der Beklagte erhob dagegen Widerspruch, weil er für die Geschäftsschulden seiner Frau nicht hafte und weil kein eingebrachtes Gut vorhanden sei. Gleichzeitig teilte er dem Kläger mit, daß er Widerspruch erhoben, gegen die Vollstreckung in das Eingebrachte jedoch nichts einzuwenden habe, wenn solches auch nicht vorhanden sei. Im Termin erkannte er den Anspruch an, bestritt aber seine Kostenpflicht. Allein ihm ist durch den Zahlungsbefehl allein die Duldung der Vollstreckung unter Ausschluß jeder sonstigen Leistung, besonders auf Zahlung der Kosten auferlegt worden. Hielt er dieses Verlangen des Klägers für begründet, so hätte er den Zahlungsbefehl auf sich beruhen lassen können und müssen. Durch den Widerspruch gab er aber zu erkennen, daß er den Anspruch nicht für berechtigt erachtete. Sein trotzdem abgegebenes Anerkenntnis kann daher, nachdem die Rechtshängigkeit bereits herbeigeführt war, nicht mehr als ein „sofortiges" angesehen werden. Er hat aber auch den Klaganspruch nicht unbedingt, sondern unter Bezugnahme auf das Vorliegen eines Tatbestandes nach § 1405 BGB. unter Bestreiten seiner Verpflichtung anerkannt. Einem solchen Anerkenntnis gegenüber versagt der Schutz des § 93 (RG. 53 S. 324). L. n.

γ) Kammergericht, 8. ZS. Beschluß v. 1. Juni 1921.

Von dem sachlich unzuständigen Amtsgericht ist Beklagter zur Freigabe der Pfandstücke durch Versäumnisurteil verurteilt worden. Er hat Einspruch eingelegt und in der Einspruchsschrift unter Verweigerung der Einlassung zur Hauptsache sachliche Unzuständigkeit eingewendet, indem er hinzufügte: „Materiell wird das Eigentum des Klägers bestritten." Im Termin ist nur über jene Einrede verhandelt und der Rechtsstreit auf Antrag der Parteien an das LG. verwiesen worden. Nunmehr, aber vor dem ersten Termine gab der Beklagte die Pfandstücke frei, worauf die Kosten dem Kläger auferlegt wurden.

Durch die bisherige Nichtanerkennung des Klaganspruchs beraubte sich der Beklagte nicht der Möglichkeit, noch im Termine vor dem LG. ein „sofortiges" Anerkenntnis abzugeben. Denn das Amtsgericht war unzuständig, der Klage fehlte es an einer Prozeßvoraussetzung. Der Beklagte war nicht verpflichtet, sich auf die Hauptsache einzulassen und hat das auch nicht getan. Von einer Verpflichtung zur sofortigen Anerkennung konnte erst nach gehörig erhobener Klage die Rede sein (Hellwig, System 1 S. 754). Daß er diese Freigabe schon vor dem landgerichtlichen Termin erklärte, hindert nicht, in dieser Freigabeerklärung eine Anerkennung im Sinne des § 93 zu finden, da eine Anerkenntniserklärung im Termine nicht erforderlich ist (RG. 53 S. 324). Das Bestreiten des Eigentums in der Einspruchsschrift läßt weder einen Rückschluß darauf zu, daß in der späteren Freigabeerklärung keine Anerkennung des Klaganspruchs liege, noch schließt es die Annahme eines *sofortigen* Anerkenntnisses aus. Denn der Beklagte konnte mit der Anerkennung bis zur ersten landgerichtlichen Verhandlung warten. Was er vor dieser, besonders vor der Verweisung, also vor ordnungsmäßiger Klageerhebung, in Schriftsätzen erklärt hat, ist unerheblich (KGBl. 14 S. 30; Hellwig S. 756 c β).

Der Beklagte hat auch nicht die Klage veranlaßt, denn ihm ist vorher das Eigentum des Klägers nicht genügend glaubhaft gemacht worden.[1] ... B.

m) **Kosten der Anschließung nach Rücknahme der Berufung.**

OLG. Königsberg, 4. ZS. Urteil v. 9. Dezember 1920.

[1] Die Unzuständigkeit des angegangenen Gerichts entband den Beklagten nicht von der Verpflichtung, im Termine zu erscheinen und darin die Verweisung zu beantragen. Sein Ausbleiben machte also eine Verhandlung nötig, auf Grund deren das VersUrteil, eine Sachentscheidung (RG. 7 S. 395), erging. Sein späteres Anerkenntnis ist daher kein „sofortiges" (vgl. Rsp. 5 S. 163) Er hat aber auch die Klage dadurch veranlaßt, daß er in der Einspruchsschrift das Eigentum des Klägers ausdrücklich bestritt. Um einen „vorbereitenden" Schriftsatz handelte es sich dabei nicht; denn dieser setzt eine erhobene Klage voraus, während hier nach § 505 erst mit der Verkündung des Verweisungsbeschlusses der Rechtsstreit als anhängig gilt. Das bisherige Verhalten des Beklagten ist so zu bewerten, wie wenn er eine außergerichtliche Aufforderung zur Freigabe rundweg abgelehnt hätte. D. H.

Durch die Berufungsrücknahme hat die erst nach Ablauf der Notfrist vom Kläger angekündigte Anschließung gemäß §§ 281, 522 ihre Wirkung verloren. Die Frage, ob die Kosten der so erledigten Anschließung mit unter die Kosten des zurückgenommenen „Rechtsmittels" fallen, ist zu verneinen. Zwar hat das RG. (7 S. 343) dem Revisionskläger bei Zurücknahme der Revision auch die durch die Vorbereitung einer Anschließung dem Gegner entstandenen Kosten deshalb auferlegt, weil durch die Einlegung des Rechtsmittels bereits ein „Recht auf Anschließung" für den Gegner erworben sei. Diese Auffassung — die den § 281 nicht genügend zu berücksichtigen scheint, hat indes erhebliche Gegnerschaft gefunden und steht besondrs auch nicht im Einklang mit der Entscheidung der vereinigten ZS. (RG. 51 S. 5), wonach die Kosten, die durch Ankündigung einer demnächst nicht erhobenen Widerklage verursacht sind, nicht zu den „Kosten des Rechtsstreits" gehören, da die Widerklage eben erst durch ihren Vortrag in der mündlichen Verhandlung rechtshängig und „existent" wird. Der Fall der Widerklage gegenüber einer erhobenen Klage und der der Anschließung an ein Rechtsmittel sind indes als gleichwertig anzusehen (OLG. Cassel LZ. 1915 S. 77, 575; 1917 S. 558; Stein § 91 II, 521 I 6). H.-g.

n) **Sicherheitsleistung: α) in Reichsschatzanweisungen.**

Kammergericht, 8. ZS. Beschluß v. 5. März 1921.

... Die als Sicherheit hinterlegten kurzfristigen unverzinslichen Reichsschatzanweisungen sind eine Neuschöpfung auf dem Gebiete der Finanzverwaltung des Reichs. Sie sind ihrer rein rechtlichen Natur nach Schuldverschreibungen auf den Inhaber, und sie haben keinen Börsenkurs. Letzteres hängt aber mit ihrer besonderen Ausgestaltung zusammen. Wie der überreichte Prospekt und die Auskunft des Reichsbankdirektoriums ergeben, haben sie eine Laufzeit von 14 bis höchstens 90 Tagen. Beim Einzahlen des Kapitals werden dem Übernehmer einmal Zinsen vom Tage der Einzahlung bis zum Fälligkeitstag im voraus vergütet, im übrigen kommt eine Verzinsung nicht in Frage, und sie sind wie Reichsbanknoten oder Darlehnskassenscheine weder im Texte mit einem Zinsversprechen versehen noch mit Zinsscheinen ausgestattet. Die fälligen Stücke werden zum Nennwert eingelöst, soweit sie durch Vermittlung der Reichsbank in Verkehr gebracht sind, durch diese. Außerdem sind sie wie Reichs- und Darlehnskassenscheine als Notendeckung zugelassen und werden von der Reichsbank auf Verlangen des Inhabers vor Verfall täglich mit einem Rediskont von 5 % für das Jahr übernommen. Diese rechtliche Ausgestaltung stellt in ihrem Zusammenhalt eine Schöpfung von Inhaberschuldverschreibungen dar, die dem bisherigen Papiergeld in seinen wirtschaftlichen Aufgaben nahe stehen und sie für diese neben jenes stellen, wie denn ihre Einführung auch die Einschränkung des Papiergeldhamsterns bezweckte.

Hält man sich dies und auch die jetzt in Deutschland tatsächlich herrschende Papierwährung vor Augen, so wird man keine Bedenken tragen, diese neu eingeführten Schatzanweisungen, die ihrer Bestimmung gemäß nach kurzer Frist zum Nennwerte und schon vorher fast zum Nennwert eingelöst werden, die zwischen Papiergeldarten und Anleiheschuldverschreibungen des Staates in der rechtlichen Ausgestaltung die Mitte halten und wirtschaftlich erstere vielfach ersetzen sollen, auch im Sinne der §§ 108 ZPO., 232 BGB. als eine dem bisherigen Gelde gleichwertige Sicherheit zu behandeln und sie jetzt als mit unter diesen Begriff fallend anzusehen (vgl. dagegen oben S. 33). Dabei ist zu berücksichtigen, daß unter Geld im Sinne dieser Vorschriften (noch die alte ZPO. sprach von „barem Gelde") nicht bloß das Staatsgeld im engeren Sinne, das eigentliche „gesetzliche Zahlungsmittel", das mit Zwangskurs von jedem Gläubiger einer Geldforderung angenommen werden muß, zu verstehen ist, sondern daß darunter auch das Geld im weiteren Sinne, das Verkehrsgeld, fällt, das im Rechtsverkehr ohne Rechtspflicht als Tilgungsmittel einer Geldschuld üblicherweise ohne Widerspruch verwendet wird. Es braucht hier nur auf die Banknoten, die bis zum Inkrafttreten des Art. 3 RG. vom 1. Juni 1909 sämtlich einschließlich der Reichsbanknoten lediglich Inhaberpapiere ohne gesetzliche Geldnatur waren und es außer den Reichsbanknoten geblieben sind, und auf die Darlehnskassenscheine (Ges. vom 4. August 1914 § 2) verwiesen zu werden. Daß sie, obwohl im übrigen ihrer Rechtsnatur nach mit gewissen Besonderheiten ausgestattete Inhaberschuldverschreibungen, „Geld" der §§ 107 und 232 darstellen, ist nicht zu bezweifeln und entspricht unangefochtener Übung. Dann wird man aber auch, zumal im Hinblick auf die jetzigen Währungsverhältnisse, insoweit die kurzfristigen Schatzanweisungen als Geld im selben Sinne und damit als geeigneten Gegenstand der Sicherheitsleistung zum Nennwert oder mindestens zum Reichsbankeinlösungswert anzusehen haben. Daß sie, wenn sie tatsächlich als Sicherheit hinterlegt werden, weiterhin als Wertpapier zu behandeln sind, zB. nicht in das Eigentum des Staats übergehen (HinterlO. §§ 6, 9[1]), steht nicht entgegen; ebensowenig der Umstand, daß die Darlehnskassen verzinsliche Schatzanweisungen, deren Laufzeit zwölf Monate nicht übersteigt, bis zu 85 % ihres Nennwerts beleihen. Es liegt hier eine neue Gattung von Inhaberschuldverschreibungen vor, deren Behandlung im einzelnen den bestehenden Vorschriften möglichst anzupassen ist. . . . V.

β) **Bedeutung des Art. 277 FriedensV. Verzicht auf § 249[2] ZPO.**

OLG. Hamburg, 3. ZS. Urteil v. 18. Januar 1921.

Das angefochtene Urteil haben die Kläger (Franzosen) am 1. August 1914 zugestellt. Obwohl das Verfahren gemäß § 1 der VO. vom 7. August 1914 unterbrochen war, hat die Beklagte Berufung eingelegt. Diese konnte jedoch nicht für unzulässig erachtet werden, weil der § 249[2] lediglich im Interesse des Gegners erlassen ist, auf den Eintritt ihrer Wirkung daher verzichtet werden kann. Die Kläger haben den ihnen bekannten Mangel — sie selbst haben den unterbrochenen Rechtsstreit aufgenommen — nicht gerügt (§ 295). Ob zur Hauptsache oder wie hier nur über eine prozeßhindernde Einrede verhandelt ist, macht keinen Unterschied. ... Die Einrede der mangelnden Sicherheit ist begründet. Nach Art. 287 FriedensV. ist das Haager Abkommen vom 17. Juli 1905 über den Zivilprozeß Frankreich gegenüber nicht wieder in Wirksamkeit gesetzt worden; die Ausnahme des § 110 Nr. 1 ZPO. trifft diesem Lande gegenüber nicht zu. Nach Art. 277 FriedensV. genießen allerdings die Franzosen „freien Zutritt zu den Gerichten". Damit ist indessen nur die Verbürgung einer unterschiedslosen Behandlung durch die Rechtspflege gemeint, nicht eine Bevorzugung vor anderen Ausländern in Ansehung einer Befreiung von den Gerichtsgebühren oder von der ihnen durch die ZPO. auferlegten Verpflichtung zur Leistung einer Sicherheit für die Prozeßkosten, zumal solche Verpflichtung zugunsten aller in Deutschland verklagten Parteien besteht, sie mögen Deutsche oder Ausländer sein. Es kann nicht die Meinung des Art. 277 sein, ein deutsches Gesetz, das eine auch für die in diesem Artikel bezeichneten Staatsangehörigen geltende Rechtswohltat gewährt, gleichwohl eben diesen Staatsangehörigen gegenüber außer Kraft setzen zu wollen. ... M. M.

Dazu: OLG. Stuttgart, 3. ZS. Urteil v. 12. April 1921.

Die klagende Aktiengesellschaft gilt, da sie ihren Sitz in Polen hat, als polnische Staatsangehörige. Als solche hat sie nach Art. 277 vergl. mit Art. 291 FriedensV. auf deutschem Gebiete „freien Zutritt zu den Gerichten". Darunter ist aber im vorliegenden Falle die Gleichstellung mit den Inländern oder die Meistbegünstigung im Sinne der Handelsverträge mit fremden Staaten und damit volle Befreiung auch von der Sicherheitsleistung für die Prozeßkosten zu verstehen. (Stein, § 110 II 1²; JW. 1895 S. 83⁷).[1] Der gegenteiligen Äußerung des Reichsjustizministeriums vom 11. März 1921 kann nicht beigetreten werden. S.

o) **Kann Russen (Polen) das Armenrecht bewilligt werden?**[2]

α) OLG München, 2. ZS. Beschluß v. 1. Oktober 1920.

Der Kläger ist russischer Staatsangehöriger. Das auch mit Rußland geschlossene Abkommen über den Zivilprozeß vom 17. Mai 1905 wurde durch den Krieg nach völkerrechtlichen Grundsätzen aufgehoben. Durch Art. 3 des deutsch-russischen Zusatzvertrags vom 3./7. März 1918 wurde es wieder in Kraft gesetzt und durch die Art. 117, 292 des Versailler Friedensvertrags nicht wieder beseitigt, da dieser Vertrag nicht mit Rußland geschlossen und das Deutsche Reich nur den vertragschließenden Mächten gegenüber verpflichtet wurde, dem Abkommen seine Geltung zu versagen; das Verhältnis zwischen dem Deutschen Reich und Rußland wurde dadurch nicht unmittelbar

[1] Ebenso erstreckt sich die Klausel des Art. 277 auf die Befreiung von der Kostenvorschußpflicht des GKG. § 85 (OLG. Karlsruhe, 2. ZS. Beschluß v. 5. Nov. 1920; Rpr. 1921 S. 27). Vgl. auch HansRZ. 1920 S. 728.

[2] AVf. v. 8. Nov 1920: Im deutsch-österr. Rechtsverkehre sind die bisherigen Bestimmungen hinsichtlich des Armenrechts, der Sicherheitsleistung für die Prozeßkosten, der Vollstreckung von Urteilen und der Rechtshilfe weiter anzuwenden (pr. JMBl. S. 606). Ebenso gelten in den an Italien abgetretenen österr. Gebieten die österr. Gesetze über Rechtshilfe noch fort (aO. S. 585).

berührt. Gleichwohl kann sich der Kläger auf dieses Abkommen nicht berufen, da die derzeitige russische Regierung durch Funkspruch den Brest-Litowsker Friedensvertrag für unverbindlich erklärte, die diplomatischen und konsularischen Beziehungen nicht gesichert sind und so keine Gewähr besteht, daß auch Deutsche in Rußland unter denselben Bedingungen wie Russen zum Armenrecht zugelassen werden. H.n.

β) OLG. München, 3. ZS. Beschluß v. 2. Oktober 1920.

Dem Kläger, der früher österreichischer, jetzt polnischer Staatsangehöriger ist, kann das Armenrecht nicht bewilligt werden. Im Art. 287 FriedensV. lassen die vertragschließenden Teile das Haager Abkommen gelten, „soweit sie davon betroffen werden", d. i. soweit es sie angeht, sie umschließt (concerne). Hiernach gehört Polen an sich nicht zu diesen Staaten, weil es als Staat an jenem Abkommen nicht beteiligt war. Es kann sich nur fragen, ob es deshalb von ihm betroffen wird, weil es auch aus früheren Teilen Österreichs und Rußlands besteht. Allein es besteht nicht als Rechtsnachfolger dieser Staaten; es ist vielmehr ein selbständiger, einheitlicher Staat; als solcher hat es an dem Friedensvertrag teilgenommen. Es kann daher auch nur einheitlich an Staatsverträgen beteiligt sein, nicht aber für seine einzelnen Teile gesondert, je nachdem diese Teile früher zu Deutschland, Rußland oder Österreich gehörten. Allerdings meint Delius (JW. 1920 S. 628), daß, wenn sich von einem Staate Teile abtrennen und für sich allein oder mit Teilen anderer Staaten einen neuen Staat bilden, die Staatsverträge des alten Staates auch für den neuen Staat weiter bestehen bleiben. Diese Ansicht würde aber zu unhaltbaren Folgen führen, weshalb sie auch wieder zwischen „führenden" und „nichtführenden" Gebietsteilen unterscheidet. Sie trifft jedenfalls hier nicht zu und wird auch von Liszt (Völkerrecht[11] S. 24 II 2) abgelehnt, besonders dann, wenn bei Spaltung eines Staates die früheren Staatsteile weder durch Real- noch durch Personalunion miteinander verbunden bleiben oder wenn sie sich zu einem neuen Einheitsstaat zusammenschließen. Es kann auf sich beruhen, wie die Sache wäre, wenn auf dem Gebiete des alten Staates ein neuer Staat entsteht (D.JZ. 1920 S. 602, 745). Hier ist ein neuer Staat aus Teilen verschiedener Staaten entstanden (JW. 1919 S. 332[1]; 1920 S. 628; D.JZ. 1919 S. 188). Daß Polen durch das Haager Abkommen nicht betroffen wird, liegt auch im Sinne des Art. 287. Die vertragschließenden Teile haben als Staaten den Vertrag abgeschlossen. Wenn sie sagen, daß sie vom Haager Abkommen betroffen werden, kann dies nur bedeuten, daß sie als Staaten am Abschluß eines Abkommens beteiligt sind. Da der Art. 287 die Frage speziell regelt, ist er auch allein der Beurteilung zugrunde zu legen (JW. 1920 S. 403[2]). H.n.

p) α) **Armenanwalt: Zeitpunkt der Auslagenerstattung.**[1]

[1] Im allgemeinen wird das Protokoll über einen erfolglosen Pfändungsversuch für den Nachweis genügen, daß die Kosten vom Gegner nicht beigetrieben werden können. Ist jedoch ein bestimmter Anhalt dafür gegeben, daß der Gegner noch pfändbares Vermögen besitzt, wird eine Ergänzung dieses Nachweises (zB. durch Offenbarungseid) gefordert werden können (OLG. Düsseldorf, 4. ZS. Beschluß v. 8. November 1920).

OLG. Stuttgart, 1. ZS. Beschluß v. 4. Dezember 1920.

Es geht nicht an, die Subsidiarität des Art. II dahin einzuschränken, daß dem Armenanwalt schon dann Ersatz aus der Staatskasse gewährt wird, wenn es bloß zurzeit — sei es der Beendigung der dem Anwalt in der Instanz obliegenden Geschäfte, sei es der Entscheidung über den Festsetzungsantrag — an einem ersatzpflichtigen Gegner fehlt. Daher kann, wenn die arme Partei in die Kosten verurteilt ist, ihrem Anwalt nur dann Ersatz aus der Staatskasse gewährt werden, wenn anzunehmen ist, daß es bei der Kostenentscheidung sein Bewenden haben wird, wogegen es allerdings zu weit ginge, wenn man in jedem Falle den Nachweis der Rechtskraft verlangen wollte. Hier ist gegen das Berufungsurteil Revision eingelegt und muß damit gerechnet werden, daß die Widerklage der Frau abgewiesen wird und sämtliche Kosten des Rechtsstreits ihr zugewiesen werden. Der Beschwerdeführer wird den Fall allerdings bis zur Erledigung der Revision im Auge behalten müssen; dies ist jedoch keine unbillige Zumutung; er wird dies schon um seiner Gebühren willen tun. S.

Dazu: OLG. München, 2. ZS. Beschluß v. 13. Oktober 1920.

Der Wortlaut des Art. II läßt die weitere Auslegung zu, daß der Armenanwalt seinen Erstattungsanspruch gegen den Staat verfolgen darf, wenn nur im Zeitpunkte der Geltendmachung die Beitreibung von einem ersatzpflichtigen Gegner nicht möglich ist, so, wenn die arme Partei selbst zu den Kosten verurteilt ist. Der Zeitpunkt, von dem ab der Armenanwalt den Anspruch gegen den Staat geltend machen darf, ist dann nicht dem Art. II, sondern allgemeinen Normen zu entnehmen. Grundsätzlich, wenn nicht Gesetz oder Vertrag entgegenstehen, folgt der Leistung die Gegenleistung. Die Leistung des Staates ist hier die Gegenleistung für die Tätigkeit des Armenanwalts; diese ist mit der Instanz beendet. Ohne Heranziehung des § 85 RAGO. ergibt sich damit die Zeit der Fälligkeit des Anspruchs gegen den Staat. Den Anspruch nicht zu befriedigen, besteht kein genügender Anlaß. Die Staatskasse kommt nicht zu Schaden, wenn später ein Gegner ersatzpflichtig wird infolge Änderung der Kostenentscheidung. Nach Art. II² S. 4 werden die erstatteten Beträge als Gerichtskosten angesetzt. Sie sind also von dem endgültig Kostenpflichtigen mit den übrigen Kosten zu zahlen und beizutreiben. Auch der Zweck des Gesetzes verträgt keine unter Umständen unermeßliche Verzögerung der Befriedigung des Anwalts. H.n.

β) **bei einem Ruhen des Rechtsstreits.**[1]

OLG. Cassel, 2. ZS. Beschluß v. 9. September 1920.

Das LG. erklärt für jeden Fall das Vorliegen eines Titels, der über die Kostenpflicht entscheidet, als Voraussetzung für eine Kostenfestsetzung aus Art. II Ges. v. 18. Dez. 1919. Dafür findet sich jedoch weder im Gesetz, noch in der Ausführungsverfügung ein Anhalt. Eine Festsetzung der Auslagen des Armenanwalts zu Lasten der Staatskasse kann sehr wohl auch in

[1] Ebenso Rsp. 40 S. 363, OLG. Frankfurt, 2. ZS. Beschluß v. 28. Januar 1921 (JW. 478); dagegen OLG. Düsseldorf, 5. ZS. Beschluß v. 14. Januar 1921 (aO. 279).

Frage kommen, wenn das Verfahren formell ruht, vorausgesetzt, daß der Rechtsstreit materiell endgültig erledigt ist. Dem Gericht die Überzeugung hiervon zu verschaffen, ist Sache des Anwalts. Es würde dazu zB. seine pflichtgemäße Versicherung genügen, daß er die Ermächtigung zur Fortsetzung des Rechtsstreits von der armen Partei nicht habe erlangen können. Hier ist dies aber nicht einmal behauptet worden. Nach Lage der Akten besteht die Möglichkeit, daß das Verfahren wieder aufgenommen und der Gegner der armen Partei in die Kosten verurteilt wird. Angesichts dieser Möglichkeit, die den Antragsteller in die Lage versetzen würde, seine Auslagen vom Gegner beizutreiben, ist sein Antrag zurzeit unbegründet. ß.

γ) **bei Rücknahme der Klage.**[1] **Vorschußpflicht des Beklagten.**

OLG. Breslau, ZS. 6a. Beschluß v. 9. Juli 1921.

Die Frau hatte einen Armenanwalt gegen ihren Mann für ihre Unterhaltsklage erhalten, diese Klage aber zurückgenommen, also die Kosten des Rechtsstreits zu tragen. Es fehlt daher an einem ersatzpflichtigen Gegner; somit sind dem Armenanwalt die Auslagen von der Staatskasse zu erstatten. Diese wendet ein, daß der Beklagte vorschußpflichtig sei und für die Kosten, hafte. Allein dem Armenanwalt der Klägerin stehen keine gesetzlichen Mittel zur Verfügung, um die Prozeßkosten vom Beklagten beizutreiben. Ganz abgesehen davon, daß hier die Klagerücknahme Klarheit darüber geschaffen hat, daß die Kosten dem Vorbehaltsgute zur Last fallen (§§ 1387 Nr. 1, 1416 BGB.) und daher nicht vom Manne zu tragen sind, fehlte dem Armenanwalt auch während des Rechtsstreits die Möglichkeit, die Vorschußleistung zu erzwingen. Denn eine Ehefrau (und damit ihr Prozeßbevollmächtigter) kann von ihrem Manne vorschußweise Zahlung der Kosten nur so lange beanspruchen, als ihr nicht das Armenrecht bewilligt ist. Aus diesem Grunde empfiehlt es sich, der Frau vor Geltendmachung ihrer Rechte auf Vorschußzahlung das Armenrecht zu versagen. Nachdem es hier aber der Klägerin bewilligt war, konnte ihr Anwalt die Vorschußzahlung nicht mehr nach § 1387 BGB., § 940 ZPO. erzwingen, da sie nicht mehr notwendig war. G.e.

δ) **Verrechnung von Teilzahlungen der Parteien.**[2]

OLG. Breslau, ZS. 6a. Beschluß v. 9. Juli 1921.

Zweifellos hat das Gesetz vom 18. Dez. 1919 einen anwaltfreundlichen Charakter; aber das kann nicht dahin führen, jeden Zweifel zugunsten des Armenanwalts zu lösen. Bisher hatte dieser nicht nur seine Tätigkeit unentgeltlich zu gewähren, sondern auch die ihm dabei entstehenden Auslagen, besonders die Schreib- und Portokosten, aus eigenem Vermögen zu bezahlen. An dem ersten Satze wollte das Gesetz nichts ändern. Es sollte und wollte

[1] Vergleichen sich die Parteien vor Einreichung der Klage, so hat die Staatskasse die Auslagen zu erstatten (KG., 20. ZS. Beschluß v. 4. Januar 1921; JW. S. 408).

[2] Dagegen läßt OLG. Düsseldorf (5. ZS. 25. Febr. 1921) die Zahlungen des Kostenschuldners mangels einer Bestimmung (§ 366 BGB.) in erster Linie auf die Gebühren des Armenanwalts verrechnen (JW. S. 537).

nur den als grobe Härte empfundenen Umstand beseitigen, daß der Anwalt auch noch bare Auslagen haben sollte. Dieser Umstand fällt aber weg, wenn und insoweit er vom erstattungspflichtigen Gegner oder von der Partei selbst einen nur zur Deckung seiner Auslagen hinreichenden Teilbetrag erhält. Das Gesetz wollte ihm nicht unter allen Umständen einen Anspruch gegen die Staatskasse geben, sondern ihn lediglich so stellen, daß er in jedem Falle mindestens seine Auslagen erhält.[1] Diesem Gedanken gegenüber ist auch unerheblich, ob der Zahlende, sei es der Gegner oder die arme Partei selbst, ausdrücklich oder stillschweigend erklärt, daß der gezahlte Betrag nicht auf die Auslagen, sondern die Gebühren verrechnet werden sollte. Sonst würde dem Anwalte mittelbar auch zur Zahlung seiner Gebühren verholfen werden und zwar auf Kosten der Staatskasse, ein Erfolg, der mit der Absicht und dem Zwecke des Gesetzes nicht zu vereinbaren ist. Die §§ 366, 367 BGB. stehen nicht entgegen; weder handelt es sich bei den Gebühren einer- und den Auslagen anderseits um mehrere Schuldverhältnisse, noch sind die Auslagen gegenüber der Gebührenforderung als „Kosten" anzusprechen.[2] G. e.

ε) **Auslagenberechnung bei Kostenverteilung.**

OLG. Hamburg, 5. ZS. Beschluß v. 14 März 1921.

Das LG. hat, davon ausgehend, daß bei einer Verteilung der Kosten (zu $^2/_5$ auf den Kläger und zu $^3/_5$ auf den Beklagten) hinsichtlich der $^3/_5$ ein erstattungspflichtiger Gegner vorhanden war, den Anwälten des Klägers nur in Höhe von $^2/_5$ ihrer Auslagen (86,40 Mark) einen Anspruch gegen die Staatskasse zuerkannt. Dabei hat es zwar nicht den Betrag, den der Kläger nach der Gesamtberechnung der Kosten vom Gegner zu beanspruchen hatte und auch erhalten hat, zunächst und allein auf die Auslagen verrechnet. Es hat aber die Frage, in welchem Umfange der Anwalt Auslagenerstattung gegen die Staatskasse beanspruchen kann, darauf abgestellt, in welcher Höhe die arme Partei keinen erstattungspflichtigen Gegner hat. Allein die Worte

[1] Die Anwendung des Gesetzes erfordert also, daß der Armenanwalt vom Gegner nicht wenigstens einen die Höhe seiner Auslagen deckenden Betrag beitreiben kann. Diese Voraussetzung liegt aber hier nicht vor, wo er $^3/_4$ seiner Gebühren und Auslagen vom Beklagten beizutreiben vermag und darauf einen Betrag erhält, der über seine Auslagen einschließlich der ihm zustehenden Pauschsätze noch beträchtlich hinausgeht (OLG. Hamm, 3. ZS. Beschluß v. 1. Febr. 1921; JW. S. 538); desgleichen wenn er von der eigenen Partei einen seine Auslagen erreichenden Betrag erhält (KG., 24. ZS. 2. Juni 1920 u. 4. Juni 1921; KGBl. 32 S. 74). Vgl. den Beschluß zu ε.

[2] Bei Erhöhung des Streitwerts braucht dagegen der Armenanwalt den vorher auf Grund einer bestimmten Berechnung geforderten und gezahlten Vorschuß nicht anderweit u. z. auf seine Auslagen zu verrechnen, da nach § 366 BGB. die zuerst eingeforderten Gebühren und Auslagen als getilgt gelten (Beschluß desselben ZS. v. 1. März 1921; JW. S. 688). — Hat der erst während des Beweisverfahrens bestellte Armenanwalt als solcher nur bei der Schlußverhandlung mitgewirkt, nachdem er bisher als Vertrauensanwalt tätig gewesen war, so kann er von der Staatskasse nur diejenigen Pauschsätze verlangen, die er nach seiner Bestellung zum Armenanwalt noch als Vertrauensmann von seiner Partei hätte fordern können, wenn diese nicht von der Zahlungspflicht gemäß § 115 Nr. 3 ZPO. befreit wäre (OLG. Celle, 1. ZS. Beschluß v. 3. Dez. 1920). Gr.

des Gesetzes: „falls sie . . .“ bedeuten, daß der Anwalt in dem Umfange, in welchem er vom Gegner Ersatz für seine Auslagen nicht erhält, die Staatskasse in Anspruch nehmen darf. Wäre die Ansicht des LG. richtig, dann käme, falls der armen Partei ein Anspruch auf Kostenersatz in vollem Umfange der Prozeßkosten zustände, ein Anspruch seines Anwalts gegen die Staatskasse überhaupt nicht in Frage, während nach dem Gesetz ihm der Teil der Auslagen ersetzt werden soll, der vom Gegner nicht beizutreiben ist. Nur also in dem Maße, als der Anwalt seine Auslagen vom Gegner bereits erhalten hat, fällt sein Ersatzanspruch gegen die Staatskasse fort. Es kommt daher hier darauf an, in welcher Höhe die vom Beklagten auf Grund der Verrechnung über die Prozeßkosten gezahlten 74,58 Mark auf die Auslagen der klägerischen Anwälte zu verrechnen sind. Da sich ziffernmäßig nicht feststellen läßt, wieviel davon auf Gebühren oder Auslagen entfallen, entspricht es der Billigkeit, daß der erstattete Betrag anteilmäßig auf die dem Kläger erwachsenen Gebühren und Auslagen verrechnet wird, so daß die vom Beklagten gezahlte Summe zu demjenigen Teil als auf die Auslagen gezahlt zu gelten hat, als sie dem Verhältnis dieser zu den Gesamtkosten des Klägers entspricht. Die danach anzuwendende Gleichung lautet: 86,40 Mark (Auslagen) : 385,70 Mark (Gesamtkosten) = x : 74,58 (erstatteter Betrag). Danach entfallen rund 16,70 Mark auf die Auslagen, so daß die Staatskasse noch 70,60 Mark zu erstatten hat. M. M.

ζ) **Besondere Schreibgebühren für das Erstattungsgesuch.**[1]

OLG. Breslau, ZS. 6a. Beschluß v. 22. Juni 1921.

Allerdings handelt es sich hier nicht um ein Festsetzungsgesuch gemäß § 104 ZPO. zur Erwirkung eines Schuldtitels gegen den erstattungspflichtigen Gegner, also auch nicht um eine nach § 23 GebO. gebührenpflichtige Tätigkeit, für die gemäß § 76[1] das. ein besonderer Auslagenpauschsatz gefordert werden könnte. Ebensowenig fällt das Gesuch in den Rahmen der Tätigkeit, für die die Prozeßgebühr gewährt wird; es dient nicht den Zwecken und dem Betriebe des bereits erledigten Rechtsstreits, sondern den eigenen Interessen des Anwalts. Vielmehr handelt es sich um ein Schreibwerk, das außerhalb des Rahmens einer gebührenpflichtigen Tätigkeit entstanden und deshalb nach § 76[6] Nr. 3, Abs. 7 neben den Pauschsätzen besonders zu vergüten ist. Dem steht § 6 das. nicht entgegen. Zwar handelt es sich um die Einforderung der Auslagen vom Staat als Auftraggeber des Armenanwalts. § 6 spricht aber ausdrücklich nur von der Versagung einer Gebühr. GebO. und GKG. unterscheiden überall die Gebühr, das Entgelt für die Tätigkeit des Rechtspflegeorgans, von den Auslagen (vgl. Abschn. 6 der GebO.), so auch § 6 selbst. Die aus seiner Entstehung abgeleitete Ansicht, daß hier unter Gebühr auch Auslagen zu verstehen seien, ist gegenüber dem klaren Wortgebrauch nicht zu billigen.[2] G. e.

[1] Vgl. über das Verfahren bei Festsetzung der Auslagen die AVf. v. 9. April 1920/27. Januar 1921 (Pr. JMBl. 1920 S. 147, 1921 S. 78).

[2] Entgegengesetzt entscheidet OLG. Hamburg, 6. ZS. Beschluß v. 6. Januar 1921.

q) **Nachzahlung der gestundeten Beträge in Teilen.**

OLG. Darmstadt, 1. ZS. Beschluß v. 3. Dezember 1920.

Bisher war die Verpflichtung des Schuldners zur Nachzahlung der gestundeten Kosten gemäß § 125 dadurch bedingt, daß er nicht mehr „arm" im Sinne der §§ 114/5 war. Das Armenrecht konnte mithin nicht auf die Stundung eines Teils der erwachsenden Gerichtskosten beschränkt werden. Es mußte daher der Kostenschuldner so lange als „arm" angesehen werden, als er nicht imstande war, die Gerichtskosten im ganzen *auf einmal* zu berichtigen (RG. 12 S. 417). Nachdem aber jetzt nach Art. III Ges. v. 18. Dez. 1919 einer Partei auch teilweise das Armenrecht bewilligt werden kann, wenn sie in vermögensrechtlichen Streitigkeiten imstande ist, die Kosten zu einem Bruchteil zu bestreiten, muß auch gestattet sein, wenn die Nachzahlung der gestundeten Kostenbeträge nach § 125 angeordnet wird, dabei dem Kostenschuldner Teilzahlungen zu gestatten, wenn er nach seiner Vermögenslage nicht imstande ist, die gestundeten Gerichtskosten auf einmal zu bezahlen. Hier ist nun anzunehmen, daß der Beschwerdeführer die vom LG. angeordneten Teilzahlungen von monatlich 20 Mark nicht leisten kann, daß er aber wohl imstande ist, monatlich 5 Mark auf seine Kostenschuld abzuzahlen, zumal er auch bereit ist, Abschlagszahlungen von 3 Mark monatlich zu leisten. W. r.

r) **Aussetzung, Unzulässigkeit des Rechtsweges nach VO. v. 4. Dez. 1919.**[1]

α) Kammergericht, 21. ZS. Beschluß v. 3. Dezember 1920.

Das LG. hat das Verfahren ausgesetzt bis zum Nachweise, daß das durch die VO. vom 4. Dezember 1919 vorgesehene Ausgleichsverfahren stattgefunden habe. Zwar steht die Entscheidung einer Verwaltungsbehörde nicht in Frage, allein nach jener VO. ist der Rechtsweg von der Vorabentscheidung einer Verwaltungsbehörde abhängig gemacht und auf diesen rechtsähnlichen Fall ist der § 148 ZPO. entsprechend anzuwenden.... Die VO. ist aber auch hier anzuwenden. Schon nach allgemeinen Grundsätzen sind Gesetze, die wie hier neue *Verfahrensvorschriften* vorschreiben, auf bereits anhängige Rechtssachen anwendbar. Der § 6 der VO. ergibt nichts andres; vielmehr läßt sein Wortlaut sogar klar das Gegenteil erkennen. Dr. P.

β) Kammergericht, 21. ZS. Urteil v. 9. März 1920.

Der Kläger, der dem Beklagten (Militärfiskus) Hufeisen bis 10. Oktober 1915 zu liefern hatte, hat für die gelieferten Mengen unter der Behauptung, daß der Beklagte die bisher nicht gelieferten Mengen gestrichen habe, den Kaufpreis eingeklagt. Der Beklagte wendet Unzulässigkeit des Rechtsweges ein. Allein auf die VO. v. 4. Dez. 1919 kann er sich nicht stützen, weil die Wirkungen des Vertrags vor 10. Nov. 1918 längst vollständig erledigt waren. Auch hat der Kläger seinen Anspruch nicht etwa mittelbar, sondern unmittelbar auf Grund des Vertrags erhoben. Wenn die VO. weiter in § 6 für sonstige Verträge, die während des Krieges für Zwecke der Wehrmacht ge-

[1] Der Beschluß, daß der Kläger die Vornahme des durch diese V. vorgesehenen Ausgleichsverfahrens nachzuweisen hat, ist nicht nach § 537[1] anfechtbar, weil er nur eine Beweisaufnahme vorbereiten soll (Beschluß desselben ZS. v. 24. Sept. 1920).

schlossen worden sind, die entsprechende Geltung der §§ 1—5 vorschreibt, so hat sie, wie deutlich aus §§ 2[6], 6 erhellt, nicht solche Verträge im Auge, die schon vor 10. November 1918 von der einen Seite vollständig erfüllt worden sind und aus denen nur noch Erfüllung von der andern Seite verlangt wird. Die VO. befaßt sich nur mit Abfindungen aus laufenden Verträgen, mit Abgeltungsansprüchen aus Verträgen, die die Vertragsgegner der im § 1 bezeichneten Stellen zur Ausführung der Verträge geschlossen haben. Alle andren Ansprüche, soweit sie nicht Abgeltungsansprüche sind, können im ordentlichen Rechtswege verfolgt werden. Auch § 6[2] beschränkt sich auf die Abgeltungsansprüche. Dr. P.

s) **Unterbrechung des Verfahrens nach § 11 AusgleichsG. v. 24. April 1920.**

α) OLG. Darmstadt, 1 ZS. Beschluß v. 19. November 1920.

Die Klageforderung stammt aus der Zeit vor dem Kriege und richtet sich gegen einen Engländer, dessen in Deutschland befindliches Vermögen unter Zwangsverwaltung steht. Der Klagantrag geht auf Duldung der Vollstreckung in dieses Vermögen durch den Zwangsverwalter. Es wird also Zahlung aus dem Vermögen des Engländers bezweckt. Daß der Verwalter, der die Interessen des Engländers zu vertreten hat, ein Deutscher ist, ändert an der Sachlage nichts. Das Verfahren ist deshalb unterbrochen, bis der Kläger die im § 25 der Anlage zu Art. 296 FriedensV. vorgesehene Bescheinigung beibringt. Diese Entscheidung kann ohne mündliche Verhandlung ergehen, da die Rechtslage nicht die gleiche ist wie in § 148 ZPO. W.r.

β) Kammergericht, 21. ZS. Beschluß v. 12. Oktober 1920.

Im Mai 1914 klagte die englische Firma K. auf Abnahme gekaufter Strümpfe Zugumzug gegen Zahlung des Kaufpreises. Im ersten Termine wurde ihr nach § 274 aufgegeben, bis 1. Oktober 1914 für die Prozeßkosten eine bestimmte Sicherheit zu leisten. Der Rechtsstreit ruhte sodann, bis am 1. Juli 1919 die Klägerin von neuem lud. Verhandelt wurde erst am 16. Juni 1920. Die Klägerin beantragte Abnahme der Strümpfe gegen Zahlung von 45 Pfund Sterling, worauf der Beklagte mit Rücksicht auf die Urkunde, in der der Kaufmann K. vor einem Notar eidlich versicherte, daß er bayr. Staatsangehöriger sei und 1914 Alleininhaber der Firma K. gewesen sei, Vertagung erwirkte. Dem späteren Antrage des Beklagten, das Verfahren bis zur Entscheidung des Ausgleichtsamtes und des Reichswirtschaftsgerichts auszusetzen, gab das LG. statt. Die Beschwerde hierüber ist begründet.

Der § 148 ZPO. ist nicht anwendbar. Wäre die Sache zunächst vor das Reichsausgleichsamt zu bringen gewesen, so könnte das Verfahren nicht ausgesetzt werden, sondern wäre gemäß § 11[2] Ges. vom 24. April 1920 unterbrochen worden und hätte nur unter den Voraussetzungen des § 16[2] der Anlage zu Art. 296 FriedensV. oder des § 19 oder des § 23 AusgleichsGes. oder im Falle des § 11[3] das. wieder vor das ordentliche Gericht gebracht werden können. Nach der Sachlage kann aber ohne nähere Prüfung noch gar nicht festgestellt werden, ob die Sache überhaupt vor das Ausgleichsamt gehört, denn dieses hat sich, soweit vertragliche Ansprüche in Betracht kommen, nur mit reinen, von einer Gegenleistung nicht abhängigen Geldschulden zu befassen, wie der Ausdruck „dettes" (debts) in dem maßgebenden französischen (englischen) Texte des FriedensV. erkennen läßt, eine Auffassung, die um so mehr Platz greifen müßte, wenn sich, was hier nicht zu untersuchen ist, das Vertragsverhältnis der Parteien überhaupt nach englischem Rechte regeln sollte. Aber selbst bei Annahme einer reinen Geldschuld wäre das Verrechnungsverfahren unstatthaft, wenn, wie die Klägerin behauptet, auch ihr Alleininhaber die deutsche Staatsangehörigkeit besitzt. Denn, wie Art. 296 Nr. 1, 2 FriedensV. betonen, findet jenes Verfahren nur für solche Schulden statt, deren Zahlung von Staatsangehörigen einer vertragschließenden Macht, die in deren Gebiete wohnen, an die Staatsangehörigen einer gegnerischen Macht, die in deren Gebiete wohnen, zu leisten ist. Das Gericht hätte daher erst jedenfalls feststellen müssen, ob der Kläger die deutsche Staatsangehörigkeit besaß, und wo sein Wohnsitz sich befindet. Dr. P.

γ) **Rechtsweg für Forderungen der Neutralen, denen sie vor Friedensvertrag von Deutschen abgetreten sind.**

OLG. Hamburg, 4. ZS. Urteil v. 14. Juli 1920.

Der Kläger (Holländer) hat im Juli 1914 von X. (Hamburg) 150 Kisten Cassia gekauft, die mit Dampfer verladen waren. Als die Beklagte (hiesige Niederlassung einer englischen Bank) dem X. die Dokumente über diese Kisten vorlegte und das zweite Konnossement fehlte, verpflichtete sie sich am 21. März 1916, „für alle Folgen aus dem Fehlen der zweiten Ausfertigung Ihnen aufzukommen, sofern Sie den Wechsel bezahlen". Gegen diesen Revers zahlte X. Daraufhin will der Kläger gegen die Abtretung aller Rechte aus den Reversen und Aushändigung der Dokumente dem X. Zahlung geleistet haben. Da das fehlende Konnossement nicht nachgeliefert worden ist, verlangt der Kläger, der die Ware nicht erhalten hat, auf Grund des Reverses Schadensersatz. Die Einrede der Unzulässigkeit des Rechtsweges ist unbegründet.

Der Art. 296 Nr. 1, 2 FriedensV. trifft nur die bei seinem Inkrafttreten zwischen Angehörigen der Vertragsmächte bestehenden Forderungen und Schulden, berührt aber wohlerworbene Rechte von Neutralen nicht. Hat der Kläger 1916 die Rechte aus dem Revers durch Abtretung erworben, so braucht er die hierauf beruhende Ersatzforderung nicht anzumelden. Der Beweis der Abtretung und ihr Zeitpunkt ist aber bedeutungslos für die Entscheidung über den Rechtsweg. Denn die Einrede setzt den Nachweis der Aktivlegitimation nicht voraus; sie ist vielmehr umgekehrt ein Hindernis für jede materielle Sachentscheidung. Wird im späteren Verlauf die Abtretung nicht erwiesen, so wird die Klage wegen mangelnder Aktivlegitimation abzuweisen sein. Es genügt also hier die Behauptung des Klägers, daß die Rechte aus dem Revers 1916 abgetreten seien. Bei dieser Sachlage kommt auch dem § 404 BGB. keine Bedeutung zu. . . . Entscheidend ist, daß die Einrede nur den Zedenten treffen könnte, wenn er die Forderung erhalten hätte, daß sie aber den Zessionar nicht berührt, weil die rechtsgültig 1916 erfolgte Abtretung der Rechte, die hier zu unterstellen ist, hinsichtlich ihrer materiellen

Bedeutung und ihres Rechtsschutzes vor deutschen Gerichten durch den Friedensvertrag nicht berührt wird. Es handelt sich hier aber nicht um eine Einwendung, die dem Zessionar entgegengesetzt werden könnte, weil der Gläubigerwechsel die Folge nach sich zog, daß sie überhaupt nicht entstand.

Auch § 304 FriedensV. steht der Beklagten nicht zur Seite. Dem dort bezeichneten Schiedsgericht unterstehen die im § 296[1.2] festgestellten Ansprüche, zu denen eben die neutraler Staatsangehöriger nicht gehören. In 6 Abs. 2 ist aber vorausgesetzt, daß Streitfragen zwischen deutschen und Angehörigen einer gegnerischen Macht bestehen. Dadurch wird die Zuständigkeit des Schiedsgerichts zwar ausgedehnt, aber doch nur in der Richtung, daß jede Streitfrage zwischen den dort genannten Personen, also nicht nur solche, die die unmittelbare Regelung von Geldschulden betreffen (§ 296), der Zuständigkeit dieses Gerichts unterliegt. Es liegt aber kein Anhalt dafür vor, daß auch Rechte von Neutralen darunter fallen sollen, da nicht einzusehen ist, inwiefern der Friedensvertrag, der die Rechtsbeziehungen zwischen Angehörigen der kriegführenden Mächte und Neutralen nicht betrifft und nicht betreffen konnte und ein gemischtes Schiedsgericht nur unter den feindlichen Mächten und ihrem Gegner Deutschland gebildet hat, Neutrale diesem Gericht unterworfen haben sollte. Wenn es daher weiter heißt, eine Ausnahme gelte für Streitfragen, die nach den Gesetzen der alliierten und assoziierten oder neutralen Mächte zur Zuständigkeit der Handelsgerichte dieser Mächte gehören, so bestätigt dies nur, daß der Neutrale nicht der Zuständigkeit dieses Schiedsgerichts unterworfen wird, sofern er nach den Gesetzen seines Staates bei dessen Landesgerichten Recht suchen muß. Da er aber eine hier ansässige Zweigniederlassung einer englischen Bank in Deutschland und vor deutschen Richtern belangen kann, so könnte er hiervon nur ausgeschlossen werden, wenn der FriedensV. dem neutralen Ausländer verwehren würde, sein Recht aus einem zwischen einem Engländer und einem Deutschen abgeschlossenen Vertrage vor deutschen Gerichten zu suchen. Dieser Ausschluß liegt nicht darin, daß die Streitfragen bezüglich der vor dem FriedensV. zwischen Staatsangehörigen der Alliierten und deutschen Reichsangehörigen geschlossenen Verträge dem Schiedsgericht unterstellt werden, weil nicht ersichtlich ist, daß damit in Rechte der Neutralen aus solchen Verträgen eingegriffen werden soll. M. M.

t) **Unterbrechung nach § 240. Begriff der Konkursforderung.**

OLG. München, 2. ZS. Beschluß v. 23. September 1921.

Der pflichtteilberechtigte Kläger verlangt von der Beklagten, der Alleinerbin ihres 1918 verstorbenen Mannes, Inventarerrichtung und Leistung des Offenbarungseides. Nachdem vor dem Verhandlungstermine der Nachlaßkonkurs eröffnet worden, hat das LG. auf Grund mündlicher Verhandlung erkannt, daß das Verfahren unterbrochen ist. Daß diese Entscheidung sich selbst als Zwischenurteil bezeichnet, ist für ihre rechtliche Natur bedeutungslos; denn diese ist nicht aus der Bezeichnung, sondern aus der Urteilsformel unter Berücksichtigung der Gründe zu entnehmen. Die Formel des „Urteils“ enthält aber lediglich den Ausspruch, daß das Verfahren nach § 240 unterbrochen ist. Ist sonach die Entscheidung als ein Beschluß nach § 252 zu betrachten, so ist das allein zulässige Rechtsmittel die einfache Beschwerde. Daß das Rechtsmittel als Berufung bezeichnet ist, schadet nicht (RG. 18 S. 361). Es ist aber sachlich nicht begründet.

Der Klaganspruch, der als Ausfluß des Pflichtteilsrechts aus §§ 2314, 260 BGB. geltend gemacht wird, ist nicht der Pflichtteilsanspruch selber, sondern dient nur der Vorbereitung des passiv die Erbmasse betreffenden Hauptanspruches, des Pflichtteils und betrifft demnach mittelbar wenigstens die Konkursmasse. Er dient der Ermittlung der Höhe des Nachlasses und damit der Berechnung des Pflichtteils, wodurch die Konkursmasse belastet wird; die Ermittlung des Standes der Masse zurzeit des Erbfalls bildet aber schon nach §§ 117 ff., 100 KO. eine Aufgabe des Verwalters, der mit den ihm durch die KO. gegebenen Mitteln und vermöge der ihm durch das Gesetz eingeräumten, vom Konkursgericht unterstützten Stellung die mit der Klage beanspruchten Handlungen der Gemeinschuldnerin ebenso, sogar leichter als der Kläger und stärker durchsetzen kann; aus diesem Grunde verbietet sich die Annahme, daß es sich hier um eine individuelle, von der Person der Gemeinschuldnerin untrennbare Handlung (Jäger KO. § 3[10]) und damit um einen Anspruch handle, der aus dem Begriffe der Konkursforderung auszuscheiden sei. K. n.

u) **Zulassung wiederholter Klagänderung.**

OLG. Stettin, 2. ZS. Urteil v. 10. März 1921.

Die Klage war ursprünglich gerichtet gegen „den Räuchereibesitzer Karl N. sen., Inhaber der Firma C. D. N. zu Str., Frankendamm 3“. In diesem Hause wohnt Karl N.; ihm ist die Klage zugestellt worden. Allerdings will er nicht der Inhaber der gerichtlich nicht eingetragenen Firma C. D. N. sein, sondern das Geschäft nur als Bevollmächtigter seines Sohnes Karl David N. führen, der unter der Firma C. D. N. eine Fischhandlung in Berlin betreibt. Der Kläger erklärte darauf, daß letzterer als Inhaber dieser Firma belangt werden solle. Später widerrief er jedoch diese Erklärung und gab an, die Klage von Anfang an gegen N. Vater gerichtet zu haben. Das LG. ließ die erste, nicht aber die zweite Klagänderung zu. Allein das Gesetz spricht nirgends aus, daß nur eine einmalige Klagänderung zugelassen werden dürfe. Vielmehr ist stets der Gesichtspunkt maßgebend, daß die Verteidigung des Beklagten nicht wesentlich erschwert werde. Davon kann jedoch keine Rede sein, wenn der zuerst Belangte zunächst einen anderen in die Beklagtenrolle eingeschoben hat und nun genötigt werden soll, die Prozeßführungslast wieder zu übernehmen. Die Ansicht des LG., daß die erste Erklärung des Klägers nur eine Berichtigung der Parteibezeichnung enthalte, ist nicht zutreffend. Vielmehr war die Klage dem Karl N. Vater zugestellt worden; er war also der rechte Beklagte und eine Berichtigung der Parteibezeichnung hätte nur vorgelegen, wenn der Kläger den auf die Inhaberschaft der Firma lautenden Zusatz gestrichen hätte. Statt dessen richtete er die Klage gegen Karl David N., das ist den Sohn, also gegen eine dritte, bisher nicht am Rechtsstreite beteiligte Person. Die Hereinziehung einer neuen Partei enthält aber stets eine Klagänderung, die wie jede andere Klagänderung gemäß § 264 zugelassen werden kann (RG. 49 S. 376). Der zuerst beklagte Vater N. hat zwar der Klagänderung widersprochen. Da aber der Sohn gleichfalls im Termine vertreten war, so konnte das LG. die Klagänderung zulassen und hat sie durch den damals beschlossenen Beweis auch tatsächlich zugelassen. Die gleiche Rechtslage ergab sich nun in der späteren Verhandlung. Der Kläger richtete jetzt die Klage wieder gegen den ursprünglichen Beklagten unter Fortlassung des die Inhaberschaft der Firma betreffenden Zusatzes. Der inzwischen eingetretene Beklagte N. Sohn rügte die neue Klagänderung, sein Prozeßbevollmächtigter trat aber auch für den Vater N. auf und verlas den Antrag auf Klagabweisung. Darin lag die Bereitschaft, den Rechtsstreit wieder zu übernehmen, und das LG. hätte das nach § 264 ihm zustehende Ermessen ausüben und die Klagänderung zulassen sollen. Es hat aber die Zulässigkeit der Klagänderung gar nicht geprüft, sondern einen Personenwechsel für unmöglich erklärt. Hierin liegt ein wesentlicher Verfahrensmangel des § 539 (Skonietzki 7 §§ 364^{7}, 370^{3}; Rsp. 11 S. 77^{h}, 74^{e}). D.

v) **Begründung der Ablehnung einer Zeugenvernehmung?**

Bayer. Oberstes Landesgericht, 1. ZS. Urteil v. 11. Juni 1921.

Nach der vom RG. 46 S. 412, 81 S. 193 und im Schrifttum allgemein anerkannten Ansicht war, da Beklagter der Führung des Urkundenbeweises durch den Antrag auf Vernehmung der Zeugen widersprochen hatte, die Verlesung der im Strafprozeß aufgenommenen Protokolle unzulässig. Allerdings konnte das OLG. von der Erhebung der angebotenen Beweise trotzdem absehen, wenn es das, was die Zeugen bestätigen sollten, als *wahr* unterstellte und ausreichend begründete, daß durch diese Aussagen seine durch das sonstige Beweismaterial gewonnene Überzeugung nicht erschüttert werden könnte. Es hat aber die Beweisanträge deshalb abgelehnt, weil es, auch wenn die Zeugen, wie unterstellt werde, bekundeten, was sie bestätigen sollen, trotzdem die Schuld des Beklagten für erwiesen erachten würde. Diese Begründung läßt nicht ersehen, ob es das, was die Zeugen nach dem Beweisangebot aussagen sollen, als *wahr* unterstellen will, oder ob es nur die *Tatsache*, daß die Zeugen das unter Beweis Gestellte aussagen würden, als *richtig unterstellen*, die Frage aber, ob diese unterstellten Aussagen wahr sind, offen lassen will. In beiden Fällen hat es gegen § 286 verstoßen. Dies ist, was die erstere Annahme anlangt, ohne weiteres klar. Denn der Beklagte hat auch Beweis darüber angeboten, daß die Behauptung der im Strafprozeß vernommenen Zeugin, er sei ihr auf dem Hinweg in die Käserei begegnet und von der Kirchhofmauer heruntergesprungen, unwahr ist.

Wenn das OLG. das als wahr unterstellen will, so fällt die Klage; alles, was sonst noch im angefochtenen Urteil als Beweismaterial für die Schuld des Beklagten angeführt ist, kann nur dazu dienen, die Aussagen der Zeugin zu stützen und die gegen ihre Aussagen erhobenen Einwände zu zerstreuen, es kann aber für sich allein keinen Beweis dafür liefern, daß der Beklagte den Stadel vorsätzlich in Brand gesetzt hat. Im Falle der zweiten Annahme ist aber das OLG. unzulässigerweise in eine Beweiswürdigung eingetreten, für die ihm eine dem § 286 entsprechende Unterlage gefehlt hat (RG. 41 S. 410). . . . Kn.

w) **Urteil:** α) **Verzicht auf den Klaganspruch?**

OLG. Düsseldorf, 4. ZS. Urteil v. 4. Oktober 1920.

Der Kläger, der aus einem Kaufvertrag auf Erfüllung (Zahlung) geklagt hatte, erklärte in der Berufungsinstanz, er trete vom Kaufvertrage zurück und halte den Rechtsstreit als in der Hauptsache erledigt. In dieser Erklärung ist nicht etwa ein Verzicht auf den Klaganspruch im Sinne des § 306 oder eine Klagerücknahme zu finden. Es handelt sich dabei vielmehr nur um eine Beschränkung des Klagantrags entsprechend dem § 268 Nr. 2 (Stein § 91 III, RG. 57 S. 385). Demnach ist, da beide Parteien die Hauptsache als erledigt betrachten und über diese selbst nicht mehr streiten, nur noch über die Kosten zu entscheiden und deshalb zu prüfen, wer von den Parteien sonst unterlegen wäre (aA. Rsp. 37 S. 131). . . . J.n.

β) **Verweisung auf den Akteninhalt als Tatbestand.**

OLG. Kiel, 1. ZS. Urteile v. 2. und 9. Mai 1921.

Der Tatbestand besteht lediglich aus den Worten: „Tatbestand ergibt sich aus dem durchweg vorgetragenen Akteninhalt". Allein der Sinn des „durchweg" ist nicht zweifelsfrei. Vielleicht soll es heißen, daß der gesamte Akteninhalt (also auch Kostenrechnungen, Ersuchungsschreiben 2c) sei vorgetragen. Es kann aber auch sprachlich dahin erfaßt werden, daß nur das für die Entscheidung Wesentliche vorgetragen sei; in diesem Falle fehlt aber wieder die bestimmte Angabe, was dies Wesentliche ist. Das LG. meint, daß solcher Tatbestand entgegen § 313² ZPO. durch § 24 BO. v. 7. Sept. 1915 zugelassen sei. Dieser § 24 läßt zwar eine Bezugnahme auf Urteile, Protokolle, Schriftsätze, sowie die darin aufgeführten Urkunden als Ersatz des Tatbestandes unter der Voraussetzung zu, daß sie den Sach- und Streitstand richtig und vollständig wiedergeben (RG. 96 S. 8); eine ganz allgemeine Bezugnahme auf den Akteninhalt, einen Sammelband von wesentlichen und unwesentlichen Schriftstücken reicht aber nicht aus. Es muß auch nach der BO. die bestimmte, gesonderte Bezeichnung der einzelnen Prozeßurkunden und Schriftsätze verlangt werden (Warn. 9 Nr. 185). Das Urteil muß für die Parteien ohne die Gerichtsakten verständlich sein. Das ist hier nicht der Fall, denn auch aus den Gründen ist der Sach- und Streitstand nicht klar zu ersehen. Es erscheint daher angebracht, von Amtswegen gemäß § 539 die Sache zurückzuverweisen. Dr. B.p.

γ) **Nachträgliche Begründung des schon niedergelegten Schiedsspruchs.**
OLG. Hamburg, 5. ZS Urteil v. 6. Oktober 1920.

Der zunächst zugestellte und niedergelegte Schiedsspruch war nicht mit Gründen versehen, vielmehr haben die Schiedsrichter erst nachher unter Beibehaltung des entscheidenden Teils und des Datums ein neues Exemplar des Spruches hergestellt, von neuem zugestellt und niedergelegt. Dies war jedoch nicht zulässig. An sich endet die Tätigkeit der Schiedsrichter mit der Niederlegung des Schiedsspruchs (RG. 77 S. 316). Aber es ist nicht zweifelhaft, daß Schreibfehler ꝛc auch nachher noch von den Schiedsrichtern beseitigt werden können, wie denn § 319 auf den Schiedsspruch unbedenklich anwendbar ist. Die Frage ist daher so zu stellen, ob die Hinzufügung versehentlich weggelassener Gründe noch unter die nach § 319 zulässige Berichtigung fällt. ... Dies erscheint unbedenklich, wenn es sich um zahlreiche einzelne Ansprüche handelt und zB. hinsichtlich eines solchen Anspruchs die Begründung vergessen worden ist. Zweifelhafter wird es, wenn ein größerer Teil der Begründung fehlt. Jedenfalls kann die Weglassung der ganzen Begründung eines Urteils und ebenso auch eines Schiedsspruchs nicht mehr als eine „offenbare Unrichtigkeit" des § 319 angesehen werden; es sind dort nur kleinere Unrichtigkeiten gemeint, nicht aber ein so wesentlicher Mangel, wie der der gesamten Begründung. Der Gesichtspunkt ist auch beachtlich, daß die schriftliche Begründung dazu dient, die Beschlußfassung zu vertiefen und nachzuprüfen, so daß insofern ein Mangel des Verfahrens vorliegt, hinsichtlich dessen es nicht ausgeschlossen erscheint, daß es auf die Entscheidung selbst von Einfluß sein könnte. M. M.

δ) **Erhöhung der vergleichsweise festgesetzten Abfindung?**
Kammergericht, 8. ZS. Beschluß v. 22 September 1920.

Nach dem durch Ges. vom 13. August 1919 in den § 323 eingefügten Abs. 4 sind die Abs. 1—3 das. auf Vergleiche des § 794 Nr. 1, 2 und auf vollstreckbare Urkunden nicht schlechthin anwendbar, sondern nur dann, wenn in ihnen Leistungen des Abs. 1 übernommen sind. Hier hat sich aber in dem Privatvergleich von 1909 der Beklagte nicht zu künftig fällig werdenden wiederkehrenden Leistungen, sondern zur alsbaldigen Zahlung einer einmaligen Abfindungssumme verpflichtet. Schon deshalb ist der § 323[1] nicht anwendbar, ohne daß noch erörtert zu werden braucht, ob die Vorschrift über ihren Wortlaut hinaus auf Privatvergleiche auszudehnen ist.[1] B.

x) **Sachverständige[2]: α) Ablehnung wegen Befangenheit.**
OLG. Kiel, 1. ZS. Beschluß v. 14. Juli 1920.

[1] Privatvergleiche werden nicht von der Nov. 13. August 1919 getroffen; eine Erhöhung der Unterhaltsbeitrage kann aber dann gefordert werden, wenn die gänzlich veränderten wirtschaftlichen Verhältnisse die Erfüllung des Vergleichs als die beim Abschluß beabsichtigte Leistung nicht mehr erkennen lassen (OLG. Hamburg, 5. ZS. Urteil v. 21. März 1921; HGZ. B. S 148).

[2] Die Mitglieder des Dorfgerichts sind als Sachverständige zur Erstattung von Gutachten über den Wert von Grundstücken als öffentlich bestellt anzusehen und somit zur Erstattung solcher Gutachten verpflichtet (KG., ZS. 1a. Beschluß v. 4. April 1919; KGJ. 52 S. 11). — AVf. v. 14. Juni 1921 (Pr. JMBl. 346): Sachverständige in Angelegenheiten der Kleinschiffahrt sind durch Nachfrage bei den Betriebsverbänden zu ermitteln.

Zur Besorgnis der Befangenheit genügt ein Grund, der geeignet ist, ein subjektives Mißtrauen bezüglich der Unparteilichkeit des Sachverständigen zu rechtfertigen (JW. 1910 S. 710[15]). Ein solches muß aber bei der Beklagten entstehen, wenn sie augenblicklich einen bürgerlichen Rechtsstreit gegen den Sachverständigen führt, in dem dieser die Klageforderung bestreitet und dadurch eine Beweisaufnahme veranlaßt hat. Es entspricht einem allgemeinen Erfahrungssatz, daß die Parteien eines streitig gewordenen Prozesses sich mit einer gewissen Abneigung mitunter sogar mit Erbitterung gegenüberstehen, keinesfalls pflegen sie ihre gegenseitigen Beziehungen im Sinn einer objektiven Denkungsweise zu betrachten. Es liegt daher nahe, daß der jetzt zum Sachverständigen ernannte Beklagte — wenn auch sich selbst unbewußt und trotz allen guten Willens zur Objektivität — diese bei der Erstattung seines Gutachtens nicht streng beobachtet. Zu hohe Ansprüche an die Objektivität des Durchschnittsmenschen — nur mit solchen kann im Rechtsleben gerechnet werden — zu stellen, heißt es, wenn von dem als Sachverständigen zu vernehmenden Prozeßgegner einer Partei restlose Unbefangenheit erwartet wird. Zum mindesten kann nicht verlangt werden, daß sich Beklagte von einem Mißtrauen gegen den Sachverständigen frei mache. Der Beschluß (JW. 1898 S. 283[21]) steht nicht entgegen, denn er besagt lediglich, daß die bloße, vielleicht lange Jahre zurückliegende Tatsache einer Klagerhebung als solcher den Sachverständigen nicht als befangen erscheinen lasse, wenn sich Näheres über die Zeit und den Gegenstand der Klage nicht ergebe. Er nimmt also zu dem Fall, wo gegenwärtig noch der Rechtsstreit der Beklagten gegen den Sachverständigen fortdauert und Beweistermin ansteht, keine Stellung. Auch dann würde übrigens auch die Erwägung des RG. zutreffen, wenn etwa der Rechtsstreit durch Klagerücknahme, Vergleich oder Anerkenntnis geendigt hätte. In allen diesen Fällen hätte eben die Spannung zwischen den Parteien aufgehört. B.p.

β) **Strafe wegen Verzögerung des Gutachtens.**

Kammergericht, 21. ZS. Beschluß v. 27. April 1920.

Das LG. hat den Sachverständigen, weil er das Ersuchen, ein Gutachten zu erstatten, seit 6 Monaten nicht ausgeführt hat, zum Kostenersatz und zu 150 Mark Geldstrafe verurteilt. Allein die ZPO. enthält keine Vorschrift, die dem Richter gestattet, gegen Sachverständige, die die Erstattung des erforderten Gutachtens verzögern, insbesondere schuldhaft und ungebührlich verzögern, eine Strafe zu verhängen. Sie gewährt ihm durch § 409 diese Befugnis für den Fall, daß der Sachverständige zur Erstattung des Gutachtens verpflichtet ist und sich dessen weigert. Eine Weigerung hat das LG. nicht festgestellt, sie ist auch nicht ohne weiteres aus jeder Zögerung zu entnehmen, besonders nicht hier. Dr. P.

γ) **Ist die nachträgliche Eidesabnahme (§ 466) beim ersuchten oder dem Prozeßgerichte zu beantragen?**

OLG. Breslau, ZS. 8a. Urteil v. 24. September 1920.

Die Frage, ob der Schwurpflichtige, der in dem zur Eidesleistung vor dem ersuchten Richter bestimmten Termin nicht erscheint, die nachträgliche Eidesabnahme bei dem Prozeßgericht beantragen kann, ist bestritten (Stein § 466 I 2[12]). Das LG. hat sie verneint und deshalb den Eid als verweigert angesehen. Allein weder der Wortlaut des Gesetzes noch innere Gründe zwingen dazu, den Antrag nur bei dem einen oder dem anderen Gericht zuzulassen. Insbesondere verbieten weder § 466 noch § 467² in einem Falle wie dem vorliegenden neben dem ersuchten Gericht auch das Prozeßgericht für zuständig zu halten. Äußere Umstände wie die, daß die Akten sich regelmäßig noch beim ersuchten Richter befinden werden, oder daß nur dieser den neuen Eidestermin anberaumen kann, können nicht ausschlaggebend sein. Dagegen sprechen Zweckmäßigkeitsgründe und die gebotene Rücksichtnahme auf die Forderungen des Rechtslebens für die hier vertretene Ansicht. Es würde als ein ungerechtfertigter Formalismus erscheinen und zu einem kaum erträglichen Ergebnisse führen, wenn der Schwurpflichtige lediglich deshalb, weil er den Antrag nicht beim ersuchten Richter, sondern beim Prozeßgericht gestellt hat, seines Rechts verlustigt gehen sollte. Auf der anderen Seite werden berechtigte Interessen der Gegenpartei durch die Zulassung des Antrags beim Prozeßgericht nicht verletzt. Der § 236², wonach die Wiedereinsetzung nur bei dem Prozeßgericht beantragt werden darf, steht der Annahme nicht entgegen, daß der Antrag des § 466 selbst außer beim ersuchten Gericht auch beim Prozeßgericht gestellt werden kann.[1] R.m.

z) **Zulässigkeit der Verweisung an Sondergerichte.**[2]

Kammergericht, 8. ZS. Beschluß v. 26. Februar 1921.

... Bei der Frage, ob das ordentliche oder ein Sondergericht, besonders das Gewerbe-(Kaufm.)Gericht, zuständig ist, handelt es sich um den Gerichtsstand, die sachliche Zuständigkeit, nicht um die Zulässigkeit des Rechtswegs (RG. 76 S. 176). Deshalb liegt, wenn sich die Zuständigkeit des Gewerbegerichts ergibt, ein Fall vor, der unter § 505 fallen kann. Dieser schreibt ganz allgemein die Verweisung an das „zuständige Gericht" vor, ohne eine Einschränkung auf das zuständige ordentliche Gericht zu machen. Die ZPO. findet nach § 3 EG. an sich nur auf die bürgerlichen Rechtsstreitigkeiten Anwendung, die vor die ordentlichen Gerichte gehören. Aber nach § 26 Gew(§ 16 Kfm)GG. sind regelmäßig die für das amtsgerichtliche Verfahren geltenden Vorschriften entsprechend anzuwenden, also der zu ihnen gehörende § 505, auch in der Fassung der NovB. v. 1. Juni 1909, da nach Art. VI das., soweit die Reichsgesetze auf die ZPO. verweisen, die entsprechenden neuen Vorschriften gelten. Wenn ferner § 28 GewGG. (§ 16² KfmGG.) den § 11 ZPO. für das Verhältnis zwischen den ordentlichen Gerichten und den Gewerbe-(Kaufm.)Gerichten für anwendbar erklärt, so hindert dies nicht die An-

[1] Bootsmann und Lotsen sind nicht „Vertreter" des § 445; deshalb kann sich die Eideszuschiebung nicht auf deren Handlungen erstrecken (OLG. Hamburg, 1. ZS. Urteil v. 13. Juli 1921; HGZ. B. 247).

[2] Dagegen hält der Beschluß des 19. ZS. v. 16. Juli 1921 die Verweisung an das Reichswirtschaftsgericht für unzulässig, weil der § 505 nur das Verhältnis der ordentlichen Gerichte zueinander betrifft (KGBl. 36 S. 68).

wendbarkeit des § 505 auf dieses Verhältnis, da er ebenfalls die bindende Kraft der Entscheidung des unzuständigen Gerichts für das zuständige Gericht feststellt und nur darüber hinaus noch durch die Zulassung der Verweisung durch Beschluß das Verfahren vereinfacht und praktischer gestaltet. Auch die Bestimmung des § 16³ KfmGG., wonach das KaufmGericht den Rechtsstreit an ein Gewerbegericht und umgekehrt verweisen kann, steht nicht entgegen; diese Sonderbestimmung ist nach Einführung der allgemeinen Vorschrift des § 505, falls diese auch vor den Sondergerichten gilt, gegenstandslos geworden. Allerdings ließ der § 505 in seiner ursprünglichen Fassung nur die Verweisung vom Amtsgericht an das sachlich zuständige Landgericht zu, und der Anlaß der Abänderung des § 505 war der, daß auch dem örtlich unzuständigen Amtsgericht die Befugnis zur Verweisung an das örtlich zuständige Amtsgericht gegeben werden sollte. Deshalb mußte, da nun eine Verweisung an Amts- und Landgericht in Frage kam, das Wort Landgericht durch „Gericht" ersetzt werden. Bei der Aufstellung des Entwurfs wurde sonach nur an die Verweisung an ein ordentliches Gericht gedacht, und es bestand die Absicht, sie nicht auch an ein Sondergericht zuzulassen, wie die Begründung S. 37 hervorhebt. Aber diese Absicht ist in dem Gesetze selbst nicht ausgedrückt, denn es schreibt allgemein die Verweisung an das „Gericht", nicht an das „ordentliche Gericht" vor. Auch aus § 505³ folgt nicht, daß nur an ein ordentliches Gericht verwiesen werden könne; dasselbe gilt von dem sachlich gleichbedeutenden § 27 EntlastungsVO. Es kann nicht zugegeben werden, daß die Durchführung dieser Kostenbestimmung nur im Verhältnis zwischen ordentlichen Gerichten möglich sei. Zunächst steht ihr nicht entgegen, daß die Gerichtskosten der Staatskasse, die für das Verfahren vor den Gewerbe-(Kaufm-)Gerichten der Gemeindekasse zufließen. Auch bei der Verweisung an ein ordentliches Gericht, zB. eines andern Landes, sind die empfangsberechtigten Staatskassen verschieden. Daß die Gerichtskosten auf Grund des GKG., die Kosten für das Verfahren vor den Sondergerichten aus § 58 GewGG. erhoben werden, hindert nicht die im § 505 vorgeschriebene Anrechnung. Möglich ist allerdings, daß für das Verfahren vor den Sondergerichten keine Kosten mehr erhoben werden dürfen, weil die Gerichtskosten bereits höher sind, als die in § 58 GewGG. vorgesehenen, aber auch bei der Verweisung unter ordentlichen Gerichten, zB. solcher verschiedener Länder, kann es geschehen, daß die gesetzlich zu erhebenden Gerichtskosten schon im Verfahren vor dem unzuständigen Gerichte sämtlich entstanden sind. Auch sonst können keine unüberwindlichen Schwierigkeiten entstehen, insbesondere gelten die Vorschriften der ZPO. über die Kostenfestsetzung grundsätzlich auch für das Verfahren vor den Sondergerichten, so daß der Beklagte die Erstattung der ihm vor dem ordentlichen Gericht erwachsenen Mehrkosten vom obsiegenden Kläger zu erreichen vermag. Deshalb kann im § 505³ nicht der Ausdruck des Willens gefunden werden, eine Verweisung solle nur zwischen ordentlichen Gerichten zulässig sein. V.

Sachverzeichnis.

Nachträge.

28 S. 128.	Vgl. RG. 15. Juni 1921 (102 S. 307).
41 „ 3.	Revision ist zurückgewiesen: RG. 101 S. 226.
„ „ 195 ϑ.	„ „ „ : RG. 102 S. 243.
„ „ 224.	„ „ „ : Warn. 14 S. 130.
„ „ 238 β.	Ebenso ist für die Herausgabe der auf dem Gartengelände errichteten Zäune nach Auflösung des Pachtverhältnisses der Rechtsweg zulässig (KG., 2. ZS. Urteil v. 9. Mai 1921; JW. S. 1368).

FSC
www.fsc.org
MIX
Papier | Fördert
gute Waldnutzung
FSC® C083411

Kolibri 360 GmbH
Ferdinand-Jühlke-Straße 7
99095 Erfurt, Deutschland
produktsicherheit@kolibri360.de